D1753866

WEBER'S AMERICAN BBQ

EIN KULINARISCHER ROADTRIP
DURCH DIE USA

JAMIE PURVIANCE

FOODFOTOGRAFIE VON
TIM TURNER

LIFESTYLE-FOTOGRAFIE VON
MICHAEL WARREN

INHALT

- **4** EINFÜHRUNG
- **8** GRUNDLAGEN
- **20** VORSPEISEN
- **54** SCHWEIN
- **118** RIND & LAMM
- **174** GEFLÜGEL
- **212** SEAFOOD
- **240** BEILAGEN
- **276** WÜRZEN
- **288** GRILLPRAXIS
- **295** REGISTER

BARBECUE FEATURES

KOREANISCHES BARBECUE MADE IN USA

38

NOUVEAU 'CUE RIBS

80

BARBECUE
OHNE GRENZEN
IN NEW YORK CITY

106

DAS COMEBACK VON
LAMM UND BISON

162

NEW ORLEANS'
SEAFOOD
BARBECUE

228

TEXAS BARBECUE
ERFINDET SICH NEU

130

SANTA MARIA-STYLE
BARBECUE

138

CHICAGO: BARBECUE
IN BEWEGUNG

184

BARBECUE
CROSSROADS IN
KANSAS CITY

248

WAS GIBT ES NEUES IN SACHEN
BARBECUE?

Jamie Purviance

> **WÄHREND BARBECUE FRÜHER VOR ALLEM IN DEN LÄNDLICHEN GEGENDEN DER SÜDSTAATEN GEPFLEGT WURDE, IST ES HEUTE ÜBERALL ZU FINDEN, SELBST IN GROSSEN STÄDTEN. UND GERADE DIE SIND ES AUCH, DIE ES WEITERENTWICKELN.**

Barbecue kennen Sie natürlich. Aber wissen Sie auch, was es wirklich ist? Ich dachte, ich wüsste es. Ich dachte, es handelt sich dabei um kräftig gewürzte Spareribs mit einer glänzenden Sauce, um die zarten Scheiben einer geräucherten Rinderbrust oder um das in kleine Stücke zerpflückte Fleisch einer Schweineschulter, das auf weiche Brötchen gehäuft wird. Diese Gerichte waren für mich der Inbegriff des Barbecue – ein amerikanisches Kulturgut, das seit den frühen Tagen unserer Nation in Ehren und für unveränderlich gehalten wurde. Das glaubte ich zumindest. Vor ein paar Jahren brüskierte ich versehentlich einen meiner Kommilitonen am Culinary Institute of America, den ich an einem Wochenende zum »Barbecue« eingeladen hatte und ihm Hamburger und Würstchen servierte. Er stammte aus North Carolina und war mit dem dort üblichen Lokalpatriotismus reichlich ausgestattet. Entrüstet meinte er: »Das hier ist doch kein Barbecue. Für ein echtes Barbecue braucht man eine Feuergrube, ein Barbecue Pit, der mit Holz befeuert wird. Mit einem Grill geht das überhaupt nicht.« Und dann belehrte er mich über die regionalen Unterschiede des amerikanischen Barbecue. Im Piedmont von North Carolina zum Beispiel bezeichne Barbecue das in einer gemauerten Feuergrube gegarte Schweinefleisch, zu dem man eine tomatenlastige Essigsauce, Kohlsalat und kleine frittierte Maismehlbällchen serviert, die *hush puppies* genannt werden. Rindfleisch sei absolut verboten. In Texas wiederum sei Barbecue quasi gleichzusetzen mit Rindfleisch, vor allem mit Brisket, also Rinderbrustbraten, und deftigen Rinderrippen, und ein texanischer Pitmaster würde vehement gegen jeden Versuch vorgehen, sein Fleisch mit einer Sauce zu verschandeln oder es mit der Gabel zu essen.

Mein Kommilitone redete immer weiter und kam dabei richtig in Rage, jedenfalls schlug er irgendwann mit der Faust auf den Tisch und meinte, dass Barbecue nun aber auf gar keinen Fall mit einem Gasgrill ginge. Im Gegenteil, man müsse es wie der Pitmaster Sam Jones im Skylight Inn BBQ in Ayden, North Carolina, machen, vor dessen legendärem Lokal ein großes Plakat hänge mit der Aufschrift: »Ohne Holzfeuer ist es kein BBQ.« Mein Studienfreund schien immerhin zu wissen, wovon er redete, wenngleich er inzwischen sehr erregt war. Ich nahm mir seine Belehrungen jedenfalls zu Herzen und vertrat viele Jahre lang mehr oder weniger seinen Standpunkt. Während der Recherchen zu diesem Buch wollte ich die Fakten jedoch noch einmal überprüfen und mich etwas tiefer mit der Materie befassen. Unter anderem wollte ich mehr über die Ursprünge des amerikanischen Barbecue erfahren. Seinen Anfang nahm das amerikanische Barbecue mit dem Begriff *barbacoa*, der auf das 16. Jahrhundert zurückgeht. Das Taino-Wort bezeichnete ein Holzgerüst, auf dem Fleisch über offenem Feuer zubereitet wurde. So wurde Barbecue in der Region der heutigen Westindischen Inseln und an der Südostküste Nordamerikas, einschließlich Florida, praktiziert. Natürlich grillten diese Indianer keine Baby Back Ribs. Sie räucherten auch kein Brisket, um es später in zarten Scheiben auf Sandwiches zu legen. Nein, nein, nein. Sie grillten Fisch, Schildkröten, Alligatoren und Schlangen – praktisch alles, was sie fangen und erlegen konnten. Wenn Sie also von wirklich authentischem American Barbecue reden möchten, sollten Sie vielleicht die Pulled-Pork-Sandwiches vergessen und stattdessen lieber einen Alligator am Lagerfeuer brutzeln.

Vielleicht sollten wir aber der Frage nach Authentizität nicht allzu viel Gewicht beimessen. Vieles hat sich beim Barbecue im Lauf der Zeit verändert und wird es weiter tun. Heute bildet das Brisket zusammen mit Rinderrippen und Würsten die »heilige Dreifaltigkeit« des traditionellen texanischen BBQ. Historisch gesehen ist das Brisket allerdings eine relativ junge Erscheinung, die möglicherweise bald durch anderes ersetzt wird (siehe Zeittafeln rechts).

Während Barbecue früher überwiegend in den ländlichen Gegenden der Südstaaten gepflegt wurde, ist es heute überall zu finden, selbst in großen Städten, und gerade die sind es auch, die es weiterentwickeln. Die unkonventionellen Kreationen, die Pitmaster Bill Durney in Brooklyn, New York, zubereitet, wären in Zentraltexas, wo er gelernt hat, wahrscheinlich kaum gefragt. Auf seiner Speisekarte stehen etwa süße koreanische Ribs, ein Sandwich mit Lammbauch nach vietnamesischer Art und pikante karibische Baby Back Ribs. Warum? Die Menschen in Brooklyn, zu denen auch solche mit koreanischen, vietnamesischen und karibischen Wurzeln zählen, lieben Barbecue mit den Aromen verschiedener Länderküchen.

Durch BBQ-Wettbewerbe und Liveshows im Fernsehen ist Barbecue zu einem Sport geworden, deren Sieger mit Ruhm und Reichtum rechnen können. Lee Ann Whippen betrieb einen kleinen Cateringservice, bevor sie in mehreren großen Wettbewerben Preise abräumte. Sie wurde Chefin des Chicago q, einem edlen BBQ-Restaurant an der schicken »Gold Coast« von Chicago, das eher einem englischen Country Club ähnelt als einem typischen BBQ-Lokal der Südstaaten. Whippen überzeugte ihre Gäste u. a. mit medaillenverdächtigen Ribs und einer Brunchkarte mit Eggs Benedict auf bestem Brisket. Brunch in einem Barbecue-Restaurant? Ja! Warum auch nicht?

Doug Adams wuchs in der Nähe von Texas auf. Für ihn war traditionelles Barbecue eine Selbstverständlichkeit, bis er nach Portland, Oregon, zog, um eine Kochausbildung zu machen. Der Finalist der Kochshow »Top Chef« kocht heute im Imperial, einem Restaurant für gehobene Ansprüche. Adams Küche wendet sich an das hippe, wählerische Publikum der Westcoast-Metropole, doch in seinen Menüs finden sich überall Anklänge seiner texanischen Kindheit. »Ich bin vom Rauch besessen«, sagt er selbst. »Ich probiere wirklich alles, was in meiner Küche landet, zunächst über einem Holzfeuer aus, bevor ich etwas anderes damit anstelle.« Auf dem ersten Blick scheint sein Gericht aus grünen Bohnen mit geräucherter Rothirschzunge, Kimchi und frittiertem Ei überhaupt keine traditionellen Wurzeln zu haben. »Ja, ich weiß«, meint Adams, »aber für mich steckt so viel Texas darin. Im Grunde ist es Grillfleisch mit eingelegtem Gemüse. Und was das Ei angeht: In Texas wird fast alles frittiert. In meinen Gerichten steckt immer jede Menge Barbecue, nur eben ganz anders, als man erwartet.«

Traditionalisten müssen sich über solche Entwicklungen keine Sorgen machen. Nur weil Leute wie Doug Adams oder ich und vielleicht auch Sie neue Wege gehen, stellen wir das traditionelle Barbecue nicht infrage. Wir erweitern es.

In unserer ernährungsbesessenen, internetverbundenen Welt ändert sich alles schneller als je zuvor. Es ist also kein Zufall, dass American Barbecue an Beliebtheit weiter zunimmt. Mein Respekt vor klassischem Barbecue ist dabei ungebrochen, deshalb finden Sie in diesem Buch eine ganze Reihe entsprechender Rezepte. Aber ich habe auch solche aufgenommen, die zwar von den Klassikern inspiriert sind, mit spielerischer Kreativität jedoch einen Schritt weitergehen. Ich hoffe, Sie probieren sie aus und verleiben sie sich im besten Sinne selbst ein. Barbecue ist am Ende das, was jeder einzelne von uns daraus macht, und am besten wird es, wenn man dabei für Neues offen bleibt. Willkommen im American Barbecue!

> **IN UNSERER ERNÄHRUNGSBESESSENEN, INTERNETVERBUNDENEN WELT ÄNDERT SICH ALLES SCHNELLER ALS JE ZUVOR. ES IST ALSO KEIN ZUFALL, DASS AMERICAN BARBECUE AN BELIEBTHEIT WEITER ZUNIMMT.**

AMERICAN BARBECUE
IM WANDEL DER ZEIT

17. Jahrhundert

Bereits im 17. Jahrhundert verwendeten die Siedler in der Neuen Welt verschiedene Schreibweisen für die Art der Essenszubereitung, die sie den Indianern abgeschaut und ihren eigenen Vorstellungen angepasst hatten. Begriffe wie »Borbecue« und »Barbecu« sollten anzeigen, dass diese Methoden zivilisierter waren als die der »Wilden«. Das ist ein wenig amüsant, denn die Barbecues der Siedler entwickelten sich häufig zu groben Raufereien zwischen betrunkenen Männern.

18. Jahrhundert

Im 18. Jahrhundert veranstalteten Kandidaten für politische Ämter öffentliche Barbecues, um möglichst viele Menschen anzuziehen und mit Hilfe von Bourbon, Rum und Grillfleisch Stimmen für sich zu gewinnen. George Washington schrieb in seinem Tagebuch, dass er zwischen 1769 und 1774 sechs Barbecues besuchte. Später war er anlässlich der Grundsteinlegung des Kapitols im Jahr 1793 selbst Gastgeber eines Barbecue, bei dem ein 500 Pfund schwerer Ochse zubereitet wurde.

19. Jahrhundert

Im 19. Jahrhundert entwickelte sich das Barbecue zu einem festen Bestandteil der Südstaatenkultur und breitete sich mit den Siedlern nach Westen aus. Während des großen Eisenbahnbooms spielten Barbecues bei der Finanzierung neuer Strecken eine nicht unerhebliche Rolle: Bei Werbeveranstaltungen der Eisenbahngesellschaften gab es Gratis-Mahlzeiten, um der Bevölkerung den Kauf von Eisenbahnaktien schmackhaft zu machen. An Nationalfeiertagen wie dem 4. Juli versammelten sich die Siedler häufig auf einem eigens für diesen Zweck gerodeten Stück Land und teilten in einem Festmahl alles, was jede Familie beitragen konnte – Schweine, Ochsen, Wildbret, Truthahn oder auch Eichhörnchen.

Die Befreiung der Sklaven im Jahr 1865 bedeutete, dass nun auch afro-amerikanische Pitmaster eigene Lokale eröffnen konnten. Henry Perry wurde 1875 in der Nähe von Memphis geboren und arbeitete als junger Mann in den Kombüsen verschiedener Raddampfer, die auf dem Mississippi und Missouri River verkehrten. Im frühen 20. Jahrhundert zog er nach Kansas City und begann, im Rauch gegrilltes Fleisch portionsweise für 25 Cent zu verkaufen. Schließlich eröffnete er das erste Barbecue-Restaurant in Kansas City. Auf seiner Speisekarte standen Rindfleisch, Murmeltier, Waschbär und Opossum. Als Henry starb, übernahm sein ehemaliger Angestellter Charlie Bryant das Lokal, das er schließlich an seinen Bruder Arthur verkaufte. Arthur Bryants Restaurant in Kansas City ist noch heute einen Besuch wert.

20. Jahrhundert

Im frühen 20. Jahrhundert kauften Metzger der Fleischmärkte von Zentraltexas Rindfleisch-Vorderviertel von einheimischen Ranchern, schnitten die besten Stücke heraus, um sie in der Kühltheke auszustellen, während sie die weniger beliebten Stücke wie die Schulter in einen Räucherofen legten, damit diese nicht verdarben. Im Laufe der Zeit wurden diese im Räucherofen gegarten Fleischstücke immer beliebter und verkauften sich besser als Frischfleisch, sodass sich zahlreiche Metzger auf den Verkauf von Barbecue-Fleisch spezialisierten. In den sechziger Jahren wurde der Fleischmarkt dank Mastanlagen und Kühltransport zu einer nationalen Industrie, und Metzger konnten beliebige Fleischstücke in beliebiger Menge kaufen und lagern. Die meisten wählten Brisket, also Rinderbrust, weil sie so preiswert war. Heute, da die Preise für Brisket viel höher sind als noch vor zehn Jahren, haben manche Pitmaster in Texas begonnen, mit günstigeren Alternativen zu experimentieren.

21. Jahrhundert

Zur Jahrtausendwende hatte sich die Barbecue-Kultur weit über Straßenstände und einfache Restaurants hinaus verbreitet. Weber war von einer kleinen Grillmanufaktur im Mittleren Westen zum weltweit größten Hersteller von Barbecue-Grills aufgestiegen. Heute werden Weber®-Grills überall verkauft, und nicht nur Amerikaner können viele der traditionellen Barbecue-Gerichte in ihren eigenen Gärten nachgrillen. Immer mehr Köche wandeln diese Rezepte jedoch nach eigenem Gusto ab und entwickeln neue, multikulturelle Stilrichtungen. Auf Seite 18 finden Sie die fünf wichtigsten Barbecue-Trends von heute.

AM ANFANG WAR DAS FEUER

Ich bezweifle, dass es in Amerika je einen Konsens darüber geben wird, was Barbecue ist und was nicht. Fans können da sehr dogmatisch werden. Nur das, was *sie* unter Barbecue verstehen, ist in ihren Augen das *echte, wahre* Barbecue. Das ist okay. Es bestätigt lediglich, dass in unserem Land eine große Vielfalt besteht. Neues Amerikanisches Barbecue schließt all diese verschiedenen Stilrichtungen mit ein, mit einem Element, das seit den Tagen des *barbacoa* alle Varianten eint: Feuer. Vereinfachend könnte man sagen, Barbecue bedeutet, etwas über dem Feuer zu garen. In diesem Sinne sollten wir dieses Element so gut wie möglich beherrschen, wenn unser Barbecue gelingen soll.

HOLZ

Holz, dem genügend Hitze und Sauerstoff zugeführt wird, brennt. Die Moleküle im Holz werden so heiß, dass sie in einen gasförmigen Zustand übergehen. Dabei werden Hitze und Licht freigesetzt, mit anderen Worten: Feuer und Rauch. Zu Beginn des Brennvorgangs, wenn das Holz noch Feuchtigkeit enthält, entsteht das typische Knistern des Feuers, und der Rauch ist ziemlich dunkel und rußig, weil das Holz Unreinheiten enthält. Sobald das Holz höhere Temperaturen erreicht hat (370 bis 540 °C), gelangen nur noch sehr wenige Rückstände in den Rauch, das heißt, der Rauch wird transparent und hell. Dieser sogenannte »blaue Rauch« transportiert die sanften Holzaromen, die im Barbecue so beliebt sind.

WAS IST RAUCH?

Rauch ist ein Gemisch aus Gasen, Wassertröpfchen und Rußpartikeln. Der sichtbare Anteil besteht aus winzigen Rußpartikeln und Wasserdampf. Was wir nicht sehen, sind die Gase, doch sind es vor allem sie, die den Barbecue-Speisen ihren einzigartigen Geschmack verleihen. Diese Gase transportieren betörend aromatische Holzbestandteile, die uns das Wasser im Munde zusammenlaufen lassen.

Beim Barbecue sollten wir versuchen, diese unsichtbaren Gase einzufangen, nicht den dicken, sichtbaren Qualm. Wenn aus den Lüftungsschiebern Ihres Grills dunkler Rauch wie von einer Dampflock herausquillt, dann ist der Anteil der festen und flüssigen Bestandteile darin bei Weitem zu hoch. Diese setzen sich auf der Oberfläche des Grillguts ab und lassen es rußig schmecken.

Wird das Feuer indes über die Lüftungsschieber mit ausreichend Sauerstoff versorgt und ist der Brennstoff trocken, entwickelt sich die Hitze, die mikroskopisch kleine, herrlich aromatische Rauchpartikel hervorbringt. Dies geschieht normalerweise ab einer Temperatur von 400 °C, aber man kann das kaum messen, weil wir den Fühler eines Fleischthermometers nicht in glühende Kohle stecken sollten. Stattdessen empfiehlt es sich, die Farbe und Dichte des Rauchs zu beobachten.

HOLZKOHLE

Holzkohle entsteht durch die Verkohlung von Holz. In dem auch Pyrolyse genannten Prozess werden unter Luftabschluss alle leichtflüchtigen Bestandteile des Holzes verbrannt. Was zurückbleibt, ist annähernd reiner Kohlenstoff. Holzkohle aus Hartholz ist ein perfektes Beispiel dafür. Sie ist schwarz und unregelmäßig geformt wie angekohltes Holz. Bei manchen Stücken kann man noch die ursprüngliche Maserung erkennen. Wenn Holzkohle aus Holzabschnitten (also Überresten der Holzindustrie) gemacht wird, sieht sie aus wie abgebrochene Bretter, nur eben schwarz. In jedem Fall erfolgt die Herstellung bei sehr hohen Temperaturen (etwa 540°C) in einer sauerstoffarmen Umgebung.

Heute gibt es über 75 verschiedene Arten von Hartholz-Holzkohle, darunter auch einige geschmacklich interessante Arten wie Mesquite- oder Hickory-Holzkohle. Jede Holzart bringt ihr eigenes Aroma und ihre eigenen Brenneigenschaften hervor. So enthält Holzkohle aus Mesquite beispielsweise mehr Lignin (aromatische Phenole) als Hickory-Holzkohle, sodass sie bei höheren Temperaturen verbrennt und dem Grillgut eine schärfere Note verleiht. Wenn bei der Herstellung von Holzkohle eher Industrieabfälle zum Einsatz kommen, weiß man nicht, woher das Holz stammt und die Aromen sind eher unspezifisch.

Einige Köche arbeiten lieber mit Holzkohle, weil sie reiner und natürlicher erscheint als Briketts. Sie lässt sich leicht anzünden, erzeugt hohe Temperaturen und einen angenehmen Rauch. Zudem bleibt nur wenig Asche im Grill zurück (weil keine Füllmaterialien verwendet werden). Da die Stücke aber eine unregelmäßige Form und Größe aufweisen, ist auch die Glut nie ganz gleichmäßig, und die Hitzeverteilung kann sich plötzlich dramatisch verändern, wenn die Holzkohle zerfällt. Eine weitere Herausforderung beim Grillen mit Holzkohle ist ihre kurze Brenndauer. Oft verlischt die Glut schon nach einer halben Stunde. Wer nicht ständig Kohle nachlegen möchte, fährt mit Briketts besser.

Holzkohlebriketts erzeugen ebenfalls eine hohe Hitze und brennen länger als Holzkohle. Uneinigkeit herrscht darüber, ob sie auch tatsächlich Aroma beisteuern. Meiner Meinung nach tun das viele Brikettsorten, deswegen grille ich gerne mit Briketts. Das Aroma hängt natürlich von der Art der Briketts ab. Der größte Hersteller in Amerika, Kingsford, begann Ende des 19. Jahrhunderts mit Holzabfällen aus der Produktion des legendären Model-T von Henry Ford. Heute produziert die Firma Briketts aus Sägespänen, die in luftdichten Öfen verkokt werden. Das fein zerspante Holz wird mit Kalk, Borsäure, Kohlestaub, Natriumnitrat und einem Bindemittel wie etwa Maisstärke versetzt. Danach wird die Mischung zu kleinen Kissen gepresst, die so geformt sind, dass die Luft sie später beim Brennen gut umströmen kann.

Angesichts des wachsenden Interesses an natürlichen Produkten bieten einige Hersteller auch 100 Prozent natürliche Briketts an, ohne Zusatz von Stoffen, die die Brenndauer erhöhen und die Entzündbarkeit erleichtern sollen. Die natürlichen Briketts werden fast durchweg aus zermahlener Hartholz-Holzkohle hergestellt und unter dem Zusatz rein pflanzlicher Bindemittel in Form gepresst.

Am anderen Ende der Natürlichkeitsskala stehen Holzkohlearten, die zur besseren Brennbarkeit mit Produkten aus der Petrochemie getränkt wurden. Man muss nur ein Streichholz an solch ein Brikett halten und schon brennt es lichterloh. Die Tatsache, dass sie nach Heizöl riechen, ist natürlich nicht nach jedermanns Geschmack. Ich kenne allerdings Leute, die mit so viel Anzündflüssigkeit beim Grillen großgeworden sind, dass sie glauben, ihr Barbecue *soll* ein wenig nach Öl schmecken. Wie alles beim Barbecue ist das eine Frage des persönlichen Geschmacks. Ich verwende niemals solche Briketts. Holzkohle lässt sich ganz einfach mit Weber®-Anzündwürfeln entfachen.

HOLZ-CHIPS UND -CHUNKS

Ein aus purem Holz entfachtes Feuer bräuchte etwa eine Stunde, bis es so weit heruntergebrannt ist, dass man damit grillen oder räuchern könnte. Es ist in jedem Fall einfacher, auf einer reinen Glut als über züngelnden Flammen zu grillen, und selbst Holzkohle ist in dieser Hinsicht unberechenbar genug. Viele Menschen nutzen als Brennstoff für den Grill daher Holzkohle oder Gas und verwenden Holz nur zur Ergänzung. Das Holz kommt dann in Form von Chips oder Chunks (also größeren Holzstücken) zum Einsatz. Ich verwende gewöhnlich Holz-Chips im Grill und Chunks im Smoker. Tatsächlich können beide Formen die gleichen Aromen und Farben beisteuern. Die Entscheidung ist vorwiegend eine Frage des praktischen Nutzens.

Holz-Chips verbrennen sehr schnell. Selbst wenn sie (wie es sein sollte) in Wasser eingeweicht wurden, verbrennen sie schneller als Holzstücke. Ich wässere meine Räucherchips mindestens 30 Minuten, manchmal auch länger, denn sie müssen gut mit Wasser vollgesogen sein. Wenn ich sie aus dem Wasser nehme, schüttle ich das überschüssige Wasser gründlich ab. Zu viel Wasser kühlt die Glut nur unnötig ab. Ich streue die Chips, in der Regel zwei oder drei große Handvoll auf einmal, über die Glut und verwandle dadurch den Grill umgehend in einen Räucherofen oder Smoker. Die Chips glimmen und schwelen 20–30 Minuten, je nachdem, wie heiß das Feuer ist und wie viel Sauerstoff hineinströmt.

Auch Ihr Gasgrill kann sich in einen Smoker verwandeln, und er ist sogar noch einfacher zu regeln, wenn er über eine Räucherbox verfügt – üblicherweise ein kleiner Metallbehälter mit einem perforierten Deckel zum Aufklappen. Am bequemsten ist eine Räucherbox, die sich direkt über einem Gasbrenner befindet, den man separat regeln kann. Man füllt die Box mit den abgetropften Räucherchips und dreht dann den Brenner auf die höchste Stufe. Die Chips geben innerhalb weniger Minuten Rauch ab. Jetzt reduziert man die Hitze auf ein Minimum (oder stellt sie ganz ab), sodass die Chips nur sanft weiterschwelen ohne Feuer zu fangen. Das Schöne an dem Klappdeckel ist, dass Sie Räucherchips immer wieder auffüllen und also beliebig lange Rauch erzeugen können. Sollten die Chips doch einmal Feuer fangen, können

Sie es mit etwas Wasser aus der Sprühflasche löschen. Das gilt auch für brennende Chips im Holzkohlegrill.

Wenn Ihr Grill nicht über eine Räucherbox und einen speziell dafür vorgesehenen Brenner verfügt, kann man eine Räucherbox auch einzeln kaufen und sie unter oder auf den Grillrost stellen. Platziert man die Räucherbox (vor dem Entzünden des Grills!) unter dem Grillrost direkt über einem oder zwei Gasbrennern, entwickelt sich der Rauch sehr schnell. Der Nachteil ist, dass man in dieser Position keine Chips nachfüllen kann. Stellt man die bewegliche Räucherbox mit den Holz-Chips auf den Grillrost, kann es selbst bei vollständig aufgedrehten Brennern und geschlossenem Deckel bis zu 30 Minuten dauern, bis anständig Rauch entsteht. Deshalb füllen einige Köche erst trockene Holz-Chips in die Räucherbox und geben dann eingeweichte Chips darauf. Die trockenen Chips brennen etwas schneller und entzünden wiederum die feuchten Chips.

Wenn Sie einen Smoker verwenden, in dem das Grillgut mehrere Stunden gart, empfehle ich Chunks. Sie geben über mehrere Stunden Rauch ab und müssen zuvor nicht eingeweicht

werden. Man legt die trockenen Stücke einfach auf die glühende Kohle. In der Regel beginne ich mit vier bis sechs großen Handvoll Chunks, wobei manchmal schon ein einzelnes Stück eine Handvoll sein kann. Die erste Ladung sollte über mehrere Stunden Rauch abgeben. Danach kann man immer wieder etwas nachlegen, um für einen kontinuierlichen Rauch zu sorgen.

⏷ MIT HOLZ WÜRZEN

In der Barbecue-Szene wimmelt es von unterschiedlichen Meinungen darüber, welche Holzart am besten zu welchem Fleisch passt. Früher war alles einfacher. Die Leute befeuerten den Räucherofen mit dem Holz, das gerade zur Verfügung stand und preiswert war. Deshalb sind Hickory- und Pekanholz in North und South Carolina in Kombination mit Schweinefleisch so beliebt. In Texas schwören die Pitmaster auf Pfahleiche und Mesquite, denn die wachsen dort eben. Ein charakteristischer Bestandteil des Santa-Maria-Barbecue in Kalifornien ist das Aroma der Roteiche, die an den Hügeln des Santa Maria County gedeiht. So haben sich in manchen amerikanischen Regionen bestimmte Kombinationen durchgesetzt. Sie können nach Belieben diesen Traditionen folgen oder eigene Mischungen ausprobieren. Für den Anfang empfehle ich die fünf klassischen Grillhölzer. Es sind die am häufigsten angebotenen Holzarten.

APFEL
MILD
Eines der mildesten Hölzer. Sein Rauch ist leicht süßlich und schmeckt herrlich zu Fisch, Meeresfrüchten, Geflügel und Schwein.

KIRSCHE
MILD
Dieses Holz hat ähnlich wie Apfel eine leicht fruchtige Note und verleiht dem Grillgut zusätzlich eine tiefdunkle Farbe – sehr eindrucksvoll bei Barbecue-Hähnchen oder -Schweinerippchen.

EICHE
MITTEL
Der Rauch von Eichenholz ist mittelstark und passt zu fast allen Speisen, gern auch im Zusammenspiel mit anderen Hölzern. Probieren Sie Ihre Lieblingskombination aus.

HICKORY
MITTEL
Hickory gehört zur Familie der Walnussgewächse und ist der amerikanische Grillklassiker. Sein Rauch ist nussig, ähnlich dem der Eiche, aber etwas intensiver. Passt gut zu Schwein und Rind. Pekanholz hat ein ähnliches Raucharoma wie Hickory.

MESQUITE
STARK
Dieser Favorit des Südwestens ist ziemlich intensiv und daher mit Vorsicht zu verwenden – ähnlich wie scharfe Chilischoten. Bei zu hoher oder übertrieben langer Dosis bekommt das Fleisch ein bitteres, beißendes Aroma. Die Intensität des Mesquiterauchs wird durch Apfel- oder Kirschnoten gut abgerundet.

WAS GIBT ES NOCH?

Im Spezialhandel findet man mindestens ein Dutzend weiterer Holzarten. Erlenholz ist phänomenal zu Fisch. Maple (Ahorn) ist eine gemäßigte Wahl für Geflügel und Schwein. Walnussholz hat ein schweres Aroma und viele Bitterstoffe ähnlich wie Mesquite, daher sollte man es eher sparsam und in Kombination mit milderen Holzsorten einsetzen.

Egal, welches Holz Sie wählen, es muss auf jeden Fall freiluftgetrocknet sein. Das im Einzelhandel speziell für den Grill in Form von Chunks oder Chips erhältliche Holz ist stets gut abgelagert. Wenn Sie aber Ihr eigenes Holz verwenden, müssen Sie es erst lange genug an der Luft lagern. Frisch geschnittenes (grünes) Holz enthält bis zu 50 Prozent Wasser, was ein gleichmäßiges Brennen verhindert und zu nicht erwünschter Qualmbildung führt. Weichholz wie Pinien- oder Zedernholz ist ebenfalls problematisch. Es eignet sich wunderbar zur Möbelherstellung, aber sein hoher Harzgehalt stört beim Barbecue, daher sollten Sie beim (dichteren) Hartholz bleiben.

WIE } FUNKTIONIERT'S?

Welche Ausrüstung jeder Einzelne zum Barbecue verwendet, hängt oft davon ab, was man bereits zuhause hat. Wenn Ihr Grill die gewünschten Temperaturen hält und der Holzrauch um das Grillgut strömen kann, steht einem Barbecue nichts mehr im Wege. Jede Bauart hat jedoch ihre spezifischen Funktionsweisen und Vorteile. Water Smoker sind so gebaut, dass über Stunden (sogar über Nacht) eine konstant niedrige Temperaturen gehalten wird, ohne dass man sich viel darum kümmern muss. Ein Holzkohlegrill mit Deckel kann so ziemlich alles, was ein Water Smoker kann (und mehr), aber man muss sich viel häufiger um das Feuer beziehungsweise die Glut kümmern, vor allem bei längeren Garzeiten. Die Einhaltung von konstanten Temperaturen gelingt mit einem Gasgrill am einfachsten, und die Flexibilität, gleichzeitig mit verschiedenen Hitzezonen arbeiten zu können, eröffnet eine Vielzahl zusätzlicher Möglichkeiten. Manche Gasgrills verfügen darüber hinaus über eine eingebaute Räucherbox für Holz-Chips, die das Barbecue noch einfacher machen.

SMOKER

Wie bei einem Kugelgrill gelangt auch in einem Smoker Luft von unten in die Grillkammer und versorgt die auf einem Rost liegende Holzkohle mit dem notwendigen Sauerstoff. Die Hitze strahlt nach oben ab, wird über den Grillrost geleitet und strömt, vermischt mit Rauch, durch die Grillkammer. Der große Unterschied ist, dass die Temperatur im Smoker fast immer niedrig ist (110 bis 135°C), da weniger Sauerstoff als in einem Kugelgrill zugeführt wird. Die Hitze ist außerdem immer indirekt, weil sich zwischen Holzkohle und Grillgut eine Wasserschale befindet. Die Schale strahlt die direkte Hitze zurück und das Wasser absorbiert viel von der Hitze in der Grillkammer. Je mehr Wasser man in die Schale gießt, desto mehr Hitze kann es absorbieren. Das Wasser gibt die Hitze zusammen mit Feuchtigkeit aber auch wieder an die Umgebung ab. Wenn man den Deckel anhebt, entweicht viel Hitze, aber das erhitze Wasser speichert genug Energie, um die Temperatur im Innern wieder rasch ansteigen zu lassen.

HOLZKOHLEGRILL

Ein Holzkohlegrill ist ein kulinarischer Tausendsassa – ein erstaunlich leistungsfähiges, vielseitig einsetzbares Gerät, mit dem man unter anderem grillen, braten und räuchern kann, je nachdem, wie man das Feuer und das Grillgut darin anordnet.

In einem Kugelgrill erfolgt die Sauerstoffzufuhr für die Holzkohleglut hauptsächlich über den Lüftungsschieber im unteren Teil des Kessels. Wenn die Holzkohle auf einem Rost liegt, kann reichlich Sauerstoff unter und zwischen die Holzkohle gelangen, sodass rasch hohe Temperaturen erreicht werden. Die glühende Holzkohle strahlt die Hitze direkt auf das Grillgut ab, vergleichbar mit Sonnenstrahlen, die mit immer größerer Entfernung von der Sonne schwächer werden.

Die Hitze wird auch über die Metallstäbe des Grillrosts weitergeleitet. Was direkt mit ihnen in Berührung gelangt, wird dadurch angebraten. Außerdem zirkuliert die Hitze unter dem geschlossenen Deckel. Der Lüftungsschieber im Deckel lässt die heiße Luft entweichen und erzeugt einen Unterdruck, der wiederum frische Luft durch den unteren Lüftungsschieber ansaugt. Dieser Luftstrom sorgt für eine gute Verteilung von Hitze und Rauch im Innern des Grills – man spricht von Konvektion oder Umluft. Je weiter die Lüftungsschieber geöffnet sind, desto schneller geht die Konvektion vonstatten und desto höher steigen die Temperaturen.

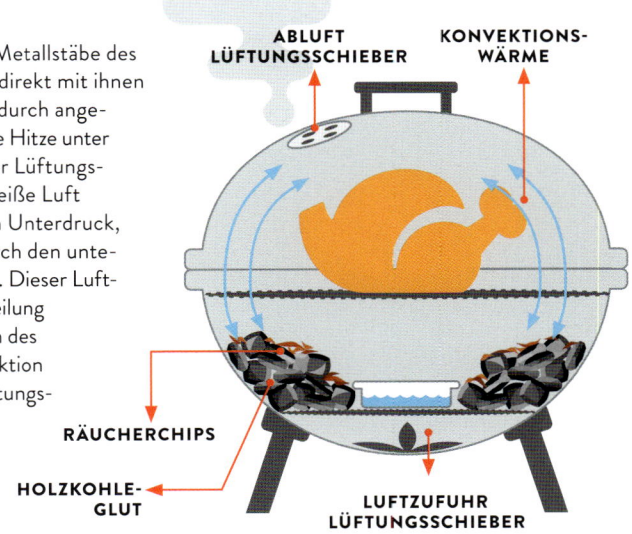

GASGRILL

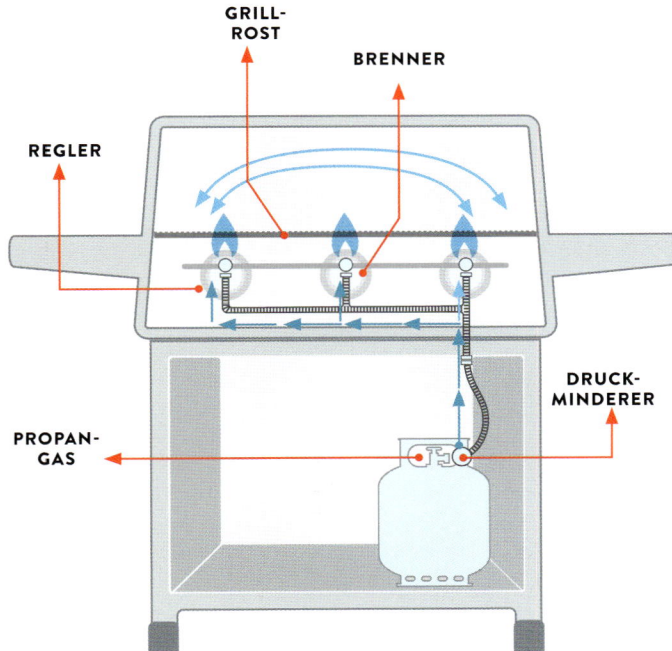

Ganz anders verhält es sich beim Grillen mit Gas. Der Brennstoff und der Brennvorgang unterscheiden sich grundlegend vom Holzkohlegrill. Der Brennstoff befindet sich meist in einem tragbaren Druckbehälter mit Flüssigpropan. Sobald das flüssige Propan aus der Flasche entweicht, wird es gasförmig und kann durch einen Funken entzündet werden. Der Funke kommt aus einem mechanischen Zünder, der bei Betätigung einen einzelnen lauten Klickton erzeugt, oder aus einem batteriebetriebenen Zünder, der mehrere leisere Klicks von sich gibt. Das an den Funken vorbeiströmende Gas entzündet sich. Der Druckminderer des Gasgrills ist ein runder Knopf zwischen der Gasflasche und den Ventilen, der aussieht wie eine fliegende Untertasse. Seine Aufgabe ist es, den Druck des aus der Gasflasche strömenden Gases zu regeln. Das Gas strömt durch einen Schlauch zu den Ventilen, die durch die Bedienknöpfe geregelt werden. Je höher die mit dem Bedienknopf eingestellte Stufe, desto mehr Gas strömt zu den Brennern, und die blaue Flamme über den Brennern wird größer. Die Metallschienen über den Brennern strahlen die Hitze nach oben zum Grillrost ab, der sie wiederum auf das Grillgut überträgt. Beim Grillen tropft Fett auf die heiße Oberfläche im Innern des Grills und verbrennt zu Rauch. Bei geschlossenem Deckel, wenn Luft von unten in die Grillkammer strömt, zirkulieren Hitze und Rauch um das Grillgut und verleihen ihm das typische Barbecue-Aroma. Man kann zusätzliches Holzraucharoma erzeugen, indem man die auf Seite 10 beschriebenen Räuchertechniken anwendet.

Brennstoffe wie Erdgas und Propan verbrennen rückstandsfrei, ohne Rauch und Asche. Erdgas kann man über das allgemeine Versorgungsnetz beziehen. Propangas wird zu Flüssiggas komprimiert und kann anschließend bequem in entsprechenden Druckbehältern transportiert werden. Beim Grillen und Räuchern liefern Erd- und Propangas fast identische Resultate, die Bauart des Grills für die beiden Arten von Gas ist jedoch unterschiedlich. Viele Barbecue-Restaurants, darunter einige der berühmtesten, verwenden gasbetriebene Smoker, in denen Holz nur zur Aromagewinnung verbrannt wird. Für den Koch lassen sich Feuer und Geschmack so leichter steuern. Dies gilt natürlich auch für den Hobbykoch.

HOLZKOHLE ANZÜNDEN

Ein Anzündkamin ist ein Metallzylinder mit zwei Außengriffen und einem gelochten Metallgitter im Innern. Legen Sie Weber®-Anzündwürfel in die Kammer unter dem Gitter, füllen Sie den Kamin mit Holzkohlebriketts und zünden Sie die Anzündwürfel an.

Durch den Kamineffekt wird die Hitze im Anzündkamin von unten nach oben gleichmäßig verteilt, das heißt, alle Briketts gelangen fast gleichzeitig zum Glühen. Die gesamte Holzkohle gibt anschließend fast gleichmäßige Temperaturen ab.

Sobald die Briketts mit einer feinen grauen Ascheschicht überzogen sind, heben Sie mit Grillhandschuhen den Anzündkamin an beiden Griffen hoch und schütten die glühenden Briketts mithilfe des beweglichen Scharniergriffs zielgenau auf den Kohlerost.

GASGRILL ANZÜNDEN

Das Anzünden ist meist völlig unkompliziert: Man öffnet den Deckel, dreht das Gas auf und zündet nach Anweisung seines Herstellers die Brenner. Wenn man das Ventil der Gasflasche (oder den Regler der Erdgaszufuhr) ganz geöffnet hat, sollte man 2 bis 3 Sekunden warten, bis das Gas durch die Leitungen geströmt ist. Dann werden die Brenner nacheinander aufgedreht und angezündet. Schließen Sie nun den Deckel und heizen Sie den Grill auf etwa 260 °C vor.

DIREKTE UND INDIREKTE HITZE

Ich werde häufig gefragt, was mein wichtigster Tipp zum Thema Grillen und Barbecue ist. Die Frage ist schwer zu beantworten, weil die meisten wichtigen Hilfestellungen sich auf eine bestimmte Fleischsorte oder Zubereitungsart beziehen. Meine Antwort ist daher meist: Wenn Sie lernen, mit direkter und indirekter Hitze im Grill zu arbeiten, werden Sie Ihre Erfolgschancen beim Grillen beträchtlich steigern. Wenn Sie sich hingegen nur auf eine Hitzezone beschränken, entgehen Ihnen zahlreiche Variationsmöglichkeiten und viel Flexibilität. Ein guter Grillkoch beherrscht das Feuer, nicht umgekehrt.

Wenn das Grillgut direkt über der Glut oder dem Feuer liegt, grillt man mit direkter Hitze. Befindet sich die Glut oder das Feuer neben dem Grillgut oder befindet sich etwas zwischen der Hitzequelle und dem Grillgut, spricht man von indirekter Hitze.

Kleines Grillgut, dünnes und zartes Fleisch gelingen am besten bei direkter Hitze – also etwa Burger, Steaks, Meeresfrüchte aller Art und Gemüse. In wenigen Minuten ist das Grillgut außen angebraten und die Hitze weit genug ins Innere eingedrungen, um auch dort den notwendigen Garvorgang abzuschließen. Verwendet man bei großen, zähen Fleischzuschnitten wie beispielsweise bei einer Schweineschulter lediglich direkte Hitze, ist der Braten außen längst verbrannt, bevor er innen gar, geschweige denn zart geworden ist.

Indirekte Hitze funktioniert am besten bei größeren, zähen Fleischstücken. Größere Bratenstücke, ganze Hähnchen oder Ribs benötigen eine sanfte, zirkulierende Hitze und längere Garzeiten.

> **EIN GUTER GRILLKOCH BEHERRSCHT DAS FEUER, NICHT UMGEKEHRT.**

GRUND }ANORDNUNG

▼ INDIREKT GRILLEN

Bei einem Holzkohlegrill liegen die glühenden Briketts auf der linken und rechten Seiten des Kohlerost, die Mitte bleibt also frei. So erhält man an den Seiten jeweils eine Zone mit direkter Hitze und in der Mitte eine Zone mit indirekter Hitze. Man kann die Kohle entweder in spezielle Kohlekörbe geben oder sie locker auf den beiden Seiten des Kohlerosts anhäufen. Manchmal ist es hilfreich, eine mit Wasser gefüllte Aluschale in die Mitte des Rosts zu stellen. Das verdampfende Wasser trägt zum Erhalt einer gleichmäßigen Temperatur bei.

Bei einem Gasgrill werden für indirekte Hitze gewöhnlich die äußeren Brenner angezündet (bei zwei Brennern nur einer), während die Brenner in der Mitte aus bleiben. Bei einem Grill mit drei Brennern heizt man den Grill mit drei eingeschalteten Brennern etwa 10 Minuten vor, stellt dann den mittleren Brenner aus und regelt die anderen beiden Brenner entsprechend der gewünschten Temperatur. Ein Gasgrill mit sechs Brennern wird etwa 10 Minuten mit allen Brennern vorgeheizt, anschließend werden ein oder zwei Brenner in der Mitte ausgeschaltet.

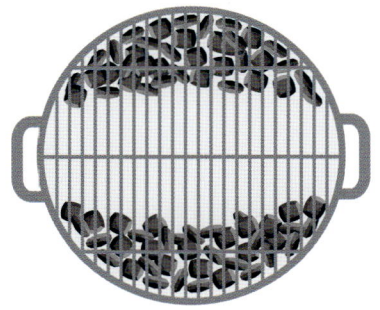
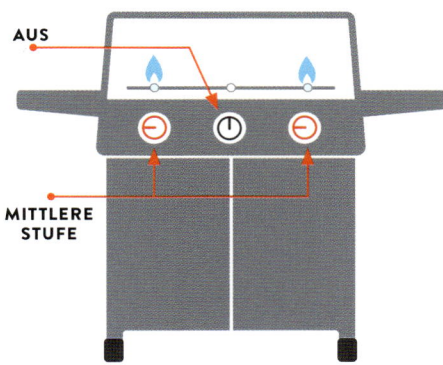

AUS

MITTLERE STUFE

▼ DIREKT GRILLEN

Wenn Sie ausschließlich mit direkter Hitze grillen möchten, verteilen Sie die glühende Holzkohle in einer Schicht auf dem gesamten Kohlerost. Dadurch entsteht eine große Fläche mit direkter Hitze. Es empfiehlt sich jedoch immer, einen kleinen Bereich des Kohlerosts frei zu halten. Denn wenn es zu Flammenbildung kommt, haben Sie für Ihr Grillgut eine Art Sicherheitszone, in der es über indirekter Hitze weitergrillen kann. Beim Grillen mit direkter Hitze auf dem Gasgrill wird das Grillgut einfach über den angezündeten Brennern gegrillt.

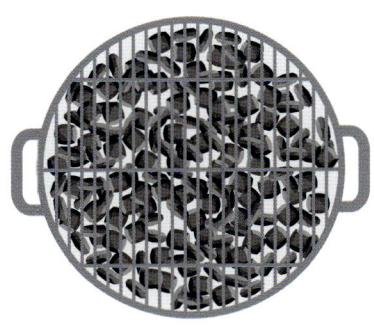
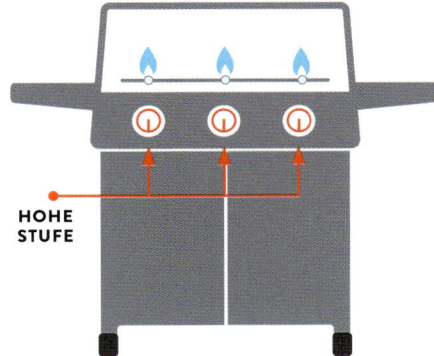

HOHE STUFE

SICHERHEIT
▼

Bitte lesen Sie die Bedienungsanleitung Ihres Grills und befolgen Sie alle Hinweise, die unter »Gefahren« »Warnung« und »Sicherheit« stehen. Machen Sie sich auch mit den darin enthaltenen Hinweisen zum Grillen und den Wartungsvorschriften vertraut.

Wenn Sie die Bedienungsanleitung Ihres Grills nicht finden, kontaktieren Sie den Hersteller, bevor Sie das Gerät verwenden. Wenn Sie Fragen zu den Sicherheits- und Warnhinweisen in der Bedienungsanleitung Ihres Weber®-Grills oder keine Anleitung für Ihren Grill haben, wenden Sie sich bitte an Weber-Stephen Deutschland unter der Servicenummer 06132/8999-0, bevor Sie den Grill verwenden. Sie finden einen Teil der Bedienungsanleitungen auch unter www.weberstephen.de.

SMOKER } EINSTELLUNGEN

Räuchergrills gibt es in den unterschiedlichsten Formen und Designs. Die Bauarten sind dabei so verschieden, dass man kaum glauben möchte, all diese Geräte erfüllen dieselbe Funktion.

Es gibt gemauerte Grillgruben, sogenannte Cinderblock Pits, in denen auf einer Seite oder aber unten ein Holzfeuer brennt. Im Barrel Smoker (der wie ein liegendes Ölfass oder ein dickes Rohr geformt ist) befindet sich die Feuerquelle ebenfalls an einer Seite, sodass Hitze und Rauch horizontal über das Grillgut strömen. Es gibt Rotisserie Smoker mit an Riesenräder erinnernden, elektronisch rotierenden Drehspießen. Pellet Smoker als kühlschrankartige Räucherschränke haben eine Feuerbox an der Seite, wo eine elektronische Förderschnecke kleine Pellets in den Brenner schiebt. Kamado Smoker wiederum sind aus keramischen Material und haben die Form einer großen Urne. In ihnen befindet sich unten das Feuer und in der Mitte ein Hitzeschild, das die aufsteigende Hitze umleitet.

Und das sind nur einige Beispiele, denn es gibt zahlreiche weitere Varianten. Man kann Tage damit verbringen, die verschiedenen Bauarten von Räuchergrills zu verstehen und ihre Eigenschaften und Preise zu vergleichen. Ganz gleich, für welchen Räuchergrill Sie sich entscheiden, wichtig ist, dass Sie möglichst schnell über seine Eigenschaften und Funktionen Bescheid wissen, um sich nicht mühselig durch Versuch und Irrtum zu quälen. Anfängern rate ich, mit einem einfachen Gerät wie einem vertikalen Smoker einzusteigen. Diese Räuchergrills sind nicht teuer, einfach zu bedienen und liefern vom ersten Tag an zuverlässige Ergebnisse.

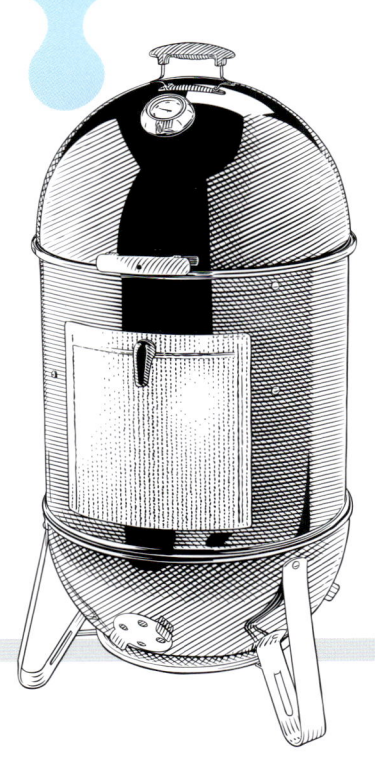

▼ DIE HITZE REGULIEREN

Ein Water Smoker hält normalerweise die Temperatur über mehrere Stunden in einem Bereich zwischen 100 und 135°C, ohne dass man Kohle nachlegen muss. Zur Feinjustierung der Temperatur gibt es verschiedene Möglichkeiten:

1. Am einfachsten lässt sich die Temperatur im Smoker regulieren, indem man die Lüftungsschieber weiter öffnet oder schließt. Je weniger Zuluft in den Räuchergrill einströmen kann, desto niedriger wird die Temperatur. Um die Temperatur zu erhöhen, machen Sie den Schieber weiter auf.

2. Ebenfalls erhöhen lässt sich die Temperatur, wenn man über die Öffnung im Grill Kohle nachlegt, obwohl dies für Rezepte mit weniger als acht Stunden Grillzeit selten notwendig ist.

3. Eine dritte Möglichkeit zur Temperaturregelung ist die Anpassung der Wassermenge in der Wasserschale zwischen der Glut und dem Grillgut. Das Wasser reguliert die Temperatur, indem es Hitze absorbiert und ganz allmählich wieder abgibt. Je mehr Wasser in der Schale ist, desto niedriger wird die Temperatur im Smoker sein. Durch Hinzufügen von Wasser wird die Temperatur also gesenkt.

1 Um den Smoker in Betrieb zu nehmen, zerlegen Sie ihn zunächst in seine drei Hauptbestandteile: Brennkammer (Feuerbox), Grillkammer und Deckel.

2 Legen Sie den Kohlerost in die Brennkammer und setzen Sie den Kohlering darauf. Der Ring hält die Briketts in Form und sorgt mit seinen seitlichen Löchern rundum für eine gute Sauerstoffzufuhr.

3 Füllen Sie den Ring zu etwa drei Vierteln mit Holzkohlebriketts. Füllen Sie einen Anzündkamin mit 12–15 Briketts und zünden Sie sie an einem sicheren Ort an.

4 Wenn die Briketts im Kamin mit einer feinen grauen Ascheschicht überzogen sind, schütten Sie die glühenden Kohlen vorsichtig auf die nicht brennenden Briketts.

5 Verteilen Sie die glühenden Briketts gleichmäßig mit einer langstieligen Zange. Nach und nach werden auch die frischen Briketts zu glühen beginnen und abbrennen. Die Dauer der Glut kann so bis zu acht Stunden betragen, ohne dass nachgelegt werden muss.

6 Nun setzen Sie die Grillkammer, also das Mittelstück des Smokers, auf die Brennkammer. Stellen Sie davor sicher, dass die leere Wasserschale eingehängt und die Zugangstür zur Holzkohle geschlossen ist.

7 Die Wasserschale wird anschließend sofort zu etwa drei Vierteln mit Wasser befüllt, bevor sich die leere Schale zu sehr erhitzt. Dann setzen Sie die beiden Grillroste in der Grillkammer ein.

8 Nun setzen Sie den Deckel auf. Der Smoker hat am Boden der Brennkammer sowie im Deckel Lüftungsschieber. Öffnen Sie den oberen Lüftungsschieber ganz, die unteren Schieber zunächst nur zur Hälfte. Warten Sie, bis der Smoker die ideale Temperatur von 100 bis 135 °C erreicht hat.

9 Öffnen Sie die Zugangstür zur Holzkohle und geben Sie nach Belieben Chunks auf die Glut. Sie können dazu entweder eine langstielige Grillzange oder gut isolierende Grillhandschuhe verwenden. Schließen Sie die Tür und warten Sie einige Minuten, bis aus dem oberen Lüftungsschieber Rauch quillt.

TOP FIVE } BARBECUE-TRENDS HEUTE

1

BARBECUE WIRD PERSÖNLICH

> Regionale Abgrenzungen werden immer unbedeutender. An ihre Stelle treten individuelle Interpretationen, die von Innovation und Kreativität ebenso geprägt sind wie von ehrwürdigen Traditionen. Junge Küchenchefs und Hobbyköche vermengen klassische Techniken mit frischen Aromen und Zutaten und folgen ihrer eigenen Eingebung, um Rezepte wie mit Pulled Pork Bossam gefüllte Salatblätter oder Ribs mit einer Blaubeer-Chipotle-Sauce zu kreieren.

2

BARBECUE IST EINE SPORTART

> In den 1980er-Jahren gründete eine kleine Gruppe Interessierter aus dem Mittleren Westen einen Verein für Leute, die sich im Barbecue messen wollten. Außer Ruhm und Ehre gab es nichts zu gewinnen. Seither nehmen Status und Mitgliederzahlen der Kansas City Barbeque Society (KCBS) stetig zu. Der Verein hat heute weltweit über 21.000 Mitglieder und genehmigt jährlich über 500 Wettbewerbe. Allein im Jahr 2014 wurden an die Teilnehmer mehr als 4,5 Mio. US-Dollar Preisgelder ausgeschüttet.

3
BARBECUE GEHT AUCH MIT GAS

> Früher hatten Barbecue-Restaurants im Hinterhof ein Holzlager, die Öfen wurden ausschließlich mit Holz befeuert. Das wichtigste Utensil des Pitmasters war die Kohleschaufel. Heute grillen und räuchern die besten Barbecue-Köche mit gasbetriebenen, thermostatgesteuerten Smokern mit elektrischen Rotisserien, auf denen sich die Fleischstücke wie im Riesenrad drehen. Holz kommt zwar weiterhin zum Einsatz, jedoch mehr zur Erzeugung von Aromen als von Hitze.

4
BARBECUE WIRD SÜSSER

> Einst ging es beim Barbecue ausschließlich um Fleisch, das manchmal mit Essig und Gewürzen eingerieben wurde. Heute bieten Restaurants gewöhnlich vier bis sechs verschiedene Barbecue-Saucen an, von denen die meisten stark gesüßt sind – mit Zucker, Melasse, Honig oder Agavendicksaft. Ein durchschnittlicher amerikanischer Supermarkt bietet mehr als 20 verschiedene Barbecue-Saucen an, die beliebtesten enthalten über 50 Prozent Maissirup (Isoglukose) oder Zucker.

> Barbecue-Restaurants sind heute hochmoderne Unternehmen, die sich den Bedürfnissen ihrer Kunden anpassen. Immer häufiger finden sich teure Zuschnitte und mit hochwertigen, exotischen Zutaten zubereitete Beilagen auf den Speisekarten, ganz zu schweigen von Craft Beer und Dutzenden Bourbon-Sorten. Viele Lokale servieren ihr Barbecue zwar auch weiterhin auf Wachspapier, aber Gourmetrestaurants mit erlesener Weinkarte und Parkservice nehmen zu.

5
BARBECUE WIRD GEHOBENER

1
VORSPEISEN

22	Sea Breeze Cocktailaustern
24	Gegrillte Austern mit Bourbon-Speck-Butter
26	Geräucherte Jakobsmuscheln mit Weißwein-Butter-Sauce
28	Pikante Garnelen mit grüner Romesco-Sauce
30	Heiß geräucherter Lachs mit Meerrettichsahne
32	Geräucherte Hähnchen-Nachos mit Chilicreme und Avocado
34	Geräucherte Buffalo Wings mit Blauschimmelkäse-Dip
36	Louisiana Chicken Wings mit Cajun-Rub
38	**BARBECUE FEATURE** KOREANISCHES BARBECUE MADE IN USA
40	Warmer Artischockendip mit Parmesankruste
42	Pimiento Cheese
44	Speck-Zwiebel-Confit
45	Geräucherte russische Eier
46	Spinatsalat mit geräuchertem Gemüse und Paprika-Vinaigrette
48	Gerösteter Eisbergsalat mit Buttermilchdressing
49	Gegrillte Brokkolini mit Makkaroni und Zitronenbröseln
50	Auberginenauflauf mit Parmesan und gerösteten Brotbröseln
52	Geräucherte Oliven mit Zitrone, Chilis und Thymian
53	Geröstete Rauchmandeln mit Rosmarin und Meersalz

SEA BREEZE COCKTAILAUSTERN

FÜR 4–6 PERSONEN | **ZUBEREITUNGSZEIT:** 15 MIN., PLUS ZEIT ZUM ÖFFNEN DER AUSTERN
GRILLZEIT: 3–4 MIN. | **ZUBEHÖR:** AUSTERNMESSER

24 frische große Austern
1 große Bio-Navel-Orange
12 Cranberrys, frisch oder TK und aufgetaut
2 EL Wodka
1 EL frisch gepresster Limettensaft

Grapefruitsaft ist eine der klassischen Zutaten für einen Cocktail namens Sea Breeze, einem Sommerklassiker an der US-Ostküste. In jüngster Zeit servieren die hippen Strandresorts in Neuengland eine Variante mit Orangensaft. Das ist typisch für die amerikanische Küche: Alles ist im Fluss, ständig kommen neue Aromen und Techniken hinzu. Ich habe mir für dieses Rezept einige Zutaten bei dem Cocktailklassiker ausgeliehen, um damit ein frisches, sommerliches Relish für gegrillte Austern zu kreieren. Sie können es auch mit einer halben Grapefruit zubereiten, aber ich finde, die Orange passt noch besser zu den Austern.

1 Die Austern jeweils mit der flachen Schalenhälfte nach oben mit einem doppelt gefalteten Küchentuch festhalten. Mit der Spitze des Austernmessers am Scharnier einstechen und den Schließmuskel durchtrennen. Die Schale mit dem Messer aufhebeln, dabei möglichst nichts von der Flüssigkeit in der unteren Schalenhälfte verschütten, und die Schalenhälften ringsum voneinander trennen. Das Austernfleisch zunächst von der oberen, dann vorsichtig von der unteren Schalenhälfte ablösen. Die obere flache Schalenhälfte wegwerfen. Austernfleisch und Flüssigkeit in den unteren Hälften weiterverarbeiten.

2 Den Grill für direkte starke Hitze (230–290 °C) vorbereiten.

3 Von der Orange 2 Streifen Schale, je 8 cm lang und 1½ cm breit, mit einem Sparschäler abziehen und beiseitelegen. Die Orange schälen und filetieren (siehe Bild und Erklärung unten). Die beiden Schalenstreifen mit Orangenfilets und aufgefangenem Saft, Cranberrys, Wodka und Limettensaft im Mixer fein hacken, bis ein noch leicht stückiges Püree entsteht, dabei an der Schüsselwand haftende Reste ab und zu mit einem Teigschaber wieder nach unten schieben und in die Mischung einarbeiten, um eine gleichmäßige Konsistenz zu erreichen.

4 In jede Austernhälfte ½ EL des Orangencocktails geben. Die Austernhälften vorsichtig auf den Grillrost setzen und über **direkter starker Hitze** bei geschlossenem Deckel 3–4 Min. grillen, bis der Cocktail zu köcheln beginnt. Die Austern mit einer Grillzange vorsichtig vom Rost auf einen hitzefesten Teller heben und warm servieren.

Um eine Orange oder eine andere Zitrusfrucht zu filetieren, muss die ganze Frucht zunächst großzügig geschält werden, damit so viel wie möglich von der weißen Haut entfernt wird. Die Orange anschließend in der Hand über eine Schüssel halten und das Fruchtfleisch mit einem Schälmesser entlang der weißen Trennwände einschneiden, um die einzelnen Fruchtsegmente herauslösen zu können. Die herausgeschnittenen Filets zum aufgefangenen Saft in die Schüssel geben.

GEGRILLTE AUSTERN
MIT BOURBON-SPECK-BUTTER

FÜR 4–6 PERSONEN | **ZUBEREITUNGSZEIT:** 10 MIN., PLUS ZEIT ZUM ÖFFNEN DER AUSTERN | **KÜHLZEIT:** 2 STD.
GRILLZEIT: 3–4 MIN. | **ZUBEHÖR:** AUSTERNMESSER

FÜR DIE WÜRZBUTTER
1 Scheibe Frühstücksspeck
125 g weiche Butter
1 EL Bourbon
2 EL fein gehackter Ingwer
1 TL fein gehackte Minzblätter
¼ TL grobes Meersalz

24 frische große Austern

Dieses Rezept stammt geradewegs aus New Orleans, wo gegrillte Austern eine lange Tradition haben. Die Aromen von Speck, Bourbon und Butter spielen in der Küche des Mississippi-Deltas ebenfalls eine große Rolle. Sobald die Butter auf den Austern geschmolzen ist, sollten Sie sich sehr gut isolierende, nicht brennbare Grillhandschuhe überstreifen, um die Austern vom heißen Rost zu heben. Oder Sie nehmen dafür eine langstielige Grillzange. Verschütten Sie beim Herunterheben nicht das kostbare Nass in den Austernschalen!

1 In einer großen Pfanne den Speck auf mittlerer Stufe in 6–8 Min. knusprig braten, dabei gelegentlich wenden. Auf Küchenpapier entfetten. 1 TL des ausgelassenen Fetts aufbewahren. Den Speck fein zerkrümeln, mit dem ausgelassenen Fett sowie den restlichen Zutaten für die Würzbutter in eine Schüssel geben und mit einer Gabel gründlich vermischen. Die Würzbutter auf ein Stück Butterbrotpapier geben und zylinderförmig aufrollen. Beide Enden des Papiers zusammendrücken und mehrmals verdrehen. Mind. 2 Std. in den Kühlschrank legen, bis die Butter ganz fest ist. Die Würzbutter 5 Min. vor dem Grillen aus dem Kühlschrank nehmen und je nach Größe der Austern in ½–1 TL große Stücke schneiden.

2 Den Grill für direkte mittlere bis starke Hitze (200–260 °C) vorbereiten.

3 Die Austern jeweils mit der flachen Schalenhälfte nach oben mit einem doppelt gefalteten Küchentuch festhalten. Mit der Spitze eines Austernmessers am Scharnier einstechen und den Schließmuskel durchtrennen. Die Schale mit dem Messer aufhebeln, dabei möglichst nichts von der Flüssigkeit in der unteren Schalenhälfte verschütten, und die Schalenhälften ringsum voneinander trennen. Das Austernfleisch zunächst von der oberen, dann vorsichtig von der unteren Hälfte ablösen. Die obere flache Schalenhälfte wegwerfen. Austernfleisch und Flüssigkeit in den unteren Hälften weiterverarbeiten. In jede Austernhälfte 1 Stückchen Würzbutter geben.

4 Die Austern über **direkter mittlerer bis starker Hitze** bei geschlossenem Deckel 3–4 Min. grillen, bis die Austernflüssigkeit zu köcheln beginnt, die Butter geschmolzen ist und das Muschelfleisch an den Rändern wellig wird. Die Austern mit Grillhandschuhen oder einer Grillzange vorsichtig vom Rost auf einen hitzefesten Teller heben und sofort servieren.

Wenn Sie Austern zum Grillen kaufen, wählen Sie möglichst große Exemplare, die flach und stabil auf dem Grillrost liegen können, wie die drei links im Bild. Vermeiden Sie kleinere Austern, die schnell austrocknen, oder solche, die auf dem Rost leicht umkippen und ihren kostbaren Saft verschütten, wie die Exemplare rechts im Bild.

GERÄUCHERTE JAKOBSMUSCHELN
MIT WEISSWEIN-BUTTER-SAUCE

FÜR 4–6 PERSONEN | **ZUBEREITUNGSZEIT:** 10 MIN. | **GRILLZEIT:** 8–14 MIN.
ZUBEHÖR: 1 GROSSE HANDVOLL PEKANHOLZ-CHIPS, 1 GUSSEISERNE PFANNE (Ø 25 CM)

12 ausgelöste Jakobsmuscheln (je etwa 40 g), trockengetupft
½ TL grobes Meersalz
½ TL frisch gemahlener schwarzer Pfeffer
1 EL Rapsöl
90 g Butter
1 EL fein gehackter Knoblauch
120 ml trockener Weißwein (z. B. Chardonnay)
2 EL fein gehackte Estragonblätter
abgeriebene Schale von 1 Bio-Zitrone

Gusseiserne Pfannen lassen sich problemlos auf den heißen Grill stellen. Diese Art der Speisenzubereitung hat seit den ersten Tagen der amerikanischen Geschichte Tradition, als Siedler mit schweren Pfannen und Töpfen noch über offenem Feuer kochten. Schwelende Pekan-Chips verleihen den Jakobsmuscheln einen zarten Rauchgeschmack. Das sanfte Räuchern verleiht den Muschelfilets eine seidenweiche Textur, und zusammen mit der warmen, nussigen Buttersauce erhalten Sie eine erlesene Vorspeise.

1 Die Räucherchips mind. 30 Min. wässern.

2 Den Grill für direkte und indirekte mittlere Hitze (175–230 °C) vorbereiten.

3 Den kleinen harten Seitenmuskel, falls noch vorhanden, von den Jakobsmuscheln entfernen, anschließend die Muschelfilets gleichmäßig mit Salz und Pfeffer würzen. Die Chips abtropfen lassen, auf die Glut oder nach Herstelleranweisung in die Räucherbox des Gasgrills geben und den Grilldeckel schließen. Sobald Rauch entsteht, die gusseiserne Pfanne über **direkte mittlere Hitze** auf den Grillrost stellen und ohne die Pfanne vorzuheizen das Öl hineingeben. Die Jakobsmuscheln in die Pfanne legen und über **direkter mittlerer Hitze** bei geschlossenem Deckel 6–10 Min. grillen, bis sie hellbraun und im Kern nicht mehr glasig sind, dabei einmal wenden. Jakobsmuscheln aus der Pfanne heben (die Pfanne auf dem Grill lassen) und warm stellen, während Sie die Sauce zubereiten.

4 Die Hälfte der Butter mit dem Knoblauch in die Pfanne geben und über **direkter mittlerer Hitze** bei geöffnetem Grilldeckel unter ständigem Rühren erhitzen, bis die Butter bräunt. Den Wein zugießen und bei geschlossenem Grilldeckel 2–4 Min. köcheln lassen, bis die Sauce auf etwa 3 EL reduziert ist, dabei gelegentlich umrühren.

5 Die Pfanne über **indirekte mittlere Hitze** ziehen, restliche Butter und Estragon einrühren. Die Pfanne vom Grill nehmen, die Buttersauce über die Jakobsmuscheln löffeln, die Muscheln mit Zitronenschale garnieren und sofort servieren.

Bei diesem Rezept gilt: Größer ist besser. Ideal sind große Jakobsmuscheln, wie die rechts im Bild. Vorausgesetzt, dass sie frisch sind, ist ihre Textur besser als die von kleineren Jakobsmuscheln. Die Muscheln sollten glänzen und süßlich riechen, und ihre Farbe sollte zwischen hellbeige und blassrosa liegen, also nicht strahlend weiß sein.

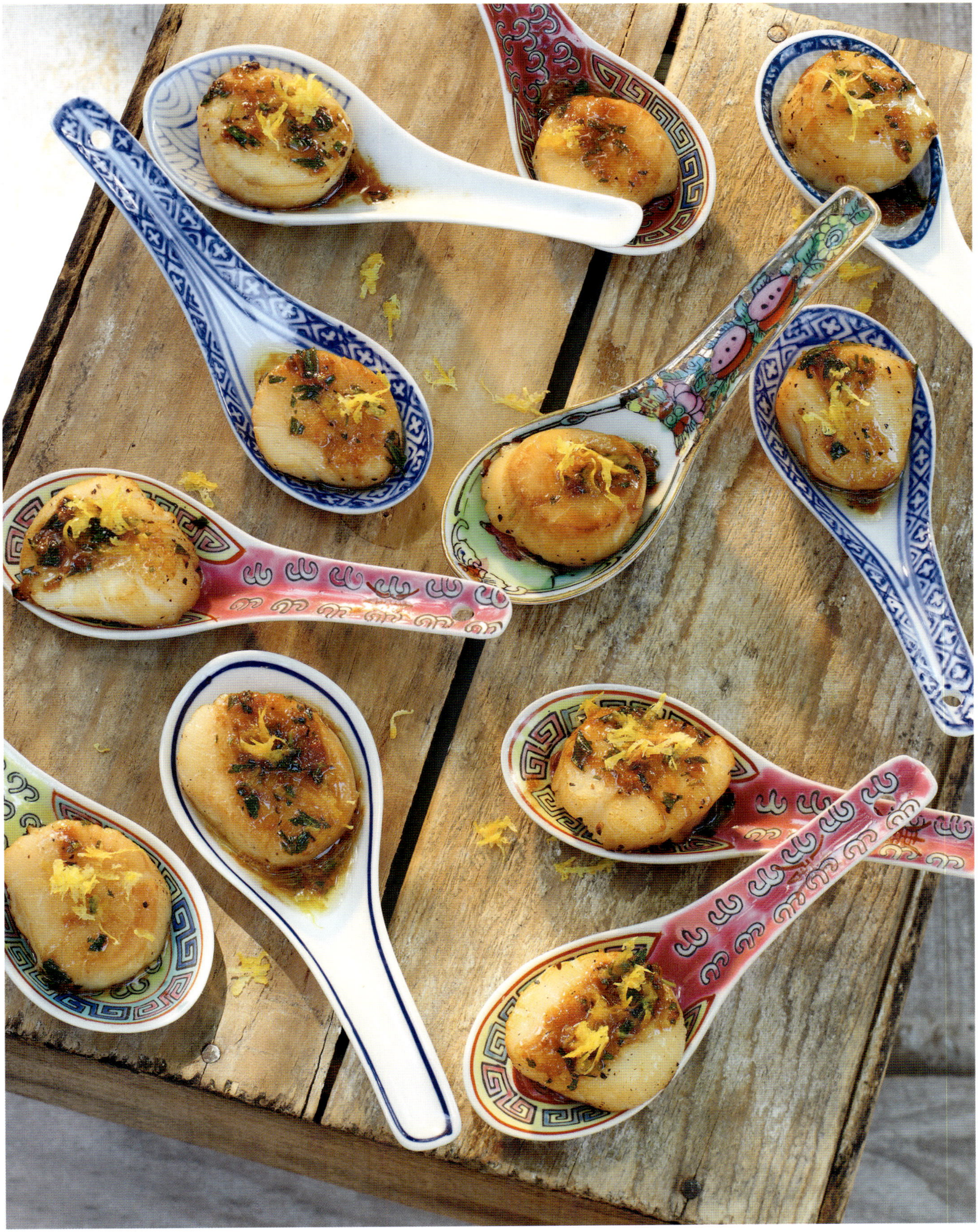

PIKANTE GARNELEN
MIT GRÜNER ROMESCO-SAUCE

FÜR 4–6 PERSONEN | **ZUBEREITUNGSZEIT:** 20 MIN.
GRILLZEIT: 12–16 MIN.

Diese Romesco-Sauce ist weniger süß und erheblich pikanter als die klassische Version mit roten Paprikaschoten, die aus Katalonien stammt und dort mit gemörserten Mandeln gebunden wird. Denken Sie daran, dass Jalapeños unterschiedlich scharf sein können. Probieren Sie ein Stückchen, bevor Sie sich entscheiden, wie viel Sie davon in die Sauce geben. Wer es milder mag, kann ganz auf die Jalapeño-Schoten verzichten.

FÜR DIE SAUCE
2 Poblano-Chilischoten (insgesamt etwa 220 g)
20 g Koriandergrün
4 EL Mandelblättchen, geröstet
1 kleine Jalapeño-Chilischote, entkernt und fein gehackt
1 EL frisch gepresster Zitronensaft
1 mittelgroße Knoblauchzehe, geschält
¼ TL frisch gemahlener schwarzer Pfeffer

Olivenöl
grobes Meersalz
1 TL geräuchertes Paprikapulver
450 g große Garnelen (Größe 21/30), geschält, entdarmt, mit Schwanzsegment, trockengetupft

1 Den Grill für direkte starke Hitze (230–290 °C) vorbereiten.

2 Die Poblano-Schoten über **direkter starker Hitze** bei geschlossenem Deckel grillen, bis die Haut nach 10–12 Min. stellenweise verkohlt ist und Blasen wirft, dabei gelegentlich wenden. Die Chilis vom Grill nehmen und in einer mit Frischhaltefolie abgedeckten Schüssel 10 Min. ausdampfen lassen. Anschließend die verkohlte Haut abziehen, Stiele und Kerne entfernen, das Fruchtfleisch grob hacken.

3 In der Küchenmaschine die Poblanos mit den restlichen Zutaten für die Sauce, 60 ml Öl und ½ TL Salz nicht ganz glatt pürieren. Die Sauce in eine Servierschüssel geben.

4 In einer mittelgroßen Schüssel 1 EL Öl mit ½ TL Salz und dem Paprikapulver verrühren. Die Garnelen hinzufügen und gut mit dem Würzöl vermischen. Die Garnelen auf den Rost legen und über **direkter starker Hitze** bei geschlossenem Deckel 2–4 Min. grillen, bis sie sich fest anfühlen und im Kern nicht mehr glasig sind, dabei einmal wenden.

5 Die Garnelen vom Rost nehmen und warm mit der Romesco-Sauce als Dip servieren.

Grillt man Poblano-Chilis über starker Hitze, bis die Schoten schwarz sind und die Haut Blasen wirft, verwandeln sie sich in eine wunderbar rauchige Variante ihrer selbst. Zum Entfernen der Haut legt man die gegrillten Chilischoten zunächst in eine mit Frischhaltefolie abgedeckte Schüssel und lässt sie 10 Min. ausdampfen. Anschließend kann man die verkohlte Haut leicht abziehen.

HEISS GERÄUCHERTER LACHS
MIT MEERRETTICHSAHNE

FÜR 6–8 PERSONEN | **ZUBEREITUNGSZEIT:** 15 MIN. | **EINLEGEZEIT:** 4–8 STD. | **GRILLZEIT:** 40–90 MIN.
KÜHLZEIT: 2 STD. (NACH BELIEBEN) | **ZUBEHÖR:** 3 GROSSE HANDVOLL BUCHENHOLZ-CHIPS

FÜR DIE PÖKELMISCHUNG
100 g Rohrohrzucker
4 EL grobes Meersalz
1 EL grob gemahlener schwarzer Pfeffer
1 EL fein abgeriebene Schale von 1 Bio-Zitrone

1 Lachsfilet mit Haut (etwa 1 kg), entgrätet
2 EL Olivenöl

FÜR DIE MEERRETTICHSAHNE
125 g Sahne, gekühlt
1 EL fein geriebener frischer Meerrettich oder 2 TL Tafelmeerrettich
½ TL fein abgeriebene Schale von 1 Bio-Zitrone
1 kräftige Prise grobes Meersalz
1 kräftige Prise frisch gemahlener schwarzer Pfeffer
einige Tropfen scharfe Chilisauce

2 EL Schnittlauchröllchen
gegrillte Bio-Zitronenscheiben
geröstete Baguettescheiben

Sie kennen fein aufgeschnittenen Räucherlachs, dessen Fleisch relativ fest und trocken ist, da es kalt, das heißt bei Temperaturen unter 40 °C in kommerziellen Räucheranlagen geräuchert wurde. In diesem Rezept wird der Lachs, der zuvor trocken gepökelt wurde, mit Buchenholz-Chips heiß geräuchert, bis das Fischfleisch so zart ist, dass es blättrig zerfällt, aber noch sehr saftig ist. Sie können den Lachs warm genießen, doch sein volles Aroma kommt erst zur Entfaltung, wenn er nach dem Räuchern einige Zeit gekühlt und dann raumtemperiert serviert wird. Dazu gibt es eine Meerrettichsahne mit leichter Zitrusnote.

1. Die Zutaten für die Pökelmischung vermengen. Ein Drittel davon auf dem Boden eines großen Backblechs verteilen. Das Lachsfilet mit der Haut nach unten auf die Mischung legen. Die übrige Mischung gleichmäßig auf dem Lachsfilet verteilen und sanft ins Fleisch drücken. Mit Frischhaltefolie abdecken und 4–8 Std. kalt stellen.

2. Die Räucherchips mind. 30 Min. wässern.

3. Den Lachs vom Blech heben und die Pökelmischung unter fließendem kaltem Wasser abspülen. Den Fisch mit Küchenpapier trockentupfen und auf beiden Seiten mit dem Öl einpinseln.

4. Den Grill für indirekte schwache Hitze (möglichst 120 °C) vorbereiten.

5. Von den Chips 1 Handvoll abtropfen lassen, auf die Glut oder nach Herstelleranweisung in die Räucherbox des Gasgrills geben und den Grilldeckel schließen. Sobald Rauch entsteht, das Lachsfilet mit der Haut nach unten über **indirekter schwacher Hitze** bei geschlossenem Deckel je nach Dicke des Filets 40–90 Min. grillen, bis das Fleisch fest und im Kern noch leicht rosa ist. Den Fisch auf keinen Fall übergaren. Dabei alle 20–30 Min. 1 Handvoll Räucherchips nachlegen, bis alle Chips verbraucht sind. Wenn Sie einen Holzkohlegrill verwenden, weitere Briketts nachlegen, um die Temperatur konstant zu halten.

6. Das Lachsfilet vom Rost heben und auf Raumtemperatur abkühlen lassen. Dann mit Frischhaltefolie abdecken und nach Belieben mind. 2 Std. kalt stellen, damit sich das volle Lachsaroma entfalten kann. Inzwischen die Meerrettichsahne zubereiten.

7. Die Sahne schlagen, bis weiche Spitze stehen bleiben. Die restlichen Zutaten unterrühren. In eine Servierschüssel geben, abdecken und die Meerrettichsahne bis zum Servieren im Kühlschrank aufbewahren.

8. Den Lachs aus dem Kühlschrank nehmen und Raumtemperatur annehmen lassen. Mit Schnittlauch garnieren und mit der Meerrettichsahne, gegrillten Zitronenscheiben und gerösteten Baguettscheiben servieren.

Sie tun sich einen großen Gefallen, wenn Sie für dieses Rezept frischen Meerrettich kaufen. Wählen Sie ein festes Stück ohne schadhafte Stellen, das schwer in der Hand liegt. Den Meerrettich mit einer Gemüsebürste säubern und mit einem Gemüseschäler schälen, anschließend die benötigte Menge mit einer feinen Reibe abreiben. Die übrige Meerrettichwurzel in Frischhaltefolie einwickeln und im Kühlschrank aufbewahren.

GERÄUCHERTE HÄHNCHEN-NACHOS
MIT CHILICREME UND AVOCADO

FÜR 6 PERSONEN | **ZUBEREITUNGSZEIT:** 20 MIN. | **GRILLZEIT:** 32–39 MIN. | **ZUBEHÖR:** 2 GROSSE HANDVOLL MESQUITE- ODER HICKORYHOLZ-CHIPS, GROSSE GRILLFESTE PFANNE ODER EINWEG-ALUSCHALE

FÜR DIE CHILICREME
200 g Schmand
1 Chipotle-Chili in Adobo-Sauce (Dose), fein gehackt
1 EL frisch gepresster Limettensaft
¼ TL grobes Meersalz

FÜR DIE WÜRZMISCHUNG
2 TL grobes Meersalz
1 TL frisch gemahlener schwarzer Pfeffer
1 TL gemahlener Kreuzkümmel
1 TL Paprikapulver
½ TL Cayennepfeffer

4 halbe Hähnchenbrüste am Knochen und mit Haut (je etwa 225 g)
350 g Tortillachips (Fertigprodukt)
400 g milder Cheddar, grob gerieben
4 Frühlingszwiebeln, in feine Ringe geschnitten
2 EL fein gehackte Jalapeño-Chilischoten
1 große Avocado, in 1 cm große Würfel geschnitten
Saft ½ Limette
4 EL grob gehackte Korianderblätter
Salsa (Fertigprodukt; nach Belieben)

Für dieses Rezept kann man auch wunderbar übrig gebliebenes Hähnchen- oder Putenfleisch verarbeiten. Jeder nascht gerne von Nachos mit Käse und Fleisch, serviert mit einer rauchigen Chilicreme und frischer Avocado. Es lohnt sich für dieses Rezept, ein paar würzige Hähnchenbrüste am Knochen zu kaufen, die zwar auf dem Grill länger brauchen, dafür aber auch mehr Zeit haben, den aromatischen Rauch aufzunehmen.

1 Die Räucherchips mind. 30 Min. wässern.

2 Die Zutaten für die Chilicreme in einer Schüssel gründlich verrühren, dabei auch den Saft von der gehackten Chipotle-Schote mit unterrühren. Die Creme bis zum Servieren in den Kühlschrank stellen.

3 Den Grill für indirekte mittlere Hitze (175–230 °C) vorbereiten.

4 Die Zutaten für die Würzmischung vermengen und damit die Hähnchenbrüste von allen Seiten und das Fleisch unter der Haut einreiben.

5 Die gesamten Räucherchips abtropfen lassen, auf die Glut oder nach Herstelleranweisung in die Räucherbox des Gasgrills geben und den Grilldeckel schließen. Sobald Rauch entsteht, die Hähnchenbrüste mit der Hautseite nach unten über *indirekter mittlerer Hitze* bei geschlossenem Deckel 25–30 Min. grillen, bis beim Einstechen klarer Fleischsaft austritt und das Fleisch am Knochen nicht mehr rosa ist. Dabei einmal wenden, wenn sich die Haut leicht vom Rost lösen lässt. Hähnchenbrüste vom Grill nehmen und etwas abkühlen lassen. Haut und Knochen der Hähnchenbrüste entfernen und wegwerfen, das Hähnchenfleisch in Stücke zupfen.

6 Die Grilltemperatur auf indirekte starke Hitze erhöhen (230–290 °C).

7 Die Hälfte der Tortillachips in der großen grillfesten Pfanne oder Einweg-Aluschale verteilen. Jeweils die Hälfte von Käse, Frühlingszwiebeln, Jalapeño-Chili und Hähnchenfleisch über den Chips verteilen. Die übrige Hälfte dieser Zutaten darüberschichten.

8 Die Pfanne oder Schale mit den Nachos über *indirekter starker Hitze* bei geschlossenem Deckel 7–9 Min. grillen, bis der Käse geschmolzen ist und die Chips goldbraun sind. Pfanne oder Schale mit isolierenden Grillhandschuhen vorsichtig vom Grillrost nehmen und auf eine hitzefeste Unterlage stellen. Die Nachos mit Avocadowürfeln bestreuen, Chilicreme darüberlöffeln und alles mit Limettensaft beträufeln. Mit Koriander garnieren und nach Belieben mit etwas Salsa heiß servieren.

GERÄUCHERTE BUFFALO WINGS
MIT BLAUSCHIMMELKÄSE-DIP

FÜR 6–8 PERSONEN | **ZUBEREITUNGSZEIT:** 15 MIN. | **GRILLZEIT:** ETWA 20 MIN.
ZUBEHÖR: 1 GROSSE HANDVOLL AHORN- ODER KIRSCHHOLZ-CHIPS

FÜR DIE SAUCE
4 EL Mais- oder Erdnussöl
4 EL scharfe Chilisauce
2 TL grobes Meersalz
1 TL gemahlener weißer Pfeffer
1 TL frisch gemahlener schwarzer Pfeffer
½ TL Knoblauchpulver

1,8 kg Hähnchenflügel, jeweils am Gelenk zerteilt, Flügelspitzen abgeschnitten

FÜR DEN DIP
120 g Blauschimmelkäse
100 g Schmand
4 EL Mayonnaise
2 EL frisch gepresster Zitronensaft
½ TL Selleriesamen
½ TL grobes Meersalz

scharfe Chilisauce

Die Hähnchenflügel sind nach der Stadt Buffalo im Bundesstaat New York benannt, wo sie erstmals in einer Bar als Imbiss angeboten wurden. Verbrieft ist das zwar nicht, aber unter diesem Namen werden die Hähnchenflügel heute überall in den USA als pikanter Snack oder Partyfood serviert.

1 Die Räucherchips mind. 30 Min. wässern.

2 Den Grill für direkte mittlere Hitze (175–230 °C) vorbereiten.

3 In einem kleinen Topf die Zutaten für die Sauce verrühren. Auf mittlerer Stufe etwa 5 Min. erwärmen, dabei gelegentlich durchrühren. 4 EL von der Sauce abnehmen und beiseitestellen. In einer großen Schüssel die Hähnchenflügel mit der übrigen Sauce gründlich vermischen, bis alle Flügel mit der Sauce überzogen sind.

4 Die Chips abtropfen lassen, auf die Glut oder nach Herstelleranweisung in die Räucherbox des Gasgrills geben und den Grilldeckel schließen. Sobald Rauch entsteht, die Hähnchenflügel über **direkter mittlerer Hitze** bei geschlossenem Deckel etwa 20 Min. grillen, bis beim Einstechen klarer Fleischsaft austritt, dabei gelegentlich wenden. Nicht zu lange auf dem Grill lassen, sonst werden sie trocken! Die Flügel in eine saubere große Schüssel geben und mit den restlichen 4 EL Sauce vermengen.

5 Die Zutaten für den Dip gründlich verrühren und nach Geschmack mit einigen Tropfen scharfer Chilisauce würzen. Die Buffalo Wings mit dem Dip und nach Belieben mit weiterer Chilisauce servieren.

VORSPEISEN

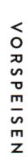

LOUISIANA CHICKEN WINGS
MIT CAJUN-RUB

FÜR 6 PERSONEN | ZUBEREITUNGSZEIT: 15 MIN. | **GRILLZEIT:** ETWA 30 MIN.
ZUBEHÖR: 2 GROSSE HANDVOLL HICKORYHOLZ-CHIPS

Dieses Rezept für Chicken Wings stammt aus dem Süden der USA, wo die Kombination aus Cajun-Gewürz, Hickoryrauch und einer sehr scharfen Sauce äußerst beliebt ist. Servieren Sie zu den Hähnchenflügeln etwas Schmand, das hilft im Ernstfall gegen die Schärfe. Der Schlüssel für die richtige Konsistenz des Hähnchenfleisches liegt in der Kombination aus direkter und indirekter Hitze. Direkte Hitze macht die Haut schön kross, indirekte Hitze gart das Fleisch zart und lässt die Gewürze tiefer eindringen.

FÜR DIE WÜRZMISCHUNG
1 EL Rohrohrzucker
2 TL geräuchertes Paprikapulver
1½ TL grobes Meersalz
1 TL Zwiebelpulver
1 TL getrockneter Oregano
¾ TL Knoblauchpulver
½ TL getrockneter Thymian
½ TL frisch gemahlener schwarzer Pfeffer
½ TL Cayennepfeffer

1¼ kg Hähnchenflügel, jeweils am Gelenk zerteilt, Flügelspitzen abgeschnitten

FÜR DIE SAUCE
4 EL Ketchup
4 EL Louisiana Hot Sauce (Internethandel; scharfe Chilisauce aus Cayennepfeffer, Essig und Salz)
2 EL Rohrohrzucker
2 TL Apfelessig
1 TL scharfe Chilisauce
½ TL Cajun-Gewürzmischung (nach Belieben)
3 EL Butter

Schmand (nach Belieben)

1 Die Räucherchips mind. 30 Min. wässern.

2 Die Zutaten für die Würzmischung in einer großen Schüssel vermengen. Hähnchenflügel dazugeben und gründlich darin wenden. Vor dem Grillen etwa 30 Min. Raumtemperatur annehmen lassen.

3 Den Grill für direkte und indirekte mittlere Hitze (175–230 °C) vorbereiten.

4 Die Zutaten für die Sauce bis auf die Butter in einem mittelgroßen Topf verrühren und auf mittlerer Stufe 3–4 Min. köcheln lassen, bis die Sauce leicht andickt, dabei gelegentlich umrühren. Vom Herd nehmen und die Butter mit einem Schneebesen unterschlagen.

5 Von den Chips 1 Handvoll abtropfen lassen, auf die Glut oder nach Herstelleranweisung in die Räucherbox des Gasgrills geben und den Grilldeckel schließen. Sobald Rauch entsteht, die Hähnchenflügel über ***direkter mittlerer Hitze*** bei geschlossenem Deckel 5 Min. grillen, dabei einmal wenden. Anschließend über ***indirekte mittlere Hitze*** legen und bei geschlossenem Deckel 10 Min. weitergrillen. Die restlichen Chips abtropfen lassen und auf die Glut oder in die Räucherbox geben. Die Hähnchenflügel dünn mit der Sauce bestreichen, wenden und weitere 15 Min. grillen, bis sie knusprig, stellenweise kräftig gebräunt und innen zart sind, dabei noch ein weiteres Mal mit Sauce bestreichen. Vom Grill nehmen und warm servieren. Nach Belieben Schmand dazu reichen.

VORSPEISEN

Los Angeles ist nicht nur die Heimat der Oscars und der großen Filmstars, sondern auch Heimat der größten koreanischen Gemeinde und der meisten koreanischen Restaurants außerhalb Asiens. Koreatown, oder K-Town, wie die Einheimischen sagen, ist eine dicht besiedelte Metropole inmitten von L.A. – 7 km² voller Jugendstilarchitektur, mit einem pulsierendem Nachtleben und einer ultrahippen Gastroszene. Nicht wenige Restaurants servieren typisch koreanisches Barbecue, das am Tisch gegrillt wird. Hier werden dünne Streifen fettes Schweinefleisch und marmoriertes Rind in salzig-süßen Marinaden über knisterndem Feuer gegart. Das koreanische Barbecue hat in den vergangenen Jahren in ganz Amerika Verbreitung gefunden. Seinen Ausgang nahm es jedoch in L.A., wo Traditionalisten und Innovatoren gleichermaßen auf eine reiche Küchentradition zurückgreifen.

Fleisch, vor allem Rindfleisch, ist in Korea teuer. In L.A. jedoch gibt es eine rege gastronomische Alternativszene, In-Restaurants wie Park's Barbeque oder Genwa Korean BBQ, die hochwertigstes Fleisch wie Wagyu, zertifiziertes Prime Beef oder Rinderzunge auf koreanische Art zubereiten. Aber auch Brisket, Short Ribs, Oktopus oder Schweinebauch sind populär, genauso wie fettere Teilstücke, die häufig mariniert werden und gern nach den magereren Rindfleischscheiben gegessen werden. Was auf den Grillrosten im Soot Bull Jeep liegt, ist selbst für K-Town-Verhältnisse gute alte Schule: Beef Bulgogi, Oktopus oder die in Sojasauce marinierten und mit der Schere in Stücke geschnittenen Kalbi (Short Ribs) werden ausschließlich über Holzkohle gegrillt, und im rauchgeschwängerten, vollen Gastraum prosten sich die Stammkunden mit Soju-Schnaps und Bier zu. Ähnlich beliebt ist Honey Pig mit seinen kuppelförmigen Tischgrills, wo das aus *samgyeopsal*, dem Schweinebauch, abtropfende Fett aufgefangen wird und mit seiner köstlichen Umami-Note Kimchi (fermentiertes scharfes Gemüse) und Bohnensprossen aromatisiert. Sun Ha Jang ist auf Ente spezialisiert, die auf gusseisernen Grillplatten vollendet knusprig wird und mit deren ausgelassenem Fett der Reis gewürzt wird. Im Dong Il Jang werden gut marmorierte Steakscheiben auf einer mit Butter gefetteten Grillplatte zubereitet, eine köstliche Abwandlung der koreanischen Grilltradition.

Und nie darf *banchan* fehlen: Beilagen in kleinen Schalen, darunter Kimchi und eingelegtes Gemüse der Saison, die mit ihren knackig sauren Aromen ein Gegengewicht zum fettreichen Fleisch bilden. Süßes und Saures, Deftiges, Scharfes und Gehaltvolles kommen hier fein austariert zusammen. Nirgendwo gelingt dies besser als im entspannten Genwa Korean BBQ, wo 23 verschiedene *banchan* serviert werden. Dazu gehören in L.A. fast immer auch Kartoffel- und Nudelsalate – eine amerikanische Erweiterung des traditionellen koreanischen Repertoires. Saucen zum Eintunken der gegrillten Fleischscheiben sind wiederum dem Geschmack der Latinos unter den Fans des koreanischen BBQ geschuldet. Die beliebte Knoblauch-Soja-Sauce oder der Dip aus eingelegten Jalapeños sind in den koreanischen Restaurants von L.A. ebenso beliebt wie in den mexikanischen Taco-Bars. In Koreatown leben heute tatsächlich doppelt so viel Menschen mit südamerikanischen wie mit asiatischen Wurzeln, und ihr Einfluss inspiriert eine neue Generation koreanisch-amerikanischer Fusion-Grillköche.

Pionierarbeit hat dabei Roy Choi geleistet. Er und sein Partner brachten Bewegung in die mobile Foodszene, als sie 2008 erstmals den Kogi BBQ Taco Truck auf Tour schickten, dessen Spezialität koreanische Short-Rib-Tacos sind. Das brachte 2011 die Brüder Brian und Steven Yeun aus Detroit auf die Idee, The Bun Truck zu gründen, eine koreanisch-mediterrane Taco-Fusion auf Rädern, aus der koreanisch gegrilltes Schweinefleisch mit Zaziki, Sriracha und Gurke in einem Bao-Brot gereicht werden. Andere Lokale servieren traditionelles Fast Food mit einer koreanischen Note, etwa Bulgogi-Burger, Philly Cheesesteaks und Pizza. Selbst das hochpreisige französische Restaurant République nimmt mit Kimchi Fried Rice Anleihen beim koreanischen Streed Food. Koreatown ist wie L.A. selbst: ein Schmelztiegel unterschiedlichster Geschmäcker, Kulturen und Träume.

KOREANISCHES BARBECUE
MADE IN USA

WARMER ARTISCHOCKENDIP
MIT PARMESANKRUSTE

FÜR 6 PERSONEN | **ZUBEREITUNGSZEIT:** 15 MIN. | **GRILLZEIT:** 23–30 MIN.
ZUBEHÖR: 1 GROSSE HANDVOLL APFELHOLZ-CHIPS, GUSSEISERNE PFANNE (Ø 20 CM)

1 Dose ganze Artischockenherzen natur (400 g), abgebraust und trockengetupft
160 g Mayonnaise
180 g Frischkäse, raumtemperiert
120 g geriebener Mozzarella
120 g gehackte milde grüne Chilischoten (Glas oder Dose)
4 EL Schmand
2 TL fein gehackter Knoblauch
1 TL Senfpulver
¼ TL scharfe Chilisauce
¼ TL frisch gemahlener schwarzer Pfeffer
Butter
40 g Parmesan, fein gerieben
geröstete Baguettescheiben oder Cracker

Artischockendips sind Klassiker in Steakhäusern und Barbecue-Lokalen in allen Teilen der USA. Serviert mit gerösteten Brotscheiben oder knusprigen Crackern eignen sie sich wunderbar als Vorspeise. Hier unterstreicht das feine Raucharoma den Eigengeschmack der süßlichen Artischocken, und die gratinierte nussige Käsemischung macht den Dip zu einem kleinen Gaumenfest.

1 Die Räucherchips mind. 30 Min. wässern.

2 Den Grill für direkte und indirekte mittlere bis starke Hitze (200–230 °C) vorbereiten.

3 Die Chips abtropfen lassen, auf die Glut oder nach Herstelleranweisung in die Räucherbox des Gasgrills geben und den Grilldeckel schließen. Sobald Rauch entsteht, die Artischockenherzen über **direkter mittlerer bis starker Hitze** bei geschlossenem Deckel 3–5 Min. grillen, bis sie durcherhitzt sind, dabei einmal wenden. Vom Rost nehmen und grob in Stücke hacken.

4 Mayonnaise, Frischkäse, Mozzarella, grüne Chilis, Schmand, Knoblauch, Senfpulver, Chilisauce und Pfeffer in einer Schüssel vermischen und glatt rühren. Die gehackten Artischockenherzen unterheben.

5 Die gusseiserne Pfanne dünn mit Butter einfetten. Die Artischockenmischung in die Pfanne geben und gleichmäßig mit dem Parmesan bestreuen. Über **indirekter mittlerer bis starker Hitze** bei geschlossenem Deckel 20–25 Min. grillen, bis der Dip Blasen wirft und hellbraun überbacken ist. Vor dem Servieren 10 Min. abkühlen lassen. Geröstete Baguettescheiben oder Cracker dazu reichen.

Der Dip sollte stückig bleiben, deshalb werden die geräucherten Artischocken nur grob zerkleinert. In der Pfanne sollten Sie die Oberfläche des Dips nicht glatt streichen, denn die knusprigen, goldbraun gratinierten Ränder der Spitzen und Vertiefungen machen gerade den Charme dieses Artischockendips aus.

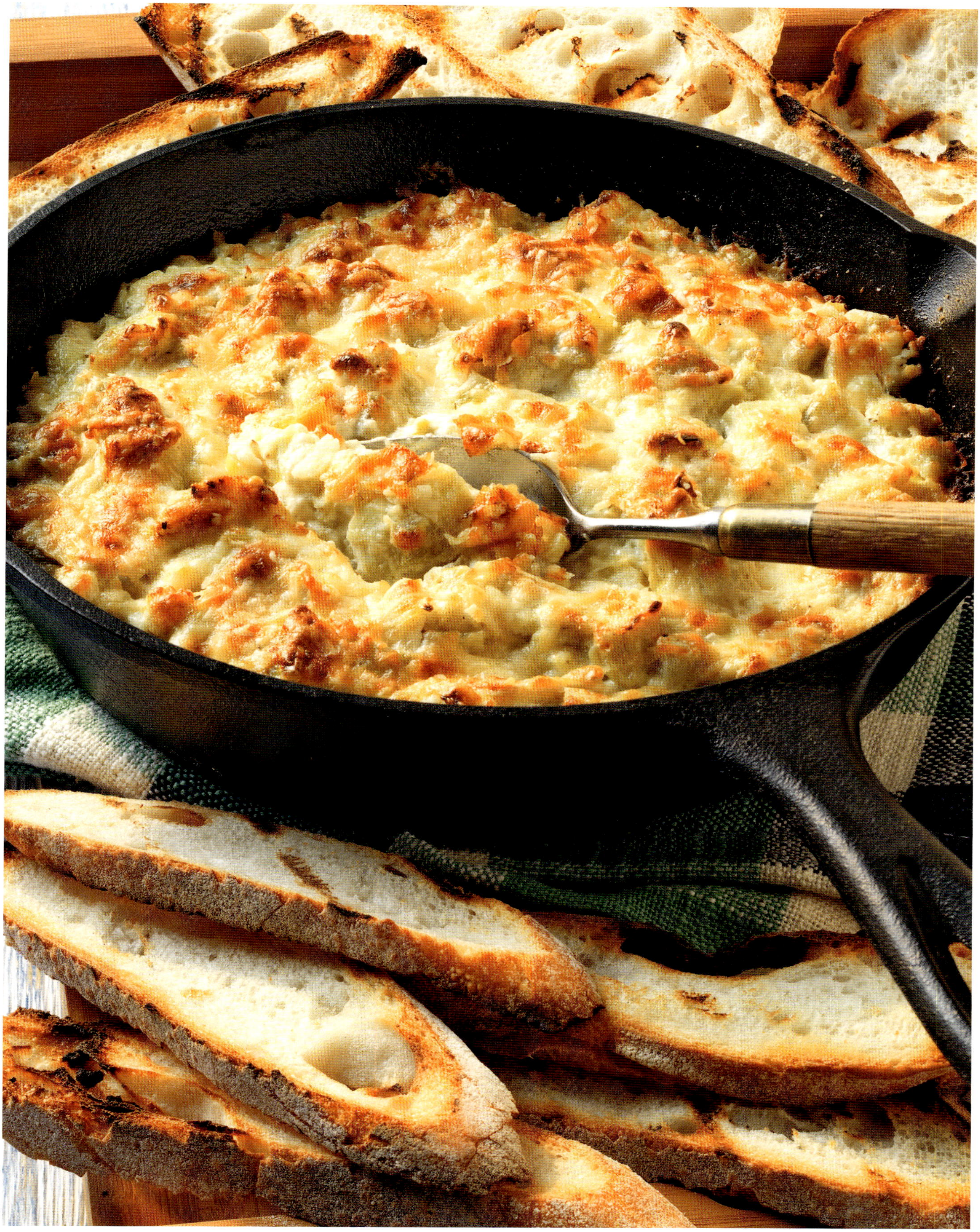

PIMIENTO CHEESE

FÜR 8–10 PERSONEN | **ZUBEREITUNGSZEIT:** 15 MIN. | **GRILLZEIT:** ETWA 35 MIN. | **KÜHLZEIT:** 2 STD.
ZUBEHÖR: 2 GROSSE HANDVOLL HICKORYHOLZ-CHIPS

1 rote Paprikaschote (etwa 225 g)
1 TL Öl
350 g pikanter Cheddar, grob gerieben
120 g Mayonnaise
3 EL grob gehackte Essiggurken
2 EL grob geraspelte Zwiebeln
1 TL Worcestersauce
1 TL Dijon-Senf
1½ TL fein gehackte Chipotle-Chilis in Adobo-Sauce (Dose)
½ TL Adobo-Sauce aus der Dose, nach Geschmack auch mehr (nach Belieben)
1 Knoblauchzehe, fein gehackt
geröstete Brotscheiben
Staudensellerie
Möhren
Radieschen

In North und South Carolina findet man in den Lebensmittelläden die Kühlregale voll mit unterschiedlichen Zubereitungen von Pimiento Cheese. Der Aufstrich besteht grundsätzlich aus eingelegten roten Paprikaschoten (den Pimientos), geriebenem Käse und Mayonnaise. Hier wurde das Traditionsrezept etwas modernisiert und mit der geräucherten Paprikaschote um einiges verfeinert – herausgekommen ist nicht nur ein toller Dip zu geröstetem Brot und Staudensellerie, sondern auch eine köstliche Füllung für gegrillte Käsesandwiches.

1 Die Räucherchips mind. 30 Min. wässern.

2 Beide Enden der Paprikaschote wie einen Deckel abschneiden, den Stiel der Schote herausschneiden und wegwerfen. Die Schote aufrecht hinstellen, auf einer Seite durchtrennen, dann auf die Seite legen und nach und nach zu einem länglichen Streifen aufschneiden, dabei Kerne und Trennwände sorgfältig entfernen (siehe die schrittweise Anleitung unten). Die Paprikastreifen sowie die beiden Deckel dünn mit dem Öl einpinseln.

3 Den Grill für direkte und indirekte mittlere Hitze (175–230 °C) vorbereiten.

4 Von den Chips 1 Handvoll abtropfen lassen, auf die Glut oder nach Herstelleranweisung in die Räucherbox des Gasgrills geben und den Grilldeckel schließen. Sobald Rauch entsteht, die Paprikastreifen und -deckel mit der Hautseite nach unten über **indirekter mittlerer Hitze** bei geschlossenem Deckel 10 Min. grillen.

Anschließend die übrigen Chips abtropfen lassen, auf die Glut oder in die Räucherbox geben und die Paprika bei geschlossenem Deckel 18–20 Min. weitergrillen, bis die Haut Blasen wirft. Jetzt die Paprikastücke über **direkte starke Hitze** legen und bei geschlossenem Deckel weitere 3–5 Min. grillen, bis die Haut überall verkohlt ist. Vom Grill nehmen und in einer mit Frischhaltefolie abgedeckten Schüssel 10 Min. ausdampfen lassen. Danach die verkohlte Haut abziehen und das Paprikafruchtfleisch grob zerkleinern.

5 Paprika mit Käse, Mayonnaise, Essiggurken, Zwiebeln, Worcestersauce, Senf, Chipotle-Chili, nach Belieben mit Adobo-Sauce sowie dem Knoblauch im Mixer vermengen und hacken, bis das Paprikafruchtfleisch und die Gurken fein zerkleinert sind. Den Dip in eine Schüssel geben und abgedeckt mind. 2 Std. in den Kühlschrank stellen. Kalt oder raumtemperiert mit geröstetem Brot, Sellerie, Möhren und Radieschen servieren.

In manchen Rezepten machen bestimmte Schneidetechniken den Unterschied. Wer eine Paprikaschote zu einem Streifen aufschneidet, sorgt dafür, dass sie flach auf den Grillrost gelegt werden kann und ihre so vergrößerte Oberfläche gleichmäßiger karamellisiert und Rauchraromen aufnimmt. Das verbessert den Geschmack erheblich. Zunächst schneiden Sie beide Enden der Paprikaschote wie einen Deckel ab und durchtrennen die aufrecht hingestellte Schote auf einer Seite. Legen Sie sie jetzt auf eine Seite und beginnen Sie, mit dem Messer die Trennwände und Kerne zu entfernen. Mehr und mehr kann man sie anschließend mit der offenen Innenseite nach oben zu einem Streifen aufschneiden und dabei weiterhin Kerne und Trennwände entfernen. Am Ende haben Sie einen flachen Paprikastreifen.

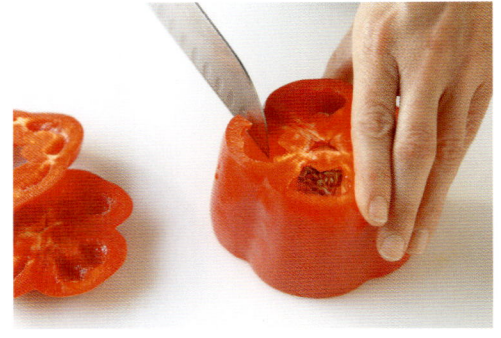

VORSPEISEN

SPECK-ZWIEBEL-CONFIT

FÜR 10–12 PERSONEN | **ZUBEREITUNGSZEIT:** 20 MIN. | **GRILLZEIT:** ETWA 1¼ STD. | **KÜHLZEIT:** 2 STD.–3 TAGE
ZUBEHÖR: 2 GROSSE HANDVOLL PEKANHOLZ-CHIPS, GUSSEISERNE PFANNE (Ø 30 CM)

Das süß-deftige Confit wird das Herz aller Barbecue-Fans erobern, die beim Gedanken an Bourbon, Speck und braunem Zucker schwach werden. Sie bereiten hier gleich eine größere Menge zu, denn es lässt sich gut aufbewahren und vielseitig einsetzen. In Kombination mit Weichkäse auf Crostini gibt es die perfekten Appetithappen ab, es schmeckt großartig als Sandwichaufstrich oder verleiht einem simpel gegrillten Stück Fleisch den letzten Schliff.

FÜR DIE GLASUR
80 ml Bourbon
80 ml Ahornsirup
3 EL Rohrohrzucker
2 EL Zuckerrohrmelasse
2 TL fein gehackte Rosmarinnadeln

350 g Frühstücksspeck in Scheiben, quer in 2 cm große Stücke geschnitten
900 g Zwiebeln, geviertelt und in ½ cm dicke Scheiben geschnitten
450 g rote Zwiebeln, geviertelt und in ½ cm dicke Scheiben geschnitten
6 Knoblauchzehen, grob gehackt
1 TL grobes Meersalz
½ TL gemahlener schwarzer Pfeffer
1 EL körniger Senf
geröstete Baguettescheiben (nach Belieben)
Brie (nach Belieben)

1. Die Räucherchips mind. 30 Min. wässern.

2. Den Grill für direkte und indirekte mittlere Hitze (175–230 °C) vorbereiten.

3. In einer Schüssel die Zutaten für die Glasur verrühren und beiseitestellen.

4. Den Speck in der gusseisernen Pfanne über **direkter mittlerer Hitze** in 10–12 Min. knusprig braten, dabei häufig umrühren. Mit einem Schaumlöffel aus der Pfanne heben und auf Küchenpapier entfetten. Das ausgelassene Fett bis auf 3 EL abgießen. Jeweils die Hälfte der beiden Zwiebelsorten in die Pfanne geben und über **direkter mittlerer Hitze** bei geschlossenem Grilldeckel 5 Min. andünsten, dabei gelegentlich umrühren. Die restlichen Zwiebeln mit Knoblauch, Salz und Pfeffer untermischen und die Pfanne über **indirekte mittlere Hitze** ziehen. Die Chips abtropfen lassen, auf die Glut oder nach Herstelleranweisung in die Räucherbox des Gasgrills geben und den Grilldeckel schließen. Die Zwiebeln 45 Min. dünsten, bis sie sehr weich und hellbraun sind, dabei alle 10 Min. umrühren.

5. Die Glasur unter die Zwiebeln rühren. Die Pfanne wieder über **direkte mittlere Hitze** stellen und die Zwiebeln bei geschlossenem Grilldeckel 10 bis 15 Min. unter häufigem Rühren schmoren lassen, bis die Kochflüssigkeit reduziert ist und glänzende Blasen wirft. Vom Grill nehmen. Den Speck grob hacken und 2 EL davon zum Garnieren beiseitestellen. Den übrigen Speck und den Senf in das Zwiebelconfit rühren. Abkühlen lassen, abdecken und mind. 2 Std. oder bis zu 3 Tage kalt stellen. 1 Std. vor dem Servieren aus dem Kühlschrank nehmen. Mit dem restlichen Speck garnieren und nach Belieben auf gerösteten Baguettescheiben mit dem Weichkäse Brie anrichten.

GERÄUCHERTE RUSSISCHE EIER

FÜR 6–12 PERSONEN | **ZUBEREITUNGSZEIT:** 25 MIN. | **GRILLZEIT:** ETWA 45 MIN. | **KÜHLZEIT:** ETWA 30 MIN.
ZUBEHÖR: RÄUCHERGRILL (WATER SMOKER), 2 GROSSE HICKORYHOLZ-CHUNKS, GROSSE EINWEG-ALUSCHALE

Wenn Ihr Räuchergrill ohnehin am großen Hauptgang arbeitet, können Sie die Zeit zur Vorbereitung einer ungewöhnlichen Vorspeise nutzen und auf dem zusätzlichen Grillrost Ihres Smokers nach diesem Rezept Eier räuchern. Der Hickoryrauch bringt bei einem Vorspeisenklassiker wie diesem ganz neue Geschmacksnoten und Farben ins Spiel.

12 Eier (Größe L)
3 dünne Scheiben Frühstücksspeck
120 g Mayonnaise
2 EL fein gehackte Schnittlauch-röllchen
2 TL Dijon-Senf
½ TL geräuchertes Paprikapulver
¼ TL grobes Meersalz
¼ TL frisch gemahlener schwarzer Pfeffer

1. Den Smoker für indirekte sehr schwache Hitze (100–120 °C) vorbereiten. Die Holzstücke auf die glühenden Kohlen geben.

2. Die Eier nebeneinander in einen großen Topf mit Wasser legen, sodass sie mind. 2½ cm hoch mit Wasser bedeckt sind. Das Wasser im offenen Topf auf hoher Stufe zum Kochen bringen. Den Topf anschließend sofort vom Herd nehmen, mit einem Deckel verschließen und die Eier 15 Min. im heißen Wasser ziehen lassen. Abgießen und unter kaltem Wasser abbrausen, bis sie sich kalt anfühlen. Die Eier pellen und in die große Einweg-Aluschale legen.

3. Während die Eier gar ziehen, den Speck in einer Pfanne auf dem Herd in 7–10 Min. knusprig braten, dabei gelegentlich umrühren. Aus der Pfanne heben und auf Küchenpapier entfetten. Anschließend den Speck zerkrümeln und beiseitestellen.

4. Die Eier in der Aluschale über **indirekter sehr schwacher Hitze** bei geschlossenem Deckel 45 Min. räuchern, dabei gelegentlich drehen, damit sie rundherum eine zarte Rauchfarbe annehmen. Die Eier in eine Schüssel geben und etwa 30 Min. kalt stellen, bis sie ausgekühlt sind. Die Eier jeweils längs halbieren, die Eigelbe herausnehmen und diese in einer Schüssel mit der Gabel zerdrücken. Die zerdrückten Eigelbe mit Mayonnaise, Schnittlauch, Senf, ¼ TL Paprikapulver, Salz und Pfeffer mischen. Die Eiweißhälften damit füllen und jeweils mit Speck und dem restlichen Paprikapulver garnieren. Sofort servieren oder bis zum Servieren abgedeckt kalt stellen.

SPINATSALAT
MIT GERÄUCHERTEM GEMÜSE UND PAPRIKA-VINAIGRETTE

FÜR 4 PERSONEN | **ZUBEREITUNGSZEIT:** 15 MIN. | **GRILLZEIT:** 25–35 MIN.
ZUBEHÖR: 2 GROSSE HANDVOLL BUCHENHOLZ-CHIPS, GROSSE EINWEG-ALUSCHALE

1 Dose Kichererbsen (400 g), abgebraust und abgetropft
1 rote Paprikaschote (etwa 225 g), in 1 cm große Würfel geschnitten
180 g Datteltomaten
Olivenöl

FÜR DIE VINAIGRETTE
2 EL Sherry-Essig
1 kleine Knoblauchzehe, fein gehackt
½ TL grobes Meersalz
½ TL geräuchertes Paprikapulver
¼ TL frisch gemahlener schwarzer Pfeffer

150 g Babyspinat
½ kleine rote Zwiebel, in dünne Ringe geschnitten
120 g Serrano oder Prosciutto in dünnen Scheiben, quer in 1 cm breite Streifen geschnitten
frisch gemahlener schwarzer Pfeffer

Diese Vorspeise ist eine Hommage an spanische Aromen wie pimentón, also geräuchertes Paprikapulver, Knoblauch und Olivenöl, sie wird aber erst durch das geräucherte Gemüse so richtig fein. Sie können spanischen Serrano-Schinken oder italienischen Prosciutto nehmen oder auch andere spanische Spezialitäten wie Lomo (luftgetrocknetes Schweinefilet) oder Chorizo (Paprikawurst). Vegetarier ersetzen den Schinken durch 100 Gramm grob geraspelten spanischen Manchego-Käse.

1 Die Räucherchips mind. 30 Min. wässern.

2 Den Grill für indirekte mittlere bis schwache Hitze (möglichst 175 °C) vorbereiten.

3 Kichererbsen, Paprikawürfel und Tomaten separat voneinander in die Aluschale geben (sie dürfen sich berühren) und jeweils mit 1 TL Olivenöl vermengen. Achten Sie darauf, dass sich die Zutaten dabei nicht vermischen.

4 Die Räucherchips abtropfen lassen, auf die Glut oder nach Herstelleranweisung in die Räucherbox des Gasgrills geben und den Grilldeckel schließen. Sobald Rauch entsteht, die Zutaten in der Schale über **indirekter mittlerer bis schwacher Hitze** bei geschlossenem Deckel 25–35 Min. räuchern, bis die Haut der Tomaten aufplatzt und die Kichererbsen sich bräunlich verfärben, dabei jede Zutat behutsam ein- bis zweimal umrühren. Sollten die Tomaten schon vor Ende der Garzeit ihre Form verlieren, aus der Schale nehmen. Die Aluschale vom Grill nehmen und die Zutaten vollständig auskühlen lassen.

5 Die Zutaten für die Vinaigrette in einer großen Schüssel verrühren und 80 ml Olivenöl langsam unterschlagen, bis eine Emulsion entsteht. Spinat, Zwiebel, Kichererbsen, Paprikawürfel und Tomaten dazugeben und mit der Vinaigrette anmachen. Den Salat auf einzelne Teller verteilen, mit Schinkenstreifen garnieren und mit etwas Pfeffer bestreuen. Sofort servieren.

Idealerweise werden die Datteltomaten, Kichererbsen und Paprikawürfel mit diesem Rezept gleichzeitig fertig, doch manchmal gart das eine oder andere auch schneller. Wenn Sie die drei Zutaten getrennt voneinander in die Aluschale geben, ist es einfacher, schneller Gegartes herauszunehmen, bevor es zerkocht.

VORSPEISEN

47

GERÖSTETER EISBERGSALAT
MIT BUTTERMILCHDRESSING

FÜR 4 PERSONEN | **ZUBEREITUNGSZEIT:** 15 MIN. | **GRILLZEIT:** ETWA 4 MIN.
ZUBEHÖR: 4–6 METALL-, BAMBUS- ODER HOLZSPIESSE

Eisbergsalat ist fest genug, um auf dem Grill seine Form zu bewahren, während seine Blätter bräunen und eine rauchige Note annehmen. Die gegrillten, warmen Tomaten bilden einen schönen Kontrast zum kühlen Buttermilchdressing.

FÜR DAS DRESSING
4 EL Buttermilch
3 EL Schmand
1 EL frisch gepresster Zitronensaft
¼ TL grobes Meersalz
¼ TL frisch gemahlener schwarzer Pfeffer

350 g gelbe Cocktailtomaten
Olivenöl
1 kräftige Prise grobes Meersalz
1 mittelgroßer Kopf Eisbergsalat, äußere Blätter entfernt, durch den Strunk geviertelt
12 Baguettescheiben, je etwa 1 cm dick
120 g Blauschimmelkäse, zerbröckelt
2 Frühlingszwiebeln, weiße und hellgrüne Teile in feinen Ringen

1. Bambus- oder Holzspieße mind. 30 Min. wässern.

2. Die Zutaten für das Dressing glatt rühren.

3. Den Grill für direkte mittlere Hitze (175–230 °C) vorbereiten.

4. Die Tomaten mittig auf Spieße stecken, dünn mit Öl bestreichen und mit Salz würzen. Die Schnittflächen der Salatviertel mit Öl bespinseln. Die Baguettescheiben auf beiden Seiten ebenfalls mit Öl einpinseln.

5. Tomatenspieße und Salatviertel (zunächst mit den Schnittflächen nach unten) über **direkter mittlerer Hitze** bei geschlossenem Deckel etwa 4 Min. grillen, bis sie gebräunt sind, dabei die Spieße nach Bedarf drehen und die Salatviertel in dieser Zeit einmal wenden. Während der letzten Minute die Baguettescheiben über direkter Hitze rösten, dabei einmal wenden.

6. Salatviertel und Tomatenspieße auf einzelnen Tellern anrichten, jeweils mit Blauschimmelkäse und Frühlingszwiebeln bestreuen und nach Geschmack Dressing über die Salatviertel löffeln. Mit geröstetem Baguette servieren.

GEGRILLTE BROKKOLINI
MIT MAKKARONI UND ZITRONENBRÖSELN

FÜR 4 PERSONEN | **ZUBEREITUNGSZEIT:** 30 MIN.
GRILLZEIT: 3–5 MIN.

Einen wunderbaren, leicht rauchigen Einschlag erhält diese Pastavorspeise durch die Röstaromen des gegrillten Brokkolini. Im Gegenzug sorgen die gerösteten Brotbrösel mit ihrem Zitronenaroma für eine frische Note. Lassen Sie die Brösel beim Rösten nicht aus den Augen, sie verbrennen schnell.

50 g japanisches Panko-Paniermehl (Asia-Laden)
1 TL getrockneter Oregano
¼ TL Chiliflocken
120 g Pecorino romano, fein gerieben
2 TL fein abgeriebene Schale von 1 Bio-Zitrone
grobes Meersalz
frisch gemahlener schwarzer Pfeffer
Olivenöl
400 g Brokkolini (Spargelbrokkoli), Enden abgeschnitten und Stängel geschält
400 g Makkaroni

1 Die Panko-Brösel mit Oregano und Chiliflocken in einer mittelgroßen Pfanne auf mittlerer Stufe 3–5 Min. unter häufigem Rühren rösten, bis sie goldbraun sind. In einer Schüssel 5 Min. abkühlen lassen, dann mit Käse, Zitronenschale, ¼ TL Salz und ¼ TL Pfeffer mischen.

2 Den Grill für direkte mittlere Hitze (175–230 °C) vorbereiten.

3 In einer großen Schüssel 1 EL Olivenöl mit ½ TL Salz verrühren. Den Brokkolini mit dem Öl vermengen, sodass Stängel und Röschen dünn damit überzogen sind. Über **direkter mittlerer Hitze** bei geschlossenem Deckel 3–5 Min. (je nach Dicke der Stängel) grillen, bis das Gemüse eine leuchtend grüne Farbe angenommen hat und stellenweise braun und knusprig ist, dabei gelegentlich wenden. Vom Grill nehmen und abkühlen lassen. Die Röschen abschneiden, die Stängel in 1 cm große Stücke schneiden.

4 Reichlich Salzwasser in einem großen Topf sprudelnd aufkochen und die Nudeln darin bissfest garen. Abseihen und dabei 250 ml vom Nudelwasser auffangen. Die Nudeln in einer Servierschüssel mit 1 EL Öl vermengen, Brokkolini und drei Viertel des Nudelwassers untermischen. Nach Belieben mit weiterem Nudelwasser auflockern. Die Nudeln mit den Zitronenbröseln bestreuen, großzügig mit Pfeffer übermahlen und warm servieren.

AUBERGINENAUFLAUF
MIT PARMESAN UND GERÖSTETEN BROTBRÖSELN

FÜR 4–6 PERSONEN | **ZUBEREITUNGSZEIT:** 25 MIN. | **GRILLZEIT:** ETWA 1½ STD.
ZUBEHÖR: GELOCHTE GRILLPFANNE, GUSSEISERNE PFANNE (Ø 25 CM) ODER 20 × 20 CM GROSSE AUFLAUFFORM

Olivenöl
grobes Meersalz
1 kg Eiertomaten, längs halbiert
250 g Zwiebeln, gewürfelt
3 Knoblauchzehen, fein gehackt
½ TL getrockneter Oregano
¼ TL Chiliflocken
frisch gemahlener schwarzer Pfeffer
40 g frisch geriebene Brotbrösel
120 g Parmesan, fein gerieben
2 Auberginen (je etwa 450 g), Enden entfernt und quer in 1 cm dicke Scheiben geschnitten
250 g Mozzarella, abgetropft und in dünne Scheiben geschnitten
4 EL gehackte Basilikumblätter

Diese ungewöhnliche Parmigiana di melanzane gewinnt durch die Zubereitung auf dem Grill. Die Auberginenscheiben nehmen nicht nur köstliche Rauchraromen auf, sie saugen sich auch mit weniger Öl voll als beim Braten in der Pfanne. Beim Gratinieren werden sie dann so weich, dass sie fast zerschmelzen, und nehmen einen intensiven Geschmack an. Das beste Ergebnis erzielen Sie mit einem Holzkohlegrill.

1. Den Grill für direkte und indirekte mittlere Hitze (175–230 °C) vorbereiten.

2. In einer großen Schüssel 2 EL Öl mit ½ TL Salz verrühren. Die Tomaten dazugeben und gründlich im Öl wenden. Tomaten mit den Schnittflächen nach oben in die gelochte Grillpfanne geben und über **indirekter mittlerer Hitze** bei geschlossenem Deckel 25–30 Min. grillen, bis sie etwas geschrumpft sind und ihre Haut runzelig wird. Vom Grill nehmen und etwa 10 Min. abkühlen lassen. Die Haut der Tomaten abziehen, das Fruchtfleisch im Mixer glatt pürieren.

3. In einem großen Topf 1 EL Öl auf mittlerer Stufe erhitzen. Die Zwiebeln darin etwa 4 Min. unter häufigem Rühren glasig dünsten. Knoblauch, Oregano und Chiliflocken etwa 1 Min. mitdünsten, bis sie aromatisch duften. Die pürierten Tomaten mit 1 TL Salz und ½ TL Pfeffer einrühren, aufkochen und auf mittlerer bis kleiner Stufe 5 Min. köcheln lassen, dabei gelegentlich umrühren. Vom Herd nehmen.

4. Brotbrösel mit 3 EL Öl, der Hälfte des Parmesans und ¼ TL Salz mischen. Beiseitestellen.

5. Die Auberginen großzügig mit Öl einpinseln, gleichmäßig mit ¾ TL Salz und ¾ TL Pfeffer würzen und auf dem Grillrost über **direkter mittlerer Hitze** bei geschlossenem Deckel 8–10 Min. grillen, bis sie etwas weicher und gebräunt sind, dabei ein- bis zweimal wenden.

6. Den Boden der gusseisernen Pfanne dünn mit Tomatensauce bedecken und die Hälfte der Auberginenscheiben darauflegen Die Hälfte der übrigen Sauce löffelweise auf jeder Auberginenscheibe verteilen. Die Auberginen mit der Hälfte des Mozzarellas belegen und mit dem restlichen Parmesan bestreuen. Die restlichen Auberginen gleichmäßig darauf verteilen, die übrige Sauce darüberlöffeln und mit restlichem Mozzarella belegen. Mit den Brotbröseln bestreuen. Über **indirekter mittlerer Hitze** bei geschlossenem Deckel etwa 50 Min. garen, bis die Brotbrösel goldbraun sind. Mit Basilikum garnieren und warm servieren.

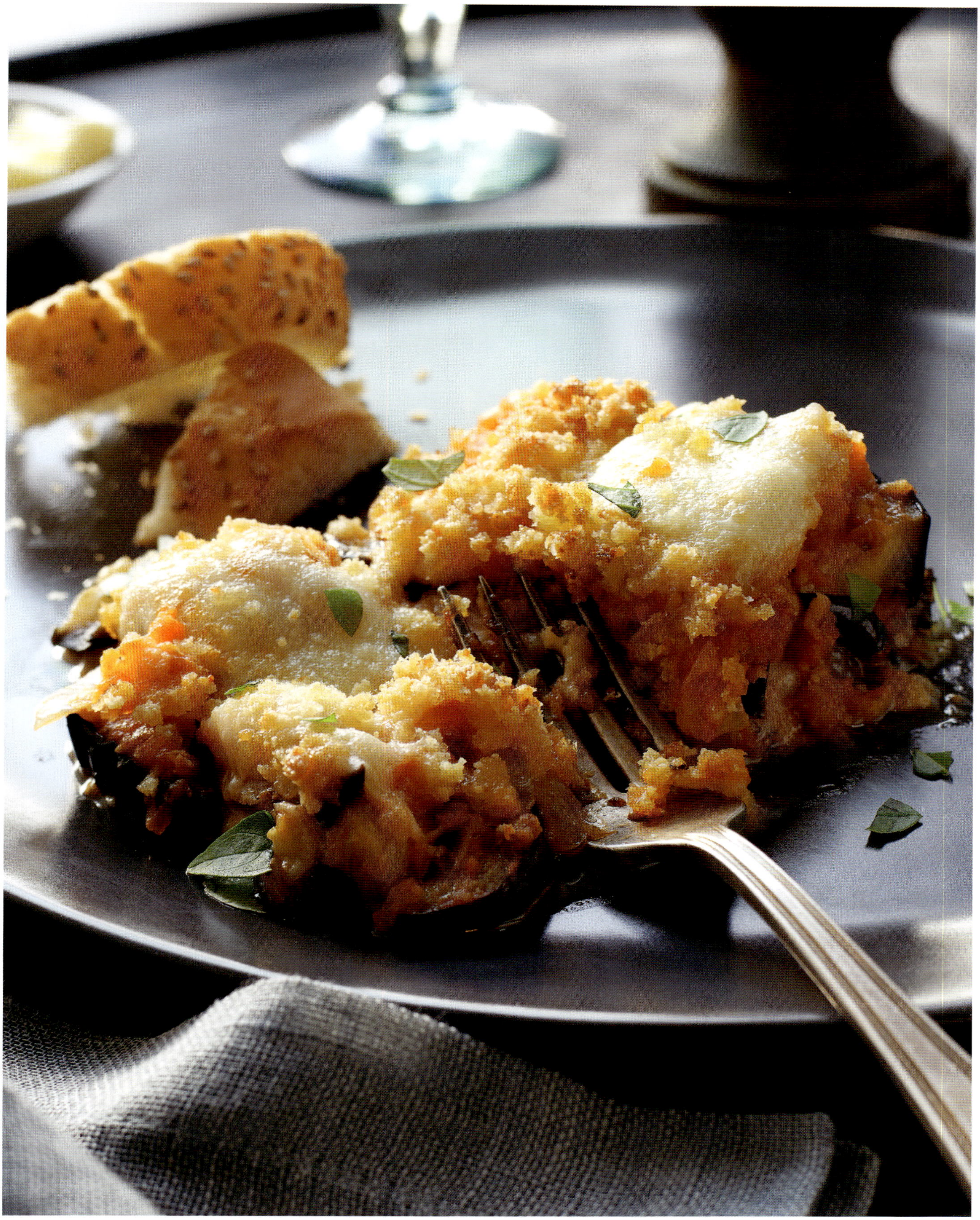

GERÄUCHERTE OLIVEN
MIT ZITRONE, CHILIS UND THYMIAN

Sie können Ihre Lieblingsoliven verwenden oder eine Mischung zusammenstellen. Die großen grünen Oliven oben sind sizilianische Castelvetrano- bzw. Nocellara-del-Belice-Oliven. Ihr Geschmack ist buttrig und mild. In der Mitte sind griechische Kalamata-Oliven, kräftig und säuerlich aromatisch. Die kleinen Oliven unten sind französische Picholine mit festem Fruchtfleisch und einem herben, »grünen« Geschmack.

FÜR 8 PERSONEN | **ZUBEREITUNGSZEIT:** 10 MIN. | **GRILLZEIT:** 45–60 MIN.
ZUBEHÖR: 2 GROSSE HANDVOLL HICKORYHOLZ-CHIPS, GROSSE EINWEG-ALUSCHALE ODER GRILLFESTES BACKBLECH

Die kräftigen Aromen eingelegter Oliven vertragen sich gut mit dem robusten Duft des Hickoryholzes. Sie sollten sie aber nicht länger als eine Stunde räuchern, sonst wird ihr Fruchtfleisch zu weich. Geräucherte Oliven sind ein eindrucksvoller Vorspeisensnack, und sollten doch einige übrig bleiben: Wie wär's mit einem rauchigen Martini-Cocktail?

700 g gemischte Oliven mit Stein (z. B. Castelvetrano, Kalamata und Picholine)
120 ml Olivenöl
6 Knoblauchzehen, halbiert
2 rote Kirschpaprika, jeweils längs halbiert oder geviertelt
Schale von 1 Bio-Zitrone, mit dem Gemüseschäler in Streifen abgezogen
4 große Zweige Thymian, halbiert
4 TL fein gehackte Thymianblättchen

1 Die Räucherchips mind. 30 Min. wässern.

2 Den Grill für indirekte schwache Hitze (möglichst 120 °C) vorbereiten.

3 Alle Zutaten bis auf den fein gehackten Thymian in die große Aluschale geben.

4 Von den Räucherchips 1 Handvoll abtropfen lassen, auf die Glut oder nach Herstelleranweisung in die Räucherbox des Gasgrills geben und den Grilldeckel schließen. Sobald Rauch entsteht, die Oliven in der Schale über *indirekter schwacher Hitze* bei geschlossenem Deckel 45–60 Min. räuchern, bis sie intensiv duften, aber noch fest sind, dabei ein- bis zweimal umrühren. Nach 20 Min. Räuchern die restlichen Chips abtropfen lassen und auf die Glut oder in die Räucherbox geben.

5 Die Olivenmischung in eine Servierschüssel geben und mit den fein gehackten Thymianblättchen vermengen. Warm oder raumtemperiert servieren.

GERÖSTETE RAUCHMANDELN
MIT ROSMARIN UND MEERSALZ

Wichtig ist, die Mandeln vor dem Räuchern in Wasser einzuweichen, denn nur wenn sie feucht sind, kann der Hickoryrauch haften bleiben. Frischer Rosmarin, der nach dem Räuchern zugegeben wird, bereichert den rauchigen Geschmack um eine wunderbar kräuterwürzige Note.

FÜR 12–16 PERSONEN | **ZUBEREITUNGSZEIT:** 15 MIN. | **GRILLZEIT:** ETWA 45 MIN.
ZUBEHÖR: HOLZKOHLEGRILL, 2 GROSSE HANDVOLL HICKORYHOLZ-CHIPS, GELOCHTE GRILLPFANNE

Räuchern Sie die Mandeln in einer gelochten Grillpfanne, denn so kommt jede einzelne Mandel mit dem köstlichen Rauch in Kontakt. Nach 20 Minuten Räucherzeit sollten Sie eine Mandel probieren: Wenn sie für Ihren Geschmack rauchig genug ist, legen Sie keine weiteren Holz-Chips nach. Wichtig ist, rohe Mandeln und keine gerösteten zu verwenden, letztere trocknen sonst aus. Anstelle der Mandeln können Sie auch Cashewkerne räuchern.

600 g Mandelkerne
1 EL feines Meersalz
2 TL Chipotle-Chilipulver
2 TL Paprikapulver
2 EL Olivenöl
4 TL fein gehackte Rosmarinnadeln

1 Die Räucherchips mind. 30 Min. wässern.

2 Den Holzkohlegrill für indirekte schwache Hitze (möglichst 120 °C) vorbereiten.

3 Die Mandeln in einer mittelgroßen Schüssel mind. 10 Min. in kaltem Wasser einweichen. Abgießen, auf einem Küchentuch ausbreiten und trockentupfen, bis sie nicht mehr nass, aber noch feucht sind. Mandeln in einer zweiten Schüssel mit Salz, Chili- und Paprikapulver gut vermischen (durch die Feuchtigkeit bleiben die Gewürze besser an den Mandeln haften) und in die gelochte Grillpfanne geben.

4 Die Hälfte der Chips abtropfen lassen, auf die Glut geben und den Grilldeckel schließen. Sobald Rauch entsteht, die Mandeln in der Grillpfanne über **indirekter schwacher Hitze** bei geschlossenem Deckel etwa 45 Min. räuchern, bis sie aromatisch duften und rauchig schmecken, dabei ein- bis zweimal umrühren. Nach 20 Min. Räucherzeit die übrigen Chips abtropfen lassen und auf die Glut geben.

5 Die Mandeln in eine mittelgroße Servierschüssel geben und gründlich mit Öl und Rosmarin mischen. Warm oder raumtemperiert servieren.

VORSPEISEN

2

SCHWEIN

56	Von den Besten lernen: Pulled Pork
58	Pulled Pork Kansas City
60	Geräuchertes Pulled Pork
62	Pulled Pork mit süßer Senfsauce aus Carolina
64	Schulterbraten am Spieß auf kubanische Art
66	Pulled Pork Bossam mit Frühlingszwiebel-Kimchi in Salatblättern
68	Pulled-Pork-Burritos mit Eiern und Käse
70	Pulled-Pork-Spaghetti
71	Panierte Baby Back Ribs
72	Von den Besten lernen: Baby Back Ribs
75	Grundrezept Baby Back Ribs
76	Baby Back Ribs mit pikant-süßer Barbecue-Sauce
78	Peanutbutter-Jelly-Ribs

80 BARBECUE FEATURE
NOUVEAU 'CUE RIBS

82	Von den Besten lernen: Spareribs
84	Hawaiianische Spareribs mit Kokosnuss-Ingwer-Glasur
86	Rotisserie-Spareribs mit Root Beer und Bourbon glasiert
88	Spareribs aus dem Kirschrauch mit Cranberry-Ingwer-Sauce
90	Schweinelende Char Siu
92	Schweinelenden-Spiedies
94	Schweinelenden-Sandwich mit grünen Chilis, Gruyère und gegrillten Zwiebeln
96	Rosmarin-Zitronen-Koteletts mit kohlegeräucherter Butter
98	Schweinekoteletts mit süßer Sojaglasur und Frühlingszwiebel-Sesam-Reis
100	Geräuchertes Schweinefilet mit Brombeer-Salbei-Sauce
102	Schweinefilets im Speckmantel mit einer Apfel-Balsamico-Reduktion
104	Schinken doppelt geräuchert mit Erdbeer-Mango Salsa

106 BARBECUE FEATURE
BARBECUE OHNE GRENZEN IN NEW YORK CITY

108	Country-Style Pork Ribs mit Louisiana-Barbecue-Sauce
110	Räucherspeck selbst gemacht
112	Boston Bacon Bomb
114	Pizza mit Prosciutto, Parmesan und Provolone
116	Pizza Formaggi mit Salsiccia, Champignons und Paprika

VON DEN BESTEN LERNEN
PULLED PORK

Ich hätte nie erwartet, das beste Pulled-Pork-Sandwich meines Lebens in New York zu essen. Der Meister, der dieses Kunststück vollbracht hat, Pitmaster Chris Lilly, stammt aus dem ländlichen Alabama. Mit seinem Team hat er nicht nur das American Royal Invitational in Kansas City gewonnen, er ist auch vierfacher Champion des großen Wettbewerbs Memphis in May. Immer im Juni rollt er seine Smoker auf die Straßen New Yorks für die Big Apple Barbecue Block Party, einem wohltätigen Bürgerfest, zu dem die besten Pitmaster des Landes strömen zusammen mit bis zu 125.000 Besuchern, um sich geräuchertes Lamm-Brisket von Tim Love aus Texas, Jerk Ribs von Bill Durney in Brooklyn oder eben Lillys sagenhaftes Sandwich einzuverleiben.

Skeptiker könnten einwenden: Welche Art von Pulled Pork ist es wert, sich durch derartige Menschenmassen zu kämpfen? Zumal man sage und schreibe 12 US-Dollar für ein Sandwich hinblättern muss! Wenn Sie einmal eine von Lillys Kreationen gekostet haben, werden Sie solche Fragen nie mehr stellen. Er verwandelt eine muskulöse Schweineschulter in zarte, saftige Fleischstückchen mit knuspriger Kruste voller Raucharoma. Flankiert wird das Fleisch von einer würzigen, senfbetonten Sauce. Geben Sie beides in ein weiches Brötchen und Sie haben viel mehr als ein Sandwich: Es ist eine köstliche Handvoll reinen Glücks.

BARBECUE-KNOW-HOW

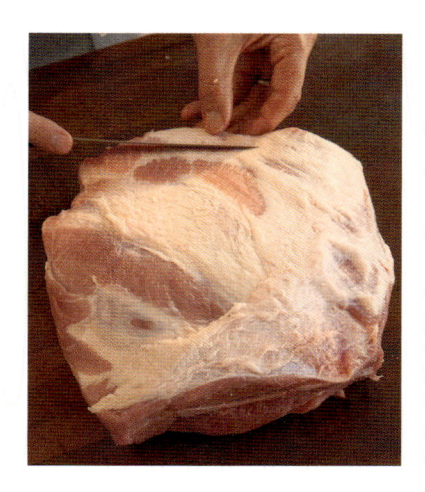

DAS FLEISCH VORBEREITEN

Eine ganze Schweineschulter bringt 5–9 Kilogramm auf die Waage. Das ist nicht viel für einen Pitmaster, aber für ein privates Barbecue im Garten schon ein ziemlicher Brocken Fleisch. Bitten Sie Ihren Metzger deshalb um ein 2–3½ kg schweres Schulterstück, idealerweise im sogenannten Boston-Butt-Zuschnitt, der auch einen Anteil Nacken enthält und damit etwas vom begehrten »Money Muscle« – einem Muskelstrang, der den Kopf des Schweins gehalten hat. Wichtig ist, dass das Fleisch überall möglichst gleich dick und gut marmoriert ist. Auch das Schulterblatt sollte noch im Fleisch stecken, denn Knochen bringen zusätzlichen Geschmack. Das aromatischste Schweinefleisch erhalten Sie von alten Rassen. BBQ-Teams in den USA verwenden bei Wettbewerben gern das Fleisch von Berkshire- oder Mangalitsa-Schweinen.

Schneiden Sie auf der Oberseite die Fettschicht bis auf ½ cm ab, damit sie im Smoker leicht schmelzen kann und so die Gewürze ins Fleisch eindringen können. Wenig Fett erhöht auch die Chance auf den begehrten Rauchring. Und auf der mageren Seite des Bratens sollten Sie so viel wie möglich von der Silberhaut entfernen.

DER RICHTIGE GARGRAD

All die Mühe, die Sie in die Vorbereitung des Fleisches, in die Zusammenstellung Ihrer Würzmischung, in die Zubereitung der BBQ-Sauce und ins langsame Räuchern investiert haben, kann umsonst gewesen sein, wenn das Fleisch unter- oder übergart wird: Der Schulterbraten sollte eine Kerntemperatur von 88–90 °C haben, der Knochen sich leicht aus dem Fleisch ziehen lassen und noch feucht, aber nicht kalkig aussehen, und das Fleisch sollte so zart sein, dass Sie es ganz leicht mit den Fingern, zwei Gabeln oder speziellen Bärenkrallen auseinanderzupfen können. Davor muss der Braten jedoch mindestens 20 Minuten nachziehen und seine Kerntemperatur auf etwa 60 °C absinken. Wenn beim Zerpflücken des Fleisches Dampf aufsteigt, verliert es kostbare Feuchtigkeit und sollte noch länger ruhen.

DER RAUCHRING

Bei geräuchertem Fleisch findet sich unter der Oberfläche manchmal eine rosafarbene Linie, die nicht nur die Herzen von BBQ-Preisrichtern, sondern auch von Hobbygrillern höher schlagen lässt. Dieser attraktive Effekt entsteht, wenn Myoglobin, also das Protein im Fleisch, das dafür sorgt, dass das Fleisch rot ist, mit den eindringenden Rauchgasen reagiert, namentlich mit Kohlenstoff- und Stickstoffmonoxid. Die Reaktion bewirkt, dass an dieser Stelle das Fleisch trotz Erhitzung rötlich bleibt. Man kann diesen Effekt verstärken, indem man das Fleisch feucht und kalt in den Smoker gibt, da Feuchtigkeit mehr von den reaktiven Gasen einfängt und Kälte mehr Zeit gibt, damit die Rauchgase und das Myoglobin ihr Zauberwerk vollbringen können.

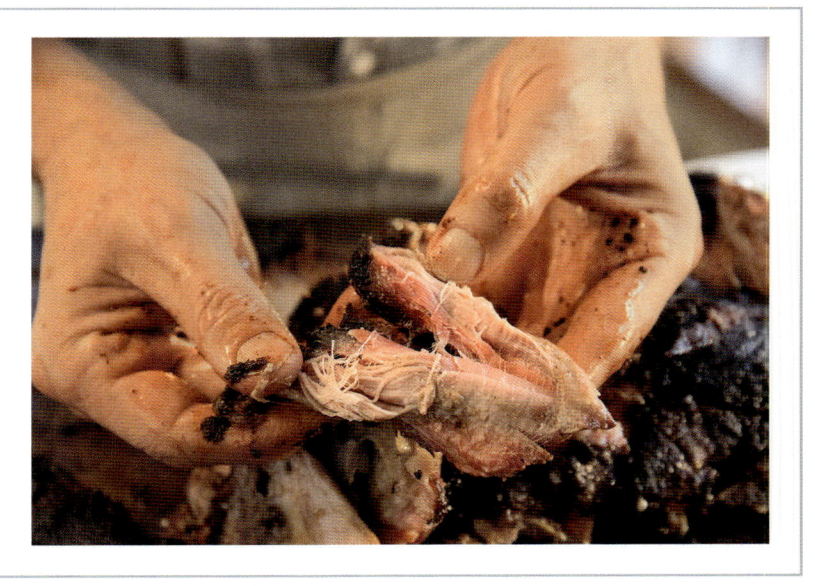

PULLED PORK KANSAS CITY

FÜR 10–12 PERSONEN | **ZUBEREITUNGSZEIT:** 30 MIN. | **GRILLZEIT:** ETWA 5½ STD. | **RUHEZEIT:** 1 STD.
ZUBEHÖR: HOLZKOHLEGRILL, 4 GROSSE APFEL-, KIRSCH- ODER HICKORYHOLZ-CHUNKS, GROSSE EINWEG-ALUSCHALE, SPRÜHFLASCHE MIT WASSER, EXTRA REISSFESTE ALUFOLIE, DIGITALES FLEISCHTHERMOMETER

Ob in Metropolen, kleinen Städten oder in der Nachbarschaft um die Ecke — überall in den USA gibt es Pulled Pork in allen möglichen Versionen, beeinflusst von den unterschiedlichen Kulturen der dort lebenden Menschen. Eine Version, die offenbar alle mögen, stammt aus Kansas City: Eine großzügig gewürzte Schweineschulter wird so lange gegart, bis das Fleisch so zart ist, dass es nahezu zerfällt, und dann wird es mit in einer pikant-süßen, rauchigen Sauce umhüllt.

FÜR DIE WÜRZMISCHUNG
110 g Rohrohrzucker
4 EL geräuchertes Paprikapulver
4 TL grobes Meersalz
2½ TL Chilipulver
2½ TL Knoblauchpulver
2½ TL Zwiebelpulver
1½ TL grob gemahlener schwarzer Pfeffer
½–1 TL Cayennepfeffer

2 kg ausgelöster Schweineschulterbraten (Boston-Butt-Zuschnitt, d. h. mit Nackenstück), überschüssiges Fett und Silberhaut entfernt

FÜR DIE SAUCE
3 Scheiben Frühstücksspeck
½ mittelgroße Zwiebel, fein gewürfelt
3 Knoblauchzehen, fein gehackt
120 ml Ketchup
120 ml heller Zuckersirup
120 ml Apfelessig
4 EL Tomatenmark
4 EL Chilipulver
2 EL Rohrohrzucker
1 EL Zuckerrohrmelasse
1 EL Worcestersauce
1 TL Selleriesalz
½ TL grobes Meersalz

Geduld ist alles! Denn der Weg zu einem wirklich hervorragenden Pulled Pork führt durch ein sehr langsam brennendes Feuer bei Temperaturen zwischen 110 °C und 120 °C. Ist die Temperatur im Grill heißer, neigen die Muskelzellen des Fleisches dazu, sich zu fest zusammenzuziehen und wertvollen Fleischsaft zu verlieren. Ist die Temperatur dagegen korrekt und bleibt konstant, schmilzt das Kollagen im Fleisch zu köstlicher Gelatine, die dem Braten Feuchtigkeit verleiht. Ein cleverer Weg, diesen Effekt zu erreichen, ist die sogenannte Minion-Ring-Methode (eine genaue Anleitung dazu finden Sie auf Seite 76). Im Wesentlichen besteht sie darin, die Briketts und Holzstücke ringförmig auf einer Seite des Kohlerosts anzuordnen und anschließend nur an einem Ende des Kohlerings anzuzünden. Kohlen und Holzstücke brennen also nicht alle auf einmal, sondern erst nach und nach über einen längeren Zeitraum. Auf diese Weise ist die Temperatur im Grill niemals zu hoch oder zu niedrig, und man muss keinen Brennstoff nachlegen.

1 Die Zutaten für die Würzmischung vermengen und den Braten damit rundherum bestreuen. Vor dem Grillen bei Raumtemperatur 30 Min. ruhen lassen.

2 Den Grill für indirekte sehr schwache Hitze (110–120 °C) mit der Minion-Ring-Methode vorbereiten (siehe Bild links; eine Anleitung finden Sie auf Seite 76). Sobald die Temperatur im Grill 110 °C erreicht hat, das Fleisch mit der Fettseite nach unten auf den Grillrost legen und über *indirekter sehr schwacher Hitze* bei geschlossenem Deckel

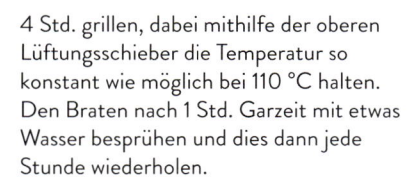

4 Std. grillen, dabei mithilfe der oberen Lüftungsschieber die Temperatur so konstant wie möglich bei 110 °C halten. Den Braten nach 1 Std. Garzeit mit etwas Wasser besprühen und dies dann jede Stunde wiederholen.

3 In der Zwischenzeit die Sauce zubereiten. Den Speck in einem mittelgroßen Topf mit schwerem Boden auf mittlerer Stufe braten, bis das meiste Fett ausgelassen ist. Mit einem Schaumlöffel herausheben und gleich an Ort und Stelle verspeisen oder für eine andere Verwendung aufbewahren. Das ausgelassene Fett im Topf bis auf 2–3 EL abgießen, dann die Zwiebel im heißen Speckfett in 3–4 Min. glasig dünsten, dabei ab und zu umrühren. Den Knoblauch unter gelegentlichem Rühren 1 Min. mitdünsten. Die übrigen Zutaten für die Sauce einrühren und auf mittlerer Stufe 10–15 Min. köcheln lassen, dabei ab und zu umrühren. Vom Herd nehmen und abkühlen lassen. Die Sauce im Mixer glatt pürieren und anschließend aufteilen: Eine Hälfte ist zum Befeuchten des Bratens, bevor er in Folie gewickelt wird. Die andere Hälfte wird später unter das Pulled Pork gemischt.

4 Nach 4 Std. Garzeit sollte der Braten eine Kerntemperatur von 70 °C haben, andernfalls muss er noch weitergaren. Das Fleisch vom Grill nehmen und den Deckel sofort wieder schließen.

5 Auf einer großen Arbeitsfläche zwei 1 m lange Bögen extra reißfeste Alufolie kreuzförmig übereinanderlegen. Den Braten mit der Fettseite nach oben in die Folienmitte legen und oben und an den Seiten dünn mit Sauce bestreichen. Zuerst die Enden des inneren Folienbogens über dem Braten zusammenfalten, dann den Braten fest in den äußeren Folienbogen einwickeln, damit kein Dampf austreten kann. Zurück auf den Grillrost legen und über **indirekter sehr schwacher Hitze** bei geschlossenem Deckel so lange weitergrillen, bis der Braten nach etwa 1½ Std. eine Kerntemperatur von 88–90 °C hat. Vom Grill nehmen und 1 Std. in der Alufolie nachziehen lassen.

6 Den Braten auswickeln, etwas abkühlen lassen, dann das Fleisch zerpflücken. Größere Fettstücke und Sehnen entfernen und wegwerfen. Das Pulled Pork mit Sauce mischen und sofort servieren.

GERÄUCHERTES PULLED PORK
MIT EINGELEGTEM KRAUTSALAT

FÜR 12 PERSONEN | **ZUBEREITUNGSZEIT:** 40 MIN. | **GARZEIT:** 8–10 STD.
ZUBEHÖR: RÄUCHERGRILL (WATER SMOKER), 6 GROSSE APFEL-, KIRSCH- ODER HICKORYHOLZ-CHUNKS, DIGITALES FLEISCHTHERMOMETER

In North und South Carolina ist Pulled Pork mit sauer eingelegtem Krautsalat sehr beliebt. Der pikant-saure Geschmack und die knackige Textur des Salats bilden ein schönes Gegengewicht zum gehaltvollen, langsam gegarten Fleisch. Eine feine Abwandlung erfährt der amerikanische Salatklassiker hier durch fein geschnittenen Staudensellerie und frischen Dill. Lassen Sie ihn unbedingt mehrere Stunden im Kühlschrank ruhen, nur dann hat der Salat Zeit genug, vollständig durchzuziehen und sein volles Aroma zu entfalten.

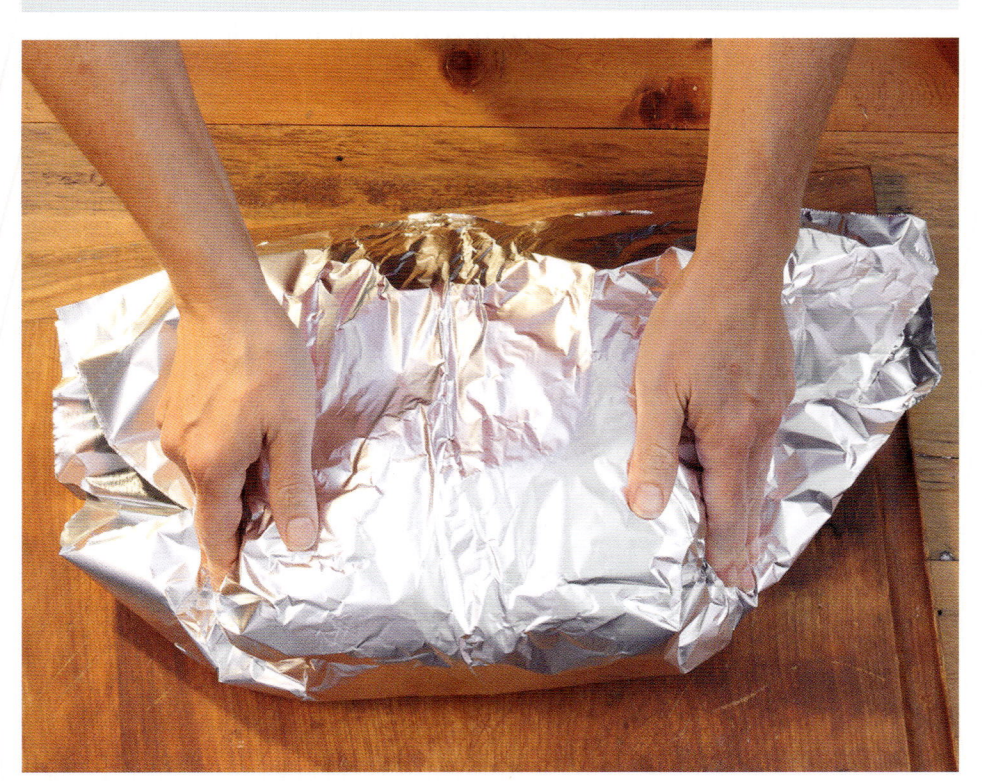

DIE PLATEAU-PHASE DURCHSTEHEN

Wenn ein großes Stück Fleisch wie eine Schweineschulter langsam gegart wird, steigt die Kerntemperatur zunächst konstant auf etwa 65 °C an und stagniert dann plötzlich. Manchmal über mehrere Stunden. Diese Stagnation, auch Plateau-Phase genannt, hat schon manch einen Hobbygriller zum Wahnsinn getrieben. Der Grund dafür ist, dass das Fleisch in dieser Phase Feuchtigkeit abgibt, die in der Hitze verdunstet und die Fleischoberfläche abkühlt. Ähnlich wie Schweiß auf der Haut verdunstet und den Körper kühlt. Erst wenn die Verdunstungskälte abgeklungen, die Fleischoberfläche also ausgetrocknet ist, nimmt die Kerntemperatur wieder zu. Sie können diese Phase umgehen, indem Sie das Fleisch in Alufolie einwickeln, um Feuchtigkeit und Hitze einzuschließen.

FÜR DEN SALAT

- 180 ml weißer Branntweinessig
- 70 g Zucker
- 2 EL fein gehackte Dillspitzen
- 2 TL grobes Meersalz
- ½ TL frisch gemahlener schwarzer Pfeffer
- 1 Kopf Weißkohl (etwa 700 g), Strunk entfernt, fein geraspelt
- 3 große Stangen Sellerie, in sehr feine Scheiben geschnitten
- 2 Möhren, geschält, grob geraspelt
- 1–2 EL fein gewürfelte Jalapeño- oder Serrano-Chilischoten

FÜR DIE WÜRZMISCHUNG

- 2 TL Paprikapulver
- 2 TL grobes Meersalz
- 2 TL gemahlener schwarzer Pfeffer
- 1 TL gemahlener Kreuzkümmel
- ½ TL Zwiebelgranulat

3 kg Schweineschulterbraten am Knochen (Boston-Butt-Zuschnitt, d.h. mit Nackenstück), überschüssiges Fett und Silberhaut entfernt

FÜR DIE SAUCE
500 ml weißer Branntweinessig
250 ml Ketchup
4 EL Rohrohrzucker
1 EL Worcestersauce
2 TL grobes Meersalz
½ TL Cayennepfeffer

12 Burger-Brötchen, aufgeschnitten
Mayonnaise oder Senf zum Servieren (nach Belieben)

1 In einer großen Schüssel den Essig mit Zucker, Dill, Salz und Pfeffer verrühren. Die übrigen Zutaten für den Krautsalat damit anmachen. Bis zum Servieren abgedeckt kalt stellen.

2 In einer kleinen Schüssel die Zutaten für die Würzmischung vermengen und den Braten rundherum kräftig damit einreiben.

3 Den Räuchergrill für indirekte sehr schwache Hitze (110–120 °C) vorbereiten. Sobald die Temperatur 110 °C erreicht hat, die Holzstücke auf die Glut geben. Das Fleisch mit der Fettseite nach unten in den Smoker legen und über **indirekter sehr schwacher Hitze** bei geschlossenem Deckel 8–10 Std. räuchern, bis seine Kerntemperatur 88–90 °C beträgt (beim Messen den Knochen nicht berühren). Das Fleisch sollte am Ende so zart ist, dass es sich leicht zerteilen lässt. Die Temperatur im Smoker jede Stunde prüfen und konstant halten: Lüftungsschieber öffnen, um die Temperatur zu erhöhen, und schließen, um sie zu senken. Nach der Hälfte der Garzeit den Wasserstand im Smoker prüfen und bei Bedarf nachfüllen; das senkt die Temperatur.

4 In einem mittelgroßen Topf die Saucenzutaten verrühren, auf mittlerer bis hoher Stufe aufkochen und 8–10 Min. köcheln lassen, bis sich der Zucker aufgelöst und die Sauce die Konsistenz von Ketchup angenommen hat. Vom Herd nehmen und abkühlen lassen.

5 Den Braten aus dem Smoker nehmen und 10 Min. nachziehen lassen. Den Knochen entfernen (er sollte sich sauber herausheben lassen) und, sobald der Braten nicht mehr so heiß ist, das Fleisch zerpflücken. Dabei größere Fettstücke und Sehnen entfernen. Das Fleisch mit der gewünschten Menge Sauce mischen. Die Burger-Brötchen zuerst mit Fleisch, dann mit Krautsalat belegen und servieren. Nach Belieben Mayonnaise oder Senf dazu reichen.

PULLED PORK
MIT SÜSSER SENFSAUCE AUS CAROLINA

FÜR 12–16 PERSONEN | **ZUBEREITUNGSZEIT:** 1 STD. | **GARZEIT:** 9–11 STD. | **RUHEZEIT:** 1–2 STD. | **ZUBEHÖR:** MARINIERSPRITZE, RÄUCHERGRILL (WATER SMOKER), 6 GROSSE HICKORYHOLZ-CHUNKS, SPRÜHFLASCHE, GROSSE EINWEG-ALUSCHALE, EXTRA REISSFESTE ALUFOLIE, DIGITALES FLEISCHTHERMOMETER, TROCKENE, ISOLIERTE KÜHLBOX, BÄRENKRALLEN (NACH BELIEBEN)

Soll Ihr Pulled Pork so gut werden, dass es sogar bei einem Wettbewerb für Aufmerksamkeit sorgen würde? Hier ein paar Tipps dazu:

1 Kaufen Sie eine große, 3½–4 kg schwere, gut durchwachsene Schweineschulter. Alte Rassen wie Mangalitsa liefern herausragenden Geschmack. Aber auch mit einem Braten aus dem Supermarkt erzielen Sie bessere Ergebnisse, wenn er groß genug ist. Das Fleisch braucht im Smoker ausreichend Zeit, damit das Kollagen im Bindegewebe schmelzen kann. Das Fleisch zu kleiner Schweineschultern trocknet vorher schon aus.

2 Schenken Sie dem sogenannten Money Muscle, dem röhrenförmigen Muskelfleisch gegenüber vom Schulterknochen, besondere Beachtung, denn er hat einen überragenden Geschmack. Pitmaster führen bei Wettbewerben vor dem Räuchern einen flachen Schnitt durch, um dieses Stück vom Rest der Schulter teilweise zu trennen. So trifft der Rauch auf eine größere Oberfläche, und das Fleisch lässt sich nach dem Garen einfacher finden. Beim Marinieren mit der Spritze sollten Sie sehr vorsichtig vorgehen und den Muskel so wenig wie möglich einstechen. Ist er gar, wird er nicht zerpflückt, sondern in Medaillons geschnitten.

3 Spritzen Sie etwas Fruchtsaft gleichmäßig ins Fleisch, weniger um es zu würzen, sondern um ihm mehr Feuchtigkeit zuzuführen, da es beim langsamen Räuchern mind. ein Drittel seiner Feuchtigkeit verliert. Je mehr Feuchtigkeit Sie also am Start haben, desto besser. Oder Sie pökeln das Fleisch 24 Std. in einer Salzlake (450 g grobes Meersalz in 4 l Wasser aufgelöst).

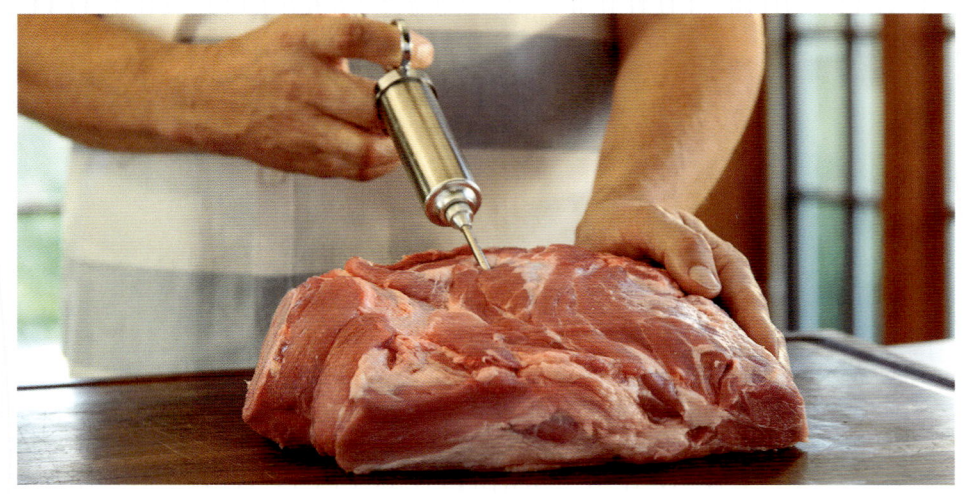

FÜR DIE MARINADE
250 ml Apfelsaft
125 g Butter
1 EL Worcestersauce
1 EL grobes Meersalz

FÜR DIE WÜRZMISCHUNG
2 EL grobes Meersalz
2 EL Rohrohrzucker
2 EL Chilipulver
1 EL Paprikapulver
2 TL Zwiebelgranulat
1 TL gemahlener Kreuzkümmel
1 TL frisch gemahlener schwarzer Pfeffer

3½–4 kg Schweineschulterbraten am Knochen (Boston-Butt-Zuschnitt, d. h. mit Nackenstück), überschüssiges Fett und Silberhaut entfernt
120 ml Apfelsaft

FÜR DIE SAUCE
250 g Senf (vorzugsweise Yellow Mustard)
60 ml Apfelsaft oder weißer Traubensaft
2 EL Rohrohrzucker
2 EL Honig
2 EL Zuckerrohrmelasse
1½ TL Knoblauchgranulat
1½ TL Zwiebelgranulat
1½ TL Chilipulver
1½ TL frisch gemahlener schwarzer Pfeffer
½ TL Schokoladenpulver

1 In einem kleinen Topf die Zutaten für die Marinade mischen und auf mittlerer Stufe sanft köcheln lassen, bis die Butter geschmolzen ist. Abkühlen lassen.

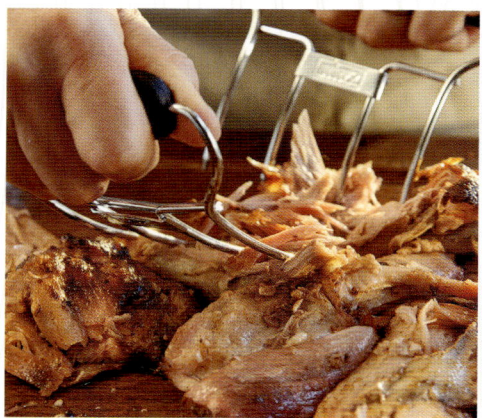

2. In einer kleinen Schüssel die Zutaten für die Würzmischung vermengen. 2 EL der Mischung abnehmen und beiseitestellen.

3. Die Marinade an mehreren Stellen inklusive dem Money Muscle ins Fleisch spritzen. Anschließend das Fleisch rundherum mit der Würzmischung aus der kleinen Schüssel bestreuen. Bei Raumtemperatur ruhen lassen und inzwischen den Smoker vorbereiten.

4. Den Smoker für indirekte sehr schwache Hitze (110–120 °C) vorbereiten. Sobald die Temperatur im Smoker 110 °C erreicht hat, die Holz-Chunks auf die Glut geben. Den Braten mit der Fettseite nach unten auf den Grillrost legen und den Deckel schließen. Über **indirekter sehr schwacher Hitze** 7–8 Std. räuchern, bis die gesamte Fleischoberfläche dunkelbraun ist, dabei die Temperatur im Grill konstant zwischen 110° und 120 °C halten.

5. Die Sprühflasche mit 120 ml Apfelsaft füllen. Den Braten aus dem Smoker nehmen, mit Apfelsaft befeuchten und mit der beiseitegestellten Würzmischung bestreuen. Mit der Fettseite nach unten in die große Einweg-Aluschale legen und die Schale dicht mit Alufolie verschließen.

6. Den Braten in der Aluschale zurück in den Smoker geben und 2–3 Std. weitergaren, bis seine Kerntemperatur 88–90 °C beträgt (beim Messen nicht den Knochen berühren). Am Ende soll das Fleisch so zart sein, dass es sich leicht zerteilen lässt. Die Temperatur im Smoker jede Stunde prüfen und konstant halten: Die Lüftungsschieber öffnen, um die Temperatur zu erhöhen, und schließen, um sie zu senken. Nach der Hälfte der Garzeit den Wasserstand im Smoker prüfen und bei Bedarf nachfüllen; das senkt die Temperatur.

7. Den Braten in der verschlossenen Aluschale in der Kühlbox 1–2 Std. nachziehen lassen. In der Zwischenzeit die Sauce zubereiten. Dafür in einem Topf die Zutaten für die Sauce glatt rühren, auf mittlerer Stufe zum Köcheln bringen und unter häufigem Rühren etwa 5 Min. köcheln lassen. Vom Herd nehmen.

8. Den Braten aus der Aluschale nehmen und den Knochen entfernen (er sollte sich sauber herausheben lassen). Den Money Muscle vom Schulterfleisch abtrennen und quer in 1 cm dicke Medaillons schneiden. Das übrige Fleisch mit den Bärenkrallen oder zwei Gabeln zerpflücken. Größere Fettstücke und Sehnen entfernen und wegwerfen. Das Fleisch mit der Sauce mischen und warm servieren.

RESTE?

Eine große Schweineschulter am Knochen reicht für eine größere Runde. Wenn Sie nicht so viele Gäste auf einmal verköstigen oder damit rechnen, dass Fleisch übrig bleibt, sollten Sie doppelt so viel von der Sauce zubereiten. Eine Hälfte verwenden Sie für das zerpflückte Fleisch, die andere Hälfte als Sauce für diese frittierten Pulled-Pork-Pattys:

Pro 800 g übrig gebliebenes zerpflücktes Fleisch mischen Sie 120 g Panko-Paniermehl und 2 leicht verquirlte Eier unter. Aus der Masse 12 Pattys formen, je gut 7 cm groß und 2 cm dick. In einen großen Topf ½ cm hoch Öl gießen und auf mittlerer Stufe erhitzen. Die Pattys portionsweise ins heiße Fett geben und auf beiden Seiten jeweils 2 Min. frittieren, bis sie goldbraun und warm sind. Die Pattys warm mit der zusätzlichen Sauce und einem frischen Salat servieren.

SCHULTERBRATEN AM SPIESS
AUF KOREANISCHE ART

FÜR 6–8 PERSONEN | **ZUBEREITUNGSZEIT:** 20 MIN. | **MARINIERZEIT:** 8–24 STD. | **GRILLZEIT:** 2¼–2¾ STD.
ZUBEHÖR: 2 GROSSE HANDVOLL HICKORYHOLZ-CHIPS, GROSSE EINWEG-ALUSCHALE, KÜCHENGARN, DREHSPIESS, DIGITALES FLEISCHTHERMOMETER

FÜR DIE MARINADE
- 350 ml frisch gepresster Orangensaft
- 120 ml frisch gepresster Zitronensaft
- 120 ml Olivenöl
- 1 mittelgroße Zwiebel, im Universalhacker fein gehackt
- 20 Knoblauchzehen, im Universalhacker fein gehackt
- 1 EL getrockneter Oregano
- 1 EL grobes Meersalz

- 2½ kg ausgelöster Schweineschulterbraten (Boston-Butt-Zuschnitt, d. h. mit Nackenstück), überschüssiges Fett und Silberhaut entfernt
- 1½ TL grobes Meersalz
- 1 TL frisch gemahlener schwarzer Pfeffer
- 1–2 TL gehackte Oreganoblätter

Während sich das Fleisch auf dem Spieß langsam über dem rauchenden Feuer dreht, befeuchtet der fleischeigene Saft den Braten von innen, während von außen die Holzaromen in die appetitliche Kruste eindringen. Mit einer Kerntemperatur von 77 °C ist das Fleisch zart, aber noch fest genug, um es aufschneiden zu können.

1. In einer großen Schüssel die Zutaten für die Marinade mischen. Das Fleisch auf allen Seiten mehrmals leicht einschneiden, in die Marinade legen und rundherum mit ihr bestreichen. Die Schüssel abdecken und das Fleisch 8–24 Std. im Kühlschrank marinieren. Ab und zu wenden.

2. Die Räucherchips mind. 30 Min. wässern.

3. Den Grill für indirekte schwache bis mittlere Hitze (150–175 °C) vorbereiten. Die große Einweg-Aluschale in die Mitte des Kohlerosts bzw. des Grillrosts eines Gasgrills stellen.

4. Den Braten aus der Schüssel nehmen und 30 Min. Raumtemperatur annehmen lassen. Die Schüssel abgedeckt zurück in den Kühlschrank stellen, denn die Marinade wird später noch benötigt. Das Fleisch salzen und pfeffern, dann mit Küchengarn zu einem möglichst gleichförmigen Paket zusammenbinden. Eine der Grillgabeln mit den Zinken nach innen auf den Drehspieß ziehen und etwa 25 cm vom Spießende entfernt sichern, aber die Schraube noch nicht festziehen. Den Spieß möglichst mittig durch das Fleisch führen und den Braten sanft auf die Haltezinken schieben, sodass sie fest im Fleisch verankert sind. Die andere Grillgabel ebenfalls auf den Spieß ziehen und die Zinken gut ins Fleisch drücken. Die Schraube sichern, aber noch nicht festziehen. Den Spieß einhängen, den Braten genau über der Aluschale ausrichten, dann erst die Schrauben festziehen.

5. Die Räucherchips abtropfen lassen und auf die Glut oder nach Herstelleranweisung in die Räucherbox des Gasgrills geben. Den Grilldeckel schließen und den Motor des Drehspießes einschalten. Über **indirekter schwacher bis mittlerer Hitze** bei geschlossenem Deckel 2¼–2¾ Std. grillen, bis die Kerntemperatur des Fleisches an der dicksten Stelle 77 °C beträgt. Bei Bedarf Holzkohle nachlegen, um die Temperatur konstant zu halten.

6. In der Zwischenzeit aus der Marinade eine Bratensauce zubereiten. Dafür die Marinade in einem mittelgroßen Topf auf mittlerer bis hoher Stufe aufkochen, anschließend auf mittlerer bis kleiner Stufe 5 Min. köcheln lassen, bis sie leicht reduziert ist. Durch ein feines Sieb in eine mittelgroße Schüssel passieren, feste Bestandteile im Sieb wegwerfen. Die Sauce etwa 5 Min. ruhen lassen, bis sich das Öl an der Oberfläche gesammelt hat. Das Öl nach Belieben abschöpfen und entsorgen. Die Schüssel abdecken und bis kurz vor dem Servieren in den Kühlschrank stellen.

7. Den Motor des Drehspießes abschalten. Den Spieß mit Grillhandschuhen aus dem Grill heben und die Haltezinken vorsichtig herauslösen. Den Braten vom Spieß auf ein Schneidbrett gleiten lassen und 20–30 Min. nachziehen lassen. Anschließend in Scheiben schneiden und mit Oregano garnieren. Die Sauce noch einmal kurz aufwärmen und zu den Bratenscheiben servieren.

Mit Küchengarn wird der Braten in eine einheitliche Form gebunden, damit alle Zinken der Grillgabeln im Fleisch Halt finden und das Fleisch gleichmäßig gart.

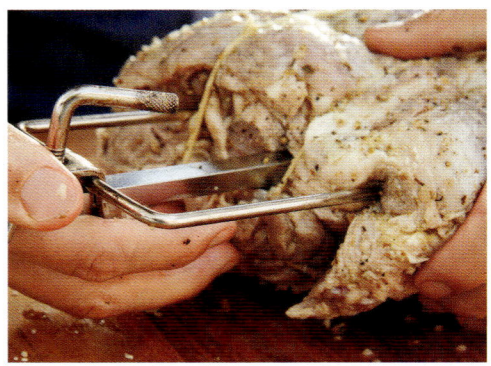

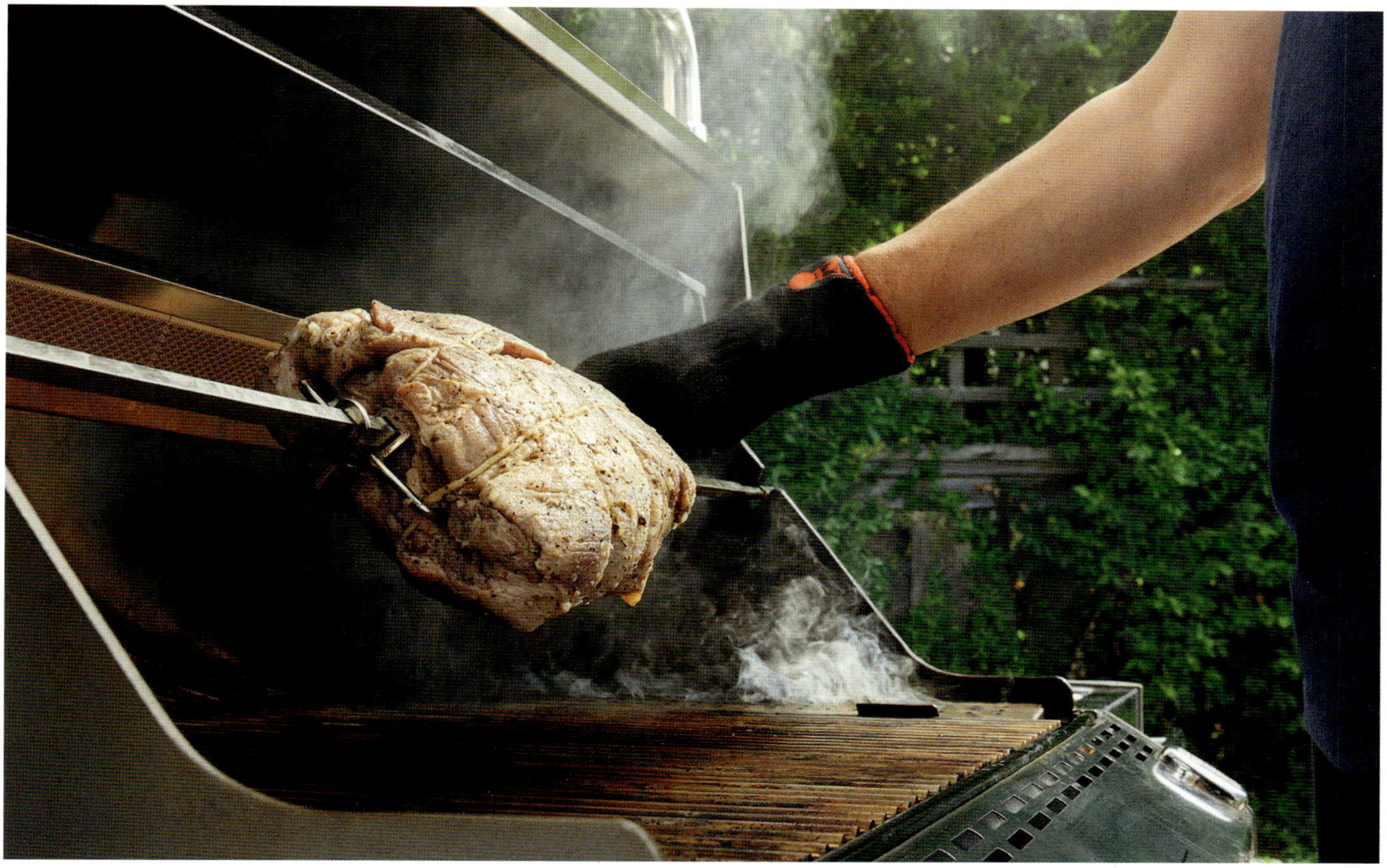

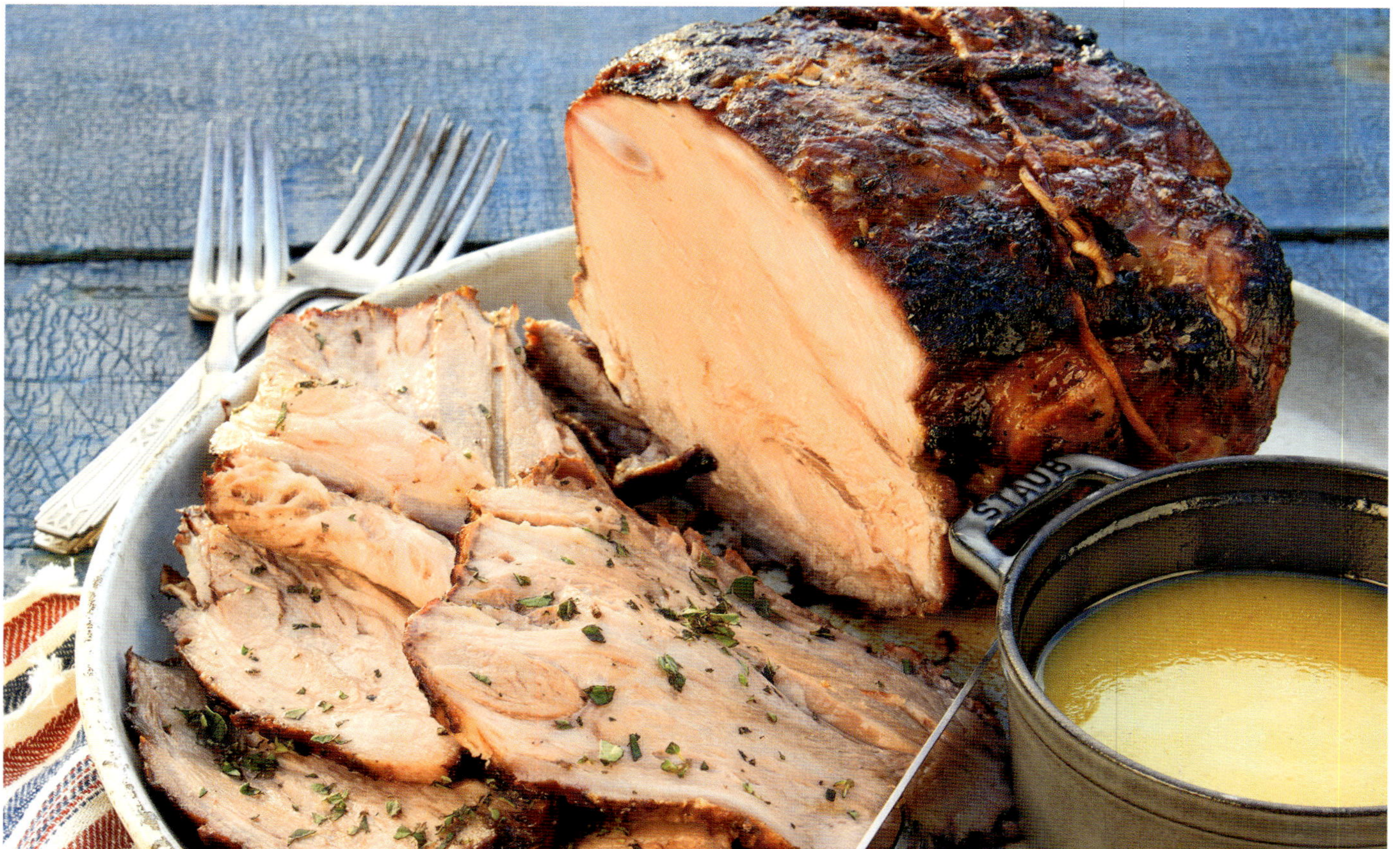
STAUB

PULLED PORK BOSSAM
MIT FRÜHLINGSZWIEBEL-KIMCHI IN SALATBLÄTTERN

FÜR 6–8 PERSONEN | **ZUBEREITUNGSZEIT:** 45 MIN. | **PÖKELZEIT:** 24 STD. | **GRILLZEIT:** 4–4¾ STD.
ZUBEHÖR: 2 GROSSE, EXTRA STABILE EINWEG-ALUSCHALEN

FÜR DAS TROCKENPÖKELN
110 g Zucker
110 g grobes Meersalz

2 kg ausgelöster Schweineschulterbraten (Boston-Butt-Zuschnitt, d. h. mit Nackenstück), überschüssiges Fett und Silberhaut entfernt
300 g Basmatireis

FÜR DEN SALAT
10 Frühlingszwiebeln, nur die weißen und hellgrünen Teile in feine Scheiben geschnitten
1 große Möhre, grob geraspelt
20 g Korianderblätter, grob gehackt
2 EL fein geriebener Ingwer mit seinem Saft
2 EL Öl
1 EL Reisessig
1 EL Sojasauce

FÜR DIE SAUCE
3 EL süße Chilisauce
2 EL Schwarze-Bohnen-Knoblauch-Sauce (Asia-Laden)
2 TL Öl
2 EL Reisessig
1 TL geröstetes Sesamöl

4 EL Rohrohrzucker
1–2 Köpfe Kopfsalat, in Blätter geteilt

Das Schwierigste an diesem Rezept für einen koreanisch zubereiteten Schulterbraten ist das Warten über mehr als 4 Stunden, in denen das Fleisch die herrlichsten Aromen annimmt und dank des Trockenpökelns eine wunderbare Kruste entwickelt. Zucker und Salz entziehen dem Fleisch zunächst Feuchtigkeit, die anschließend wieder ins Fleisch einzieht und es würzt. Am Ende wird das zerpflückte Fleisch noch einmal kurz gegrillt und wird dadurch stellenweise appetitlich knusprig.

1. Vor dem Grillen das Fleisch 24 Std. trockenpökeln. Dafür Zucker und Salz in einer großen Schüssel mischen, den Braten in die Schüssel legen und von allen Seiten kräftig damit einreiben. Die Schüssel mit Frischhaltefolie abdecken und 24 Std. kalt stellen.

2. Den Grill für indirekte mittlere bis schwache Hitze (möglichst 150 °C) vorbereiten.

3. Den Braten aus der Schüssel nehmen und in eine der Aluschalen legen. Mit Küchenpapier überschüssige Gewürze und Feuchtigkeit abtupfen. Den Braten über *indirekter mittlerer bis schwacher Hitze* bei geschlossenem Deckel 4–4¾ Stunden grillen, bis das Fleisch butterzart ist und fast auseinanderfällt. Dabei jede Stunde wenden und mit dem in der Schale angesammelten Bratensaft bestreichen (möglicherweise gibt es aber nur wenig davon). Den Braten vom Grill nehmen und auf ein Schneidbrett legen. Die Aluschale wegwerfen.

4. Während der letzten Stunde der Grillzeit den Reis nach Packungsanweisung garen. In einer mittelgroßen Schüssel die Zutaten für den Salat vermengen. In einer kleinen Schüssel die Zutaten für die Sauce verrühren.

5. Die Grilltemperatur auf indirekte starke Hitze (230–290 °C) erhöhen.

6. Das Fleisch mit zwei Gabeln zerpflücken, dabei größere Fettstücke und Sehnen entfernen. Das zerkleinerte Fleisch gleichmäßig in der zweiten Aluschale verteilen und mit 4 EL Zucker bestreuen. Die Schale über *indirekte starke Hitze* stellen und das Fleisch bei geschlossenem Grilldeckel 5–8 Min. grillen, bis es leicht gebräunt und stellenweise karamellisiert ist, dabei ab und zu umrühren. In eine Servierschüssel geben.

7. Am Tisch werden die Salatblätter mit etwas Fleisch, Reis und Salat gefüllt und mit Sauce beträufelt. Die Salatblätter aufrollen und das Pulled Pork Bossam genießen!

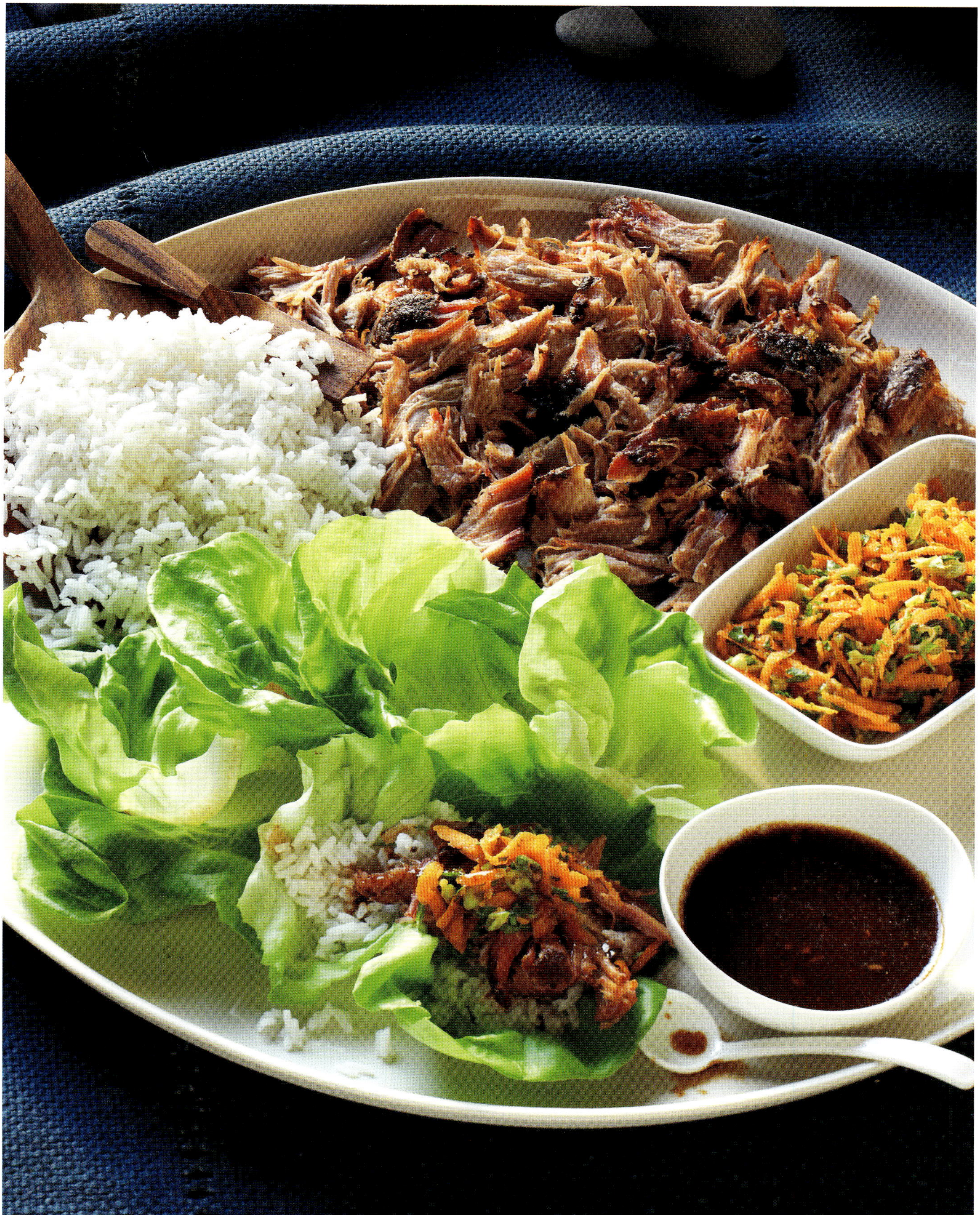

PULLED-PORK-BURRITOS
MIT RÜHREIERN UND KÄSE

FÜR 6 PERSONEN
ZUBEREITUNGSZEIT: 25 MIN.

Barbecue-Restaurants in Texas und im Südwesten der USA verarbeiten übrig gebliebenes Pulled Pork gern in Salaten oder Nudelgerichten. Ich mag Pulled-Pork-Reste am liebsten in diesen Frühstücks-Burritos. Das Fleisch wird mit Chipotle-Chilis und Adobo-Sauce noch einmal gebraten, bekommt dabei einen angenehmen Schärfekick und wird schön knusprig.

2 EL Olivenöl
600 g Pulled Pork vom Vortag (bereits mit Sauce vermischt)
2 Chipotle-Chilis in Adobo-Sauce (Dose), fein gehackt
3 EL Adobo-Sauce (aus der Dose)
1 weiße Zwiebel, in feine Ringe geschnitten
1 grüne Paprikaschote, in feine Streifen geschnitten
2 Knoblauchzehen, fein gehackt
8 Eier (Größe L)
¾ TL grobes Meersalz
¼ TL frisch gemahlener schwarzer Pfeffer
2 EL Butter
6 Weizentortillas (20 cm Ø)
230 g milder Cheddar (vorzugsweise Monterey Jack), gerieben
4 EL fein gehackte Korianderblätter
Romanasalat, in Streifen geschnitten
Avocado in Scheiben
Salsa (Fertigprodukt; nach Belieben)
Schmand (nach Belieben)

1 In einem großen Topf 1 EL Öl auf mittlerer bis hoher Stufe erhitzen. Darin Pulled Pork mit Chipotle-Chilis und Adobo-Sauce 7–9 Min. braten, bis das Fleisch heiß und knusprig ist, dabei gelegentlich umrühren. Auf kleiner Stufe warm halten.

2 In eine große beschichtete Pfanne 1 EL Öl auf mittlerer bis hoher Stufe erhitzen. Zwiebel, Paprika und Knoblauch darin 8–9 Min. braten, bis sie weicher sind und die Zwiebel zu bräunen beginnt, dabei ab und zu umrühren. Unter das Pulled Pork rühren und weiter warm halten.

3 Die Pfanne säubern und zurück auf den Herd stellen. Die Eier in einer Schüssel aufschlagen und mit Salz und Pfeffer verquirlen. Die Butter auf mittlerer Stufe in der Pfanne zerlassen. Sobald sie nicht mehr schäumt, die Eier dazugeben und 2–3 Min. oder nach gewünschtem Gargrad stocken lassen, dabei mit einem Pfannenwender aus Kunststoff ab und zu und das stockende Ei vom Pfannenboden lösen.

4 Die Tortillas nach Packungsanweisung aufbacken und auf einzelne Teller geben. Pulled Pork, Rührei, Käse und gehackten Koriander gleichmäßig auf die Tortillas verteilen, darauf Salatstreifen und Avocadoscheiben anrichten. Die Tortillas wie unten auf den Bildern gezeigt zu Burritos aufrollen und nach Belieben mit Salsa und Schmand servieren.

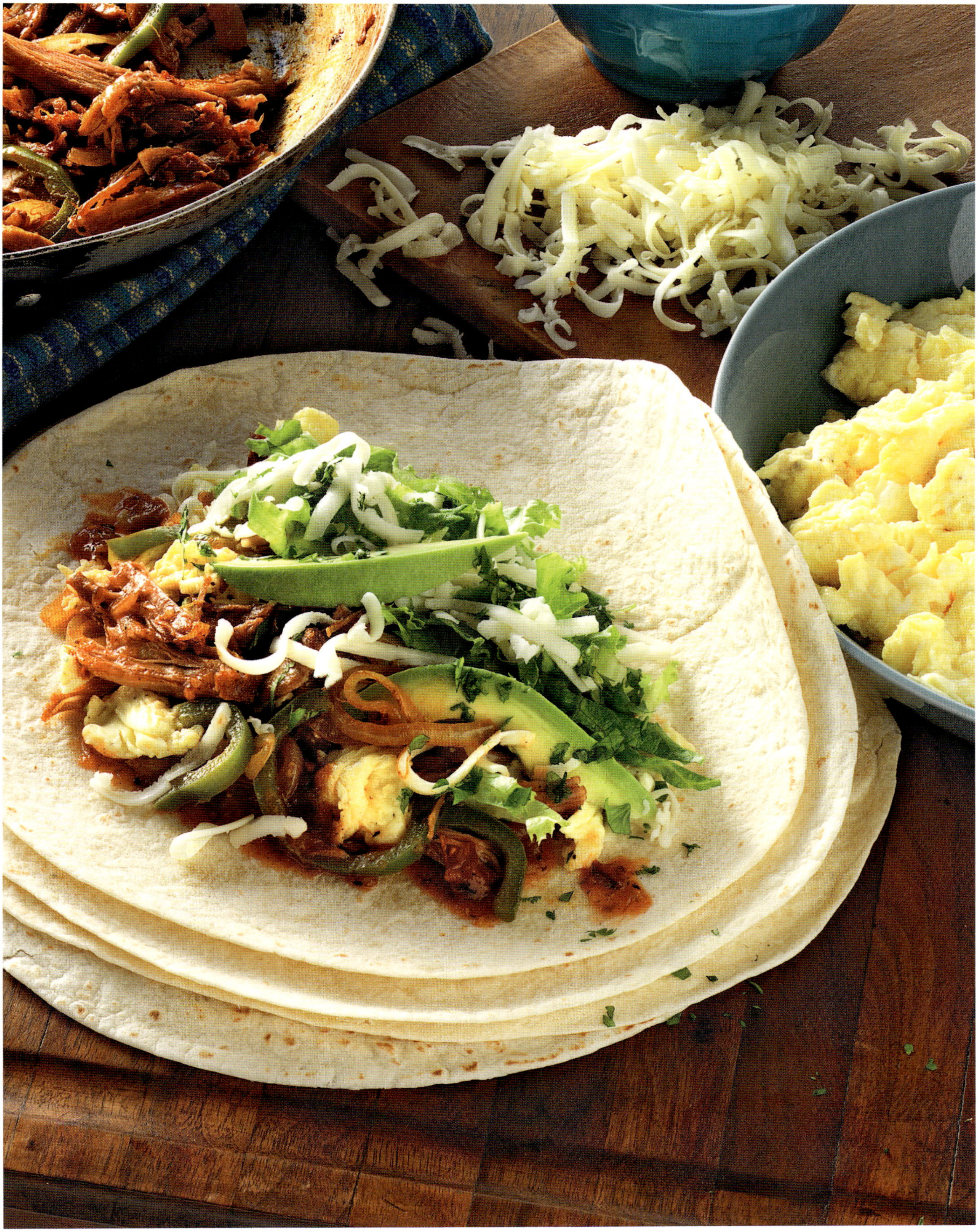

PULLED-PORK-SPAGHETTI

In dieser ungewöhnlichen Sauce sorgen die hellgrünen, kegelförmigen Cubanelle-Schoten (auch »Kubaner« genannt) für milde, süße Chilinoten. Sollten Sie keine Cubanelles finden, verwenden Sie stattdessen Anaheim-Schoten, die allerdings etwas schärfer sind.

FÜR 8–10 PERSONEN (ERGIBT ETWA 2¼ L SAUCE)
ZUBEREITUNGSZEIT: 15 MIN., PLUS 35 MIN. FÜR DIE SAUCE

Puristen aus North oder South Carolina wären schockiert und brüskiert, wenn man ihr höchst angesehenes Pulled Pork mit etwas so Fremdem wie Spaghetti kombinieren würde. Doch American Barbecue geht viele Wege: Einige Restaurants in Memphis, Tennessee, vermischen nämlich weiche, warme Nudeln mit Pulled Pork und einer Sauce, die im Geschmack irgendwo zwischen Tomaten- und Barbecue-Sauce liegt.

FÜR DIE SAUCE
60 ml Olivenöl
2 mittelgroße rote Zwiebeln, gewürfelt
2 mittelgroße Cubanelle- oder Anaheim-Chilis (etwa 200 g), Stiele entfernt, entkernt und gehackt
4 TL fein gehackter Knoblauch
2 große Dosen stückige Tomaten (je 800 g)
4 EL Zuckerrohrmelasse
1 EL Senfpulver
1 TL gemahlener Zimt
1 TL grobes Meersalz
½ TL frisch gemahlener schwarzer Pfeffer
700 g geräuchertes Pulled Pork vom Vortag, fein geschnitten

1 kg Spaghetti
fein gehackte glatte Petersilie
Chiliflocken

1 Das Öl in einem großen Topf auf mittlerer Stufe erhitzen. Zwiebeln und Chilischoten darin unter häufigem Rühren etwa 4 Min. dünsten, bis sie etwas weicher sind. Den Knoblauch unterrühren und etwa 20 Sek. mitdünsten, bis er aromatisch duftet.

2 Tomaten mit Melasse, Senfpulver, Zimt, Salz und Pfeffer einrühren und die Sauce zum Köcheln bringen. Die Hitze auf kleine Stufe stellen und die Sauce im offenen Topf etwa 20 Min. dicklich einköcheln lassen, dabei ab und zu umrühren.

3 Das Pulled Pork in die Sauce geben und etwa 10 Min. sanft köcheln lassen, bis es heiß ist und die Aromen von Sauce und Fleisch sich verbunden haben. Inzwischen die Spaghetti nach Packungsanweisung garen. Abseihen, in eine große Servierschüssel geben und mit 1½ l Fleischsauce mischen.

4 Die Nudeln auf einzelnen Tellern oder in flachen Servierschalen anrichten. Über jede Portion etwa 4 weitere EL Sauce schöpfen, mit Petersilie und Chiliflocken garnieren und servieren. Nach Belieben geröstete Weißbrotscheiben dazu reichen.

PANIERTE BABY BACK RIBS

FÜR 6 PERSONEN | **ZUBEREITUNGSZEIT:** 25 MIN.
ZUBEHÖR: FRITTIER-THERMOMETER

Verwenden Sie für dieses Rezept möglichst sehr fleischige Ribs. Lassen Sie bei jedem Rippchen überschüssiges Ei abtropfen, bevor Sie es in der Mehl-Grieß-Mischung wenden. Sehr feuchte Rippchen werden beim Frittieren nicht knusprig. Außerdem sollte das Fleisch raumtemperiert sein, damit die Öltemperatur beim Frittieren konstant bleibt.

Wie bringt man Zubereitungsweisen wie Panieren und Frittieren mit Barbecue zusammen? Ein paar BBQ-Hotspots in Georgia haben es gezeigt (endlich!). Für den Versuch zuhause sollten die geräucherten Ribs nicht schon mit Sauce bestrichen oder besonders stark gewürzt sein. Zu den knusprig frittierten Ribs passt die Dip-Sauce mit Pfirsich von Seite 279 richtig gut.

300 g Mehl (Type 550)
4 Eier (Größe L), raumtemperiert
60 ml Vollmilch
5 EL feiner gelber Maisgrieß
2 TL Paprikapulver
1 TL grobes Meersalz
1 TL frisch gemahlener schwarzer Pfeffer
Erdnussöl
2 geräucherte Baby Back Ribs (Kotelettrippchen) vom Vortag, in einzelne Rippen zerteilt, raumtemperiert
eingelegte Jalapeño-Chilischoten in Ringen (nach Belieben), abgetropft

1. Zwei flache und eine tiefe Schüssel bereitstellen. Die Hälfte des Mehls in eine der flachen Schüsseln geben. Die Eier in der tiefen Schüssel aufschlagen und kräftig mit der Milch verquirlen. Die restliche Hälfte des Mehls in die zweite flache Schüssel geben und mit Maisgrieß, Paprikapulver, Salz und Pfeffer mischen. Die Schüsseln in dieser Reihenfolge neben den Herd stellen; die Schüssel mit der Mehl-Grieß-Mischung muss der Pfanne, in der frittiert wird, am nächsten stehen.

2. In eine große tiefe Pfanne 5 cm hoch Erdnussöl gießen. Das Frittier-Thermometer einhängen und das Öl auf mittlerer Stufe 180 °C heiß werden lassen.

3. Ein Rippchen im Mehl wenden, überschüssiges Mehl abschütteln, durch das verquirlte Ei ziehen, überschüssiges Ei abschütteln, und zuletzt in der Mehl-Grieß-Mischungen wenden, bis es gleichmäßig davon überzogen ist. Beiseitestellen. 3–4 weitere Rippchen genauso panieren, dann die vorbereiteten Rippchen vorsichtig ins heiße Öl geben und in 5–6 Min. knusprig frittieren, dabei ein- bis zweimal wenden und die Temperatur beim Frittieren möglichst konstant halten. Die fertig frittierten Ribs auf einen Rost über einem Backblech legen und abtropfen lassen. Die Temperatur des Öls wieder auf 180 °C bringen und die übrigen Rippchen genauso panieren und dann portionsweise frittieren.

4. Die knusprig panierten Rippchen sofort servieren und nach Belieben noch mit Jalapeño-Ringen garnieren.

VON DEN BESTEN LERNEN
BABY BACK RIBS

Während der Recherche zu diesem Buch habe ich gefühlt mein Eigengewicht an Baby Back Ribs gegessen. Meine erste Reise führte mich zu Pappy's Smokehouse in St. Louis, wo Pitmaster Mike Emerson tagtäglich Unmengen an Ribs über Apfel- und Kirschholz zubereitet. Bei Pappy's gibt es die Ribs im Memphis-Stil, das heißt, das Fleisch wird mit einer trockenen Würzmischung eingerieben und ohne Sauce serviert. Reist man entlang des Mississippi ans andere Ende der Stadt, findet man das Restaurant von Skip Steele, der früher bei Pappy's arbeitete, seine Ribs aber heute anders als dort zubereitet. Sie werden am Ende mit einer Aprikosenglasur bestrichen, die Skip mit einem furchterregenden Flammbierbrenner auf dem Fleisch karamellisieren lässt. Seine Ribs sind dadurch wie mit einer dünnen Lackschicht überzogen, die ein wenig an kandierte Äpfel erinnert und in meinen Augen einzigartig ist.

Solcherlei Alleinstellungsmerkmale findet man in Dutzenden Städten und kleinen Orten der gesamten Region, vor allem rund um die großen Barbecue-Zentren wie Memphis, Kansas City, den Carolinas oder Texas. Beim Räuchern von Ribs gibt es bestimmte Grundregeln, die von allen anerkannt werden, aber es gibt auch jede Menge Freiraum für andere Herangehensweisen und clevere Ideen.

BARBECUE-KNOW-HOW

BABY BACK RIBS VORBEREITEN

Auf der Knochenseite der Rippchen befindet sich eine dünne, zähe Haut, die beim Garen ledrig wird. Viele Profis entfernen sie, wenn der Metzger das nicht schon erledigt hat. Suchen Sie etwa in der Mitte der Rippe einen geraden Knochen und schieben Sie ein Tafelmesser oder die Fingerspitzen von oben und unten unter die dünne Haut am Knochen, bis sich beide in der Mitte treffen. Jetzt mehrere Finger unter die Haut schieben und senkrecht anheben, während Sie mit der anderen Hand die Rippe festhalten. Häufig lässt sich die Haut auf diese Weise an einem Stück abziehen. Andernfalls muss sie in mehreren Durchgängen entfernt werden.

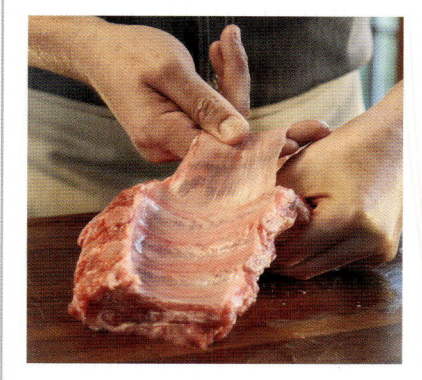

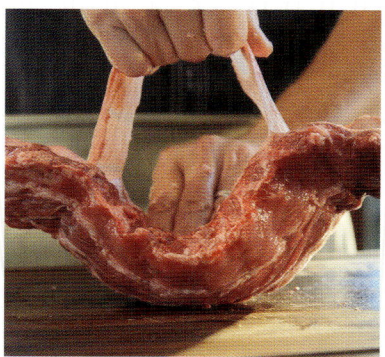

DIE RICHTIGE WAHL

1
Wählen Sie die fleischigsten Ribs, die Sie finden können. Wenn Knochen wie oben im Bild durch das Fleisch scheinen, ist das ein schlechtes Zeichen. Wir nennen solche Ribs deshalb *shiner*. Hier hat der Metzger das Fleisch zu nah am Knochen geschnitten. Rippchen zwischen 1–1½ kg haben gewöhnlich ausreichend Fleisch.

2
Wählen Sie Ribs mit fettreichem Fleisch, wobei das Fett idealerweise gleichmäßig im Fleisch verteilt ist. Dicke Fettstücke auf den Ribs sollten Sie wegschneiden und entsorgen, da sie nutzlos sind. Nur die feinen Fettstreifen, die das Fleisch durchziehen, sorgen für Geschmack.

3
Wenn Sie Glück haben, finden Sie auf der Fleischseite der Rippchen sogar einen waagerecht verlaufenden Streifen Lende. Wenn die Ribs gar sind, können Sie den Lendenstreifen abziehen und separat essen. Eine Delikatesse!

GEKONNT WÜRZEN

Standard bei Ribs sind trockene Würzmischungen, die auf beiden Seiten aufgetragen werden, wobei die Fleischseite etwas stärker gewürzt wird. Manche Barbecue-Gurus schwören jedoch auf Würzpasten, weil sie wissen, dass der Rauch besser in feuchte Oberflächen eindringt und Feuchtigkeit den begehrten Rauchring fördert. Eine feuchte Paste aus getrockneten Gewürzen und Senf oder Worcestersauce sorgt für rauchigere Ribs.

RIB-KNOW-HOW

INDIREKTE HITZE. Baby Back Ribs werden traditionell über indirekter Hitze gegrillt. In einem Smoker verhindert ein Schild oder eine Wasserschale die direkte Hitzeeinwirkung. Manche BBQ-Lokale wie das Rendezvous in Memphis garen Ribs über direkter Hitze, aber meiner Meinung nach wird das Fleisch dadurch trocken.

KNOCHENSEITE UNTEN. Die Hitze strömt zwar von allen Seiten um die Ribs, doch die Hitze von unten ist immer am heißesten. Deshalb werden Ribs mit der Knochenseite nach unten gegrillt, damit das Fleisch nicht zu schnell gar wird und das im Bindegewebe enthaltene Kollagen genug Zeit hat, zu schmelzen. Nur so wird das Fleisch saftig. Wenden Sie die Ribs erst gegen Ende der Garzeit und fangen Sie den herabtropfenden Fleischsaft auf, mit dem die Ribs dann bepinselt werden.

EINSPRÜHEN. Mit der Zeit bekommt das Fleisch eine tiefbraune Kruste. Damit diese jedoch nicht verbrennt, vor allem an den Enden, sollte man die Ribs ab und zu auf beiden Seiten vorsichtig mit etwas Wasser besprühen, ohne dabei die Gewürze wegzuspülen.

SIND SIE FERTIG?

Um zu prüfen, ob die Ribs fertig, also saftig und zart, aber nicht übergart sind, drückt man die Enden von zwei herausstehenden Knochen in entgegengesetzte Richtungen. Wenn das Fleisch dazwischen einreißt, ist es gar. Eine weitere Möglichkeit ist der Biegetest: Heben Sie die Rippen mit der Knochenseite nach oben an einem Ende mit einer Zange an. Wenn sie sich dabei in der Mitte so weit biegen, dass das Fleisch einreißt, sind sie fertig.

FLEISCH AM KNOCHEN

Manche mögen ihre Ribs so butterweich, dass man sie ohne Zähne essen könnte, die meisten Kenner jedoch schätzen einen gewissen Biss. In meiner Ausbildung zum Preisrichter bei der Kansas City Barbeque Society lernte ich, dass Fleisch, das fast von selbst vom Knochen fällt, übergart ist. Es sollte sich zwar leicht vom Knochen lösen, aber nur, wenn man kräftig hineinbeißt. Bereiten Sie Ihre Ribs jedoch so zu, wie Sie sie mögen!

Eine der vielen BBQ-Legenden besagt, dass die Technik, Ribs nach dem Räuchern in Alufolie zu wickeln, aus Texas stammt und daher »Texas-Krücke« heißt. Der sich im Alupaket ansammelnde Dampf macht das Fleisch wunderbar zart, was Pitmaster in anderen Landesteilen angeblich ohne diese Technik erreichen. Fast jedes BBQ-Team, unzählige Restaurants und Kochbuchautoren wie ich wenden diese Technik an … denn sie funktioniert.

DIE TEXAS-KRÜCKE

Wenn die Ribs eine dunkelbraune Kruste bekommen haben, werden sie mit Saft, Bier oder Barbecue-Sauce eingepinselt und dann einzeln in extra reißfeste Alufolie eingewickelt (gewöhnliche Folie reißt zu leicht). Das Paket muss luftdicht verschlossen sein, damit ausreichend Dampf entsteht.

Die Ribs dürfen aber nicht zu lange in der Folie bleiben, sonst weicht die köstliche Kruste auf, das Fleisch zerkocht und wird trocken. 30–60 Minuten sind vollkommen ausreichend. Wenn die Ribs nach dem Auspacken etwas zu feucht erscheinen, legen Sie sie ohne Folie noch einmal 20 Minuten auf den Grill, damit sie erneut knusprig werden.

GRUNDREZEPT BABY BACK RIBS

FÜR 4 PERSONEN | **ZUBEREITUNGSZEIT:** 15 MIN. | **GRILLZEIT:** 2–2¼ STD. | **ZUBEHÖR:** 3 GROSSE HANDVOLL HICKORYHOLZ-CHIPS, GASGRILL MIT MIND. 3 BRENNERN, RÄUCHERBOX AUS METALL, SPRÜHFLASCHE MIT WASSER

FÜR DIE WÜRZPASTE
2 EL mittelscharfer Senf
2 EL Worcestersauce
2 TL grobes Meersalz
2 TL Rohrohrzucker
2 TL Chilipulver
1 TL Knoblauchpulver
1 TL frisch gemahlener schwarzer Pfeffer

2 Baby Back Ribs (Kotelettrippchen; je 1–1½ kg)
250 ml Barbecue-Sauce (Fertigprodukt)

1. Die Räucherchips mind. 30 Min. wässern.

2. Die Zutaten für die Würzpaste verrühren und die Ribs gleichmäßig damit einreiben; würzen Sie dabei die Fleischseite mehr als die Knochenseite.

3. Vor dem Anzünden des Gasgrills die Chips abtropfen lassen und in die Räucherbox geben. Die Räucherbox unter den Grillrost über einem der Brenner auf einer Seite des Grills stellen. Den Grill für indirekte starke Hitze (230 bis 290 °C) vorbereiten und dabei die Räucherchips in der Box mit erhitzen. Sobald Rauch entsteht, die Temperatur im Grill so genau wie möglich auf 150 °C absenken.

4. Die Rippen mit den Knochen nach unten auf den Grillrost legen und über *indirekter schwacher Hitze* bei geschlossenem Deckel 1 Std. grillen, dabei die Temperatur möglichst konstant bei 150 °C halten. Dazu müssen Sie vielleicht immer mal wieder einen der Brenner ausschalten, insbesondere an heißen Tagen. Die Chips sollten etwa 30 Min. lang Rauch abgeben. Wenn sie Feuer fangen, einfach etwas Wasser über die Räucherbox sprühen.

5. Nach 1 Std. Grillzeit die Ribs mit etwas Wasser besprühen und für ein gleichmäßiges Garen auf dem Rost umplatzieren. Nach 1½ Std. die Baby Back Ribs auf beiden Seiten mit der Hälfte der Barbecue-Sauce bepinseln. Anschließend mit der Knochenseite nach unten weitere 30–40 Min. über *indirekter schwacher Hitze* bei geschlossenem Deckel grillen, bis ein Großteil der Knochenenden etwa 6 mm frei liegt. Machen Sie die Garprobe, ob das Fleisch zart genug ist: Wenn Sie die Ribs mit der Knochenseite nach oben an einem Ende mit einer Zange anheben, sollten sie sich in der Mitte so stark biegen, dass das Fleisch einreißt.

6. Die Ribs vom Grill nehmen und kurz vor dem Servieren dünn mit Barbecue-Sauce bestreichen. Die Rippen zwischen den Knochern in einzelne Ribs schneiden und warm servieren.

FLAMMEN LÖSCHEN

Manchmal trocknen die Holz-Chips in der Räucherbox aus und fangen Feuer. Aber keine Panik! Ein paar Spritzer Wasser aus der Sprühflasche löschen die Flammen.

BABY BACK RIBS
MIT PIKANT-SÜSSER BARBECUE-SAUCE

FÜR 4 PERSONEN | **ZUBEREITUNGSZEIT:** 20 MIN. | **GRILLZEIT:** ETWA 3 STD.
ZUBEHÖR: HOLZKOHLEGRILL, 4–5 GROSSE APFEL-, KIRSCH- ODER HICKORYHOLZ-CHUNKS, GROSSE EINWEG-ALUSCHALE, SPRÜHFLASCHE MIT WASSER, EXTRA REISSFESTE ALUFOLIE

Es gibt einen relativ neuen Weg in der Welt des Barbecue, die Temperatur in einem Kugelgrill über mehrere Stunden hinweg konstant niedrig zu halten und gleichzeitig für kontinuierlichen Rauch zu sorgen: mit der sogenannten Minion-Ring- beziehungsweise Snake-Methode. Dabei werden Holzkohlebriketts am Rand des Kohlerosts schlangenförmig angeordnet. Das Feuer brennt sich ganz langsam von einem Ende der Kohleschlange bis zum anderen durch. Und so wird es gemacht:

FÜR DIE WÜRZMISCHUNG
1 EL Rohrohrzucker, 1 EL geräuchertes Paprikapulver, 1 EL Zwiebelgranulat, 1 TL Chilipulver, 1 EL grobes Meersalz, 2 TL frisch gemahlener schwarzer Pfeffer

2 Baby Back Ribs (Kotelettrippchen; je 1–1½ kg)
2 EL Olivenöl

FÜR DIE SAUCE
180 ml Ketchup, 4 EL Rohrohrzucker, 4 EL Zuckerrohrmelasse, 1 EL Worcestersauce, 1 EL Chilipulver, 1 TL grobes Meersalz, ½ TL frisch gemahlener schwarzer Pfeffer

Ordnen Sie frische Briketts dicht nebeneinander und in zwei Reihen am Rand des Kohlerosts halbkreisförmig an. Je länger die Kohleschlange ist, desto länger brennt das Feuer. Schichten Sie darauf zwei weitere Reihen Briketts. Legen Sie die Holzstücke hintereinander auf ein Ende des Kohlerings.

Zünden Sie nun 10–12 Briketts im Anzündkamin an. Stellen Sie eine Tropfschale neben den Kohlering und füllen Sie sie zu drei Vierteln mit Wasser. Wenn die Briketts im Anzündkamin von Asche überzogen sind, schütten Sie sie vorsichtig auf das Ende des Rings, auf dem die Chunks liegen. Der Grillkessel muss frei von Asche und die unteren Lüftungsschieber vollständig geöffnet sein.

Setzen Sie nun den Grillrost ein und schließen Sie den Deckel. Lassen Sie die oberen Lüftungsschieber halb geöffnet und heizen Sie den Grill auf 120–150 °C vor. Legen Sie anschließend die Ribs mit der Knochenseite nach unten über indirekte Hitze auf den Grillrost. Kein Teil der Rippen darf direkt über der Glut liegen. Steuern Sie mit den oberen Lüftungsschiebern die Luftzufuhr und damit die Temperatur im Grill. Lehnen Sie sich zurück – ab jetzt arbeitet die »Schlange« für Sie …

1. Die Zutaten für die Würzmischung vermengen. Die zähe Haut auf der Knochenseite der Ribs entfernen (siehe Seite 73). Die Rippen auf beiden Seiten mit dem Öl bestreichen und mit der Würzmischung bestreuen; würzen Sie dabei die Fleischseite mehr als die Knochenseite. Bei Raumtemperatur ruhen lassen und den Grill vorbereiten.

2. Den Holzkohlegrill für indirekte sehr schwache Hitze (120–150 °C) nach der Minion-Ring-Methode vorbereiten (siehe Anleitung links).

3. In einem mittelgroßen Topf die Zutaten für die Sauce mit 120 ml Wasser verrühren und auf mittlerer bis hoher Stufe unter häufigem Rühren zum Köcheln bringen. Die Hitze auf mittlere bis kleine Stufe reduzieren und die Sauce in 5 bis 10 Min. leicht sirupartig andicken lassen, dabei ab und zu umrühren.

4   Die Ribs mit der Knochenseite nach unten auf den Grillrost über die Aluschale legen. Den Deckel schließen und die Ribs über **indirekter sehr schwacher Hitze** 1 Std. grillen, dabei mit den oberen Lüftungsschiebern die Temperatur konstant zwischen 120 und 150 °C halten: Die Lüftungsschieber weiter öffnen, um die Temperatur zu erhöhen, und schließen, um sie zu absenken. Die Hitze im Grill regelmäßig überprüfen.

5   Nach 1 Std. Grillzeit die Ribs mit etwas Wasser besprühen und für ein gleichmäßiges Garen umplatzieren. Danach über **indirekter sehr schwacher Hitze** bei geschlossenem Deckel 1 Std. weitergrillen.

6   Nach 2 Std. die Ribs vom Grill nehmen und auf ein großes Backblech mit Rand legen. Um die Hitze zu halten, den Grilldeckel schließen. Die Ribs beidseitig mit etwas Sauce bestreichen und einzeln in reißfeste Alufolie wickeln. Mit der Knochenseite nach unten wieder auf den Grillrost über die Aluschale legen und über **indirekter sehr schwacher Hitze** bei geschlossenem Deckel 45 Min. weitergrillen.

7   Anschließend die Ribs in der Folie vom Grill nehmen und den Gargrad prüfen. Wieder den Grilldeckel schließen, um die Hitze im Grill zu halten. Die Rippen aus der Folie wickeln und prüfen, ob ein Großteil der Knochenenden 6 mm oder mehr frei liegt. Andernfalls die Ribs in Folie gewickelt weitere 10–15 Min. über indirekte Hitze legen. Die fertigen Ribs auswickeln und erneut auf beiden Seiten dünn mit Sauce bestreichen.

8   Die Ribs ohne Folie mit der Knochenseite nach unten über die Aluschale auf den Grillrost legen und über **indirekter sehr schwacher Hitze** bei geschlossenem Grilldeckel etwa 10 Min. weitergrillen, bis die Sauce ein wenig ins Fleisch gedrungen ist. Kurz vor dem Servieren noch einmal mit etwas Sauce bestreichen, zwischen den Rippenknochen in einzelne Ribs schneiden und warm servieren.

PEANUTBUTTER-JELLY-RIBS

FÜR 6–8 PERSONEN | **ZUBEREITUNGSZEIT:** 30 MIN. | **GARZEIT:** ETWA 3 STD.
ZUBEHÖR: RÄUCHERGRILL (WATER SMOKER), 4 GROSSE APFEL- ODER KIRSCHHOLZ-CHUNKS

Die Ideen zu meinen Rezepten sind oft über viele Jahre und durch die unterschiedlichsten Erfahrungen und Erlebnisse entstanden. Lange bevor ich Kochbuchautor wurde, arbeitete ich als junger Lehrer in einer Schule in San Francisco. Dabei hatte ich so viel zu tun, dass oft das Mittagessen ausfiel. Deswegen bewahrte ich in meinem Schreibtisch immer etwas Brot sowie mehrere Gläser Erdnusscreme und Konfitüre auf, um in meinen kurzen Pausen schnell ein Sandwich essen zu können: das bei Kindern so beliebte PB&J-Sandwich (PB&J = Peanutbutter & Jelly). Und so einfach diese Sandwiches auch waren, haben sie mich selbst an den unberechenbarsten Tagen über Wasser gehalten, während ich versuchte, einer Horde rüpelhafter Jugendlicher Herr zu werden. Später arbeitete ich in Indonesien an einer Schule in Jakarta, wo ich mich darüber wunderte, wie viele unterschiedliche Ernussdips für Fleischspieße und Meeresfrüchte es dort gab. Vielleicht ist Erdnusscreme doch nicht nur etwas für Kinder, dachte ich.

Seitdem begleiten mich Geschmackserlebnisse und -erinnerungen wie diese. Als ich an diesem Kochbuch schrieb, suchte ich auch nach Wegen, bekannte Gerichte neu zu interpretieren. Könnte ich Erinnerungen aus meiner Kindheit und jungen Erwachsenenzeit mit meiner neuen Begeisterung für Barbecue kombinieren? Würde es funktionieren? Ich meine, es hat funktioniert. Die Himbeerglasur macht Anleihen bei den heute so beliebten fruchtig-süßen Barbecue-Saucen und nimmt der scharfen Würzmischung die Spitze. Dazu passt die salzige, cremige Erdnusssauce mit ihrem üppig nussigen Geschmack, die sich wie der Aufstrich aus Kindertagen anfühlt. Dieses Rezept ist ein gutes Beispiel dafür, wie sich American Barbecue weiterentwickelt: Manchmal finden wir Köche in der Vergangenheit den Schlüssel zu neuen Ideen in der Gegenwart.

FÜR DIE WÜRZMISCHUNG
- 2 EL Chilipulver
- 2 EL Paprikapulver
- 2 EL Rohrohrzucker
- 1 EL Zwiebelgranulat
- 1 EL grobes Meersalz
- 1 EL frisch gemahlener schwarzer Pfeffer

4 Baby Back Ribs (Kotelettrippchen; je 1–1½ kg)

FÜR DIE GLASUR
- 300 g Himbeerkonfitüre
- 120 ml Apfelsaft
- 2 EL Aceto balsamico

FÜR DIE SAUCE
- 220 g Erdnusscreme
- 180–240 ml Apfelsaft
- 2 EL Apfelessig

1. Die Zutaten für die Würzmischung vermengen. Die zähe Haut auf der Knochenseite der Ribs entfernen (siehe Seite 73). Die Ribs auf beiden Seiten mit der Würzmischung bestreuen; würzen Sie dabei die Fleischseite mehr als die Knochenseite. Bei Raumtemperatur ruhen lassen, während Sie den Räuchergrill vorbereiten.

2. Den Smoker für indirekte sehr schwache Hitze (120–150 °C) vorbereiten, die Wasserschale gut zur Hälfte mit Wasser füllen.

3. Die Holzstücke auf die Glut geben und den Grilldeckel schließen. Sobald Rauch entsteht, die Ribs mit der Knochenseite nach unten über *indirekte sehr schwache Hitze* legen. Den Deckel schließen und den oberen Lüftungsschieber zur Hälfte

schließen. Die Ribs 2½ Std. bei möglichst konstanten 120–150 °C räuchern. Inzwischen Glasur und Sauce zubereiten.

4 In einem Topf die Zutaten für die Glasur verrühren und auf mittlerer Stufe 3–5 Min. sanft köcheln lassen, dabei ab und zu umrühren. Vom Herd nehmen.

5 In einem zweiten Topf die Erdnusscreme mit 120 ml Apfelsaft und Essig mischen und auf mittlerer Stufe unter Rühren etwa 2 Min. erhitzen, bis eine glatte Sauce entstanden ist. Vom Herd nehmen.

6 Nach 2½ Std. Räuchern die Ribs auf beiden Seiten dünn mit Glasur bestreichen, anschließend mit der Knochenseite nach unten weitere 30 Min. räuchern.

7 Nach insgesamt 3 Std. Räuchern sollte ein Großteil der Rippenknochen mind. 6 mm frei liegen. Andernfalls die Ribs noch etwas länger garen. Machen Sie dann die Garprobe, ob das Fleisch zart genug ist: Wenn Sie die Ribs mit der Knochenseite nach oben an einem Ende mit einer Zange anheben, sollten sie sich in der Mitte so stark biegen, dass das Fleisch einreißt. Ist dies nicht der Fall, die Ribs wieder in den Smoker legen und so lange weitergaren, bis das Fleisch bei der Garprobe reißt. Oder Sie drücken zwei nebeneinanderliegende Knochen in entgegengesetze Richtungen, wenn das Fleisch dazwischen leicht einreißt (ohne dabei übergart zu sein), ist es fertig.

8 Den Topf mit der Sauce wieder auf den Herd stellen und die Sauce auf mittlerer Stufe einige Minuten erhitzen, dabei 60 bis 120 ml des übrigen Apfelsafts unterrühren. Die Ribs nochmals dünn mit Glasur bestreichen, dann einzeln aufschneiden. Mit der Sauce warm servieren.

NOUVEAU 'CUE RIBS

12 BONES

Das 12 Bones Smokehouse in Asheville, North Carolina, zeigt, welch neue Wege man mit Ribs einschlagen kann. Täglich wechseln die zum Teil wild anmutenden Geschmackskombinationen, etwa Sweet Butterscotch oder Ananas-Habanero, aber stets gibt es auch ein paar traditionellere Zubereitungen mit Rubs aus braunem Zucker oder im Memphis-Stil. Richtig bekannt wurde das 12 Bones mit seinen Blaubeer-Chipotle-Ribs, deren fruchtig-süßer Geschmack plötzlich von einer samtweichen, rauchigen Schärfe unterlegt wird: eine vollkommen unerwartete Geschmacksexplosion zum Niederknien.

SOUTHERN STYLE

TIEF IM SÜDEN DER USA, WO TRADITIONEN NACH WIE VOR EINE BEDEUTENDE ROLLE SPIELEN, BEREITET MAN SEIT GENERATIONEN RIBS AUF DIE GLEICHE ART UND WEISE ZU. VIELE PITMASTER WÜRZEN NUR MIT SALZ UND PFEFFER UND ÜBERLASSEN ALLES ANDERE DEM RAUCH. ANDERE VERWENDEN EINEN TROCKENEN RUB AUS PAPRIKA UND KRÄUTERN ODER PINSELN DIE RIBS ZUM SCHLUSS MIT EINER PIKANT-SÜSSEN BARBECUE-SAUCE EIN. OB MAN RIBS MIT (VIEL) ODER OHNE SAUCE WÄHLT, DER GESCHMACK DES FLEISCHES IST UNVERWECHSELBARES SÜDSTAATEN-BARBECUE.

DOCH MITTLERWEILE GIBT ES AUCH HIER EXPERIMENTIERFREUDIGE KÖCHE, DIE NEULAND ERKUNDEN. DIESE PITMASTER MIT IHREM »NOUVEAU 'CUE«-ANSATZ, WIE WIR DAS IN DEN USA NENNEN, BETREIBEN IHR HANDWERK MIT GROSSER ERNSTHAFTIGKEIT, ABER SIE FÜHLEN SICH NICHT MEHR TRADITIONELLEN REZEPTEN VERPFLICHTET, SONDERN ERWEITERN DIESE UM NEUE, GROSSARTIGE IDEEN.

HEIRLOOM MARKET BBQ
ATLANTA, GA

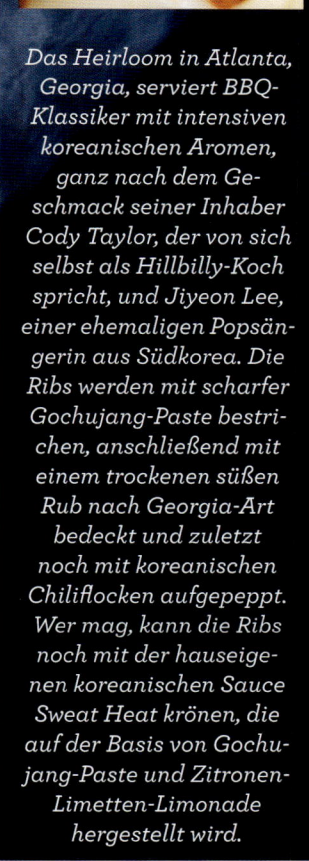

Das Heirloom in Atlanta, Georgia, serviert BBQ-Klassiker mit intensiven koreanischen Aromen, ganz nach dem Geschmack seiner Inhaber Cody Taylor, der von sich selbst als Hillbilly-Koch spricht, und Jiyeon Lee, einer ehemaligen Popsängerin aus Südkorea. Die Ribs werden mit scharfer Gochujang-Paste bestrichen, anschließend mit einem trockenen süßen Rub nach Georgia-Art bedeckt und zuletzt noch mit koreanischen Chiliflocken aufgepeppt. Wer mag, kann die Ribs noch mit der hauseigenen koreanischen Sauce Sweat Heat krönen, die auf der Basis von Gochujang-Paste und Zitronen-Limetten-Limonade hergestellt wird.

SOUTHERN SOUL BARBEQUE
St. Simons Island, Georgia

Süß-scharf ist auch im Southern Soul Barbecue das Zauberwort. Miteigentümer und Pitmaster Harrison Sapp fühlt sich an alte Südstaatenstandards nicht gebunden. Der Autodidakt würzt seine St.-Louis-Ribs mit einem zuckerhaltigen Rub, nimmt sie auf halber Strecke vom Rost, beträufelt sie mit Tupelo-Honig und reibt sie anschließend noch mit einer großzügigen Portion braunen Zucker ein.

Nach weiteren Stunden im Rauch kommen die Ribs dann auf einen heißen Grill, wo sie nochmals mit Honig bestrichen werden, was schließlich zu einer herrlichen mahagonifarbenen, karamellsüßen Kruste führt. Zu dieser Süße setzt die restauranteigene Sauce Hot Georgia Soul, in der vor allem Sriracha enthalten ist, den perfekten Kontrapunkt. Eine thailändische Sauce hat an der Küste von Georgia ein Zuhause gefunden.

NICHT NUR DER GESCHMACK VON SCHWEINE-RIPPCHEN KANN SICH NEU ERFINDEN. RINDER-RIPPEN SIND DER STAR BEI THE GRANARY 'CUE & BREW IN SAN ANTONIO, TEXAS. SIE WERDEN HIER SO ZUBEREITET, WIE MAN DAS EHER VON NEW YORKER DELIS ERWARTEN WÜRDE. ZUNÄCHST WIRD EINE GANZE SHORT-RIB-LEITER MIT PASTRAMI-GEWÜRZEN NASS GEPÖKELT, DANN GERÄUCHERT UND IN EINZELNE RIBS GESCHNITTEN. TAGSÜBER SERVIERT MAN SIE EINFACH AUF MIT PAPIER BELEGTEN TABLETTS, DAZU GIBT ES PICKLES UND EINE ORDENTLICHE PORTION BIERSENF. ABENDS GEHT ES ELEGANTER ZU UND DIE RIBS WERDEN AUF WEISSEN TELLERN MIT SAUERKRAUT-AIOLI UND GRÜNER GARNITUR ANGERICHTET. DIE VERWEGENE MISCHUNG AUS TRADITIONELLEN UND MODERNEN AROMEN SIND EIN LEUCHTENDES BEISPIEL DAFÜR, WIE RIBS ALS SPRUNGBRETT FÜR INNOVATIONEN DIENEN KÖNNEN.

VON DEN BESTEN LERNEN
SPARERIBS

Mike Mills wäre einer der Ersten, der in einem Lexikon über American Barbecue unter den Besten seiner Zunft stände. In den frühen 1990er-Jahren gewann sein Apple City Barbecue Team sage und schreibe 32 große Wettbewerbe, holte viermal den Weltmeisterschaftstitel und gewann dreimal den Internationalen Wettbewerb von Memphis in May.

Heute ist Mills Chef von 17th Street Barbecue, das zwei Lokale im Bundesstaat Illinois und zwei in Las Vegas unterhält. Er ist Partner des Blue Smoke, einem der ersten gehobeneren BBQ-Restaurants in New York City, hat zusammen mit seiner Tochter Amy einen Kochbuch-Bestseller verfasst und eine Beratungsfirma für die Barbecue-Branche gegründet.

Ich wollte Mikes Sicht auf die heutige Welt des Barbecue hören: »Ich habe erlebt, wie sich das Barbecue aus einem Erdloch mit Feuer und einer Holzhütte mit Straßenverkauf zu feinen Restaurants mit motorisierten Edelstahlgrills entwickelt hat. Ich habe beobachtet, wie unterschiedlichste regionale Stile miteinander verschmolzen und zu einem ganz neuen Ansatz führten. Insgesamt ist die Qualität heute besser als je zu vor, aber einige Restaurants haben die Bodenhaftung verloren. Sie wollen auf Teufel komm raus etwas ganz Besonderes machen, und das geht auf Kosten des echten Geschmacks. In meinen Augen geht es beim Barbecue um Fleisch. Saucen und Rubs sind meines Erachtens Nebendarsteller, stehen aber heute viel zu sehr im Mittelpunkt.«

DER HOLLYWOOD-SCHNITT

In BBQ-Wettbewerben werden die Preisrichter auch von besonders viel Fleisch auf den Rippen beeindruckt. Wenn Sie Ihren Gäste zuhause damit imponieren möchten, müssen Sie jeden zweiten Rippenknochen opfern. Die verbleibenden Ribs haben dann die doppelte Menge Fleisch.

BARBECUE-KNOW-HOW

SPARERIBS VORBEREITEN

Eine ganze Sparerib-Reihe enthält 13 Rippenknochen mit Fleisch, das zäher und fetter ist als das von Baby Back Ribs. Sie wiegt etwa 2½ kg, einschließlich dem *skirt* genannten Fleischlappen in der Mitte der Knochenseite und dem spitz zulaufenden Ende, das *point* genannt wird. Für den Zuschnitt nach St.-Louis-Art werden diese beiden zähen Teile sowie der knorpelige untere Rippenteil, die *rib tips*, entfernt. Ertasten Sie dazu das Knochenende der längsten Rippe und schneiden Sie hier das knorpelige Fleisch mit einem scharfen Fleischmesser und viel Druck durch. Dann wird der knorpelige Streifen vollständig abgetrennt, sodass Sie am Ende ein regelmäßiges Rippenrechteck von 1¼–1¾ kg erhalten. Ziehen Sie nun noch die feste Haut auf der Knochenseite ab und entfernen Sie das überschüssige Fett auf der Rippe.

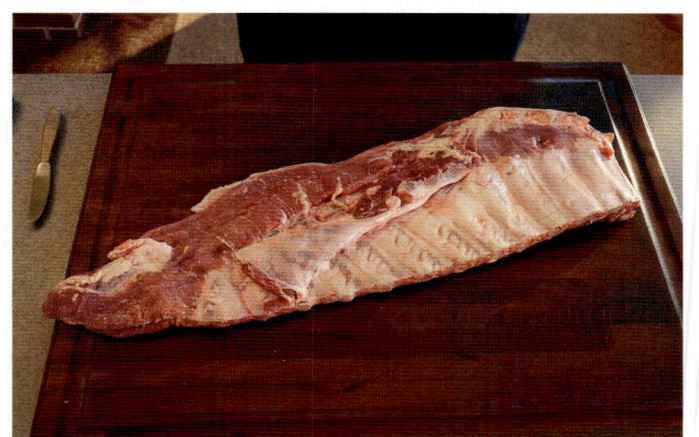

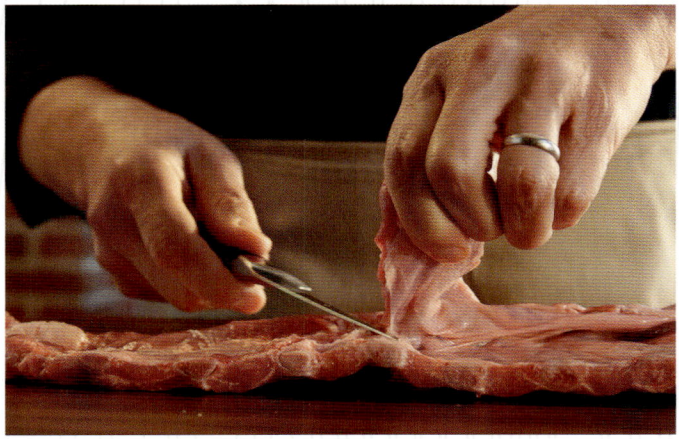

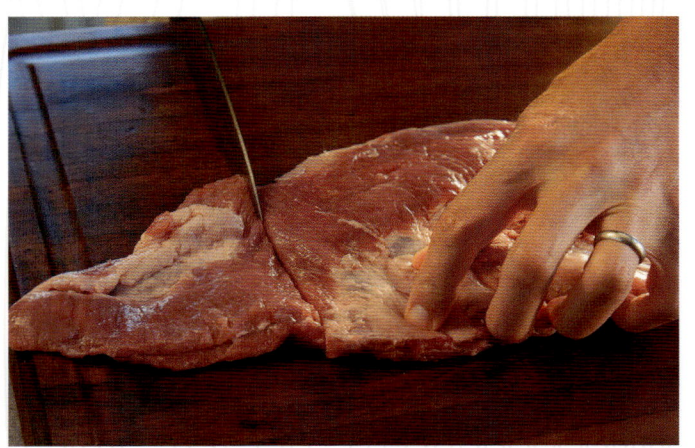

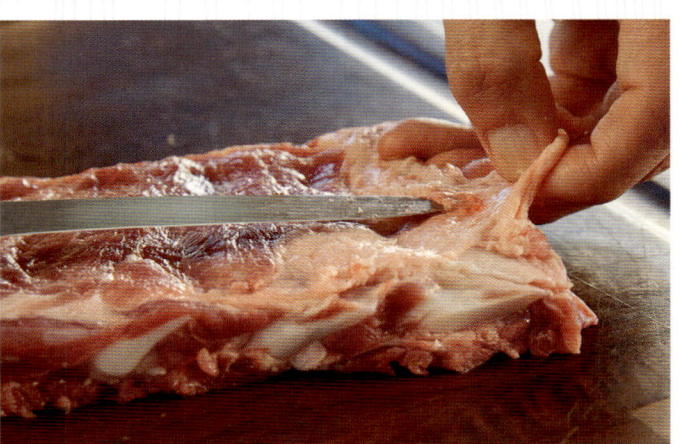

HAWAIIANISCHE SPARERIBS
MIT KOKOSNUSS-INGWER-GLASUR

FÜR 4–6 PERSONEN | **ZUBEREITUNGSZEIT:** 20 MIN. | **GRILLZEIT:** 2¼–2½ STD. | **ZUBEHÖR:** 3 GROSSE HANDVOLL APFEL-, KIRSCH- ODER HICKORYHOLZ-CHIPS, GASGRILL MIT MIND. 3 BRENNERN, RÄUCHERBOX AUS METALL

Einfachheit ist Trumpf — dieser Spruch trifft es manchmal ganz genau: Nichts ist einfacher, als Ribs auf einem Gasgrill zuzubereiten, der die Temperatur so lange konstant hält, wie Sie es wünschen.

Füllen Sie die Räucherbox mit in Wasser eingeweichten, abgetropften Räucherchips und stellen Sie die Box unter den Grillrost direkt über einen oder zwei Brenner, damit die Chips sich leicht entzünden und Rauch abgeben können. Erst dann die Brenner des Grills starten.

Bei diesem Rezept müssen Sie nicht einmal die Haut auf der Knochenseite der Ribs abziehen, da sie weniger zäh als bei Baby Back Ribs ist. Die Ribs einfach mit einer milden Würzmischung bestreuen und dann im aromatischen Rauch garen. Nach etwa einer Stunde sollten Sie die Spareribs mit der Kokosnuss-Ingwer-Glasur bestreichen. Dann bleibt das Fleisch saftig und duftet nach hawaiianischem Urlaub.

FÜR DIE WÜRZMISCHUNG
2 EL Currypulver, 2 TL Knoblauchgranulat, 2 TL Zwiebelgranulat, 2 TL Paprikapulver, 2 TL grobes Meersalz, 2 TL frisch gemahlener schwarzer Pfeffer

2 Spareribs (Schälrippen; je 1–1½ kg) nach St.-Louis-Art zugeschnitten (siehe Seite 83)

FÜR DIE GLASUR
1 EL geröstetes Sesamöl
1 EL fein geriebener Ingwer
1 TL Chiliflocken
250 ml ungesüßte Kokosmilch, durchgerührt
4 EL Sojasauce
2 EL Rohrohrzucker
fein abgeriebene Schale und Saft von 1 Bio-Limette

1. Die Räucherchips 30 Min. wässern.

2. Die Zutaten für die Würzmischung vermengen und die Ribs auf beiden Seiten damit bestreuen; würzen Sie dabei die Fleischseite mehr als die Knochenseite. Ribs vor dem Grillen in den Kühlschrank stellen.

3. In einem mittelgroßen Topf das Sesamöl mit Ingwer und Chiliflocken verrühren. Auf mittlerer Stufe etwa 30 Sek. erhitzen, bis der Ingwer zu brutzeln beginnt, dabei ein- bis zweimal umrühren. Das Öl darf nicht zu heiß werden, sonst wird es bitter. Die übrigen Zutaten für die Glasur einrühren und alles etwa 3 Min. köcheln lassen. Den Topf vom Herd nehmen.

4. Bevor Sie den Grill anzünden, die Chips abtropfen lassen und in die

Räucherbox geben. Die Räucherbox unter den Grillrost über einem der Brenner an einer Seite des Grills stellen. Den Grill für indirekte starke Hitze (230–290 °C) vorbereiten und dabei die Chips in der Box mit erhitzen. Sobald Rauch entsteht, die Temperatur im Grill so genau wie möglich auf 150 °C senken.

5 Die Rippen mit der Knochenseite nach unten auf den Grillrost legen und über **indirekter schwacher Hitze** bei geschlossenem Deckel 1 Std. grillen, dabei die Temperatur möglichst konstant bei 150 °C halten. Dazu müssen Sie vielleicht immer mal wieder einen der Brenner ausschalten, insbesondere an heißen Tagen. Die Chips sollten etwa 30 Min. lang Rauch abgeben. Wenn sie Feuer fangen, einfach etwas Wasser über die Räucherbox sprühen.

6 Nach 1 Std. Grillzeit die Ribs auf beiden Seiten mit der Glasur bestreichen und für ein gleichmäßiges Garen auf dem Rost umplatzieren. Mit der Knochenseite nach unten über **indirekter schwacher Hitze** 1 Std. weitergrillen, dabei alle 30 Min. auf beiden Seiten mit Glasur bestreichen. Nach 2 Std. Grillzeit bei 150 °C sollten die Spareribs fast fertig sein. Machen Sie jetzt die Garprobe: Wenn Sie die Rippen mit der Knochenseite nach oben mit einer Zange an einem Ende anheben, sollten sie sich in der Mitte so stark biegen, dass das Fleisch einreißt. Andernfalls grillen Sie sie weitere 15–30 Min.

7 Vom Grill nehmen und 5–10 Min. nachziehen lassen. Zwischen den Rippenknochen in einzelne Ribs schneiden und warm servieren.

ROTISSERIE-SPARERIBS
MIT ROOT BEER UND BOURBON GLASIERT

FÜR 4–6 PERSONEN | **ZUBEREITUNGSZEIT:** 30 MIN. | **GRILLZEIT:** 2–2½ STD.
ZUBEHÖR: 2 GROSSE HANDVOLL PEKANNUSS-, APFEL- ODER HICKORYHOLZ-CHIPS, DREHSPIESS, GROSSE EINWEG-ALUSCHALE

Ribs vom Drehspieß? Und ob! Der Drehspieß wirkt Wunder, wenn Sie nur eine oder zwei Rippenleitern grillen. Die gleichmäßige Hitze und die langsame Rotation sorgen für zarte, saftige und zugleich knusprige Ribs. Der Trick liegt darin, die Rippen wellenförmig auf den Spieß zu stecken, damit beim Rotieren so viel Fleisch wie möglich der Hitze ausgesetzt ist. Trennen Sie die beiden Rippen auf dem Spieß mit einem Ring aus Alufolie. Das Fleisch wird dadurch knuspriger und lässt sich einfacher mit der klebrigen Glasur bestreichen.

FÜR DIE WÜRZMISCHUNG
- 2 EL Rohrohrzucker
- 1 EL grobes Meersalz
- 1 TL Chilipulver
- 2 TL Paprikapulver
- 1 TL Knoblauchpulver
- 1 TL gemahlener Kreuzkümmel
- 1 TL gemahlener schwarzer Pfeffer
- ½ TL gemahlener Piment
- ½ TL Senfpulver

2 Spareribs (Schälrippen; je 1½ kg), nach St.-Louis-Art zugeschnitten (siehe Seite 83)

FÜR DIE GLASUR
- 480 ml Root Beer (US-amerikanischer Softdrink; Internethandel)
- 240 ml Bourbon
- 5 EL Rohrohrzucker
- 1 Zimtstange
- 1 Lorbeerblatt
- 60 ml Apfelessig
- 1 TL Vanilleextrakt
- ½ TL grobes Meersalz
- 1 EL abgeriebene Bio-Orangenschale
- ½ TL scharfe Chilisauce

1 große Orange, in Spalten geschnitten

1. Die Räucherchips mind. 30 Min. wässern.

2. Die Zutaten für die Würzmischung vermengen. Mit der Spitze eines stumpfen Messers unter die Haut auf der Knochenseite der Ribs fahren und sie so anheben und lockern, dass man eine Ecke mit einem Stück Küchenpapier greifen kann. Die Haut abziehen. Die Ribs auf beiden Seiten mit der Würzmischung bestreuen, würzen Sie dabei die Fleischseite mehr als die Knochenseite. Vor dem Grillen bei Raumtemperatur 1 Std. ruhen lassen.

3. Den Grill für indirekte mittlere bis schwache Hitze (etwa 150 °C) vorbereiten. Die große Einweg-Aluschale in die Mitte des Kohlerosts bzw. des Grillrosts eines Gasgrills stellen.

4. Für die Glasur Root Beer mit Bourbon, Zucker, Zimtstange, Lorbeerblatt, Essig, Vanilleextrakt und Salz in einem Topf verrühren, auf mittlerer bis hoher Stufe aufkochen und in 20–25 Min. auf etwa 120 ml einkochen lassen, dabei ab und zu umrühren. Den Topf vom Herd nehmen. Zimtstange und Lorbeerblatt entfernen. Orangenschale und Chilisauce einrühren.

5. Eine der Grillgabeln mit den Zinken nach innen auf den Drehspieß ziehen und etwa 25 cm vom Spießende entfernt sichern, aber die Schraube noch nicht festziehen. Die erste Schälrippe wellenförmig auf den Spieß stecken, dabei mit der Spießspitze jeweils nach drei oder vier Rippenknochen das Fleisch dazwischen durchstoßen, dann das Fleisch am Ende der Rippe fest in die Zinken der Grillgabel drücken. Aus Alufolie einen in sich verdrehten schmalen, festen Streifen formen und da, wo die beiden Ribs aufeinandertreffen würden, um den Drehspieß wickeln, damit sie sich nicht berühren. Die zweite Rippe ebenfalls wellenförmig auf den Drehspieß stecken. Die zweite Grillgabel mit den Zinken nach innen aufziehen und fest ins Fleisch am Rippenende drücken. Die Gabel sichern, aber die Schraube noch nicht festziehen. Mit Grillhandschuhen den Spieß einhängen. Bei Bedarf die Ribs noch einmal über der Aluschale ausrichten, dann erst die Schrauben festziehen.

6. Die Hälfte der Chips abtropfen lassen und auf die Glut oder nach Herstelleranweisung in die Räucherbox geben und den Grilldeckel schließen. Den Motor einschalten und die Rippen über **indirekter mittlerer bis schwacher Hitze** 1 Std. grillen, dabei die Temperatur möglichst konstant bei 150 °C halten. Danach die übrigen Chips abtropfen lassen und auf die Glut oder in die Räucherbox geben. Die Ribs etwa 45 Min. weitergrillen, bis sich das Fleisch etwas zusammengezogen hat und die Enden der Rippenknochen frei liegen. Die Ribs mit der Hälfte der Glasur bepinseln und weitere 15 Min. grillen, bis die Enden der Rippenknochen mind. 6 mm frei liegen. Machen Sie jetzt die Garprobe, ob das Fleisch der Ribs zart ist. Andernfalls die Ribs nochmals mit Glasur bestreichen und weitere 15–30 Min. grillen.

7. Den Motor ausschalten und den Spieß mit Grillhandschuhen herausheben. Behutsam die Haltezinken lösen und die Ribs vom Spieß ziehen. Das Fleisch auf ein Schneidbrett legen und auf beiden Seiten mit der restlichen Glasur bestreichen. Danach locker mit Alufolie abdecken und 10 Min. nachziehen lassen. Die Rippen zwischen den Knochen in einzelne Ribs schneiden und den Saft der Orangenspalten darüber ausdrücken. Sofort servieren.

SPARERIBS AUS DEM KIRSCHRAUCH
MIT CRANBERRY-INGWER-SAUCE

FÜR 6–8 PERSONEN | **ZUBEREITUNGSZEIT:** 30 MIN. | **GARZEIT:** ETWA 3½ STD. | **ZUBEHÖR:** RÄUCHERGRILL (WATER SMOKER), JE 2 GROSSE KIRSCH- UND HICKORYHOLZ-CHUNKS, SPRÜHFLASCHE, EXTRA REISSFESTE ALUFOLIE

Für großartig schmeckende Spareribs sind mehrere genau aufeinander abgestimmte Zubereitungsschritte nötig: Kaufen Sie schön fleischige Spareribs und bestreichen Sie sie dünn mit Senf, damit die Würzmischung haften bleibt. Hier besteht sie zum großen Teil aus Demerara-Zucker, der zwar süß ist, aber nicht so leicht verbrennt. Die Ribs werden anschließend 2 Stunden über Hickory- und Kirschholz geräuchert – Hickory wegen des nussigen Aromas, Kirsche wegen der dunklen Farbe, die sie den Ribs verleiht. Als Nächstes werden die Rippchen mit Apfelsaft besprüht, noch einmal gewürzt und dann in Alufolie verpackt, damit sie während der letzten 1½ Std. im Smoker in ausreichend Feuchtigkeit garen. Sind die Ribs fertig, werden sie mit einer ausgefallenen Sauce bepinselt, die anfangs süß schmeckt und dann mit einem Hauch Ingwer abschließt. Vielleicht nicht ganz so ungewöhnlich wie die Blaubeer-Chipotle-Sauce, die im 12 Bones Smokehouse in Asheville, North Carolina, zum Einsatz kommt (siehe Seite 80), aber eine eindeutige Vertreterin der neuen Barbecue-Saucen, die sich derzeit in den USA entwickeln.

FÜR DIE WÜRZMISCHUNG
- 4 EL Demerara-Zucker
- 2 EL Paprikapulver
- 2 EL Chilipulver
- 4 TL Zwiebelgranulat
- 4 TL grobes Meersalz
- 2 TL gemahlener Ingwer
- 2 TL frisch gemahlener schwarzer Pfeffer

120 g mittelscharfer Senf
4 fleischige Spareribs (Schälrippen; je etwa 1½ kg), Haut auf der Knochenseite entfernt

FÜR DIE SAUCE
- 240 ml Ketchup
- 1 Dose Jellied Cranberry Sauce (230 g; Internethandel)
- 120 ml Apfelsaft
- 80 ml Apfelessig
- 5 EL Honig
- 2 EL Zuckerrohrmelasse
- 1 EL Worcestersauce
- 1 TL Chilipulver
- 1 TL gemahlener Ingwer
- ¼ TL frisch gemahlener schwarzer Pfeffer

120 ml Apfelsaft
Meersalz (nach Belieben)

1 In einer kleinen Schüssel die Zutaten für die Würzmischung vermengen. 3 EL der Mischung für später beiseitestellen. Die Ribs auf beiden Seiten gleichmäßig mit dem Senf einreiben und mit der Würzmischung aus der kleinen Schüssel bestreuen, dabei die Fleischseite stärker würzen als die Knochenseite. Die Ribs bei Raumtemperatur ruhen lassen und den Räuchergrill vorbereiten.

2 Den Smoker für indirekte sehr schwache Hitze (120–135 °C) vorbereiten. Die Wasserschale gut zur Hälfte mit Wasser füllen. Die Hälfte der Chunks auf die Glut geben. Sobald Rauch entsteht, zwei Spareribs auf den unteren, zwei auf den oberen Grillrost mit der Knochenseite nach unten legen und über *indirekter sehr schwacher Hitze* bei geschlossenem Deckel 1 Std. räuchern. Dann die übrigen Chunks auf die Glut geben und 1 Std. weiterräuchern.

3 Inzwischen in einem kleinen Topf die Zutaten für die Sauce verrühren und auf mittlerer Stufe 5 Min. köcheln lassen, bis sie etwas andickt, dabei ab und zu umrühren. Vom Herd nehmen.

4 Die Sprühflasche mit dem Apfelsaft füllen. Vier gut 1 m lange Stücke extra reißfeste Alufolie nebeneinanderlegen.

5 Nach 2 Std., wenn sie dunkelbraun sind, die Ribs vom Grill nehmen und jeweils an ein Ende eines Alufolienstücks legen. Jede Rippe auf beiden Seiten mit Apfelsaft besprühen und mit dem beiseitegestellten Rub würzen. Das andere Ende der Folie jeweils darüberschlagen und die Folienränder dicht verschließen, damit später kein Dampf austritt.

6 Die eingepackten Ribs mit der Knochenseite nach unten über *indirekter sehr schwacher Hitze* bei geschlossenem Deckel etwa 1 Std. weitergaren. Herausnehmen, aus der Folie wickeln (Folie wegwerfen) und auf beiden Seiten mit etwas Sauce bestreichen. Mit den Knochen nach unten zurück in den Smoker legen und über *indirekter sehr schwacher Hitze* weitere 15–30 Min. garen, bis die Sauce ein wenig ins Fleisch gedrungen ist. Dann den Gargrad mit einem Zahnstocher prüfen: Wenn Sie ihn mit einem leichten Widerstand ins Fleisch einstechen und wieder herausziehen können, sind die Ribs fertig.

7 Vor dem Servieren die Rippen erneut dünn mit Sauce bestreichen, in einzelne Ribs schneiden und mit etwas Sauce warm servieren. Nach Belieben das Fleisch bei Tisch noch leicht salzen.

GARGRAD

Spareribs müssen zart, dürfen aber nicht zu weich sein. Sie sollten einen Zahnstocher leicht ins Fleisch zwischen den Knochen einstechen und ihn ebenso leicht wieder herausziehen können. Wenn Sie die Knochen entfernen, sollte etwas Fleisch an ihnen haften bleiben. Fällt dagegen das gesamte Fleisch vom Knochen, sind die Ribs übergart.

SCHWEINELENDE CHAR SIU

FÜR 6 PERSONEN | **ZUBEREITUNGSZEIT:** 15 MIN. | **MARINIERZEIT:** 24–48 STD. | **GRILLZEIT:** 45–60 MIN.
ZUBEHÖR: HOLZKOHLEGRILL, 2 GROSSE HANDVOLL APFEL- ODER KIRSCHHOLZ-CHIPS, DIGITALES FLEISCHTHERMOMETER

FÜR DIE MARINADE
120 ml Hoisin-Sauce
 (chinesische Würzsauce)
120 ml Bourbon
4 EL Sojasauce
4 EL Honig
2 EL geröstetes Sesamöl
2 EL fein gehackter Ingwer
1 EL fein gehackter Knoblauch
2 TL chinesisches Fünf-Gewürze-Pulver
½ TL frisch gemahlener weißer Pfeffer

1 ausgelöster Schweinelendenbraten
 (etwa 1 ½ kg)
Ramen-Suppe (nach Belieben)
in feine Scheiben geschnittene
 Frühlingszwiebeln (nach Belieben)

Überall in den USA duftet es in den engen Gassen der Chinatown-Viertel aus alteingesessenen Restaurants verführerisch nach Char Siu — dem kantonesischen Schweinebraten. Einige der Restaurants bereiten ihn auch heute noch über Holzkohle zu, um die süß-salzige Marinade mit Holzaromen zu verschmelzen. Dünn aufgeschnittenes Char Siu macht sich hervorragend in einer Schale Ramen-Suppe.

1 In einer großen Schüssel die Zutaten für die Marinade verrühren. Davon 120 ml abnehmen und zum Bestreichen des Bratens beiseitestellen. Das Fleisch in einen großen, wiederverschließbaren Plastikbeutel geben und die Marinade dazugießen. Die Luft aus dem Beutel streichen und den Beutel dicht verschließen. Mehrmals wenden, um die Marinade zu verteilen, und in einer Schüssel 24–48 Std. kalt stellen. In dieser Zeit den Beutel ab und zu wenden.

2 Das Fleisch aus der Marinade nehmen, Plastikbeutel und Marinade entsorgen. Das Fleisch vor dem Grillen 30 Min. Raumtemperatur annehmen lassen.

3 Die Räucherchips mind. 30 Min. wässern.

4 Den Grill für indirekte mittlere Hitze (175–230 °C) vorbereiten.

5 Die Chips abtropfen lassen und auf die Glut geben. Den Braten über **indirekter mittlerer Hitze** bei geschlossenem Deckel 45–60 Min. grillen, bis das Fleischthermometer in der Mitte des Bratens eine Kerntemperatur von 65 °C anzeigt. Bis auf die letzten 15 Min. der Grillzeit das Fleisch gelegentlich mit der beiseitegestellten Marinade bestreichen. Den Braten vom Grill nehmen und 10 Min. nachziehen lassen (dabei erhöht sich die Kerntemperatur noch um 2–5 °C). Den Braten in ½ cm dicke Scheiben schneiden und warm servieren. Nach Belieben Ramen-Suppe und Frühlingszwiebeln dazu reichen.

Die Marinade aus Hoisin-Sauce, Bourbon, Sojasauce und Honig sorgt für eine wunderbare, würzige Bratenkruste. In chinesischen Restaurants ist Char Siu häufig viel rötlicher als dieser Braten hier, allerdings nicht durch den Rauch, sondern weil Lebensmittelfarbe beigemischt wurde. Lassen Sie das Fleisch lange genug nachziehen, bevor Sie es aufschneiden. Sollte von den Scheiben Dampf aufsteigen, muss der Braten noch länger ruhen, denn Dampf bedeutet Feuchtigkeit, die verloren geht.

SCHWEIN

SCHWEINELENDEN-SPIEDIES

FÜR 6 PERSONEN | **ZUBEREITUNGSZEIT:** 10 MIN. | **MARINIERZEIT:** 2 STD. | **GRILLZEIT:** 9–11 MIN.
ZUBEHÖR: 6 LANGE HOLZ- ODER BAMBUSSPIESSE, 1 GROSSE HANDVOLL HICKORYHOLZ-CHIPS, DIGITALES FLEISCHTHERMOMETER

FÜR DIE MARINADE
240 ml Olivenöl
60 ml Rotweinessig
60 ml frisch gepresster Zitronensaft
4 EL fein gehackte Minzeblätter
4 EL fein gehackte glatte Petersilienblätter
2 EL fein gehackte Dillspitzen
2 TL fein gehackter Knoblauch
2 TL grobes Meersalz
1½ TL Fenchelsamen
½ TL frisch gemahlener schwarzer Pfeffer

700 g Schweinelende, pariert und in 4 cm große Würfel geschnitten
6 italienische oder französische Baguettebrötchen, der Länge nach auf-, aber nicht durchgeschnitten

Spiedies werden in Binghamton, New York, mit saftigen Fleischwürfeln belegte Baguettebrötchen genannt, die sich mittlerweile im gesamten Bundesstaat großer Beliebtheit erfreuen. Das Fleisch wird zunächst in einem Mix aus italienischen Gewürzen und Minze mariniert, auf Spießen gegrillt und dann warm in den Brötchen serviert — ohne großes Drumherum. Machen Sie dazu eine große Tüte Kartoffelchips auf!

1. In einer großen Schüssel die Zutaten für die Marinade verrühren. 6 EL davon abnehmen und zum Würzen der fertigen Spieße aufbewahren. Die Fleischwürfel in der großen Schüssel mit der Marinade vermischen und 2 Std. im Kühlschrank marinieren, dabei einmal umrühren.

2. Holz- oder Bambusspieße sowie die Räucherchips getrennt voneinander mind. 30 Min. in kaltem Wasser einweichen.

3. Den Grill für direkte mittlere Hitze (175–230 °C) vorbereiten.

4. Das Fleisch auf die Spieße stecken, die Marinade entsorgen. Die Räucherchips abtropfen lassen, auf die Glut oder nach Herstelleranweisung in die Räucherbox des Gasgrills geben und den Grilldeckel schließen. Sobald Rauch entsteht, die Spieße über *direkter mittlerer Hitze* bei geschlossenem Deckel 9–11 Min. grillen, dabei gelegentlich wenden, bis die Fleischwürfel gleichmäßig gebräunt sind und eine Kerntemperatur von 63 °C haben. Während der letzten Minute die Brötchen mit den Schnittflächen nach unten über direkter Hitze rösten.

5. Authentisch werden die Spiedies wie folgt serviert: Nehmen Sie ein Brötchen in die Hand und legen Sie 1 Fleischspieß in das Brötchen. Drücken Sie das Brötchen an den Seiten zusammen, um den Spieß darin festzuhalten. Drehen Sie nun mit der anderen Hand am Spieß, um ihn vom Fleisch zu lockern, und ziehen Sie ihn langsam heraus. Die Fleischwürfel verbleiben in einer Reihe liegend im Brötchen. Das Fleisch in den Brötchen mit je 1 EL von der aufbewahrten Marinade beträufeln und sofort servieren.

SCHWEIN

SCHWEINELENDEN-SANDWICH
MIT GRÜNEN CHILIS, GRUYÈRE UND GEGRILLTEN ZWIEBELN

FÜR 4 PERSONEN | **ZUBEREITUNGSZEIT:** 20 MIN. | **MARINIERZEIT:** 30–45 MIN. | **GRILLZEIT:** 10–12 MIN.
ZUBEHÖR: 1 GROSSE HANDVOLL KIRSCHHOLZ-CHIPS, GUSSEISERNE PFANNE ODER GUSSEISERNE GRILLPRESSE

FÜR DIE MARINADE
60 ml Olivenöl
2 EL Apfelessig
1 TL Chilipulver
¾ TL grobes Meersalz
¼ TL frisch gemahlener schwarzer Pfeffer
¼ TL Knoblauchpulver

4 ausgelöste Schweinelendenkoteletts (je 120–140 g schwer und gut 1 cm dick)
120 g Mayonnaise
3 EL Barbecue-Sauce (Fertigprodukt)
1 große rote Zwiebel (etwa 220 g), in vier etwa 1 cm dicke Scheiben geschnitten
4 knusprige Brötchen, aufgeschnitten
8 dünne Scheiben Gruyère
1 Glas eingelegte ganze milde grüne Chilischoten (200 g), abgetropft, flach aufgeschnitten und entkernt

Die Beliebtheit gepresster Sandwiches wie beispielsweise italienische Panini oder amerikanische Cuban-Sandwiches scheint eher zu- als abzunehmen In dieser neuen Version werden sie mit geräuchertem Schweinefleisch, gegrillten Zwiebeln, Käse und Chilis belegt. Wer möchte, kann auch noch ganze Korianderblätter dazugeben und statt der milden Chilis eingelegte Jalapeño-Ringe verwenden. Am besten eignen sich knusprige Baguette- oder Ciabatta-Brötchen mit weicher, aber fester Krume, die jede Menge Fleischsaft aufsaugen können.

1 Die Räucherchips mind. 30 Min. wässern.

2 In einer mittelgroßen Schüssel die Zutaten für die Marinade verrühren. Die Koteletts in der Schüssel mit der Marinade überziehen und bei Raumtemperatur 30–45 Min. marinieren.

3 Den Grill für direkte und indirekte mittlere Hitze (175–230 °C) vorbereiten.

4 Die Mayonnaise mit der Barbecue-Sauce mischen und beiseitstellen.

5 Die Chips abtropfen lassen, auf die Glut oder nach Herstelleranweisung in die Räucherbox des Gasgrills geben und den Grilldeckel schließen. Sobald Rauch entsteht, die Koteletts und Zwiebelscheiben über **direkter mittlerer Hitze** bei geschlossenem Deckel 6–8 Min. grillen, bis das Fleisch fast gar ist und die Zwiebelscheiben kräftig gebräunt sind, dabei die Zutaten ein- bis zweimal wenden. Koteletts und Zwiebelscheiben vom Grill nehmen.

6 Die Schnittflächen der Brötchen mit der Mayonnaise-Mischung bestreichen. Die unteren Brötchenhälften auf ein Backblech legen und mit je 1 Scheibe Käse, 1 Kotelett, 1 in Ringe zerteilten Zwiebelscheibe, 1 Chilischote und 1 weiteren Käsescheibe belegen. Jeweils mit einer oberen Brötchenhälfte abdecken und die Sandwiches fest zusammendrücken, ohne dass sie auseinanderbrechen.

7 Die Sandwiches auf den Grillrost über **indirekte mittlere Hitze** legen und einzeln mit der gusseisernen Pfanne oder Grillpresse (oder mit einem breiten, schweren Grillwender) flach drücken. Den Grilldeckel schließen und die Brote 2 Min. grillen. Wenden und erneut flach drücken, den Deckel schließen und die Sandwiches etwa 2 Min. weitergrillen, bis sie knusprig geröstet sind und der Käse zerlaufen ist. Die Sandwiches vom Grill nehmen, einzeln in Butterbrotpapier einwickeln, in der Mitte durchschneiden und nach Belieben mit Zahnstochern fixiert sofort servieren.

Drücken Sie die Sandwiches mit der Hand fest zusammen, bevor Sie sie auf den Grillrost legen. Dort werden sie mit einem Grillwender, einer gusseisernen Pfanne oder einer Grillpresse wie hier auf dem Bild noch einmal flach gedrückt.

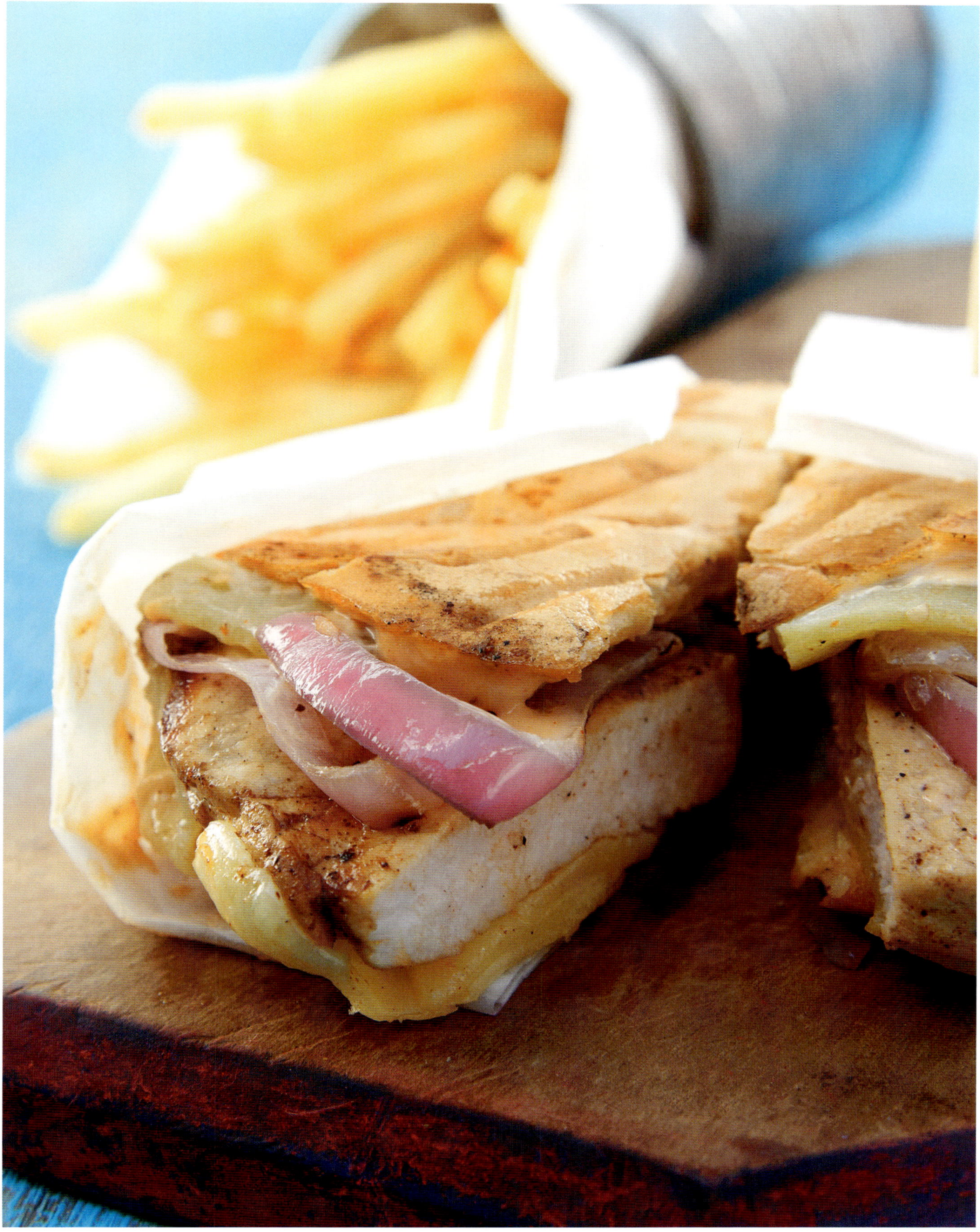

ROSMARIN-ZITRONEN-KOTELETTS
MIT KOHLEGERÄUCHERTER BUTTER

FÜR 4 PERSONEN | **ZUBEREITUNGSZEIT:** 25 MIN. | **MARINIERZEIT:** 2–4 STD. | **GRILLZEIT:** 6–8 MIN.
KÜHLZEIT: ETWA 1 STD. | **ZUBEHÖR:** HOLZKOHLEGRILL, NATURBELASSENE HOLZKOHLE

FÜR DIE MARINADE
60 ml Olivenöl
fein abgeriebene Schale und Saft
  von 1 Bio-Zitrone
2 EL fein gehackte Rosmarinnadeln
1 EL körniger Dijon-Senf
1 EL fein gehackter Knoblauch

grobes Meersalz
frisch gemahlener schwarzer Pfeffer
4 Schweinekoteletts (ausgelöst oder
  am Knochen, je etwa 230 g schwer
  und 2½ cm dick)

FÜR DIE WÜRZBUTTER
6 EL weiche Butter
fein abgeriebene Schale
  von 1 Bio-Zitrone
2 TL fein gehackte Rosmarinnadeln
1 TL körniger Dijon-Senf
1 TL fein gehackter Knoblauch

Es ist mehr als nur Effekthascherei, kurz vor dem Servieren der Koteletts eine glühende Holzkohle direkt auf die gewürzten Butterstücke zu legen. Natürlich sieht es sensationell aus, wie die Butter rauchen, auf den Koteletts schmelzen und herunterlaufen wird, und selbstverständlich werden Ihre Gäste dabei ihren Spaß haben, aber der wahre Aufreger ist der Geschmack, den die so behandelte Butter den Koteletts verleiht. Für diesen »Butterzauber« dürfen Sie allerdings nichts anderes als naturbelassene Holzkohle verwenden.

1 Die Zutaten für die Marinade mit 1¼ TL Salz und ½ TL Pfeffer verrühren. Die Koteletts auf beiden Seiten mit Marinade überziehen und in einer Schüssel abgedeckt 2–4 Std. im Kühlschrank marinieren. Inzwischen die Würzbutter zubereiten.

2 In einer mittelgroßen Schüssel die weiche Butter mit den übrigen Zutaten sowie ½ TL Salz und ¼ TL Pfeffer mit dem Rücken einer Gabel zerdrücken und vermengen. Die Würzbutter zu einer 8–10 cm langen Rolle formen und in einer Schüssel abgedeckt im Kühlschrank mind. 1 Std. fest werden lassen.

3 Den Grill ausschließlich mit naturbelassener Holzkohle für direkte mittlere bis starke Hitze (200–230 °C) vorbereiten.

4 Die Koteletts aus der Marinade nehmen, überschüssige Marinade in die Schüssel abtropfen lassen. Die Marinade entsorgen. Die Koteletts über ***direkter mittlerer bis starker Hitze*** bei geschlossenem Deckel 6–8 Min. grillen, bis sie im Kern noch leicht rosa sind, dabei einmal wenden. Vom Grill nehmen und auf einem Backblech aus Metall 3–5 Min. nachziehen lassen. Die Butterrolle der Länge nach in vier Stücke schneiden und jedes Kotelett mit 1 Butterstück belegen. Mit einer langstieligen Grillzange ein glühendes Kohlestück in der Größe einer Orange aus der Glut nehmen und vorsichtig jeweils 1–2 Sek. auf die Butterstücke legen. Die Butter wird sofort beginnen zu rauchen und auf den Koteletts zu schmelzen. Das Kohlestück zurück auf die Glut geben und die Schweinekoteletts sofort servieren.

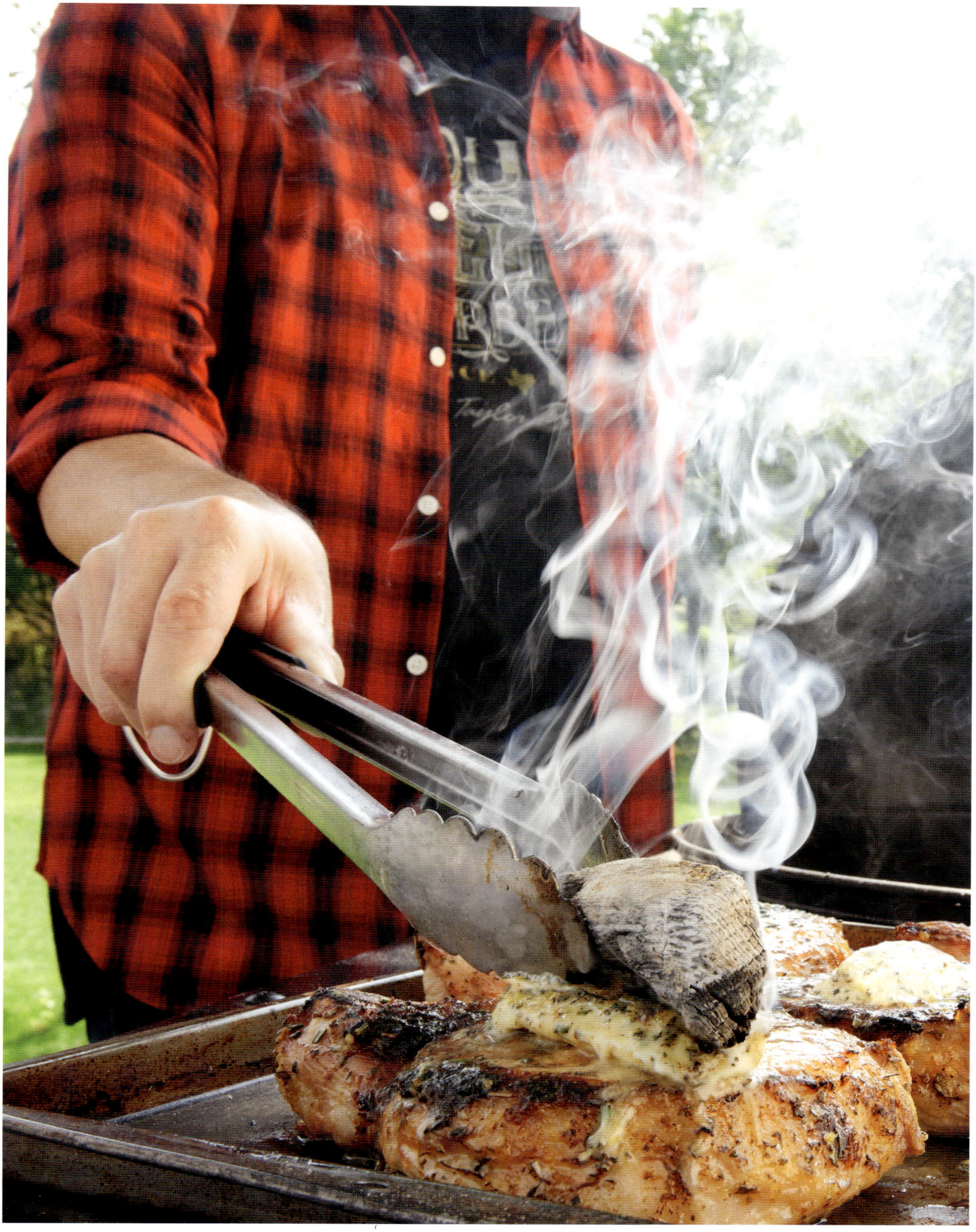

SCHWEINEKOTELETTS
MIT SÜSSER SOJAGLASUR UND FRÜHLINGSZWIEBEL-SESAM-REIS

FÜR 6 PERSONEN | **ZUBEREITUNGSZEIT:** 15 MIN.
MARINIERZEIT: 30 MIN. | **GRILLZEIT:** ETWA 8 MIN.

Dieses Rezept ist eine Anlehnung an traditionelles koreanisches Barbecue, wo einfache und schnell zusammengerührte Marinaden und Glasuren für einen intensiven, kräftigen und komplexen Geschmack sorgen. Über Holzkohle gegrillt, erhält man in wenigen Minuten asiatisch-amerikanisches Barbecue.

FÜR DIE MARINADE
- 2 EL Sojasauce
- 2 EL asiatischer Reiswein, trockener Sherry oder Zitronensaft
- ½ TL scharfe Chili-Knoblauch-Sauce (z.B. Sriracha)

- 6 ausgelöste Schweinelendenkoteletts (je etwa 150 g schwer und 2 cm dick)

FÜR DIE GLASUR
- 2 EL Sojasauce
- 1 EL Honig
- 1 EL Ketchup
- 1 EL asiatischer Reiswein, trockener Sherry oder Zitronensaft
- 2 TL Hoisin-Sauce (chinesische Würzsauce)
- ½ TL scharfe Chili-Knoblauch-Sauce (z. B. Sriracha)
- ¼ TL chinesisches Fünf-Gewürze-Pulver
- 1 kräftige Prise Knoblauchgranulat
- 1 kräftige Prise Zwiebelpulver

- 2 TL Sesamsamen
- 200 g Langkornreis
- grobes Meersalz
- Öl
- ½ TL frisch gemahlener schwarzer Pfeffer
- 2 Frühlingszwiebeln, die weißen und hellgrünen Teile sehr fein gewürfelt, die dunkelgrünen Teile in feine Scheiben geschnitten (getrennt voneinander schneiden)

1. Den Grill für direkte mittlere Hitze (175–230 °C) vorbereiten.

2. Die Zutaten für die Marinade mit 2 EL Wasser verrühren. Die Koteletts in einen großen, wiederverschließbaren Plastikbeutel geben und die Marinade dazugießen. Die Luft aus dem Beutel streichen und den Beutel dicht verschließen. Den Beutel mehrmals wenden, damit sich die Marinade gut verteilt. Koteletts bei Raumtemperatur 30 Min. marinieren, dabei den Beutel ein- bis zweimal wenden.

3. Die Zutaten für die Glasur verrühren und die Hälfte davon zum Servieren beiseitestellen.

4. Inzwischen einen mittelgroßen Topf auf mittlerer Stufe erwärmen. Die Sesamsamen darin unter häufigem Rühren in 2–3 Min. goldgelb rösten und auf einem Teller beiseitestellen. Den Reis mit 400 ml Wasser und ½ TL Salz in den Topf geben und auf hoher Stufe zum Kochen bringen. Die Hitze auf kleine Stufe stellen, den Topf dicht verschließen und den Reis 15–18 Min. quellen lassen, bis die Reiskörner weich sind und das gesamte Wasser aufgenommen haben. Den Topf vom Herd nehmen und mit aufgelegtem Deckel beiseitestellen. Den Reis können Sie so etwa 15 Min. warm halten.

5. Die Koteletts aus dem Beutel nehmen, überschüssige Marinade abschütteln. Beutel und Marinade entsorgen. Die Koteletts großzügig auf beiden Seiten mit Öl bepinseln und gleichmäßig mit ¾ TL Salz und ½ TL Pfeffer würzen. Über **direkter mittlerer Hitze** bei geschlossenem Deckel etwa 6 Min. grillen, dabei einmal wenden, bis sie auf beiden Seiten gebräunt sind. Die Oberseite der Koteletts mit Glasur bestreichen und weitere 2 Min. bei geschlossenem Deckel grillen, bis das Fleisch im Kern noch leicht rosa ist. Vom Grill nehmen.

6. Den Reis mit einer Gabel auflockern, dabei die weißen und hellgrünen Teile der Frühlingszwiebeln sowie den gerösteten Sesam untermischen. Die Koteletts mit der beiseitegestellten Glasur beträufeln und mit den dunkelgrünen Abschnitten der Frühlingszwiebeln garnieren. Warm servieren.

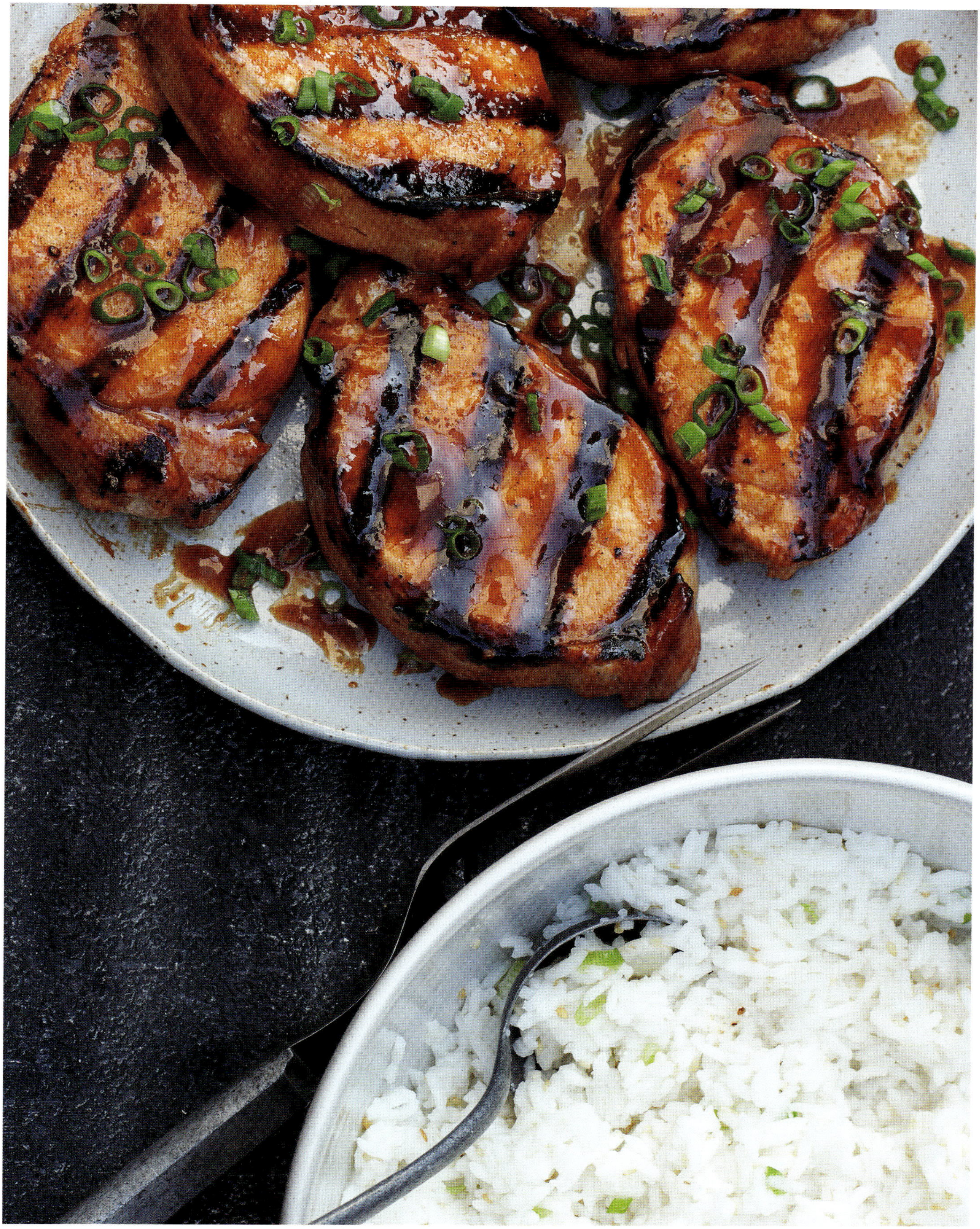

GERÄUCHERTES SCHWEINEFILET
MIT BROMBEER-SALBEI-SAUCE

FÜR 6 PERSONEN | ZUBEREITUNGSZEIT: 30 MIN. | **GRILLZEIT:** 15–20 MIN.
ZUBEHÖR: 1 KLEINE HANDVOLL APFEL- ODER PEKANNUSSHOLZ-CHIPS, DIGITALES FLEISCHTHERMOMETER

FÜR DIE SAUCE
- 1 EL Butter
- 2 EL fein gewürfelte Schalotten
- 350 g Brombeeren
- 4 EL Honig
- 2 EL Ketchup
- 2 EL Aceto balsamico
- 2 TL fein gehackte Salbeiblätter
- 1 TL Worcestersauce
- ½ TL frisch gemahlener schwarzer Pfeffer
- 1 kräftige Prise grobes Meersalz

FÜR DIE WÜRZMISCHUNG
- 2 TL Rohrohrzucker
- 1 TL grobes Meersalz
- 1 TL Senfpulver
- 1 TL Paprikapulver
- ½ TL Zwiebelgranulat
- ½ TL Knoblauchgranulat
- ½ TL frisch gemahlener schwarzer Pfeffer

- 2 Schweinefilets (je etwa 500 g), überschüssiges Fett und Silberhaut entfernt
- 2 TL Rapsöl

Irgendwie vertraut und doch anders: Dieses Rezept beweist, wie gut geräuchertes Schweinefleisch und fruchtig-süße Saucen zueinander passen. Und was für eine Sauce! Ich glaube, sie ist eine der besten in diesem Buch. Wer mag, kann die pürierte Sauce noch durch ein Sieb passieren, um die feinen Brombeerkerne zu entfernen, bevor Sie die ganzen Beeren untermischen. Die Schweinefilets sollten nicht vollständig durchgegart, sondern im Kern noch leicht rosa sein bei einer Kerntemperatur von 63 °C. Dann sind sie zart und saftig.

1 Die Räucherchips mind. 30 Min. wässern.

2 Die Butter in einem kleinen Topf auf mittlerer Stufe schmelzen und die Schalotten darin unter häufigem Rühren in etwa 2 Min. hellbraun braten. 250 g Brombeeren mit den restlichen Zutaten für die Sauce einrühren, aufkochen lassen, die Hitze auf mittlere bis kleine Stufe stellen und die Sauce unter häufigem Rühren 10 Min. köcheln lassen, bis sie leicht andickt. Zerdrücken Sie beim Rühren einige Beeren, damit sie Saft abgeben. Den Topf vom Herd nehmen und die Sauce mit einem Stabmixer pürieren. Sie sollten etwa 250 ml Sauce erhalten. Die restlichen Brombeeren untermischen. Die Sauce lauwarm abkühlen und dabei noch etwas eindicken lassen.

3 Die Zutaten für die Würzmischung vermengen und dabei mit dem Rücken einer Gabel zerdrücken. Die Schweinefilets mit dem Rapsöl bestreichen und gleichmäßig mit der Würzmischung bestreuen. Bei Raumtemperatur 15–30 Min. ruhen lassen.

4 Den Grill für direkte mittlere Hitze (175–230 °C) vorbereiten.

5 Die Chips abtropfen lassen, auf die Glut oder nach Herstelleranweisung in die Räucherbox des Gasgrills geben und den Grilldeckel schließen. Sobald Rauch entsteht, die Filets über **direkter mittlerer Hitze** bei geschlossenem Deckel 15–20 Min. grillen, dabei alle 5 Min. wenden, bis das Fleisch gleichmäßig gebräunt ist und seine Kerntemperatur 63 °C beträgt. Filets vom Grill nehmen und 5 Min. nachziehen lassen (dabei erhöht sich die Kerntemperatur noch um 2–5 °C). In etwa 1 cm dicke Scheiben schneiden und mit der Sauce warm servieren.

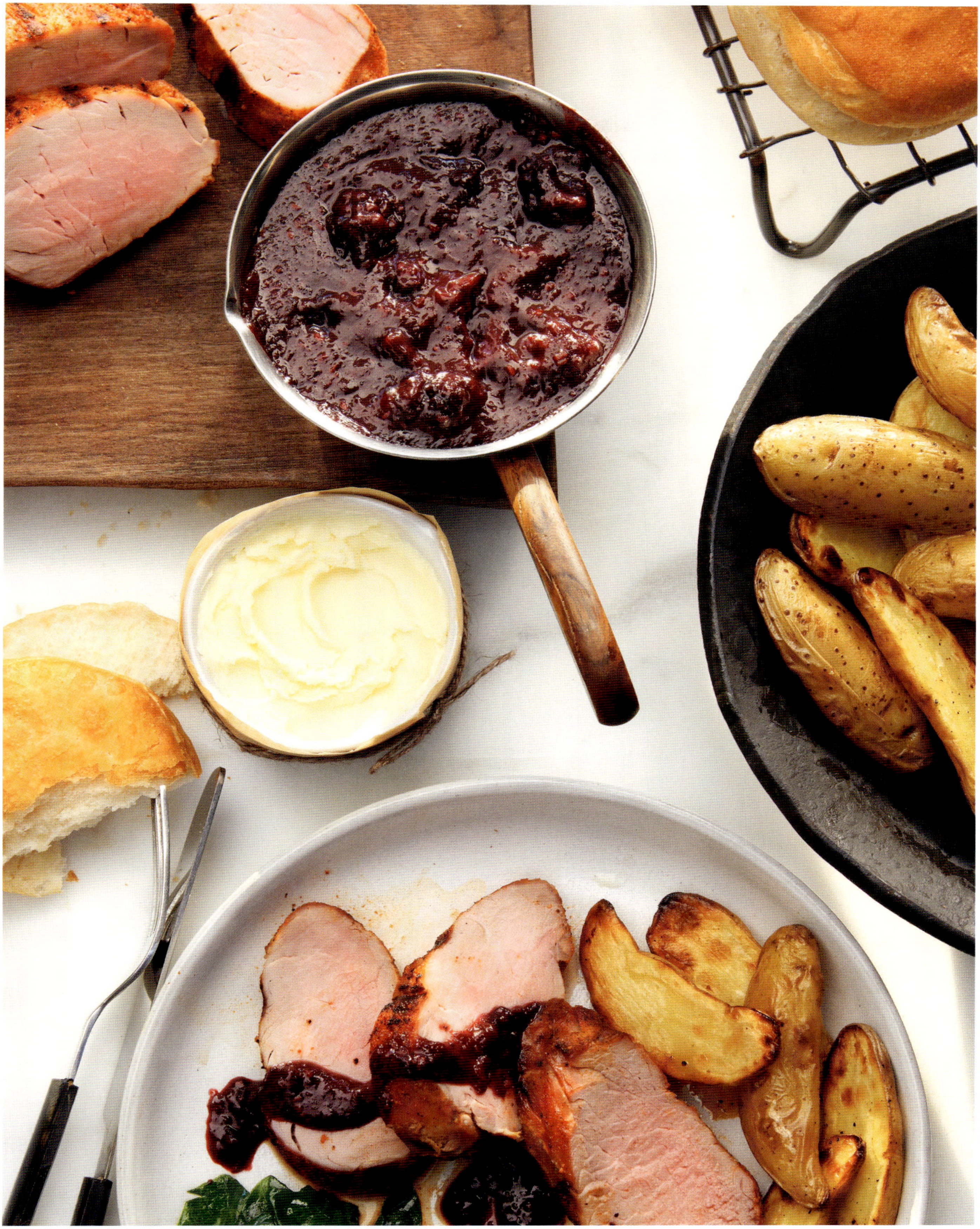

SCHWEINEFILETS IM SPECKMANTEL
MIT EINER APFEL-BALSAMICO-REDUKTION

FÜR 8 PERSONEN | **ZUBEREITUNGSZEIT:** 20 MIN., PLUS ETWA 30 MIN. FÜR DIE REDUKTION | **GRILLZEIT:** 40–45 MIN.
ZUBEHÖR: 2 GROSSE HANDVOLL APFELHOLZ-CHIPS, GROSSE EINWEG-ALUSCHALE, DIGITALES FLEISCHTHERMOMETER

Mit diesem Rezept singe ich ein Loblied auf die Schweinebauern in Iowa, die ungemein aromatisches Fleisch liefern. Ich würde sie gern mal alle an einen langen Tisch mitten ins Grasland von Iowa setzen und ihnen gut gewürzte, in Speck eingewickelte und in Apfelholz geräucherte Schweinefilets servieren. Dazu gäbe es eine süße, sahnige Apfelsaft-Reduktion. Das Einwickeln der Filets gelingt am besten mit dünnen Speckscheiben.

FÜR DIE WÜRZMISCHUNG
1 EL Rohrohrzucker
1 TL geräuchertes Paprikapulver
½ TL Chilipulver
1 TL grobes Meersalz
½ TL frisch gemahlener schwarzer Pfeffer

2 Schweinefilets (je etwa 500 g), überschüssiges Fett und Silberhaut entfernt
500 g Frühstücksspeck in dünnen Scheiben

FÜR DIE REDUKTION
720 ml naturtrüber Apfelsaft
120 ml Aceto balsamico
6 EL Zuckerrohrmelasse
1 Zimtstange
1 kräftige Prise gemahlener Piment
180 g Sahne
grobes Meersalz
frisch gemahlener schwarzer Pfeffer

1 Die Räucherchips mind. 30 Min. wässern.

2 Die Zutaten für die Würzmischung vermengen und die Filets gleichmäßig auf allen Seiten damit bestreuen.

3 Auf einem großen Schneidbrett die Hälfte der Speckscheiben dachziegelartig nebeneinanderlegen (siehe Bild rechts). 1 Schweinefilet quer auf die Speckstreifen legen und einrollen, bis es vollständig mit Speck umwickelt ist. Überschüssigen Speck mit einem scharfen Messer abschneiden und anderweitig verwenden. Auf die gleiche Weise das zweite Filet in die übrigen Speckscheiben wickeln. Möglicherweise werden Sie nicht den gesamten Speck brauchen. Vor dem Grillen die Filets bei Raumtemperatur 30 Min. ruhen lassen.

4 Den Grill für indirekte mittlere Hitze (175 bis 230 °C) vorbereiten. Vorher noch die große Aluschale unter den Grillrost stellen, um das herabtropfende Speckfett aufzufangen. Bei einem Gasgrill müssen Sie die Schale gegebenenfalls ein wenig zusammenstauchen. Bei einem Holzkohlegrill kommt die Tropfschale in die Mitte des Kohlerosts.

5 Die Hälfte der Chips abtropfen lassen und auf die Glut oder nach Herstelleranweisung in die Räucherbox des Gasgrills geben und den Grilldeckel schließen. Sobald Rauch entsteht, die Filets mit der Specknaht nach unten mittig über die Aluschale legen und über *indirekter mittlerer Hitze* bei geschlossenem Deckel 20 Min. grillen. Anschließend die Filets wenden, die übrigen Chips abtropfen lassen und auf die Glut oder in die Räucherbox geben. Den Deckel wieder schließen und 15 Min. weitergrillen. Die Filets danach noch einmal wenden und weitere 5–10 Min. grillen, bis ihre Kerntemperatur in der Fleischmitte 63 °C beträgt. Vom Grill nehmen, mit Alufolie abdecken und 5 Min. nachziehen lassen (dabei steigt die Kerntemperatur noch um 2–5 °C).

6 Während die Filets auf dem Grill sind, die Reduktion zubereiten: Den Apfelsaft mit Essig, Melasse, Zimtstange und Piment in einem mittelgroßen Topf auf hoher Stufe zum Kochen bringen und 25–30 Min. einkochen lassen, bis die Reduktion den Rücken eines Löffels überzieht. Die Zimtstange entfernen. Die Sahne einrühren, mit Salz und Pfeffer abschmecken und 1 Min. köcheln lassen.

7 Die Filets in Scheiben schneiden und mit der Reduktion warm servieren.

Apfelsaft und Essig so lange einkochen lassen, bis die Reduktion den Rücken eines Löffels überzieht. Wenn Sie mit der Fingerspitze durch die Reduktion fahren und eine saubere Linie entsteht, ist sie fertig. Jetzt die Sahne einrühren.

SCHWEIN

103

SCHINKEN DOPPELT GERÄUCHERT
MIT ERDBEER-MANGO-SALSA

FÜR 8–10 PERSONEN | **ZUBEREITUNGSZEIT:** 30 MIN. | **GRILLZEIT:** 1¾–2 STD.
ZUBEHÖR: 4 GROSSE HANDVOLL APFEL-, KIRSCH- ODER HICKORYHOLZ-CHIPS
2 GROSSE EINWEG-ALUSCHALEN, DIGITALES FLEISCHTHERMOMETER

3 kg geräucherter Kochschinken am Stück mit Knochen (vorzugsweise aus der Unterschale)

FÜR DIE SALSA
2 Mangos (je etwa 350 g), geschält und in 1 cm große Würfel geschnitten
350 g Erdbeeren, entkelcht und in 1 cm große Würfel geschnitten
2 EL fein gehackte Frühlingszwiebeln (nur die weißen und hellgrünen Teile)
2 EL frisch gepresster Limettensaft
2 EL fein gehackte Minzeblätter
1½ EL Agavendicksaft oder Honig
1 EL Reisessig
1 EL fein gehackte Jalapeño-Chilischoten
1½ TL fein geriebener Ingwer

FÜR DIE GLASUR
5 EL Erdbeerkonfitüre
2 EL körniger Senf

Dies ist ein ganz einfaches Rezept für einen saftigen, geräucherten Schinken, der eine Menge Leute satt macht. Die farbenfrohe Erdbeere-Mango-Salsa mit ihren Akzenten aus Minze, Ingwer und Chili ergänzt dieses tolle Festtagsgericht wunderbar, das vor allem in der Osterzeit ein Hingucker ist. Dabei ist die Qualität des Schinkens entscheidend, den Sie beim Metzger vorbestellen sollten. Bitten Sie ihn um einen geräucherten Schinken mit Knochen aus der Unterschale.

1 Den Schinken vor dem Grillen 30–40 Min. Raumtemperatur annehmen lassen.

2 Die Räucherchips mind. 30 Min. wässern.

3 Den Grill für indirekte mittlere bis schwache Hitze (etwa 175 °C) vorbereiten.

4 Die beiden großen Aluschalen ineinander stapeln, um eine stabilere Schale zu erhalten. Den Schinken mit Ausnahme der Anschnittseite rundherum 1 cm tief rautenförmig einschneiden und mit der Anschnittseite nach unten in die Aluschale legen.

5 Die Hälfte der Chips abtropfen lassen und auf die Glut oder nach Herstelleranweisung in die Räucherbox des Gasgrills geben und den Grilldeckel schließen. Sobald Rauch entsteht, den Schinken in der Aluschale über *indirekter mittlerer bis schwacher Hitze* bei geschlossenem Deckel 1¼–1½ Std. grillen, bis seine Kerntemperatur an der dicksten Stelle 50 °C beträgt (beim Messen nicht den Knochen berühren). Regelmäßig prüfen, ob der Schinken nicht zu schnell bräunt, und ihn bei Bedarf locker mit Alufolie abdecken. Nach den ersten 30 Min. der Grillzeit die restlichen Chips abtropfen lassen und auf die Glut oder in die Räucherbox geben.

6 In der Zwischenzeit die Salsa-Zutaten in einer Schüssel vermengen. Bei Raumtemperatur bis zum Servieren ziehen lassen.

7 Inzwischen für die Glasur die Erdbeerkonfitüre mit dem Senf in einer kleinen Schüssel glatt rühren. Die Alufolie (falls vorhanden) vom Schinken entfernen, den Schinken oben und an den Seiten mit der Hälfte der Glasur bestreichen und weitere 15 Min. bei geschlossenem Deckel grillen. Anschließend mit dem Rest der Glasur bestreichen und nochmals 10–15 Min. grillen, bis seine Kerntemperatur an der dicksten Stelle 57–60 °C beträgt (beim Messen nicht den Knochen berühren). Sollte die Glasur zu dunkel werden, den Schinken für den Rest der Garzeit locker wieder mit Alufolie abdecken. Den Schinken vom Grill nehmen und mit Alufolie abgedeckt 15–45 Min. nachziehen lassen (die Kerntemperatur erhöht sich dabei noch um 2–5 °C).

8 Den Schinken aufschneiden und warm mit der Salsa servieren.

Wenn Sie den Schinken rautenförmig einschneiden, treffen Hitze und Rauch auf eine vergrößerte Oberfläche. Schneiden Sie den Schinken im Abstand von etwa 2½ cm mit einem scharfen Messer 1 cm tief ein. Dieser einfache Trick sorgt zusammen mit der zuckerhaltigen Glasur dafür, dass eine wunderbar krosse, süße Kruste entsteht.

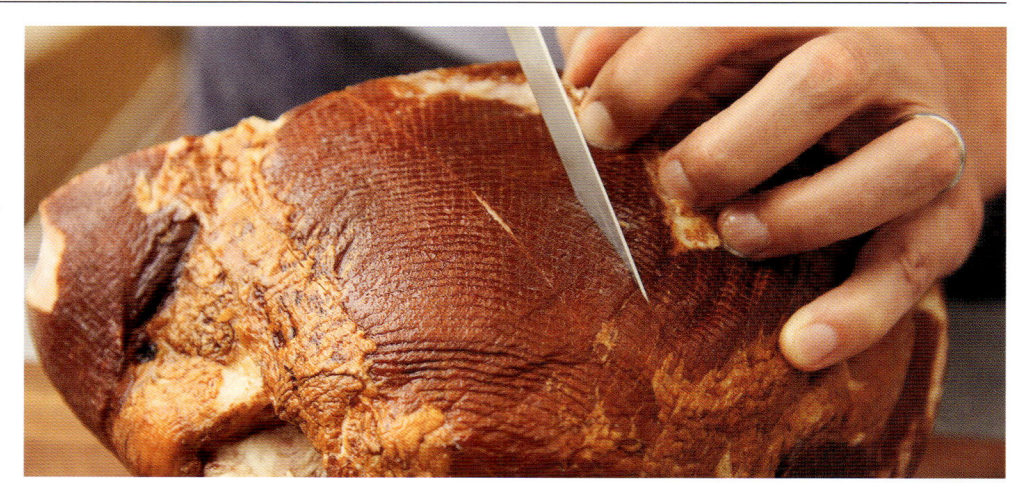

SCHWEIN

BARBECUE
ohne Grenzen
IN NEW YORK CITY

Barbecue ist eine Form der Essenszubereitung, die in den USA seit jeher mit den Südstaaten assoziiert wird, was die Nordstaatler nicht davon abhält, eigene Versuche zu unternehmen. Im ganzen Land gibt es ernstzunehmende Anläufe, auch wenn vieles davon noch reine Nachahmung und Kopie ist. In New York City jedoch entwickelt sich seit ein paar Jahren eine ganz eigene Barbecue-Identität.

Erst seit etwa 20 Jahren kann man überhaupt von einer BBQ-Szene in New York sprechen. Vigil's Real Barbecue am Times Square wurde eröffnet und die Kette Brother Jimmy's BBQ breitete sich in der Stadt aus. Die Speisekarte glich einem kulinarischen Potpourri: Carolina Pork, Texas Brisket, Memphis Ribs. Etwas später kam dann mit dem Blue Smoke zwar eine neue Qualität ins Spiel, doch auch hier gab es keinen eigenen Ansatz. Nur Pearson's Texas Barbecue versuchte etwas Neues, verschwand aber 2005 schon wieder von der Landkarte, bevor sein Brisket die Anerkennung bekam, die es verdient hätte. The Big Apple war BBQ-Niemandsland.

In diese Bresche sprangen das Restaurant Fette Sau in Williamsburg in Brooklyn und das Hill Country Barbecue Market in Manhattan. Sie boten als Erste ihr Fleisch im Stil eines Straßenmarkts an, wo man seine Wahl an der Theke trifft und das Fleisch in Wachspapier auf die Hand bekommt. Mit seinen Verbindungen zum Kreuz Market in Texas stand Hill Country ganz in der texanischen Tradition. Fette Sau hingegen deklarierte einen eigenen Brooklyn-Stil, eine Mischung aus Texas und Kansas City. Beide Lokale bahnten jedoch den Weg für einen ganz eigenen New Yorker BBQ-Stil.

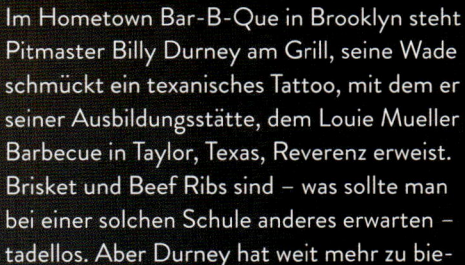

Im Hometown Bar-B-Que in Brooklyn steht Pitmaster Billy Durney am Grill, seine Wade schmückt ein texanisches Tattoo, mit dem er seiner Ausbildungsstätte, dem Louie Mueller Barbecue in Taylor, Texas, Reverenz erweist. Brisket und Beef Ribs sind – was sollte man bei einer solchen Schule anderes erwarten – tadellos. Aber Durney hat weit mehr zu bieten als texanische Klassiker. Auf der Speisekarte stehen süße koreanische Sticky Ribs, ein vietnamesisches Bánh-Mì-Sandwich mit Lammbauch und knackigem Daikon-Rettich oder pikante Jerk Baby Back Ribs. »Das Fleisch bereiten wir stets mit Räuchermethoden aus den Südstaaten zu, erst danach arbeiten wir an den jeweiligen Aromen«, sagt Durney. Hier kann man sich unter einem Dach auf eine BBQ-Weltreise begeben, aber findet weit mehr als nur die Kopien anderer kulinarischer Traditionen.

Seiner Zeit voraus war wohl Fatty 'Cue, das 2010 nach Brooklyn kam, aber 2014 leider schon wieder schließen musste. Es war vielleicht das erste BBQ-Lokal der Stadt, das wirklich einen eigenständigen Stil entwickelt hatte. Beef Brisket wurde mit Kimchi und Bao-Brötchen serviert und große Spareribs, mit Fischsauce und einer süßen Palmzuckerglasur aromatisiert, erhielten ihre Würze von indonesischem Langpfeffer: bahnbrechende Gerichte, auf deren Grundlage auch andere BBQs in der Stadt kreativer wurden. Ähnliche asiatische Einflüsse findet man bei Fletcher's Brooklyn Barbecue, wo es hauptsächlich Schweinefleisch Char Siu gibt, nach chinesischer Art marinierte Schultersteaks. Aber statt das Fleisch so lange zu räuchern, bis man es zerpflücken kann, wird es hier fein aufgeschnitten wie ein Brisket. Das Ergebnis ist alles auf einmal: rauchig, würzig, salzig, süß und interessanter als viele andere Versionen von Pulled Pork.

In der Debatte um Innovation und Tradition sollte auch Pastrami nicht vergessen werden, das ureigenste New Yorker BBQ-Fleisch, selbst wenn es kaum jemand so bezeichnet. Dafür wird Rinderbauch oder -brust gepökelt, mit Pfeffer und Koriander gewürzt, anschließend geräuchert und gedämpft, bis das Fleisch ganz zart ist. Serviert wird Pastrami dünn aufgeschnitten zwischen zwei Scheiben Roggenbrot. Danny Bowien im Mission Chinese Food in Manhattan geht da einen ganz eigenen Weg. Seine Pastrami wird in Würfel geschnitten, mit Sellerie, Erdnüssen, Kartoffeln und chinesischen Chilis gebraten und anschließend als Kung Pao Pastrami serviert. Trotz all der starken Aromen, die sich in dieser Pastrami-Version am Gaumen tummeln, beherrscht der Rauch die gesamte Bühne. Billy Durney hat es mal prägnant zusammengefasst: »Das Schöne am Barbecue in New York ist, dass uns niemand Regeln darüber hinterlassen hat, was wir tun oder nicht tun dürfen.«

COUNTRY-STYLE PORK RIBS
MIT LOUISIANA-BARBECUE-SAUCE

FÜR 6–8 PERSONEN | ZUBEREITUNGSZEIT: 30 MIN. | GRILLZEIT: ETWA 1 STD.
ZUBEHÖR: 2 GROSSE HANDVOLL APFEL- ODER HICKORYHOLZ-CHIPS

Die Country-Style Pork Ribs der USA sind keine echten Rippen, sondern werden üblicherweise aus der Schweineschulter (ziemlich in der Nähe der Baby Back Ribs) geschnitten und kommen meist ohne Knochen in den Handel. Wenn Ihr Metzger diesen Zuschnitt nicht kennt, verlangen Sie Dicke Rippe oder Nackensteaks. Das Fleisch gelingt besonders köstlich, wenn es zuerst über indirekter Hitze geräuchert und abschließend etwa 5 Minuten über starker Hitze gebräunt wird. Servieren Sie unbedingt diese köstliche Barbecue-Sauce dazu.

FÜR DIE WÜRZMISCHUNG
- 1 EL Paprikapulver
- 1 EL Rohrohrzucker
- 1 TL Knoblauchpulver
- 1 TL grobes Meersalz
- ½ TL getrockneter Thymian
- ½ TL getrockneter Oregano
- ½ TL Selleriesalz
- ½ TL Zwiebelpulver
- ½ TL Senfpulver

- 1½–2 kg Country-Style Pork Ribs ohne Knochen (ersatzweise Scheiben aus der Dicken Rippe oder Schweinenackensteaks)
- 2 EL Worcestersauce

FÜR DIE SAUCE
- 6 EL Butter
- 250 g Zwiebeln, fein gewürfelt
- 4 EL fein gewürfelte grüne Paprikaschote
- 180 ml Louisiana Hot Sauce (Internethandel; scharfe Chilisauce aus Cayennepfeffer, Essig und Salz)
- 3 EL Rohrohrzucker
- 1½ EL frisch gepresster Zitronensaft
- 1½ TL Paprikapulver
- 1½ TL scharfe Chilisauce
- 1½ TL Zwiebelpulver
- 1½ TL Knoblauchpulver
- ½ TL frisch gemahlener schwarzer Pfeffer

- 4 EL Ketchup
- 2 EL frisch gepresster Orangensaft

1. Die Räucherchips mind. 30 Min. wässern.

2. Die Zutaten für die Würzmischung vermengen. Das Fleisch auf beiden Seiten mit Worcestersauce bestreichen und gleichmäßig mit der Würzmischung bestreuen. Vor dem Grillen bei Raumtemperatur 15–30 Min. ruhen lassen.

3. Den Grill für indirekte schwache bis mittlere Hitze (150–175 °C) vorbereiten.

4. Für die Sauce in einem mittelgroßen Topf 1½ EL Butter auf mittlerer Stufe schmelzen lassen. Zwiebeln und Paprikaschoten darin unter gelegentlichem Rühren etwa 4 Min. dünsten, bis sie etwas weicher sind. Louisiana Hot Sauce, Zucker, Zitronensaft, Paprikapulver, Chilisauce, Zwiebel- und Knoblauchpulver sowie Pfeffer einrühren, zum Köcheln bringen und 3 Min. köcheln lassen, dabei ab und zu umrühren. Den Topf vom Herd nehmen und die restliche Butter unterschlagen, bis sie geschmolzen ist. Etwa 180 ml Louisiana-Sauce zum Servieren beiseitestellen.

5. Die Hälfte der Chips abtropfen lassen und auf die Glut oder nach Herstelleranweisung in die Räucherbox des Gasgrills geben und den Grilldeckel schließen. Sobald Rauch entsteht, das Fleisch über *indirekter schwacher bis mittlerer Hitze* bei geschlossenem Deckel 30 Min. grillen. Anschließend wenden und großzügig mit Louisiana-Sauce bestreichen. Die restlichen Räucherchips abtropfen lassen und auf die Glut oder in die Räucherbox geben. Den Deckel wieder schließen und das Fleisch weitere 15 Min. grillen. Erneut wenden, noch einmal großzügig mit Louisiana-Sauce bestreichen und 10 Min. weitergrillen, bis das Fleisch durchgegart ist und schön glänzt.

6. Die Grilltemperatur auf mittlere bis starke Hitze erhöhen (220–230° C). Das glasierte Fleisch über *direkter mittlerer bis starker Hitze* bei geschlossenem Deckel in 5–7 Min. von beiden Seiten bräunen und ein kräftiges Grillmuster annehmen lassen.

7. In einem Topf die beiseitegestellte Louisiana-Sauce mit Ketchup und Orangensaft verrühren und auf mittlerer bis kleiner Stufe erwärmen. Das Fleisch mit der Sauce warm servieren.

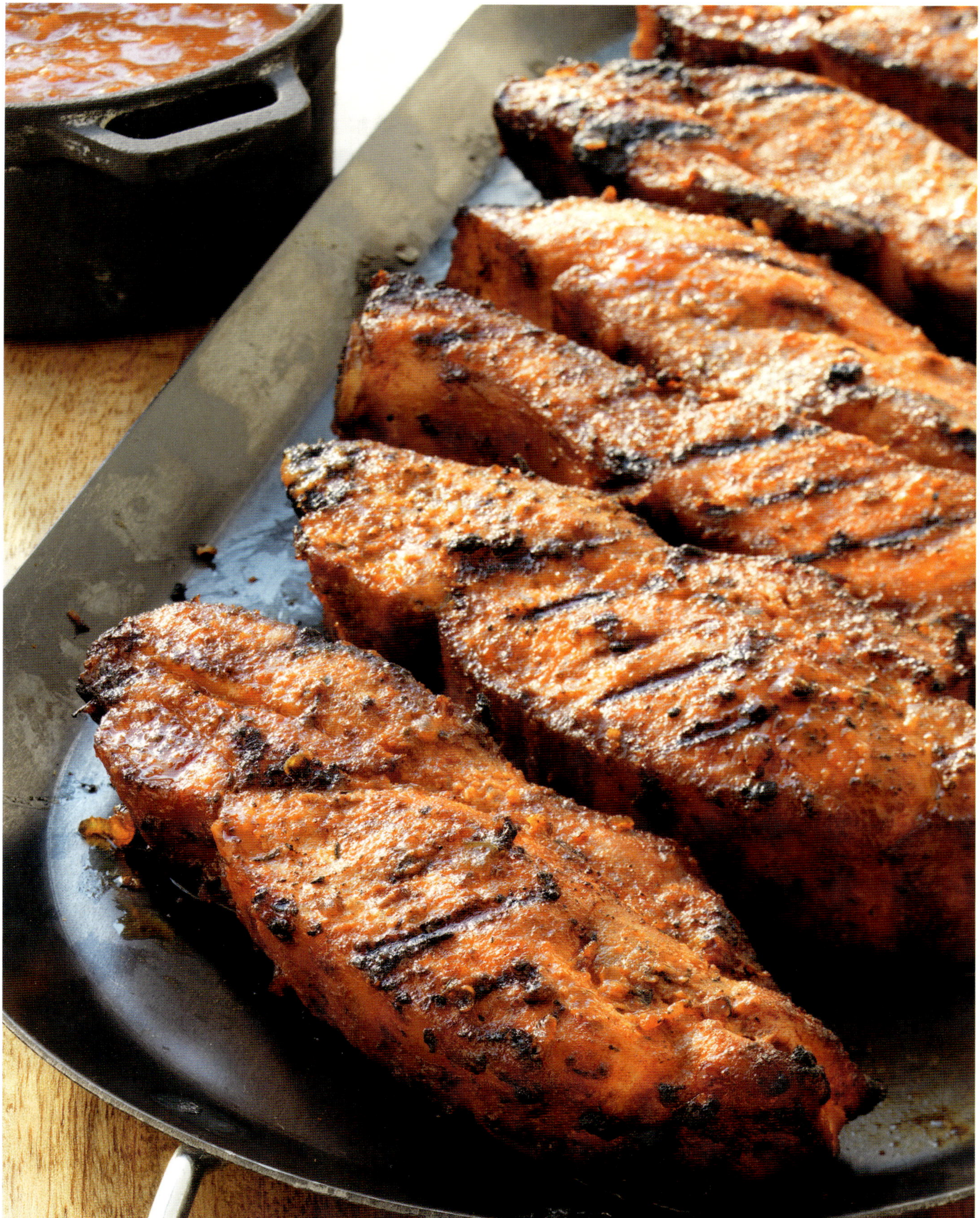

RÄUCHERSPECK SELBST GEMACHT

FÜR 12 PERSONEN | **ZUBEREITUNGSZEIT:** 15 MIN. | **KÜHLZEIT:** 4–6 STD. FÜR DIE LAKE UND 1–2 STD. FÜR DEN SPECK
PÖKELZEIT: 48 STD. | **ZEIT ZUM TROCKNEN:** 12 STD. | **GARZEIT:** 2–3 STD. | **ZUBEHÖR:** RÄUCHERGRILL (WATER SMOKER), 3 GROSSE PEKANNUSS- ODER APFELHOLZ-CHUNKS, DIGITALES FLEISCHTHERMOMETER

FÜR DIE LAKE

400 g Zucker
220 g grobes Meersalz
Schale von 4 Bio-Zitronen, mit einem Gemüseschäler in langen breiten Streifen abgezogen
2 Knoblauchknollen, angequetscht und geschält
2 EL schwarze Pfefferkörner
1½ TL Pökelsalz
2 Lorbeerblätter

2 Stücke Schweinebauch, ohne Knochen und Schwarte (je etwa 900 g)
2 EL getrockneter Salbei
1 TL Chiliflocken

Räucherspeck ist bei Köchen und Hobbygrillern nach wie vor angesagt. Ihn selbst herzustellen ist zwar zeitaufwendig, aber dafür wird man mit einem Geschmack belohnt, den man selbst bestimmen kann. In diesem Rezept wird Schweinebauch in einer mit Knoblauch und Zitrone aromatisierten Lake gepökelt und vor dem Räuchern mit Salbei und Chiliflocken gewürzt. Das verleiht ihm eine sehr schmackhafte italienisch-amerikanische Note, die Sie lieben werden.

1 In einem großen säurefesten Topf die Zutaten für die Lake in 3½ l Wasser verrühren. Auf mittlerer bis hoher Stufe sanft zum Köcheln bringen, dabei einige Male umrühren, bis sich Zucker und Salz aufgelöst haben. Die Lake 4 bis 6 Std. auf Raumtemperatur abkühlen lassen.

2 Die beiden Bauchstücke in die Lake legen, den Topf verschließen und für 48 Std. in den Kühlschrank stellen. In dieser Zeit das Fleisch gelegentlich in der Lake wenden.

3 Die Bauchstücke aus dem Topf nehmen und mit Küchenpapier trockentupfen. Die Lake entsorgen. Die Fleischseiten mit Salbei und Chiliflocken würzen. Die Stücke auf ein Küchengitter geben und das Gitter in ein großes Backblech mit Rand legen. Die Bauchstücke nicht abgedeckt 12 Std. zum Trocknen in den Kühlschrank stellen.

4 Den Räuchergrill für indirekte sehr schwache Hitze (110–120 °C) vorbereiten. Die Wasserschale zu drei Vierteln mit Wasser füllen.

5 Die Holzstücke auf die Glut geben. Bauchstücke in den Grill geben und über **indirekter sehr schwacher Hitze** bei geschlossenem Deckel 2–3 Std. räuchern, bis das Fleischthermometer an der dicksten Stelle eine Kerntemperatur von 65 °C anzeigt.

6 Aus dem Smoker nehmen und die Speckstücke 1–2 Std. auf Raumtemperatur abkühlen lassen. Anschließend fest in Frischhaltefolie einwickeln und bis zu 1 Woche im Kühlschrank aufbewahren oder bis zu 3 Monaten im Gefrierfach. Zum Servieren den Speck quer in etwa 3 mm dicke Scheiben schneiden und im Backofen auf dem Backrost, den Sie in ein Backblech legen, oder in einer Pfanne auf dem Herd braten.

Bestellen Sie bei Ihrem Metzger zwei Stücke Schweinebauch aus der Bauchmitte, deren Fleisch gleichmäßig dick ist, und bitten Sie ihn, die Schwarte zu entfernen. Nach dem Pökeln muss das fettreiche Fleisch 12 Stunden im Kühlschrank trocknen, damit es fest wird. Anschließend würzen Sie die Fleischseite und räuchern die Stücke bei sehr schwacher Hitze.

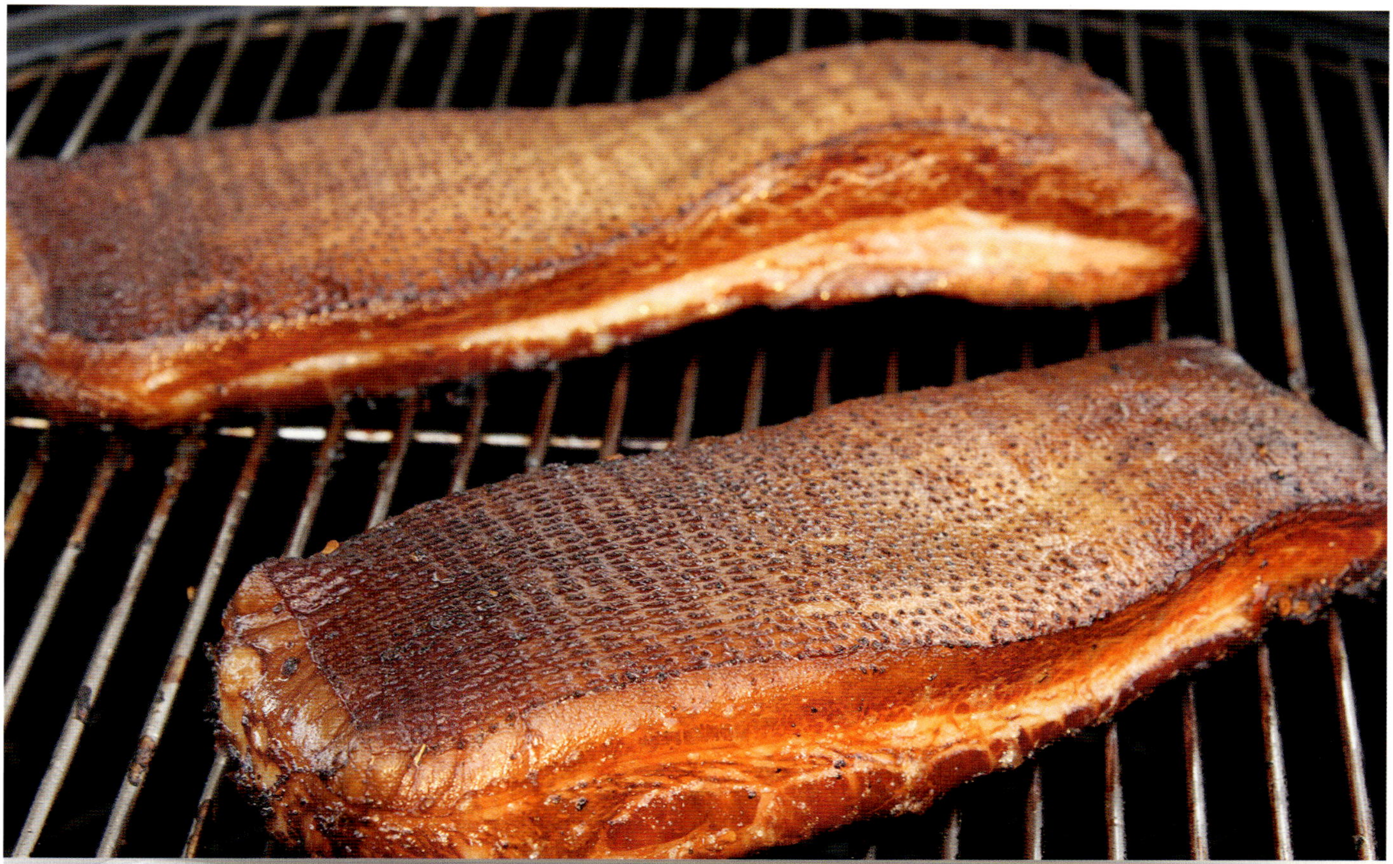

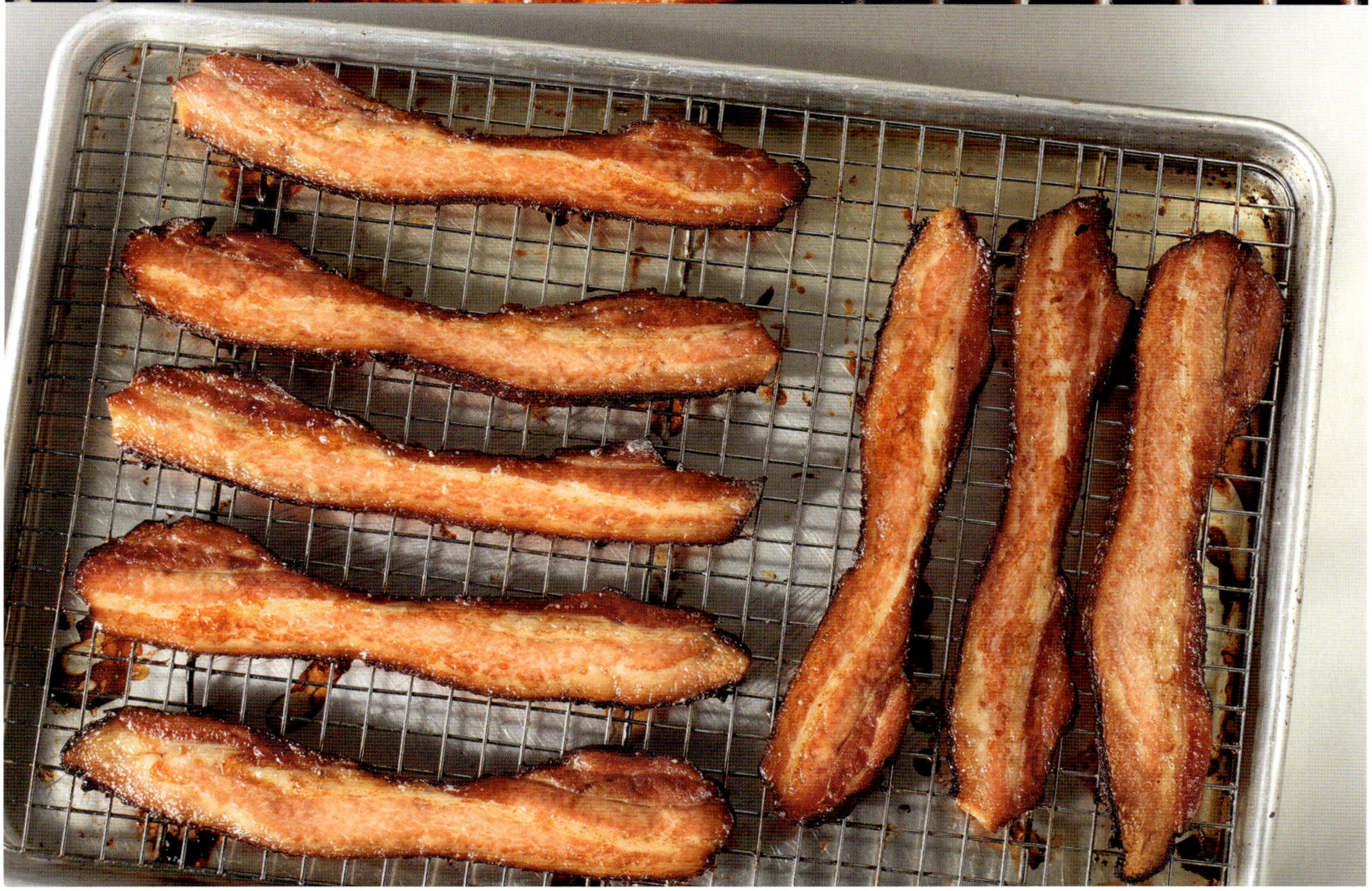

BOSTON BACON BOMB

FÜR 8 PERSONEN | ZUBEREITUNGSZEIT: 30 MIN. **| GRILLZEIT:** 1½–2 STD.
ZUBEHÖR: 1 GROSSE HANDVOLL HICKORYHOLZ-CHIPS, DIGITALES FLEISCHTHERMOMETER

900 g milde italienische Salsiccia-Würste, Wurstpelle entfernt
30 g Parmesan, fein gerieben
32 dicke Speckscheiben (insgesamt etwa 1¼–1½ kg)
60 g eingelegte Artischockenherzen, abgetropft und klein geschnitten
60 g eingelegte getrocknete Tomaten, abgetropft und klein geschnitten
60 g geröstete rote Paprikaschoten (Glas), abgetropft und klein geschnitten

In der Welt des BBQ versteht man unter einer Bacon Bomb eine mit Speck umwickelte Hackfleisch- oder Wurstbrätrolle, die geräuchert und dann wie ein Hackbraten in Scheiben geschnitten wird. Man begnügt sich aber selten mit der Grundversion, sondern die Bacon Bomb wird auch noch gefüllt, etwa mit gebratenen Zwiebeln, Käse oder sogar Hotdogs. In meiner Version könnte die Füllung einem italienischen Vorspeiseteller aus dem Bostoner North End entsprungen sein, dem Littly Italy der Stadt.

1 Die Räucherchips mind. 30 Min. wässern.

2 Den Grill für indirekte schwache Hitze (120–175 °C) vorbereiten.

3 Wurstbrät und Parmesan gründlich, aber behutsam mischen und die Masse in zwei gleich große Portionen teilen.

4 Einen großen Bogen Wachspapier auf die Arbeitsfläche legen und darauf aus 16 Speckscheiben ein Gitter herstellen. Dafür 8 Scheiben waagerecht dicht nebeneinander legen, dann 8 Scheiben senkrecht nebeneinander darüberlegen und die Scheiben miteinander verweben. Das Speckgitter sollte etwa 30 x 30 cm groß sein (gegebenenfalls müssen Sie die Speckscheiben etwas auseinanderziehen).

5 Auf einem zweiten großen Bogen Wachspapier eine der beiden Brätportionen zu einem 20 cm großen, gleichmäßig dicken Quadrat formen. Auf der Brätplatte im Abstand von etwa 5 cm der Ihnen zugewandten Seite die Hälfte der Artischocken, der getrockneten Tomaten und der Paprikaschoten in waagerechten, parallelen Reihen anordnen, dabei an den beiden Enden jeweils 2½ cm zur Brätkante hin frei lassen. Die Brätplatte fest aufrollen und an den Enden zusammendrücken, damit die Füllung gut eingeschlossen ist. Die Bomb sollte jetzt wie ein kleiner Hackbraten aussehen. Die Bomb auf die Ihnen zugewandte Seite des Gitters legen, mithilfe des Wachspapiers das Gitter anheben und die Bomb einwickeln. Mit der Specknaht nach unten beiseitelegen. Aus den übrigen Zutaten eine zweite Bomb herstellen.

6 Die Chips abtropfen lassen, auf die Glut oder in die Räucherbox des Gasgrills geben und den Deckel schließen. Sobald Rauch entsteht, die Bacon Bombs über ***indirekter schwacher Hitze*** bei geschlossenem Deckel 1½–2 Std. grillen, bis ihre Kerntemperatur an der dicksten Stelle 68 °C beträgt. Vom Grill nehmen und 10 Min. nachziehen lassen (dabei wird sich die Kerntemperatur noch um 2–5 °C erhöhen). In gut 2 cm dicke Scheiben schneiden und servieren.

---

1 *Auf Wachspapier wird das Speckgitter hergestellt. Legen Sie dafür die Scheiben dicht aneinander und verweben Sie sie zu einem etwa 30 x 30 cm großen Gitter.*

2 *Klein geschnittene Artischocken, Tomaten und Paprika in waagerechten, parallelen Reihen auf der Brätplatte anordnen. Lassen Sie dabei an den Enden etwa 2½ cm zum Rand hin frei.*

3 *Das Brät aufrollen und die Enden fest zusammendrücken, damit die Füllung gut eingeschlossen ist.*

4 *Die Bomb auf das Speckgitter legen und in den Speck wickeln.*

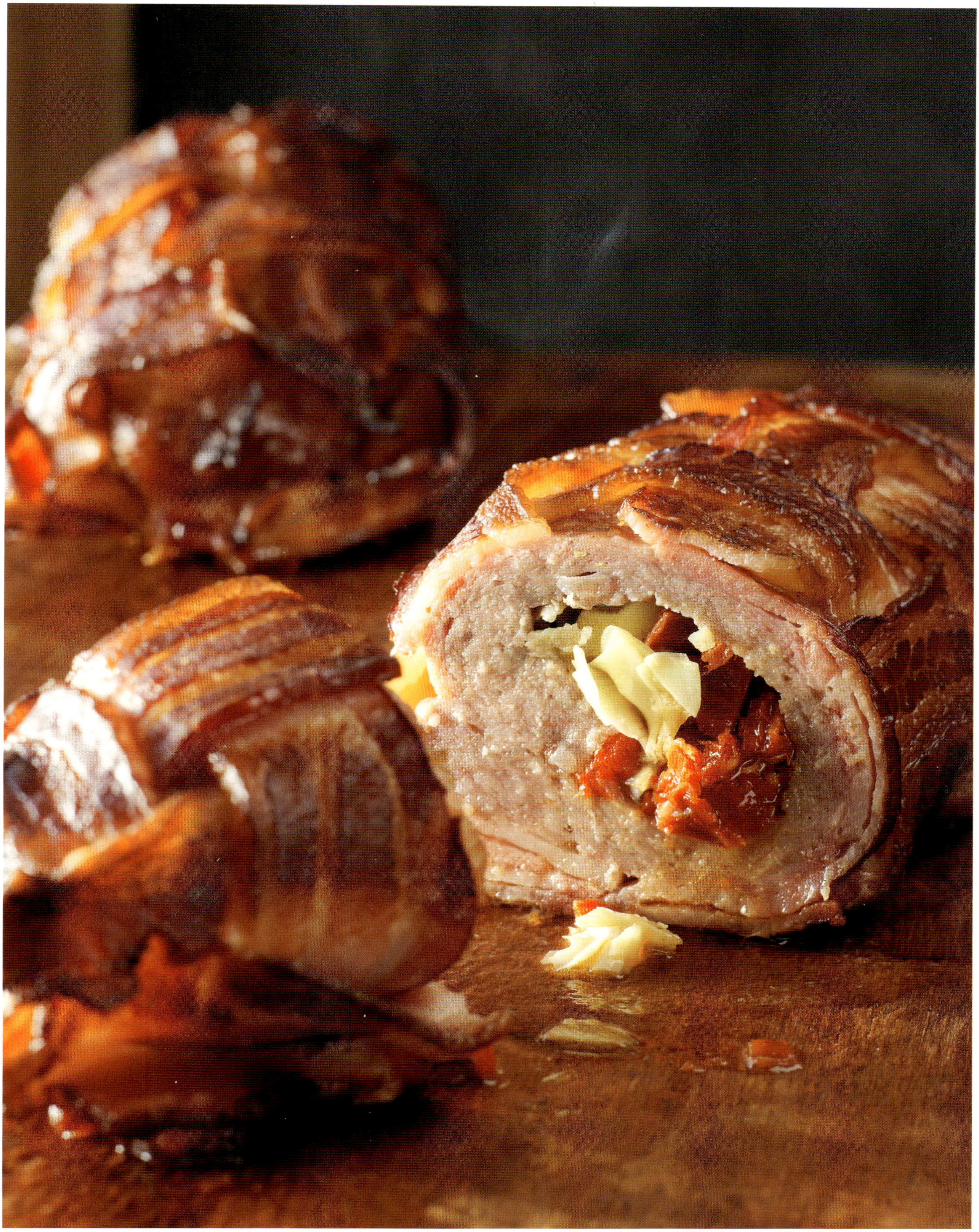

PIZZA
MIT PROSCIUTTO, PARMESAN UND PROVOLONE

FÜR 6–8 PERSONEN (ERGIBT 2 PIZZAS VON JE 30 CM Ø) | **ZUBEREITUNGSZEIT:** 25 MIN. | **GEHZEIT FÜR DEN TEIG:** 1¼–1½ STD. **GRILLZEIT:** 6–9 MIN. PRO PIZZA | **ZUBEHÖR:** BACK-ALUFOLIE

FÜR DEN TEIG
1½ TL Trockenhefe
1 EL Olivenöl
1¾ TL grobes Meersalz
400 g Mehl (Type 550), bei Bedarf auch mehr, plus Mehl zum Arbeiten

Olivenöl
1 Knoblauchzehe, fein gehackt
120 g reifer pikanter Provolone, grob gerieben
200 g rote Zwiebeln, in dünne Scheiben geschnitten
120 g Prosciutto in dünnen Scheiben
120 g Parmesan, fein gerieben (in 30-g-Portionen geteilt)
50 g junge zarte Rucolablätter

Als junger Koch, ich hatte gerade meinen Abschluss in der Tasche, aß ich eines der unvergesslichsten Gerichte meines Lebens in einem Restaurant in Providence, Rhode Island. Im Al Forno verwandeln Johanne Killeen und George Germon bis heute einfache Pizzas in beeindruckende kulinarische Kunstwerke – mit Raucharomen glühender Hartholzkohle, die sich mit dem knusprigen Boden und blubbernd heißen Belag verbinden. Stellen Sie die Zutaten griffbereit neben den Grill, da der dünne Teigboden über offenem Feuer sehr schnell gar wird.

1 In einer großen Schüssel die Hefe mit 250 ml warmem Wasser (40–45 °C), 1 EL Olivenöl und Salz verrühren. 350 g Mehl einstreuen und rühren, bis ein fester Teig entsteht, der sich nicht mehr rühren lässt. Den Teig anschließend auf einer dünn bemehlten Arbeitsfläche etwa 6 Min. mit den Händen kneten, dabei die restlichen 50 g Mehl einarbeiten, bis er weich, geschmeidig und etwas klebrig ist. Bei Bedarf weiteres Mehl unterkneten. Den Teig zu einer Kugel formen.

2 Eine mittelgroße Schüssel mit Öl ausstreichen. Die Teigkugel in der Schüssel wenden, bis sie von allen Seiten dünn mit Öl überzogen ist. Die Schüssel mit Frischhaltefolie abdecken und den Teig an einem warmen und zugfreien Ort 1¼–1½ Std. gehen lassen, bis sich sein Volumen verdoppelt hat. Oder den Teig 6–8 Std. im Kühlschrank gehen lassen und vor der Weiterverarbeitung unbedingt wieder Raumtemperatur annehmen lassen.

3 Den Grill für direkte mittlere Hitze (175–230 °C) vorbereiten.

4 In einer kleinen Schüssel 4 EL Öl mit dem Knoblauch verrühren.

5 Die Teigkugel in zwei gleich große Stücke teilen. Ein großes Stück Back-Alufolie mit Öl einpinseln und 1 Teigportion mit den Händen zu einem 30 cm großen Kreis ausziehen. Die Oberseite des Pizzabodens mit Öl bestreichen.

6 Den Pizzaboden mit der Folie nach oben auf den Grillrost legen. Mit einer Grillzange eine Ecke der Folie greifen und die Folie abziehen. Den Pizzaboden über **direkter mittlerer Hitze** bei geschlossenem Deckel 2–3 Min. grillen, bis die Unterseite goldbraun ist. Den Pizzaboden mit der gegrillten Seite nach oben auf die Rückseite eines Backblechs legen. Mit 1 EL des Knoblauchöls bestreichen, dabei einen 1 cm breiten äußeren Rand frei lassen. Die Pizza mit der Hälfte des Provolone und der Zwiebeln belegen, darauf die Hälfte des Schinkens geben, mit 30 g Parmesan bestreuen und mit der Hälfte der Rucolablätter belegen. Zum Schluss nochmals mit 30 g Parmesan bestreuen. Die belegte Pizza wieder auf den Grill legen und den Deckel schließen. Über **direkter mittlerer Hitze** weitere 4–6 Min. grillen, bis der Rucola zusammengefallen, der Käse geschmolzen und die Unterseite knusprig und goldbraun ist. Die gebackene Pizza auf ein Schneidbrett legen und mit 1 EL Knoblauchöl beträufeln. Die Pizza in Stücke schneiden und warm servieren. Aus den übrigen Zutaten eine zweite Pizza zubereiten.

SCHWEIN

PIZZA FORMAGGI
MIT SALSICCIA, CHAMPIGNONS UND PAPRIKA

FÜR 6–8 PERSONEN (ERGIBT 2 PIZZAS VON JE 30 CM Ø) | **ZUBEREITUNGSZEIT:** 40 MIN. | **GEHZEIT FÜR DEN TEIG:** 1¼–1½ STD.
GRILLZEIT: 13–16 MIN., PLUS 12–15 MIN. PRO PIZZA | **ZUBEHÖR:** PIZZASTEIN, PIZZAHEBER (NACH BELIEBEN), GELOCHTE GRILLPFANNE, PINSEL MIT HITZEFESTEN SILIKONBORSTEN

FÜR DEN TEIG
1½ TL Trockenhefe
1 EL Olivenöl
1¾ TL grobes Meersalz
400 g Mehl (Type 550), bei Bedarf auch mehr, plus Mehl zum Arbeiten

Olivenöl
1 rote Paprikaschote (etwa 220 g)
220 g braune Champignons, geviertelt
grobes Meersalz
frisch gemahlener schwarzer Pfeffer
350 g italienische Salsiccia-Würste, Wurstpelle entfernt
120 g Pecorino romano, fein gerieben (in 30-g-Portionen geteilt)
120 g Fontina, grob gerieben (in 30-g-Portionen geteilt)
½ kleine Zwiebel, quer in feine Scheiben geschnitten
250 g Mozzarella, gut abgetropft, in feine Scheiben geschnitten
4 TL Thymianblättchen
Chiliflocken

Es hat etwas Archaisches und zugleich Modernes an sich, eine selbst gemachte Pizza über offenem Feuer zu backen. Das vorliegende Rezept können Sie mit einem 10 Minuten lang vorgeheizten Pizzastein im eigenen Grill problemlos nachbacken. Ein gut erhitzter Stein dehnt die Luftbläschen im Teig aus, wodurch er außen knusprig und innen schön luftig wird.

1. In einer großen Schüssel die Hefe mit 250 ml warmem Wasser (40–45 °C), 1 EL Olivenöl und Salz verrühren. 350 g Mehl einstreuen und rühren, bis ein fester Teig entsteht, der sich nicht mehr rühren lässt. Den Teig anschließend auf einer dünn bemehlten Arbeitsfläche etwa 6 Min. mit den Händen kneten, dabei die restlichen 50 g Mehl einarbeiten, bis er weich, geschmeidig und klebrig ist. Bei Bedarf weiteres Mehl unterkneten. Den Teig zu einer Kugel formen.

2. Eine Schüssel mit Öl ausstreichen. Die Teigkugel in der Schüssel wenden, bis sie rundherum dünn mit Öl überzogen ist. Mit Frischhaltefolie abgedeckt an einem warmen, zugfreien Ort 1¼–1½ Std. gehen lassen, bis sich das Teigvolumen verdoppelt hat. Oder den Teig 6 bis 8 Std. kalt stellen. Vor der Weiterverarbeitung wieder Raumtemperatur annehmen lassen.

3. Den Grill für direkte mittlere Hitze (175–230 °C) vorbereiten und die gelochte Grillpfanne 10 Min. vorheizen.

4. Die Paprikaschote über **direkter mittlerer Hitze** bei geschlossenem Deckel 10–12 Min. grillen, dabei ab und zu wenden, bis die Haut verkohlt ist und Blasen wirft. Die Paprika in einer mit Frischhaltefolie abgedeckten Schüssel etwa 10 Min. ausdampfen lassen. Die Haut der Schote abziehen, Stiel, Trennwände und Kerne entfernen und das Fruchtfleisch in ½ cm breite Streifen schneiden.

5. Die Pilze mit Öl bepinseln und mit ¼ TL Salz und ¼ TL Pfeffer würzen. In einer Lage in der vorgeheizten Grillpfanne verteilen und über **direkter mittlerer Hitze** bei geschlossenem Deckel 3–4 Min. grillen, bis die Pilze goldbraun sind, dabei ein- bis zweimal durchrühren. Die Pfanne vom Grill nehmen und die Pilze auf einen Teller geben.

6. In einer mittelgroßen Pfanne 1 EL Öl auf mittlerer Stufe erhitzen. Das Wurstbrät darin unter häufigem Rühren 6–8 Min. braten, bis es durchgegart ist. Mit einem Schaumlöffel herausheben und auf Küchenpapier entfetten.

7. Den Grill für indirekte starke Hitze (260 bis 290 °C) vorbereiten und den Pizzastein nach Herstelleranweisung etwa 10 Min. vorheizen.

8. Die Teigkugel in zwei gleich große Stücke teilen. Auf einer dünn bemehlten Arbeitsfläche 1 Teigportion zu einem 30 cm großen Kreis ausrollen. Den Pizzaheber oder ein Backblech ohne Rand großzügig mit Mehl bestäuben und den Teigkreis auf Pizzaheber oder Blech legen. Den Teig mit je 30 g Pecorino und Fontina bestreuen, dabei einen 1 cm breiten äußeren Rand frei lassen, dann die Hälfte der Zwiebel, der Paprika, der Pilze und des Wurstbräts auf dem Käse verteilen, mit der Hälfte des Mozzarellas belegen und erneut mit je 30 g Fontina und Pecorino bestreuen. Mit 2 TL Thymian und je 1 Prise Salz und Pfeffer würzen.

9. Die belegte Pizza vorsichtig auf den heißen Pizzastein gleiten lassen. Über **indirekter starker Hitze** bei geschlossenem Deckel 12–15 Min. grillen, bis die Unterseite goldbraun und knusprig und der Käse geschmolzen ist. Die fertige Pizza auf ein Schneidbrett legen und mit Chiliflocken würzen. Pizza in Stücke schneiden und warm servieren.

10. Mit dem Silikonpinsel überschüssiges Mehl vollständig vom Pizzastein entfernen. Den Grilldeckel schließen und den Stein erneut 10 Min. vorheizen. Aus den übrigen Zutaten eine zweite Pizza zubereiten.

SCHWEIN

3
RIND & LAMM

120	Cheeseburger mit Speck und Kentucky-Bourbon-Sauce
122	Dreifach-Bierburger
123	Gastropub-Lammburger
124	Steakburger mit karamellisierten Zwiebeln und Tomaten-Speck-Jam
126	Cowboysteaks mit rauchiger Schalottenbutter
128	T-Bones-Steaks aus dem Mesquiterauch mit Tomaten-Salsa
130	**BARBECUE FEATURE** **TEXAS BARBECUE ERFINDET SICH NEU**
132	Strip-Steaks auf der Glut gegart mit Balsamico-Glasur
134	Steaks New York rückwärts gegrillt mit Rotweinbutter
136	Tri Tip nach Art von Santa Maria mit Knoblauchbrot
138	**BARBECUE FEATURE** **SANTA MARIA–STYLE BARBECUE**
140	Steak auf Texas-Toast mit Espresso-Barbecue-Sauce
142	Selbst gemachte Pastrami im Koriander-Pfeffer-Mantel
144	Rindfleischsandwich Po'Boy
146	Chili con carne
148	Hochrippenbraten aus dem Hickoryrauch mit Rotweinsauce
150	Lammkarrees mit Board-Dressing aus Kapern und Senf
152	Lammkoteletts marokkanisch mit Tomaten-Kichererbsen-Salat
154	Lamm-Paprika-Spieße mit Essigmarinade
155	Beef Back Ribs aus dem Mesquiterauch
156	Koreanische Rib-Tortillas mit Kogi-Sauce und eingelegten Gurken
158	Short Ribs New Mexico
160	Central Texas Beef Short Ribs
162	**BARBECUE FEATURE** **DAS COMEBACK VON LAMM UND BISON**
164	Von den Besten lernen: Brisket
166	Brisket für Einsteiger
168	Texas Brisket
170	American Kobe Brisket mit Burnt Ends
172	Enchiladas San Antonio

CHEESEBURGER
MIT SPECK UND KENTUCKY-BOURBON-SAUCE

FÜR 4 PERSONEN | **ZUBEREITUNGSZEIT:** 20 MIN., PLUS ETWA 35 MIN. FÜR DIE SAUCE | **GRILLZEIT:** 8–10 MIN.
ZUBEHÖR: 2 GROSSE HANDVOLL HICKORY- ODER MESQUITEHOLZ-CHIPS

FÜR DIE SAUCE
- 2 TL Öl
- 2 Scheiben Frühstücksspeck, in etwa 1½ cm breite Streifen geschnitten
- 150 g Zwiebeln, fein gewürfelt
- 1 Knoblauchzehe, fein gehackt
- 60 ml Bourbon
- 240 ml Ketchup
- 3 EL Apfelessig
- 3 EL Zuckerrohrmelasse
- 2 EL dunkle Steak-Sauce (Fertigprodukt)
- 1 EL Dijon-Senf
- 1 TL flüssiges Hickory-Raucharoma
- ½ TL scharfe Chilisauce

- 8 Scheiben Frühstücksspeck
- 700 g Rinderhackfleisch (Fettanteil 20 %)
- 1 TL grobes Meersalz
- ½ TL frisch gemahlener schwarzer Pfeffer
- 120 g geräucherter Cheddar oder Gouda, gerieben
- 4 Burger-Brötchen, aufgeschnitten
- 4 Blätter Romanasalat, in Streifen geschnitten
- 8 aromatische Tomatenscheiben

Wie alle amerikanischen Kultgerichte so können auch Cheeseburger superlecker oder aber richtig fade schmecken – je nachdem, wie sie zubereitet wurden. Einfach großartig schmecken sie, wenn sie über schwelendem Holz gegrillt werden und der würzige Holzduft tief ins Fleisch eindringt. Da das Fleisch aber nur kurz auf dem Grill liegt, sollten Sie Holz mit einem starken Aroma verwenden, etwa Hickory oder Mesquite, und darauf achten, dass es ausreichend Rauch entwickelt hat, bevor Sie die Pattys auflegen.

1 Die Räucherchips mind. 30 Min. wässern.

2 Für die Sauce das Öl in einem mittelgroßen schweren Topf auf mittlerer Stufe erhitzen. Die Speckstreifen darin in 3–5 Min. knusprig braten. Mit einem Schaumlöffel herausnehmen und auf Küchenpapier abkühlen lassen.

3 Die Zwiebelwürfel in den Topf geben und auf mittlerer bis kleiner Stufe unter gelegentlichem Rühren in 8–10 Min. weich und goldbraun dünsten. Den Knoblauch etwa 1 Min. mitdünsten, bis er aromatisch duftet. Den Bourbon zugießen und auf mittlerer bis hoher Stufe etwa 1 Min. einkochen lassen. Die restlichen Saucen-Zutaten zusammen mit 60 ml Wasser unterrühren und alles auf hoher Stufe aufkochen lassen. Anschließend die Sauce auf kleiner Stufe im offenen Topf etwa 20 Min. köcheln lassen, dabei gelegentlich umrühren, bis sie auf knapp 500 ml reduziert ist. Den Topf vom Herd nehmen und die abgekühlten Speckstreifen in die Sauce rühren. Die Sauce zugedeckt warm halten.

4 Während die Sauce köchelt, die 8 Speckscheiben 8–10 Min. in einer Pfanne unter Wenden braun und knusprig braten. Herausnehmen und auf Küchenpapier entfetten.

5 Das Hackfleisch mit Salz und Pfeffer mischen. Mit angefeuchteten Händen behutsam vier gleich große, etwa 2 cm dicke Pattys formen. Mit dem Daumen oder Rücken eines Teelöffels eine flache, etwa 2½ cm breite Vertiefung in die Mitte der Pattys drücken. Dadurch wölben sie sich beim Grillen nicht und garen gleichmäßig. Die Pattys vor dem Grillen kalt stellen.

6 Den Grill für direkte mittlere bis starke Hitze (etwa 200 °C) vorbereiten.

7 Die Räucherchips abtropfen lassen, auf die Glut oder nach Herstelleranweisung in die Räucherbox des Gasgrills geben und den Grilldeckel schließen. Sobald Rauch entsteht, die Pattys über **direkter mittlerer bis starker Hitze** bei geschlossenem Deckel 8–10 Min. grillen, bis sie halb durch sind (Kerntemperatur 70 °C), dabei einmal wenden. Während der letzten Minute die Pattys mit jeweils 30 g geriebenem Käse belegen und den Käse schmelzen lassen. Gleichzeitig die Brötchenhälften mit den Schnittflächen nach unten über direkter Hitze rösten.

8 In jedes Brötchen Salatstreifen, 2 Tomatenscheiben, 1 Patty, 1 Speckscheibe und etwas Sauce geben und die Burger warm servieren.

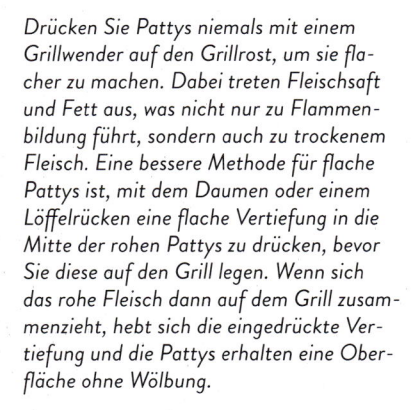

Drücken Sie Pattys niemals mit einem Grillwender auf den Grillrost, um sie flacher zu machen. Dabei treten Fleischsaft und Fett aus, was nicht nur zu Flammenbildung führt, sondern auch zu trockenem Fleisch. Eine bessere Methode für flache Pattys ist, mit dem Daumen oder einem Löffelrücken eine flache Vertiefung in die Mitte der rohen Pattys zu drücken, bevor Sie diese auf den Grill legen. Wenn sich das rohe Fleisch dann auf dem Grill zusammenzieht, hebt sich die eingedrückte Vertiefung und die Pattys erhalten eine Oberfläche ohne Wölbung.

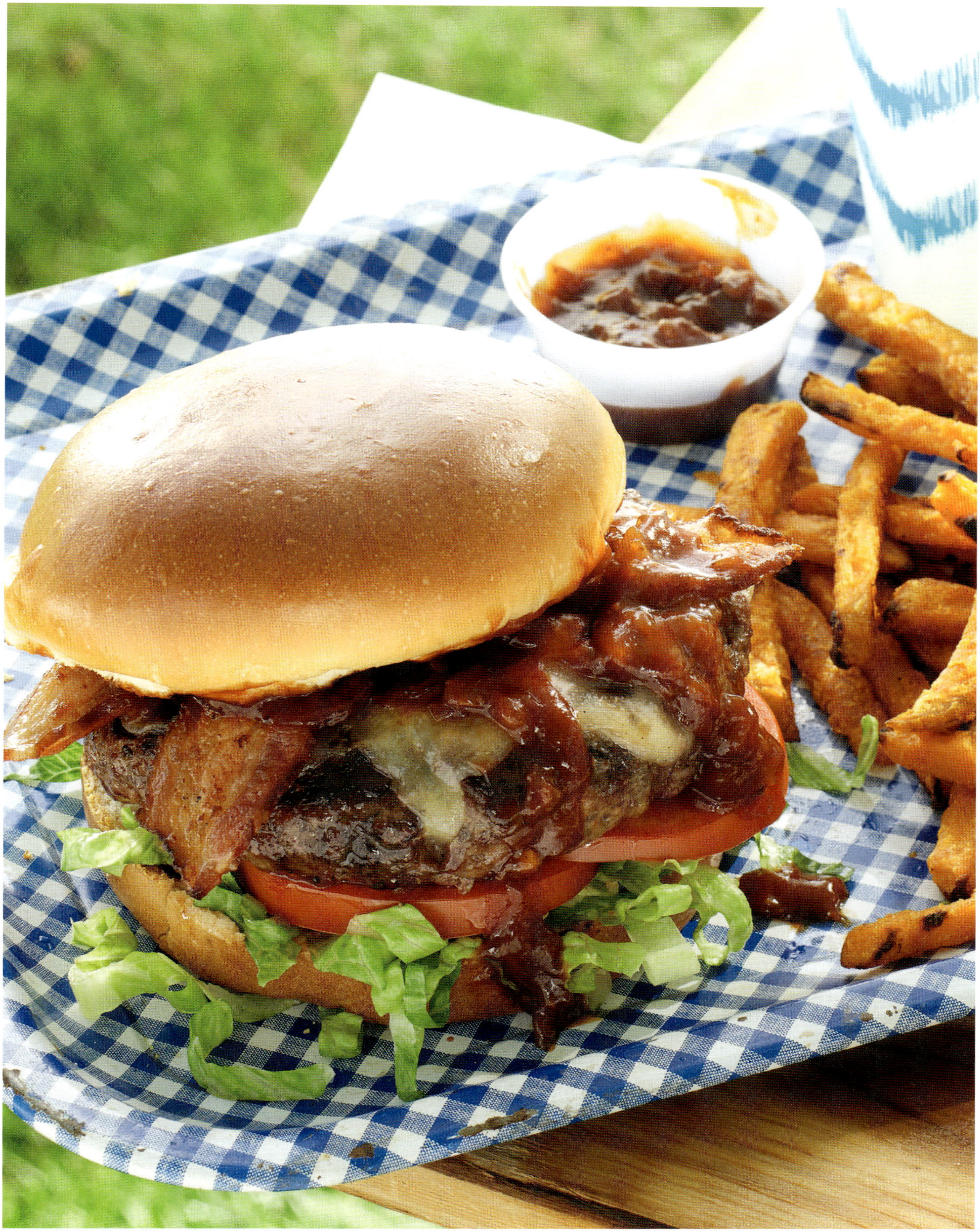

DREIFACH-BIERBURGER

FÜR 4 PERSONEN | **ZUBEREITUNGSZEIT:** 20 MIN., PLUS ETWA 20 MIN. FÜR DIE SAUCE
GRILLZEIT: 24–31 MIN. | **ZUBEHÖR:** GROSSE EINWEG-ALUSCHALE

Eines der Geheimnisse für besonders saftige Burger: Mischen Sie Bier unter das rohe Hackfleisch! Verwenden Sie aber nicht zu viel, sonst werden die Pattys zu feucht, entwickeln keine knusprige Kruste und können auseinanderbrechen. Doch ein kleiner Spritzer bitter-herbes Bier verleiht Ihren Burgern Klasse.

1 Knoblauchzehe, fein gehackt
Olivenöl
240 ml Ketchup
240 ml plus 2 EL hopfenbetontes Bier (vorzugsweise India Pale Ale (IPA) oder Dark Ale)
2 EL Apfelessig
1 EL Vollrohrzucker
3 TL Worcestersauce
grobes Meersalz
1 mittelgroße Zwiebel, quer in 1 cm dicke Scheiben geschnitten
1 EL Dijon-Senf
700 g Rinderhackfleisch (Fettanteil 20 %)
1 TL geräuchertes Paprikapulver
¼ TL frisch gemahlener schwarzer Pfeffer
4 Laugenbrötchen, aufgeschnitten
4 Blätter Kopfsalat

1. Den Knoblauch mit 1 EL Öl in einem Topf auf mittlerer Stufe 1 Min. andünsten. Ketchup, 120 ml Bier, Essig, Zucker, 2 TL Worcestersauce und ½ TL Salz einrühren und zum Köcheln bringen. Anschließend auf kleiner Stufe 15–20 Min. köcheln lassen, bis die Sauce eine Konsistenz wie Ketchup hat, dabei regelmäßig umrühren. Abkühlen lassen.

2. Den Grill für direkte mittlere bis starke Hitze (200–260 °C) vorbereiten.

3. Die Zwiebelscheiben mit Öl bestreichen und über **direkter mittlerer bis starker Hitze** bei geschlossenem Deckel etwa 6 Min. grillen, bis sie stellenweise kräftig gebräunt sind, dabei einmal wenden. In der Einweg-Aluschale 120 ml Bier mit Senf und 1 TL Salz verrühren. Die Zwiebelscheiben in den Biersud geben und über **direkter mittlerer bis starker Hitze** bei geschlossenem Deckel 10–15 Min. garen, bis sie weich sind und die meiste Flüssigkeit verdampft ist, dabei gelegentlich umrühren. Vom Grill nehmen.

4. Das Hackfleisch mit Paprikapulver, Pfeffer, 1½ TL Salz, 2 EL Bier und 1 TL Worcestersauce vermengen. Mit angefeuchteten Händen behutsam vier gleich große, 2 cm dicke Pattys formen. Mit dem Daumen oder einem Löffelrücken eine flache, etwa 2½ cm breite Vertiefung in die Pattys drücken. Dadurch wölben sie sich beim Grillen nicht und garen gleichmäßig.

5. Die Pattys über **direkter mittlerer bis starker Hitze** bei geschlossenem Deckel 8–10 Min. grillen, bis sie halb durch sind (Kerntemperatur 70 °C), dabei einmal wenden. Während der letzten 30 Sek. die Brötchen mit den Schnittflächen nach unten über direkter Hitze rösten.

6. In jedes Laugenbrötchen 1 Salatblatt, 1 Patty, Zwiebeln und etwas Sauce geben und die Burger warm servieren.

GASTROPUB-LAMMBURGER

FÜR 4 PERSONEN | ZUBEREITUNGSZEIT: 20 MIN.
GRILLZEIT: 7–9 MIN.

Durch Lammhackfleisch, eine gourmetverdächtige Oliven-Tapenade und sonnengereifte Tomaten zählen diese Burger zur gehobeneren Kategorie, und dazu passend werden sie in Brioche-Brötchen serviert, die eine weitere elegante Note hinzufügen. Jedes andere mit Eiern zubereitete Hefeweißbrot passt ebenso.

600 g Lammhackfleisch
   (vorzugsweise aus der Schulter)
3 Knoblauchzehen, fein gehackt
2 EL fein gehackte glatte Petersilie
½ TL getrockneter Oregano
grobes Meersalz
frisch gemahlener schwarzer Pfeffer

FÜR DIE TAPENADE
100 g entsteinte grüne Oliven
   (z. B. Picholine), abgetropft
100 g entsteinte Kalamata-Oliven,
   abgetropft
2 EL Olivenöl
1 EL Rot- oder Weißweinessig
fein abgeriebene Schale von
   1 Bio-Orange
2 Knoblauchzehen, in feinen Scheiben

4 Brioche-Brötchen, aufgeschnitten
8 aromatische Tomatenscheiben,
   je ½ cm dick

1. Lammhackfleisch mit Knoblauch, Petersilie, Oregano, ¼ TL Salz und ¼ TL Pfeffer vermengen. Mit angefeuchteten Händen aus der Fleischmasse behutsam vier gleich große, etwa 2 cm dicke Pattys formen. Mit dem Daumen oder Rücken eines Teelöffels eine flache, etwa 2½ cm breite Vertiefung in die Pattys drücken. Dadurch wölben sie sich beim Grillen nicht und garen gleichmäßig. Die Pattys vor dem Grillen kalt stellen.

2. Die Zutaten für die Tapenade in der Küchenmaschine mithilfe der Impulstaste mixen, bis alles fein gehackt und gut vermischt ist. An den Wänden haftende Stückchen immer mal wieder mit einem Teigschaber nach unten schieben und wieder einarbeiten.

3. Den Grill für direkte mittlere bis starke Hitze (200–260 °C) vorbereiten.

4. Die Pattys auf beiden Seiten mit etwas Salz und Pfeffer würzen und über ***direkter mittlerer bis starker Hitze*** bei geschlossenem Deckel 7–9 Min. grillen, bis sie halb durch sind (Kerntemperatur 70 °C), dabei einmal wenden. Während der letzten 30–60 Sek. der Garzeit die Brötchenhälften mit den Schnittflächen nach unten über direkter Hitze rösten. Alle Zutaten vom Grill nehmen und die Pattys vor dem Servieren 2–3 Min. ruhen lassen.

5. In jedes Brötchen 1 Patty, etwas Tapenade und 2 Tomatenscheiben geben und die Lammburger warm servieren.

STEAKBURGER
MIT KARAMELLISIERTEN ZWIEBELN UND TOMATEN-SPECK-JAM

FÜR 6 PERSONEN (12 PATTYS) | **ZUBEREITUNGSZEIT:** 20 MIN., PLUS ETWA 55 MIN. FÜR DIE JAM UND 25–35 MIN. FÜR DIE ZWIEBELN | **GRILLZEIT:** ETWA 4 MIN.

FÜR DIE JAM
- 250 g geräucherter Speck, in ½ cm breite Streifen geschnitten
- 250–300 g Zwiebeln, gewürfelt
- 700 g Eiertomaten, gewürfelt
- 3 EL Rohrohrzucker
- 2 EL Apfelessig
- 1 EL scharfe Chili- oder Chili-Knoblauch-Sauce (z. B. Sriracha)

- grobes Meersalz
- frisch gemahlener schwarzer Pfeffer
- 2 EL Olivenöl
- 700 g Zwiebeln, halbiert und in feine Scheiben geschnitten
- 900 g Rinderhackfleisch aus der Hochrippe (Entrecôte oder Rib Eye)
- 1 EL Worcestersauce
- 12 kleine weiche Brötchen, aufgeschnitten

Aus edlen Rib-Eye-Steaks Hackfleisch zu drehen mag Ihnen völlig übertrieben vorkommen, aber hier handelt es sich auch nicht um Alltagsburger, sondern um besonders aromatische kleine Schätze. Sollten Sie keinen eigenen Fleischwolf besitzen, bitten Sie Ihren Metzger darum. Spezielle Fleischstücke selbst zu Hackfleisch zu verarbeiten ist ein aufkommender Trend in der Welt der Gourmetburger.

1 In einer großen Pfanne die Speckstreifen auf mittlerer Stufe in 5–7 Min. unter gelegentlichem Wenden knusprig braten. Mit einem Schaumlöffel herausheben und in einem großen Topf mit schwerem Boden beiseitestellen. Das Fett in der Pfanne bis auf 1 EL abgießen. Zwiebelwürfel in die Pfanne geben und 3–4 Min. dünsten, bis sie weich sind, aber keine Farbe angenommen haben. Dabei gelegentlich umrühren. Zwiebeln und restliche Jam-Zutaten mit 1 TL Salz und ½ TL Pfeffer in den Topf zum Speck geben und alles auf mittlerer bis hoher Stufe köcheln lassen, dabei häufig umrühren, bis sich der Zucker aufgelöst hat. Die Hitze auf mittlere bis kleine Stufe reduzieren und die Mischung im halb zugedeckten Topf 40–45 Min. unter regelmäßigem Rühren weiterköcheln lassen, bis die meiste Flüssigkeit verdampft und die Mischung marmeladenartig eingedickt ist.

2 In einem zweiten großen Topf 2 EL Öl auf mittlerer Stufe erhitzen. Darin die Zwiebelscheiben zusammen mit 1 TL Salz 10–15 Min. unter gelegentlichem Rühren braten, bis sie einen leichten Goldton annehmen. Anschließend die Zwiebeln auf mittlerer bis kleiner Stufe 15–20 Min. unter ständigem Rühren weiterbraten, bis sie goldbraun und karamellisiert sind. Den Topf vom Herd nehmen und ¼ TL Pfeffer unterrühren.

3 Den Grill für direkte und indirekte starke Hitze (etwa 230–290 °C) vorbereiten.

4 Das Hackfleisch mit Worcestersauce, 1 TL Salz und ¾ TL Pfeffer vermengen. Mit angefeuchteten Händen aus der Masse behutsam zwölf gleich große, etwa 1½ cm dicke Pattys mit einem Durchmesser von 5 cm formen.

5 Die Pattys über **direkter starker Hitze** bei geschlossenem Deckel 4 Min. grillen, bis sie halb durch sind (Kerntemperatur 70 °C), dabei einmal wenden, sobald sie sich leicht vom Rost lösen lassen (bei Flammenbildung die Pattys vorübergehend über indirekter Hitze grillen). Während der letzten 30–60 Sek. die Brötchenhälften mit den Schnittflächen nach unten über direkter Hitze rösten.

6 In die Brötchen jeweils 1 Patty, karamellisierte Zwiebeln und etwas von der Jam geben und die Burger warm servieren.

Die langsam karamellisierten Zwiebeln und diese süße, leicht rauchige Jam unterstreichen den edlen Geschmack der Steakburger. Sollten Sie für die Burger nicht die gesamte Jam brauchen, dann essen Sie sie zum Beispiel zu Käse oder verwenden Sie sie als Belag für Crostini. Sie hält sich im Kühlschrank bis zu einer Woche.

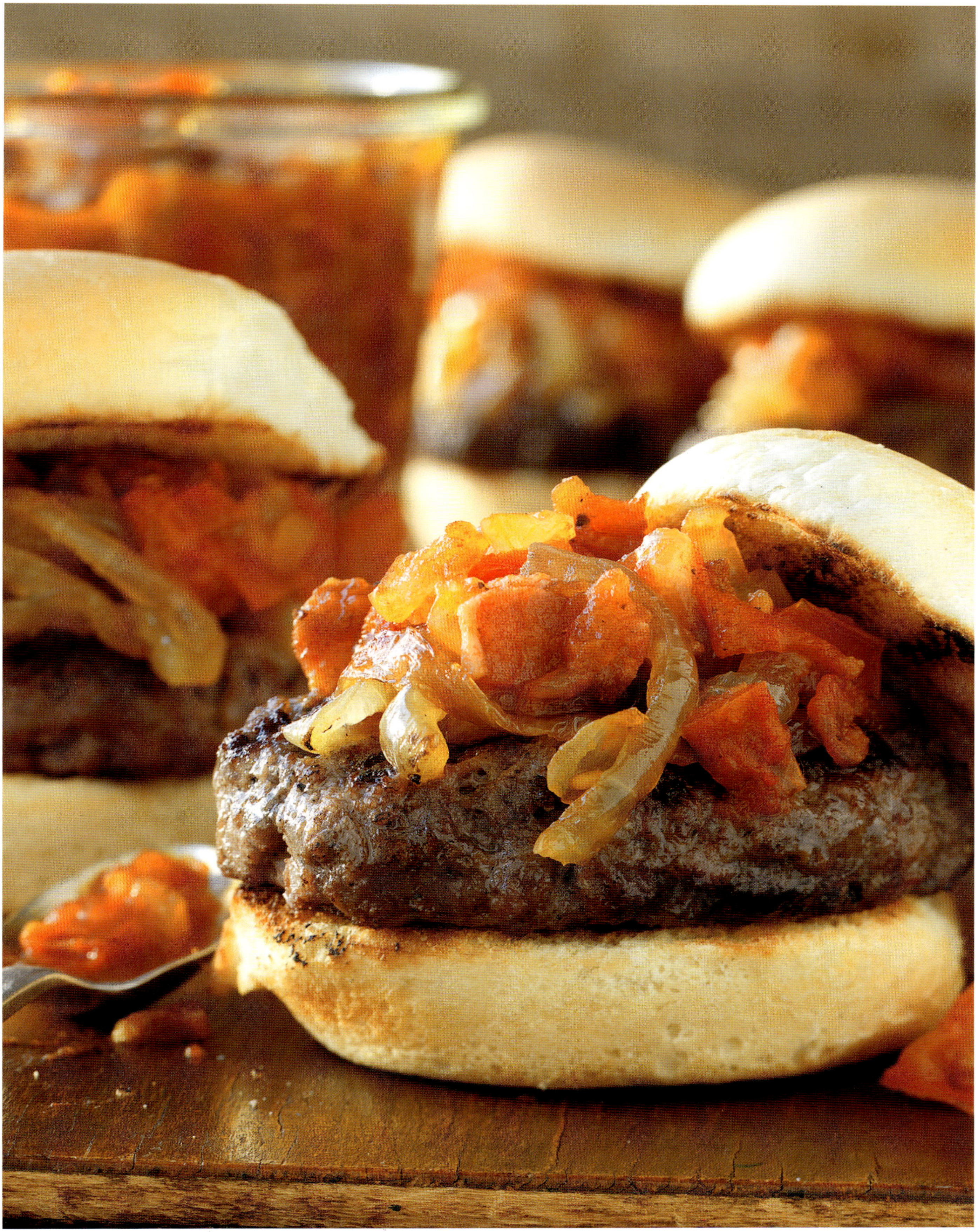

COWBOYSTEAKS
MIT RAUCHIGER SCHALOTTENBUTTER

FÜR 4–6 PERSONEN | **ZUBEREITUNGSZEIT:** 15 MIN. | **GRILLZEIT:** ETWA 1 STD.
ZUBEHÖR: 2 GROSSE HANDVOLL MESQUITEHOLZ-CHIPS, KLEINE EINWEG-ALUSCHALE

FÜR DIE BUTTER
1 Schalotte (etwa 30 g), geschält und der Länge nach geviertelt
1 TL Olivenöl
¼ TL geräuchertes Paprikapulver
60 g weiche Butter
1 EL fein gehackte glatte Petersilie
2 TL trockener Sherry (nach Belieben)
1 TL fein abgeriebene Schale von 1 Bio-Zitrone

grobes Meersalz
frisch gemahlener schwarzer Pfeffer
2 Rib-Eye-Steaks am Knochen (je etwa 900 g schwer und 5 cm dick)
Olivenöl
½ TL Knoblauchpulver

Cowboysteaks, das sind fein marmorierte Rib-Eye-Steaks am Knochen, lösen insbesondere bei männlichen Fleischliebhabern Stürme der Begeisterung aus. Der Knochen kann natürlich auch als Griff verwendet werden, er dient jedoch weitaus mehr dazu, das Fleisch entlang des Knochens vor Austrocknung zu schützen und ihm obendrein eine Extraportion Geschmack zu verleihen. Dieser Teil des Steaks zählt zu den saftigsten und schmackhaftesten überhaupt. Würzen Sie diese dicken Steaks großzügig und lassen Sie sie dann 30 bis 40 Minuten bei Raumtemperatur ruhen. In dieser Zeit entzieht das Salz dem Fleisch Feuchtigkeit, die sich mit den Gewürzen verbindet und wieder ins Fleisch eindringt.

1 Die Räucherchips mind. 30 Min. wässern.

2 Den Grill für direkte und indirekte mittlere bis starke Hitze (etwa 230 °C) vorbereiten.

3 Für die Butter Schalottenviertel, Öl und Paprikapulver in der Einweg-Aluschale mischen. 1 Handvoll Chips abtropfen lassen, auf die Glut oder nach Herstelleranweisung in die Räucherbox des Gasgrills geben und den Grilldeckel schließen. Sobald Rauch entsteht, die Schalottenviertel in der Schale über *indirekter mittlerer bis starker Hitze* bei geschlossenem Deckel in etwa 40 Min. weich dünsten. Vom Grill nehmen und auf einem Schneidbrett 10 Min. abkühlen lassen. Abgekühlte Schalotten würfeln und mit den restlichen Zutaten für die Butter sowie ½ TL Salz und ¼ TL Pfeffer in einer kleinen Schüssel gründlich vermengen. Die Schüssel abdecken und die Butter im Kühlschrank fest werden lassen. 10 Min. vor dem Servieren aus dem Kühlschrank nehmen.

4 Die Steaks auf beiden Seiten mit etwas Öl bestreichen und gleichmäßig mit 2 TL Salz, ½ TL Pfeffer und dem Knoblauchpulver würzen. Vor dem Grillen bei Raumtemperatur 30–40 Min. ruhen lassen.

5 Die restlichen Chips abtropfen lassen und über die Holzkohle streuen oder in die Räucherbox geben. Sobald Rauch entsteht, die Steaks über *direkter mittlerer bis starker Hitze* bei geschlossenem Deckel 6–8 Min. grillen, dabei einmal wenden. Anschließend die Steaks über *indirekter mittlerer bis starker Hitze* bei geschlossenem Deckel bis zum gewünschten Gargrad weitergrillen, 12–14 Min. für rosa/rot (medium rare). Vom Grill nehmen und 3–5 Min. nachziehen lassen. Mit Schalottenbutter bestreichen und warm servieren.

Um aus einem erstklassigen Steak ein wahres Fest für die Sinne zu machen, brauchen Sie etwas Besonderes: zum Beispiel diese cremige, süß-rauchige Schalottenbutter. Dünsten Sie die Schalottenviertel in einer Aluschale über Mesquiterauch, bis sie weich und goldbraun sind. Anschließend werden sie gewürfelt und zusammen mit Petersilie, Zitronenabrieb und etwas Sherry unter die weiche Butter gemischt.

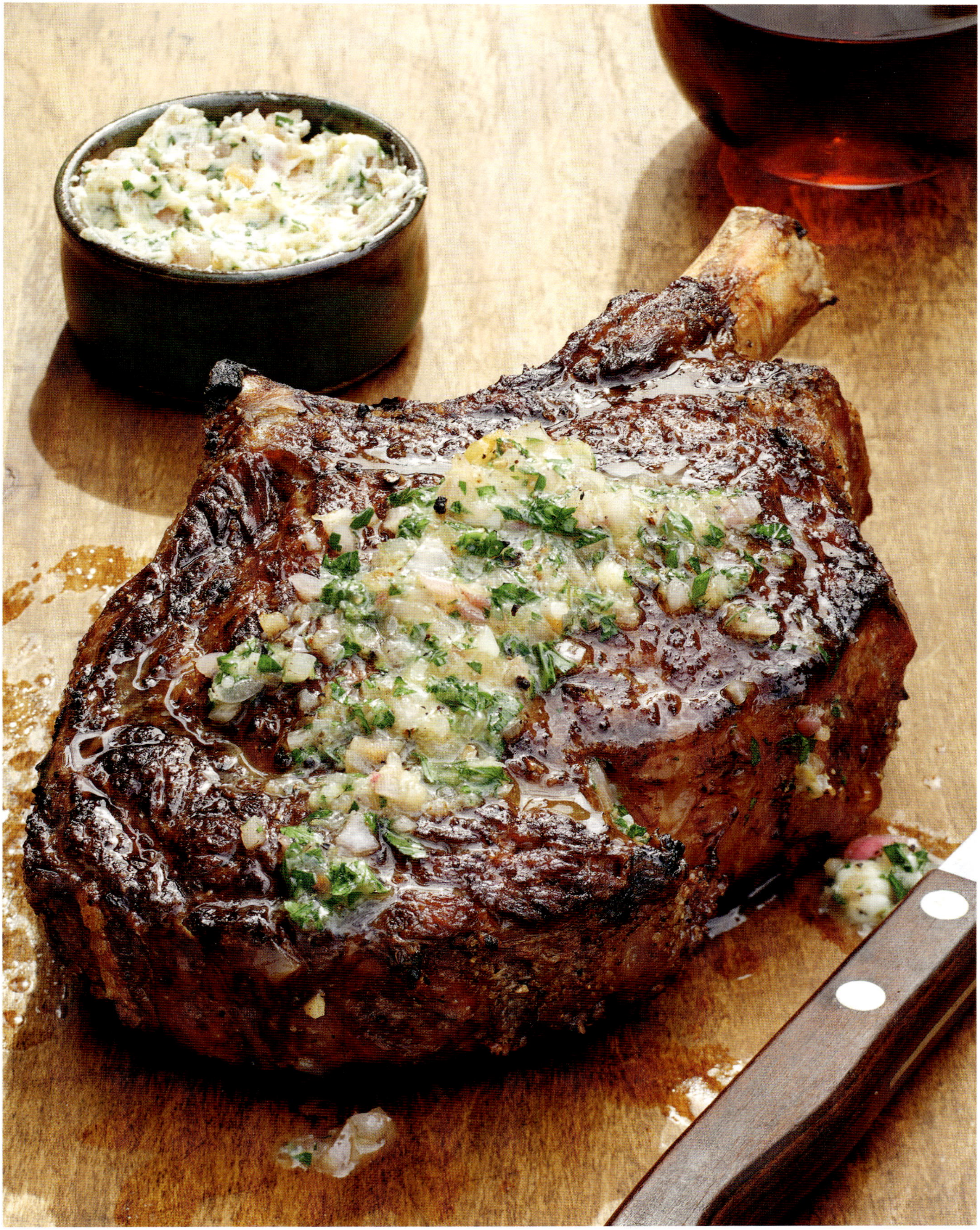

T-BONE-STEAKS
AUS DEM MESQUITERAUCH MIT TOMATEN-SALSA

FÜR 4–6 PERSONEN | **ZUBEREITUNGSZEIT:** 15 MIN.
GRILLZEIT: 36–55 MIN. | **ZUBEHÖR:** 2 GROSSE HANDVOLL MESQUITEHOLZ-CHIPS

6 mittelgroße Eiertomaten

FÜR DIE WÜRZMISCHUNG
2 TL frisch gemahlener schwarzer Pfeffer
½ TL gemahlener Kreuzkümmel
½ TL Paprikapulver
¼ TL Zwiebelpulver
¼ TL Knoblauchpulver

grobes Meersalz
2 T-Bone-Steaks (je 700–900 g schwer und etwa 4 cm dick)
3 EL fein gewürfelte Schalotten
1½ EL frisch gepresster Zitronensaft
1 EL Olivenöl
1½ TL gehackte Thymianblättchen
1 TL fein gehackter Knoblauch
¼ TL Ancho-Chilipulver (oder nach Geschmack)

Diese dicken T-Bone-Steaks erfordern beim Grillen etwas mehr Aufwand, denn sie müssen sehr häufig gewendet werden. Das gilt insbesondere dann, wenn Sie über Holzkohle grillen, da die Glut nicht einheitlich heiß ist. Wenden Sie die Steaks also minütlich (oder noch häufiger), denn dann garen sie nicht nur schneller, sondern auch gleichmäßiger, da beide Seiten der Steaks während der gesamten Grillzeit heiß bleiben.

1. Die Räucherchips mind. 30 Min. wässern.

2. Den Grill für indirekte schwache Hitze (120–175 °C) vorbereiten.

3. Von den Chips 1 Handvoll abtropfen lassen, auf die Glut oder nach Herstelleranweisung in die Räucherbox des Gasgrills geben und den Grilldeckel schließen. Sobald Rauch entsteht, die Tomaten über **indirekter schwacher Hitze** bei geschlossenem Deckel 20–35 Min. (je nach Größe und Reife der Tomaten) ohne zu wenden grillen, bis ihre Haut runzelig und stellenweise aufgeplatzt ist. Vorsichtig vom Grill nehmen und auf ein großes Schneidbrett geben.

4. Den Grill für direkte mittlere Hitze (175–230 °C) vorbereiten.

5. Die Tomaten mit Schale grob würfeln, dabei Stielansatz und Kerne entfernen. Die Tomatenwürfel in ein feines Sieb geben und über einer Schüssel gut abtropfen lassen.

6. Die Zutaten für die Würzmischung mit 1 TL Salz mischen. Die Steaks rundherum (auch an den Seiten) damit würzen und kalt stellen.

7. Die restlichen Chips abtropfen lassen, auf die Glut oder in die Räucherbox geben und den Grilldeckel schließen. Sobald Rauch entsteht, die Steaks über **direkter mittlerer Hitze** bei geschlossenem Deckel 16–20 Min. grillen, bis sie rosa/rot (medium rare) sind, dabei häufig wenden. Anschließend auf einem Schneidbrett 5 Min. nachziehen lassen.

8. Die abgetropften Tomatenwürfel in eine Servierschüssel geben (den Saft anderweitig verwenden). Schalotten, Zitronensaft, Öl, Thymian, Knoblauch, Chilipulver und ¼ TL Salz untermischen. Die Steaks in Scheiben schneiden und mit der Tomaten-Salsa warm servieren.

Saftige, würzige Steaks, die die intensiven Raucharomen von Mesquiteholz aufgenommen haben, schmecken noch besser, wenn sie mit einer Salsa serviert werden, deren Zutaten ebenfalls Raucharomen angenommen haben. Grillen Sie die Tomaten sehr weich. Anschließend werden sie gewürfelt und tropfen in einem feinen Sieb gut ab, bevor sie mit den übrigen Salsa-Zutaten vermischt werden.

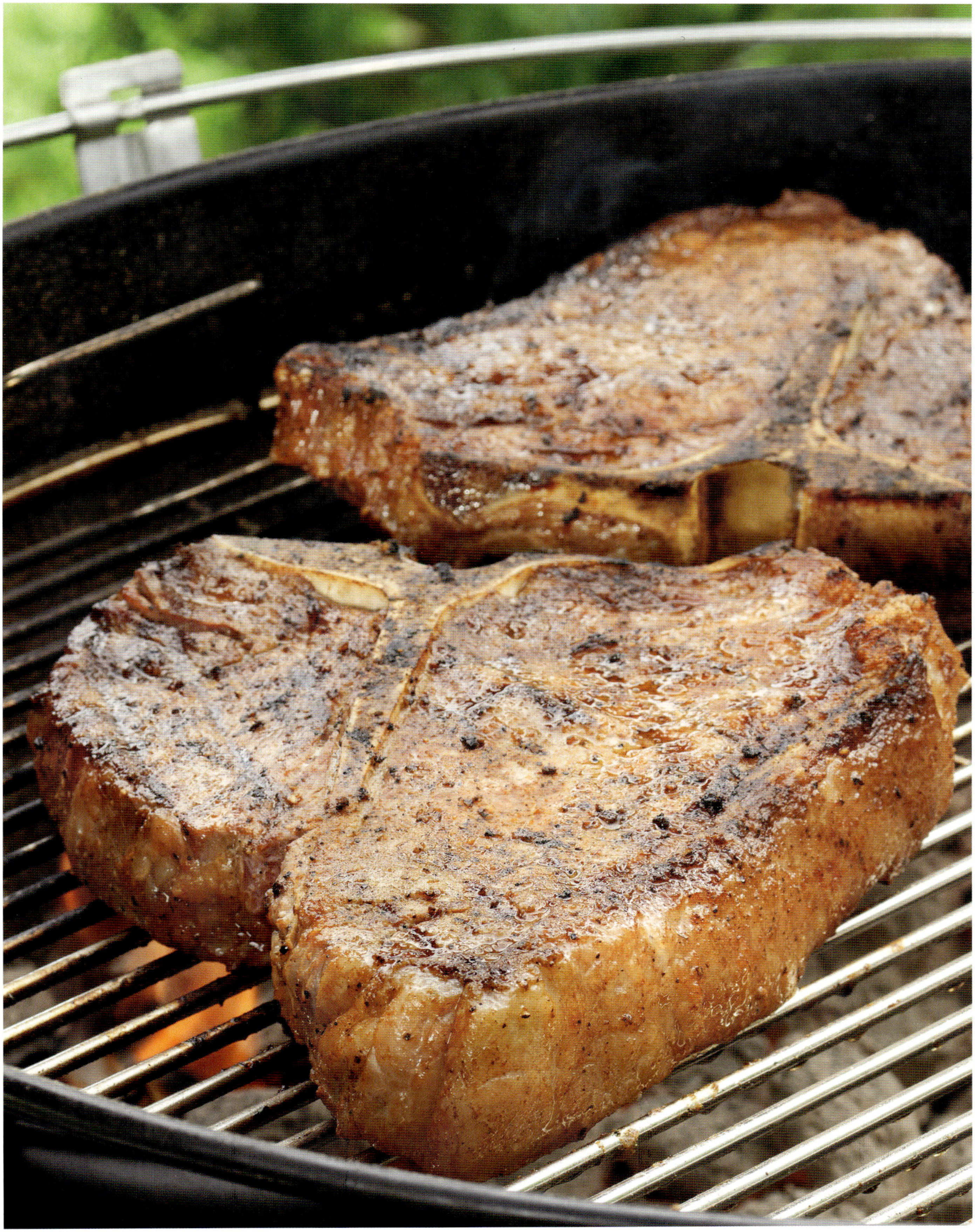

TEXAS BARBECUE
ERFINDET SICH NEU

★

»ICH MAG BARBECUE UND DIE IDEE DAHINTER, ABER AM MEISTEN MAG ICH, WIE ES LEUTE VERBINDET.«

Nach einem Gespräch mit Tim Byres werden Sie Ihre womöglich festen Ansichten über Barbecue ernsthaft hinterfragen. Seine beiden Restaurants in und um Dallas zeigen, welche Möglichkeiten der Brennstoff Holz in der Küche eröffnet. Byres' Ehrgeiz und Kreativität konzentrieren sich vor allem darauf, die Aromen von Feuer und Rauch in Fleisch und Gemüse zu befördern. Seine Restaurants heißen demzufolge schlicht »Smoke«.

Das Zentrum der Küche in seinem Restaurant in Plano bildet eine riesige offene Feuerstelle. Koteletts, Steaks, Fisch und Geflügel bedecken den Rost, während ganze Hähnchen von der Decke hängen und räuchern. Flammen schlagen hoch und tänzeln mit den Köchen um die Wette, wenn sie virtuos das Fleisch wenden und in direkt auf der Glut stehenden Pfannen köstliche Saucen kreieren. Und die Gäste kommen vor der offenen Küche aus dem Staunen nicht heraus. Hier erwartet sie weder das übliche Restauranterlebnis noch das übliche Barbecue. Hier ist alles anders.

»Um in der Restaurantszene ernst genommen zu werden, waren teure Gläser, Leinenhandtücher auf den Toiletten und ein Bataillon livrierter Kellner angesagt. Ich fand das reizlos«, so Byres auf die Frage, was ihn zu seinem Konzept inspiriert hat. Er hatte u. a. in der Fünf-Sterne-Küche von Stephan Pyles und John Tesar gearbeitet, doch mit der Fine-Dining-Kultur letztlich nichts anfangen können. Byres sehnte sich nach der Unbeschwertheit seiner Jugend, in der er im Freien gegrillt hatte, und sein erstes Smoke-Restaurant war der Versuch, seine kulinarische Seele wiederzufinden. Dafür wollte er an den Ursprung der amerikanischen Esskultur zurückkehren und begann, mit Holzfeuer zu experimentieren.

Wie der Name schon sagt, geht es im Smoke um Barbecue im strengsten Sinne des Wortes. Geräuchertes Brisket, der Texas-Klassiker schlechthin, steht ebenso auf der Speisekarte wie Spareribs und Pulled Pork, aber das ist längst nicht alles. Byres räuchert seinen eigenen Schinken, Würste und dick aufgeschnittenen Speck. Auch Schweinebäckchen werden langsam geräuchert, bevor sie mit süßen Chilis und sauer eingelegtem Gemüse serviert werden. Byres zieht alle Register.

Die Visitenkarte des Smoke in Dallas ist »The Big Rib«, eine Rinderrippe von der Stärke eines Unterarms, deren Fleisch so zart ist, dass es fast vom Knochen fällt. Die meisten Lokale in Texas würden eine solche Portion ohne Beilagen servieren, doch Byres liebt es komplex. Bei ihm wird die Rippe mit etwas Chimichurri-Sauce, rohen Schalotten und Koriander serviert. »Über Feuer Gegartes braucht süße, saure und rohe Elemente als Gegengewicht«, erläutert er. Die sensationelle Kombination ist zugleich eine Reverenz an die texanische BBQ-Tradition, in der mit Dillgurken-Chips und rohen Zwiebeln garniert wird.

Auf Festivals verwendet Byres zum Garen des Fleisches gern die von ihm selbst entworfene und passend benannte *meat sword box*. Dabei wird das Fleisch – Zicklein oder Flank Steak eignen sich besonders gut – zwischen zwei Gittermatten aus Betonstahl geklemmt und relativ weit entfernt schräg über das Feuer gehängt. Das Fleisch wird dabei aufgrund der großen Entfernung zur direkten Hitzequelle langsam gegart und entwickelt Raucharomen ähnlich wie in einem Räuchergrill. Ist das Barbecue, Grillen oder …? Für Byres macht genau das den Reiz aus: »In gewisser Weise werden hier die Grenzen zwischen direkter und indirekter Hitze fließend.« Viel wichtiger ist in seinen Augen aber ohnehin, dass die *box* Menschen zusammenbringt. »Ich mag Barbecue und die Idee dahinter, aber am meisten mag ich, wie es Leute verbindet.« Die versammeln sich fasziniert um seine *box* und essen anschließend gemeinsam mit Freunden und Fremden.

Das Smoke in Plano wurde schnell berühmt für sein »Eisenhower Steak«, ein enormes Tomahawk-Rib-Eye, das kaum direkter gegrillt werden könnte: Das stark gewürzte Steak am Knochen wird »dreckig«, also direkt auf den heißen Kohlen zubereitet, so wie es der 34. Präsident der USA am liebsten mochte. Unter seiner robusten Kruste verbirgt sich unbeschreiblich saftiges Fleisch, das auf einem Brett von der Größe eines kleinen Tisches angerichtet wird: spektakuläres Fleisch – aufsehenerregend inszeniert. Und: Byres ist mit seinen Ideen und Interpretationen, was Barbecue alles sein kann, noch lange nicht am Ende.

STRIP-STEAKS
AUF DER GLUT GEGART MIT BALSAMICO-GLASUR

FÜR 4 PERSONEN | **ZUBEREITUNGSZEIT:** 15 MIN. | **GRILLZEIT:** 6–7 MIN.
ZUBEHÖR: HOLZKOHLEGRILL, NATURBELASSENE HOLZKOHLE

FÜR DIE GLASUR
160 ml Aceto balsamico
2 TL Rohrohrzucker
1 Knoblauchzehe, geschält und angequetscht

FÜR DIE WÜRZMISCHUNG
2 TL grobes Meersalz
2 TL frisch gemahlener schwarzer Pfeffer
1 TL Senfpulver
½ TL Chiliflocken

4 Rindersteaks aus dem hohen Roastbeef (New York Strip Steaks/Rumpsteaks; je 300 bis 350 g schwer und etwa 2 ½ cm dick), Fettrand fast vollständig entfernt
grobes Meersalz

Fleisch direkt auf der Glut zu garen zählt mit Sicherheit zu den aufregendsten Erfahrungen, die Sie bei der Zubereitung von Speisen über offenem Feuer machen können. Sie brauchen dafür einen Holzkohlegrill und Holzkohle (keine Briketts verwenden) von sehr guter Qualität. Glauben Sie mir, Sie werden Spaß haben!

1. Die Zutaten für die Glasur in einem kleinen Topf auf mittlerer bis hoher Stufe aufkochen. Die Hitze auf kleinste Stufe stellen und die Glasur 3–5 Min. sanft köcheln lassen, bis sie etwa um die Hälfte reduziert ist. Achten Sie darauf, dass sie nicht mehr kocht, sonst brennt sie an. Vom Herd nehmen, etwas abkühlen und eindicken lassen. Knoblauchzehe entfernen.

2. Die Zutaten für die Würzmischung vermengen und damit die Steaks von allen Seiten bestreuen. Das Fleisch aber nicht mit Öl bestreichen, da es Stichflammen verursachen würde. Bei Raumtemperatur 15–30 Min. ruhen lassen.

3. Den Grillrost aus dem Grill entfernen. Die unteren Lüftungsschieber vollständig öffnen. Den Anzündkamin auf den Kohlerost stellen und bis zum Rand mit Holzkohle füllen (keine Briketts verwenden). Die glühenden Kohlen müssen später zwei Drittel des Kohlerosts bedecken. Anzündwürfel (keine Flüssigkeit verwenden) unter den Anzündkamin legen und anzünden. Die Holzkohle ist einsatzbereit, wenn sie von einer feinen weißen Ascheschicht überzogen ist. Die glühenden Kohlen auf dem Rost verteilen. Große Kohlestücke zerkleinern und so für ein gleichmäßiges Glutbett sorgen. Mit einem Backblech die lose Asche von den Kohlen fächeln.

4. Die Steaks direkt auf die Glut legen. Den Grilldeckel schließen und die obere Luftzufuhr öffnen. Die Steaks auf der Glut garen, bis sie gebräunt sind und den gewünschten Gargrad erreicht haben, für rosa/rot (medium rare) 6–7 Min. Dabei einmal wenden und mit einem Grillwender eventuell am Fleisch haftende Kohlestückchen abklopfen. Vom Grill nehmen und 5 Min. nachziehen lassen. Kurz vor dem Servieren die Steaks mit Salz würzen und mit Glasur beträufeln. Sofort servieren.

Für diese Garmethode benötigen Sie mindestens 2 ½ cm dicke Steaks ohne Knochen, bei denen der Fettrand fast vollständig entfernt wurde, da überschüssiges Fett Flammenbildung verursacht.

Nur mit Holzkohle aus naturbelassenem Hartholz können Sie Zutaten direkt auf der Glut garen.

Zerkleinern Sie große Kohlestücke mit einer langen Grillzange, um ein gleichmäßiges Glutbett ohne Lücken oder Erhebungen zu erhalten.

Fächeln Sie mit einem Backblech lose Asche weg, bevor Sie die Steaks auf die glühenden Kohlen legen.

Beim Garen auf der Glut wird Fleisch nicht immer so stark gebräunt, wie man erwarten würde. Der Grund: Es kommt auf der Glut liegend mit weniger Luft in Berührung, die die Bräunung fördert.

Beim Wenden der Steaks und wenn Sie sie aus der Glut nehmen sollten Sie eventuell am Fleisch haftende Kohlestückchen mit einem Grillwender abklopfen.

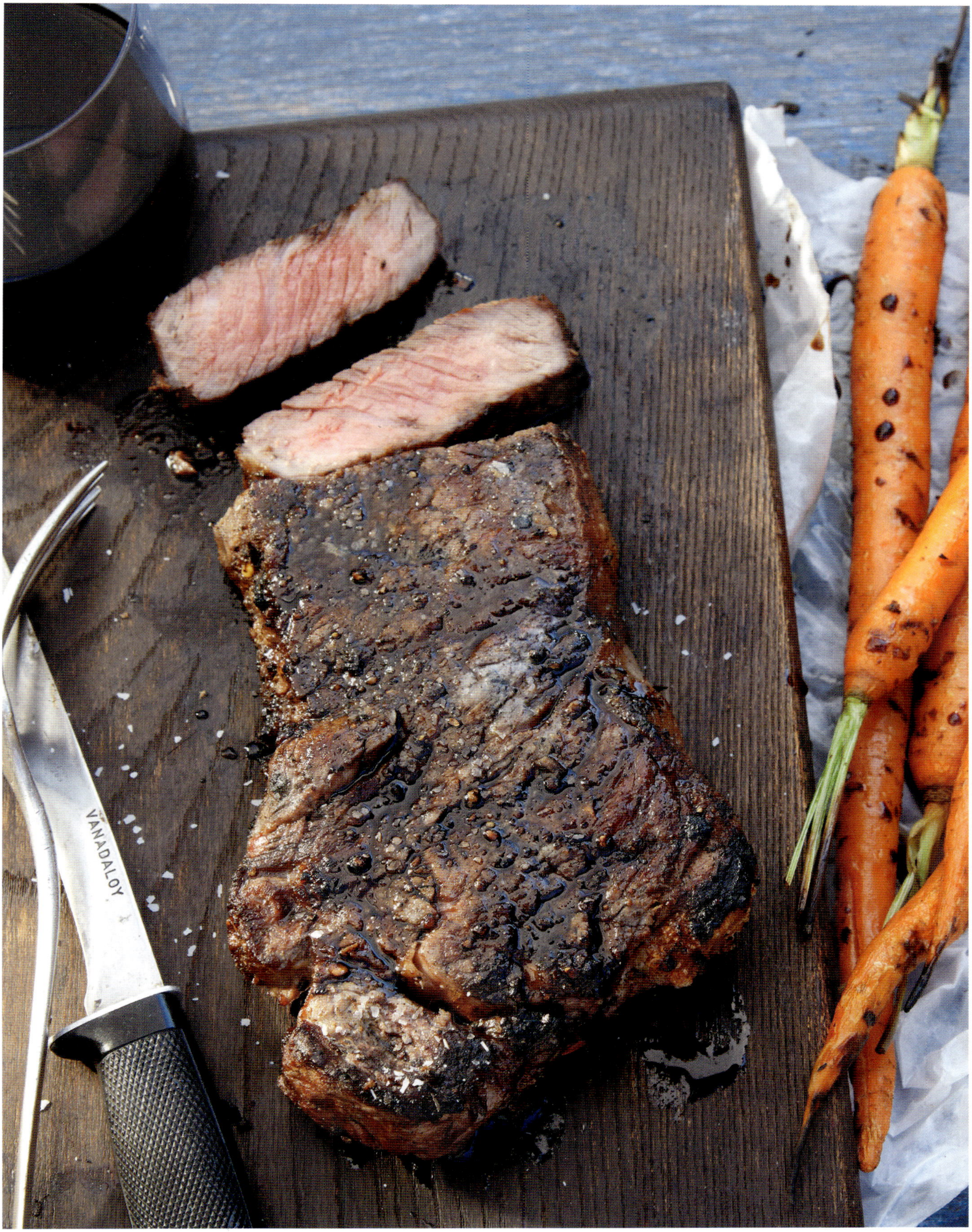
VANADALOY

STEAKS NEW YORK
RÜCKWÄRTS GEGRILLT MIT ROTWEINBUTTER

FÜR 4 PERSONEN | **ZUBEREITUNGSZEIT:** 15 MIN. | **RUHEZEIT:** 1 STD. | **GRILLZEIT:** 29–39 MIN.
ZUBEHÖR: HOLZKOHLEGRILL, 2 GROSSE HANDVOLL HICKORYHOLZ-CHIPS, DIGITALES FLEISCHTHERMOMETER

4 fein marmorierte Rindersteaks aus dem hohen Roastbeef (New York Strip Steaks/Rumpsteaks; je etwa 250 g schwer und 3–4 cm dick)
4 TL Olivenöl
1½ TL feines Meersalz
2 TL gemahlene Fenchelsamen
360 ml trockener Rotwein (z.B. Cabernet Sauvignon)
½ TL Rotweinessig
1 mittelgroße Schalotte, fein gewürfelt
frisch gemahlener schwarzer Pfeffer
6 EL kalte gesalzene Butter, in Würfel geschnitten
1 EL Schnittlauchröllchen

Das Rückwärtsgrillen (Reverse-Sear) hat sich in letzter Zeit als Alternative zur traditionellen Methode unter Barbecue-Fans einen Namen gemacht. Bei der traditionellen Methode (Sear-n-Slide) werden dicke Steaks zuerst über starker Hitze scharf angebraten und garen danach über indirekter Hitze fertig. Beim Rückwärtsgrillen dagegen wird das Fleisch zunächst langsam über indirekter Hitze gegart und erst zum Schluss über direkter sehr starker Hitze gebraten. Der Vorteil der neuen Methode: Das Fleisch nimmt im Inneren durchgängig eine rosarote Farbe an (und nicht mehr den von der traditionellen Methode her bekannten grauen, weil übergarten Fleischrand) und verliert kaum etwas von seinem kostbaren Fleischsaft.

1 Die Steaks auf beiden Seiten mit je 1 TL Öl bestreichen. Salz und Fenchelsamen mischen und die Steaks damit auf beiden Seiten gleichmäßig einreiben. Vor dem Grillen bei Raumtemperatur 1 Std. ruhen lassen.

2 Die Räucherchips mind. 30 Min. wässern.

3 In einem kleinen Topf mit schwerem Boden Wein mit Essig und Schalotte verrühren. Auf mittlerer bis kleiner Stufe köcheln lassen, bis die Flüssigkeit auf etwa 2 EL reduziert ist. Den Topf vom Herd nehmen und die Reduktion bei Raumtemperatur bis 5 Min. vor dem Servieren abkühlen lassen. Sie können die Reduktion auch schon 2 Std. im Voraus zubereiten.

4 Den Anzündkamin zu einem Drittel mit Briketts füllen (etwa 30 Stück) und die Briketts anzünden. Sobald sie mit grauer Asche überzogen sind, die Briketts auf einer Seite des Kohlerosts anhäufen. Den Grillrost einsetzen, den Deckel schließen und 10 Min. vorheizen. Die Temperatur im Grill sollte etwa 150 °C betragen. Anschließend 1 Handvoll Chips abtropfen lassen und auf die Glut geben. Die Steaks über **indirekter schwacher Hitze** bei geschlossenem Deckel 25–35 Min. grillen, bis sie eine Kerntemperatur von 45 °C haben.

5 Während die Steaks über indirekter Hitze garen, den Anzündkamin vollständig mit Briketts füllen und die Briketts auf einer feuerfesten Unterlage abseits des Grills anzünden. Wenn die Briketts durchgeglüht sind, die Steaks auf einen Teller geben, den Grillrost abnehmen und die Briketts über den restlichen verteilen. Den Grillrost wieder einsetzen, den Deckel schließen und den Rost 5 Min. vorheizen. Die übrigen Chips abtropfen lassen und auf die Glut geben. Die Steaks über **direkter starker Hitze** bei geschlossenem Deckel 4 Min. grillen, bis ihre Kerntemperatur 55 °C beträgt, dabei einmal wenden. Vom Grill nehmen, mit Pfeffer würzen und 5 Min. nachziehen lassen.

6 Inzwischen die Weinreduktion im Topf auf mittlerer bis kleiner Stufe dampfend heiß werden lassen. Den Topf vom Herd nehmen. 1 Butterwürfel so lange mit dem Schneebesen unter die Reduktion rühren, bis sich eine Emulsion bildet, dann die übrigen Butterwürfel nacheinander unterrühren, bis die Mischung hell und cremig ist. Zuletzt den Schnittlauch untermischen. Die Rotweinbutter über die warmen Steaks geben und die Steaks sofort servieren.

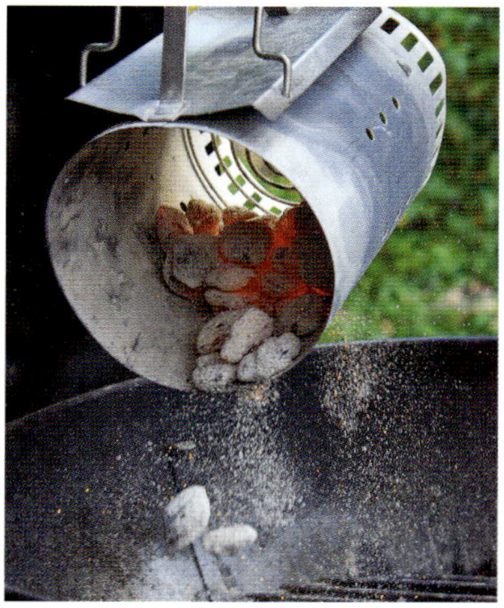
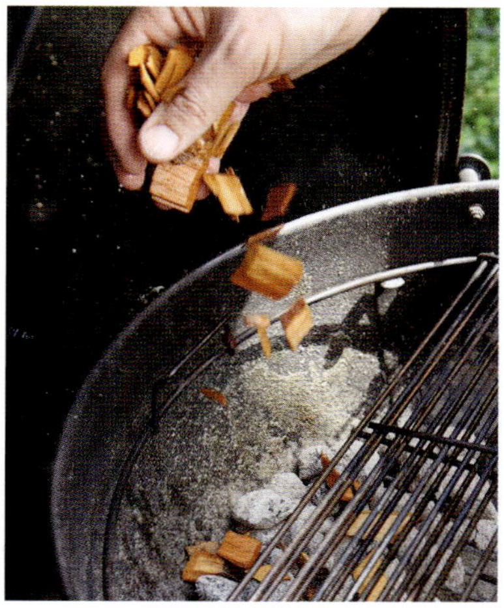
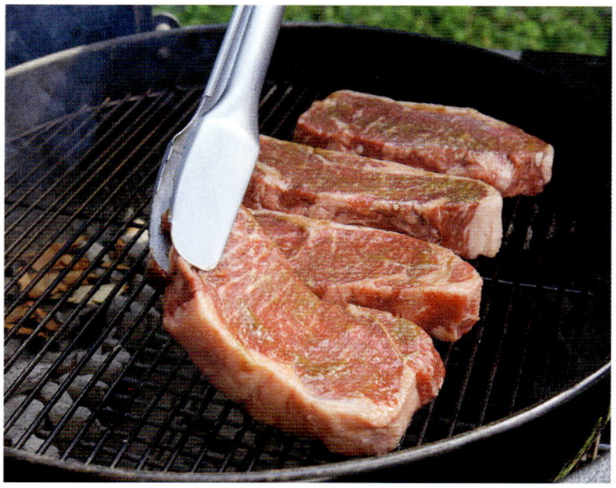
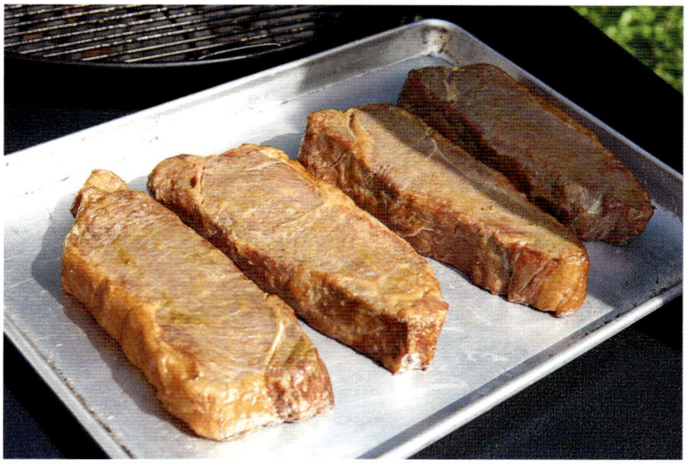
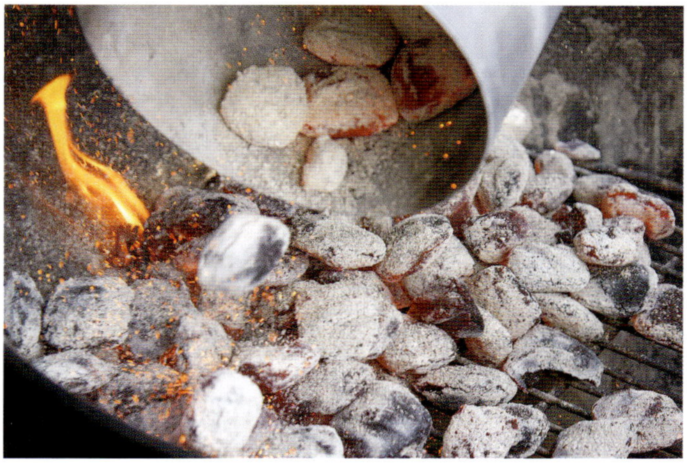
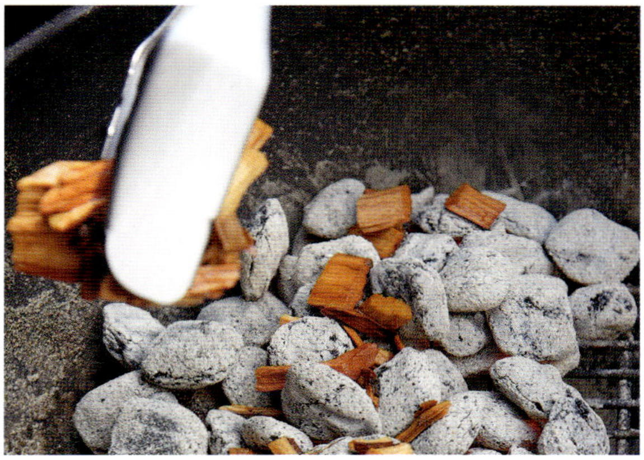
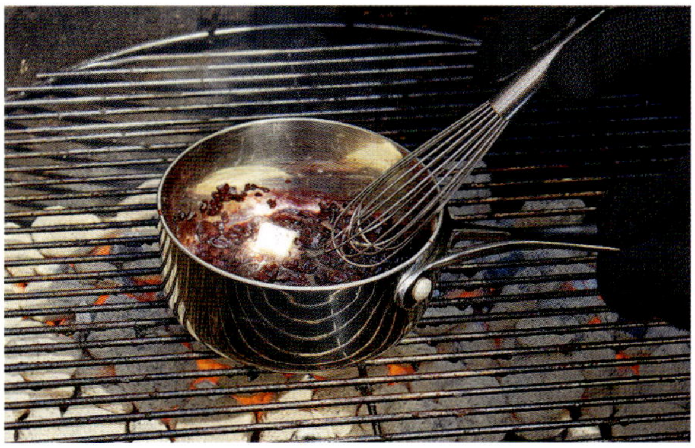
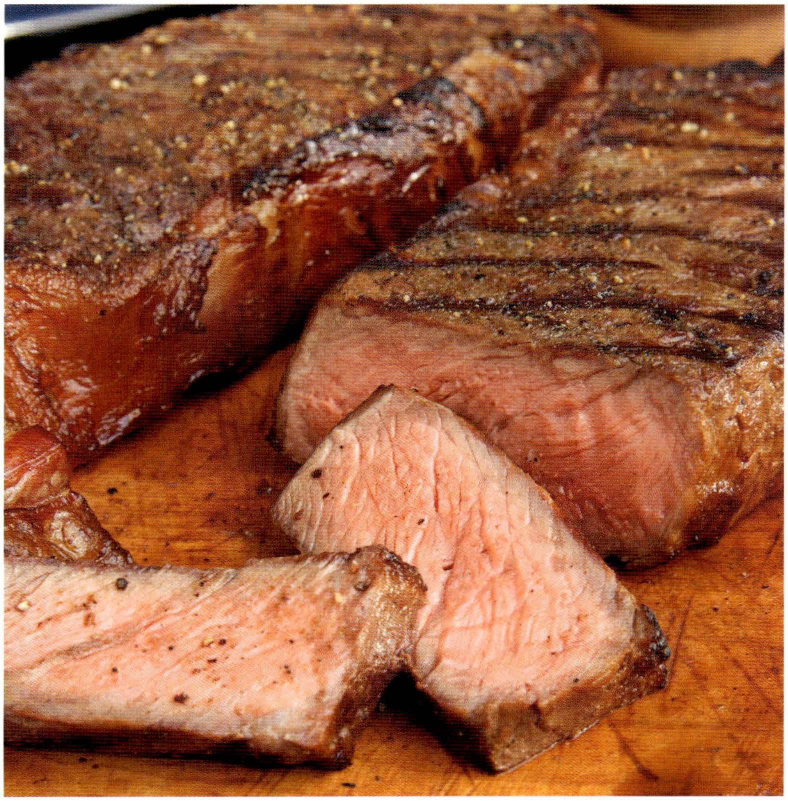

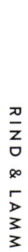

TRI TIP NACH ART VON SANTA MARIA
MIT KNOBLAUCHBROT

FÜR 4–6 PERSONEN | **ZUBEREITUNGSZEIT:** 15 MIN. | **KÜHLZEIT:** 30–240 MIN. | **GRILLZEIT:** ETWA 30 MIN.
ZUBEHÖR: HOLZKOHLEGRILL, 2 GROSSE HANDVOLL EICHEN- ODER PEKANNUSSHOLZ-CHIPS, DIGITALES FLEISCHTHERMOMETER

1 Tri-Tip-Braten (Bürgermeister-/Pastorenstück vom Rind; etwa 1¼ kg schwer und 3–4 cm dick)
1 EL Olivenöl
1½ TL grobes Meersalz
1 TL Knoblauchgranulat
frisch gemahlener schwarzer Pfeffer
60 g gesalzene Butter, zerlassen
2 Knoblauchzehen, fein gehackt
12 Scheiben Weißbrot aus Sauerteig, je etwa 1 cm dick
Salsa (Fertigprodukt)

Das sogenannte Santa-Maria-Barbecue hat sich seit der Mitte des 19. Jahrhunderts in einem schmalen Streifen in Zentralkalifornien (damals gehörte dieser Landstrich noch zu Mexiko) still und beharrlich etabliert. Von Santa Barbara bis San Luis Obispo folgen Köche bis heute der Tradition der einstigen Vaqueros (Cowboys): Sie grillen ein Tri Tip über einem Feuer aus heimischem Roteichenholz und wenden es gelegentlich, damit es nicht anbrennt. Oder sie garen es erst über indirekter Hitze und grillen es anschließend noch über direkter Hitze. Neben dem traditionellen Tri Tip, der in Santa Maria am verbreitetsten ist, werden auch Rib-Eye- oder mächtige Hüftsteaks auf ähnliche Weise zubereitet — in allen Fällen stets nur mit einem einfachen Rub und ohne nennenswerte Saucen. Klassische Beilagen sind ein gemischter grüner Salat, Pinquito-Bohnen (ähnlich Kidneys), eine frisch zubereitete Salsa und manchmal auch ein kalter Makkaroni-Salat. Aber immer mit dabei ist hervorragendes Knoblauchbrot.

1 Den Rinderbraten von allen Seiten mit Öl bestreichen. Salz mit Knoblauchgranulat mischen und gründlich in das Fleisch einmassieren. Den Braten auf einen Ofenrost legen und den Rost auf ein Backblech mit Rand setzen. Das Fleisch mind. 30 Min., besser noch bis zu 4 Std. kalt stellen.

2 Den Anzündkamin zu einem Drittel mit Briketts füllen (etwa 30 Stück) und die Briketts anzünden. Sobald sie mit grauer Asche überzogen sind, die Briketts auf einer Seite des Kohlerosts anhäufen. Die Hälfte der Chips auf die Briketts geben, den Grillrost wieder einsetzen, den Deckel schließen und den Grill auf 90–120 °C vorheizen. Den Braten über *indirekter sehr schwacher Hitze* etwa 20 Min. bei geschlossenem Grilldeckel garen, bis seine Kerntemperatur etwa 50 °C beträgt.

3 Sobald der Braten über indirekter Hitze liegt, den Anzündkamin vollständig mit Briketts füllen und die Briketts auf einer feuerfesten Oberfläche abseits des Grills anzünden. Wenn sie durchgeglüht sind, den Rinderbraten vom Grill nehmen und auf eine Servierplatte legen. Den Grillrost abnehmen und die Briketts über den restlichen verteilen. Die übrigen Chips auf die Glut geben. Den Grillrost wieder einsetzen, den Deckel schließen und den Grill für direkte starke Hitze (230–290 °C) vorheizen.

4 Den Braten über *direkter starker Hitze* bei geschlossenem Deckel 10–12 Min. grillen, bis die Kerntemperatur etwa 55 °C beträgt und das Fleisch außen schön gebräunt ist. Dabei alle 2–3 Min. wenden. Sollten sich Flammen bilden, den Braten häufiger wenden. Das Fleisch vom Grill nehmen, auf einem Schneidbrett mit Pfeffer würzen und 5 Min. nachziehen lassen.

5 Inzwischen die zerlassene Butter mit dem Knoblauch mischen und die Brotscheiben auf beiden Seiten mit der Knoblauchbutter bestreichen. Die Scheiben über *direkter starker Hitze* etwa 1 Min. rösten, bis sie goldbraun sind, dabei ein- bis zweimal wenden. Den Braten quer zur Faser in ½ cm dicke Scheiben schneiden und zusammen mit den Knoblauchbroten und der Salsa warm servieren.

RIND & LAMM

137

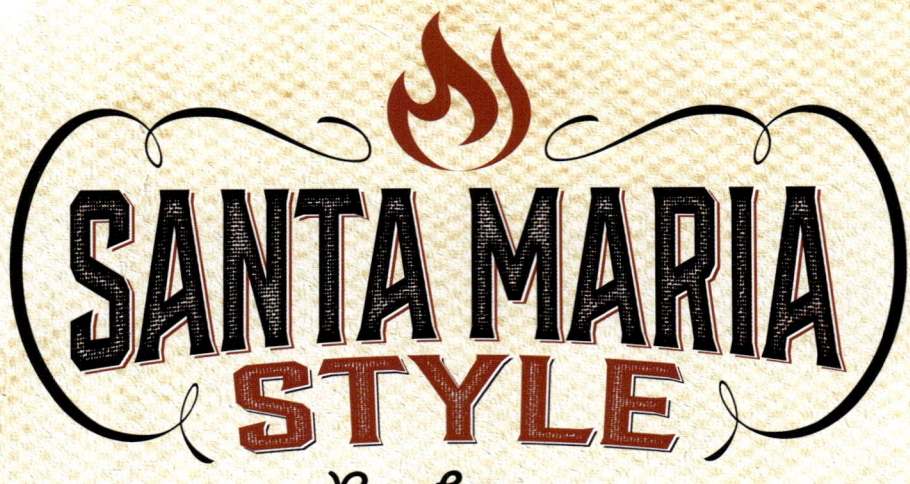

SANTA MARIA STYLE
— Barbecue —

Das Rinderweideland im Herzen Kaliforniens hat einen eigenen Barbecue-Stil. Das nach dem gleichnamigen Städtchen benannte Santa-Maria-Barbecue kommt ohne Saucen aus, und in seiner reinsten Form wird das Rindfleisch ausschließlich über Hartholzfeuer, vor allem von der heimischen Roteiche, zubereitet. Aha, denken Sie, jetzt sprechen wir aber doch von Grillen, oder? »Für uns ist das Barbecue, nicht Grillen«, erklärt Sandy Knotts, die seit geraumer Zeit die Leitung des Jocko's Steak House im nahe gelegenen Örtchen Nipomo innehat. Die Gäste des alteingesessenen Familienbetriebs kümmern Vergleiche mit anderen BBQ-Stilen wenig. Sie schätzen einzig das herrlich rauchige Fleisch ohne Sauce.

Im 18. Jahrhundert erfanden örtliche Rancher und ihre Vaqueros (Cowboys) gemeinsam eine an das argentinische Asado angelehnte Methode, die hier gezüchtete Rinder in ein delikates Abendessen verwandelt. Fast ebenso wichtig wie das Fleisch sind einige klassische Beilagen, etwa Pinquito-Bohnen. Die kleinen, rosafarbene Bohnen stammen aus der Region und werden mit einer milden Salsa serviert. Dazu gibt es immer Weißbrot mit viel Knoblauchbutter und einen einfachen grünen Salat.

Der 87-jährige Ike Simas ist ein Urgestein des Santa-Maria-Barbecue und überzeugter Traditionalist. Er versorgte 4.500 Gäste mit Fleisch im Cow Palace in San Francisco und bekochte einst Präsident Reagan in der Casa Pacifica. An fast jedem Wochenenden steht er mittags in der Elks Lodge in Santa Maria am Grill und hilft abends im Restaurant eines Freunds. Sein Markenzeichen sind riesige Hüftsteaks mit Salz- und Knoblauchkruste. Heutzutage wird mit Santa-Maria-Barbecue hauptsächlich Tri Tip, also das Bürgermeisterstück vom Rind assoziiert, doch darauf angesprochen, winkt Simas nur ab. Bis vor Kurzem war kaum jemandem dieses eigenartig geformte Fleisch außerhalb Kaliforniens bekannt, wo ein Metzger es in den 1950er-Jahren erstmals grillte, anstatt es wie üblich zu Hackfleisch zu verarbeiten. »Ganz früher stand das Santa-Maria-Barbecue für dicke, mit Knoblauch gespickte Rib-Eye-Steaks, doch dann wurden die zu teuer und wir nahmen schließlich Hüftfleisch«, so Simas.

Weiter im Süden, rund eine Autostunde nördlich von Santa Barbara, erwarten einen die kongenialen Interpretationen des Santa-Maria-Stils von Frank Ostini. Der mehr als unkonventionelle Koch und Winzer grillt in seinem Restaurant Hitching Post II über Roteichenholz dry-aged Filet Mignon, Angus-Koteletts und andere hochpreisige Eiweißquellen wie etwa Wachteln oder Garnelen aus dem Golf von Mexiko. Bohnen suchen Sie bei Ostini allerdings vergeblich. Hier werden die Steaks mit dicken, handgeschnittenen und zweifach in Rinderfett ausgebackenen Pommes frites serviert, und dennoch sind für den freundlichen Mann mit Safarihut und Schnurrbart alle seine Gerichte Santa-Maria-Barbecue. Für den kulinarischen Freigeist zählt einzig, dass alles über einem Feuer aus Roteichenholz gegart wird und erstklassig schmecken muss. »Tradition ist eine gute Ausrede für Einfallslosigkeit«, meint Ostini. »Ich transportiere Überkommenes gern in die Zukunft, wo es besser schmeckt als zuvor.«

STEAK AUF TEXAS-TOAST
MIT ESPRESSO-BARBECUE-SAUCE

FÜR 4 PERSONEN | **ZUBEREITUNGSZEIT:** 20 MIN., PLUS ETWA 50 MIN. FÜR DIE SAUCE
GRILLZEIT: 9–11 MIN. | **ZUBEHÖR:** 2 GROSSE HANDVOLL MESQUITEHOLZ-CHIPS

FÜR DIE SAUCE
- 1 EL Olivenöl
- 1 kleine Zwiebel, fein gewürfelt
- 1 Knoblauchzehe, fein gehackt
- 1 TL Chilipulver
- 1 TL gemahlener Kreuzkümmel
- ½ TL Paprikapulver
- 120 ml Chiliketchup
- 120 ml frisch gebrühter Espresso oder starker Filterkaffee
- 2 EL Rohrohrzucker
- 2 EL Aceto balsamico

FÜR DIE WÜRZMISCHUNG
- 1½ TL grobes Meersalz
- 1 TL Chilipulver
- ½ TL gemahlener Kreuzkümmel
- ½ TL frisch gemahlener schwarzer Pfeffer

- 1 Flank-Steak (aus der Dünnung geschnitten; etwa 700 g schwer und 2 cm dick)
- Olivenöl
- 2 Knoblauchzehen, fein gehackt
- 60 g weiche gesalzene Butter
- 4 Scheiben Kastenweißbrot, je 2½ cm dick
- 50 g zarte Rucolablätter

Kaffee ist mittlerweile nicht mehr nur ein Getränk, sondern taucht in Rezepten immer häufiger auch als eigenständige Zutat auf. Tatsächlich wurde er bereits in einigen alten Cowboy-Rezepten verwendet, weil seine leicht bittere Note eine schöne Ergänzung zu Schärfe und Süße ist – wie auch in dieser Barbecue-Sauce. Brühen Sie einfach Espresso oder starken Filterkaffee auf. Die Sauce harmoniert wunderbar mit dem intensiven Fleischgeschmack des Flank-Steaks. Texas-Toasts sind extra dicke, mit Butter bestrichene und geröstete Weißbrotscheiben. Sie bilden die warme Grundlage für das aufgeschnittene Steak und die himmlische Sauce.

1. Das Öl in einem mittelgroßen schweren Topf auf mittlerer bis kleiner Stufe erhitzen. Die Zwiebel darin in etwa 30 Min. ganz weich und so dunkel wie möglich braten. Dann den Knoblauch etwa 1 Min. mitdünsten, bis er aromatisch duftet. Chilipulver, Kreuzkümmel und Paprikapulver unterrühren. Die übrigen Saucen-Zutaten einrühren und alles auf mittlerer bis hoher Stufe aufkochen lassen. Anschließend die Sauce auf kleiner Stufe im offenen Topf in 15–20 Min. auf etwa 250 ml reduzieren, dabei ab und zu umrühren.

2. Die Räucherchips mind. 30 Min. wässern.

3. Die Zutaten für die Würzmischung vermengen. Das Steak auf beiden Seiten dünn mit Öl bestreichen und gleichmäßig mit der Würzmischung bestreuen. Vor dem Grillen bei Raumtemperatur 15–30 Min. ruhen lassen.

4. Knoblauch in die weiche Butter einarbeiten und damit die Brotscheiben auf beiden Seiten bestreichen. Bis zum Grillen die Scheiben aufrecht und dicht nebeneinander auf einen Teller stellen.

5. Den Grill für direkte mittlere Hitze (175–230 °C) vorbereiten.

6. Die Chips abtropfen lassen, auf die Glut oder nach Herstelleranweisung in die Räucherbox des Gasgrills geben und den Deckel schließen. Sobald Rauch entsteht, das Steak über **direkter mittlerer Hitze** bei geschlossenem Deckel 8 bis 10 Min. grillen, bis es rosa/rot (medium rare) ist, dabei einmal wenden. Während der letzten Minute das Steak auf beiden Seiten dünn mit Sauce bestreichen und ein- bis zweimal wenden, damit es glasiert. Vom Grill nehmen und 3–5 Min. nachziehen lassen.

7. Die Brotscheiben über **direkter mittlerer Hitze** etwa 1 Min. leicht rösten, dabei einmal wenden.

8. Das Steak quer zur Faser in dünne Scheiben schneiden. Die Toasts jeweils mit Rucola und Steakfleisch belegen und etwas Sauce darübergeben. Mit dem ausgetretenen Fleischsaft beträufeln. Warm servieren und die Sauce separat dazu reichen. Übrig gebliebene Sauce lässt sich in einem luftdichten Behälter bis zu zwei Wochen im Kühlschrank aufbewahren.

Die Faser eines Flank-Steaks erinnert an eine Vielzahl in dieselbe Richtung verlaufende Fäden. Würden Sie das Fleisch entlang der Faser in Scheiben schneiden, ließe es sich kaum kauen. Schneiden Sie das Steak dagegen quer zur Faser in sehr dünne Scheiben, bleibt die Faser kurz und das Fleisch ist zart und mürbe. Ein Flank-Steak ist üblicherweise sehr breit, deshalb sollten Sie es zuerst der Länge nach (also mit der Faser) halbieren, bevor Sie es dann quer zur Faser in Scheiben schneiden.

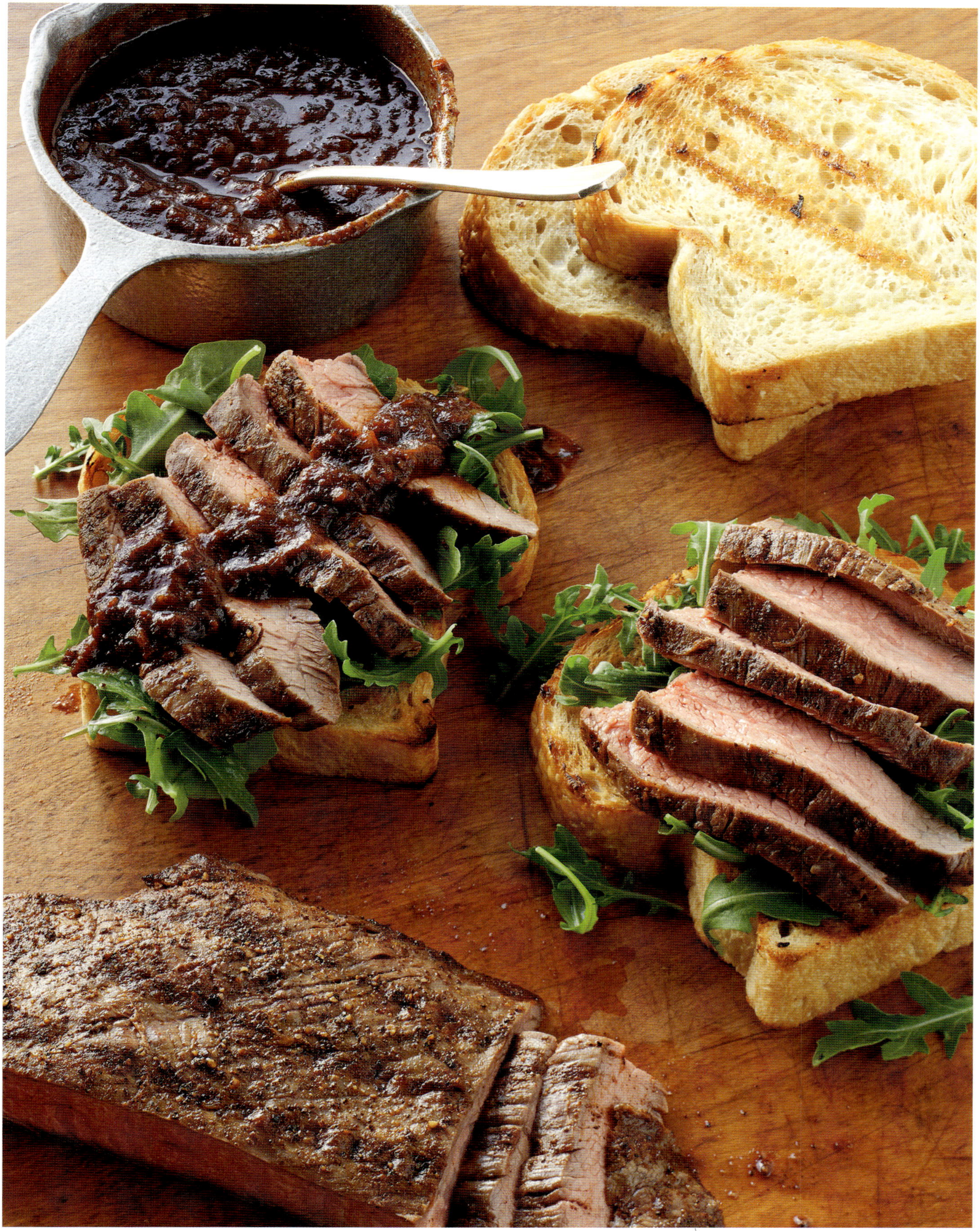

SELBST GEMACHTE PASTRAMI
IM KORIANDER-PFEFFER-MANTEL

FÜR 6–8 PERSONEN | **ZUBEREITUNGSZEIT:** 10 MIN. | **WÄSSERUNGSZEIT:** 8–16 STD. | **GARZEIT:** 4½–5½ STD.
RUHEZEIT: 1 STD. | **KÜHLZEIT:** MIND. 8 STD. | **ZUBEHÖR:** GEWÜRZMÜHLE, RÄUCHERGRILL (WATER SMOKER), 2 GROSSE HICKORYHOLZ-CHUNKS, EXTRA REISSFESTE ALUFOLIE, MIT WASSER GEFÜLLTE SPRÜHFLASCHE, DIGITALES FLEISCHTHERMOMETER, FALTBARER DÄMPFEINSATZ

FÜR DIE WÜRZMISCHUNG
- 1½ EL schwarze Pfefferkörner
- 1½ EL Koriandersamen
- 1½ TL Senfkörner
- 1½ TL Paprikapulver
- ¾ TL Knoblauchgranulat
- ¾ TL Zwiebelgranulat
- ¾ TL Chiliflocken

2 kg gepökelte Rinderbrust (vorzugsweise das Flat-Stück nach US-Zuschnitt)
Öl

Normalerweise braucht ein New Yorker Metzger Wochen, um ein rohes Brisket in ein leckeres Stück gepökelte und geräucherte Pastrami zu verwandeln. Hier kommt meine Schnellversion.

1. Pfefferkörner, Koriandersamen und Senfkörner in der Gewürzmühle grob mahlen (siehe unten Tipp 2). Die grob gemahlenen Gewürze mit den übrigen Zutaten für die Würzmischung in eine Schlüssel geben.

2. Die Rinderbrust gründlich unter kaltem Wasser abbrausen. Bei Bedarf die Fettauflage bis auf etwa 8 mm zurückschneiden. Die Brust in einen tiefen Bräter geben und mit kaltem Wasser bedecken. Für mind. 8 Std. oder bis zu 16 Std. in den Kühlschrank stellen, dabei alle paar Stunden das Wasser wechseln.

3. Die Brust mit Küchenpapier trockentupfen. Rundherum dünn mit Öl bestreichen, dann die Gewürze gleichmäßig ins Fleisch einklopfen, sodass sie gut haften bleiben.

4. Den Räuchergrill für indirekte schwache Hitze (möglichst 120 °C) vorbereiten.

5. Die Holzstücke auf die Glut geben. Die Brust über **indirekter schwacher Hitze** bei geschlossenem Deckel 2 Std. räuchern. Aus dem Grill nehmen und auf einen großen Bogen extra reissfeste Alufolie legen. Auf beiden Seiten mit Wasser besprühen, anschließend fest in die Folie einwickeln. Zurück in den Räuchergrill geben und bei **indirekter schwacher Hitze** und geschlossenem Deckel 2½ bis 3½ Std. weiterräuchern, bis die Kerntemperatur an der dicksten Stelle 85–90 °C beträgt. Herausnehmen, die Brust ohne Bratensaft in einen sauberen Bogen Alufolie einwickeln und 1 Std. ruhen lassen. Dann mind. 8 Std. im Kühlschrank auskühlen lassen.

6. Die Pastrami auswickeln und quer zur Faser in sehr dünne Scheiben schneiden. Den faltbaren Dämpfeinsatz in einen großen Topf stellen. So viel Wasser zugießen, dass der Abstand zwischen Wasser und Boden des Dämpfeinsatzes ½ cm beträgt. Das Wasser zum Kochen bringen. Die Pastrami-Scheiben in den Einsatz legen und den Topf fest verschließen. Die Hitze auf kleinste Stufe stellen und die Scheiben 15–20 Min. dämpfen, bis sie heiß sind und das Fett glasig geworden ist, dabei gelegentlich von oben nach unten umschichten. Nach Belieben mit Bagels und Rühreiern warm servieren.

TIPPS } SELBST GEMACHTE PASTRAMI

1 Kaufen Sie für dieses Pastrami-Rezept das flache Stück (Flat) einer gepökelten Rinderbrust nach US-Zuschnitt und bestellen Sie es bei Ihrem Metzger vor. Gegebenenfalls erhalten Sie es aber auch nur über Internethändler, die sich auf US-Fleisch spezialisiert haben.

2 Pfefferkörner, Koriandersamen und Senfkörner sind unterschiedlich groß und hart. Deswegen sollten Sie die Gewürze getrennt mahlen, um die gewünschte grobe Körnigkeit zu erhalten.

3 Widerstehen Sie dem Drang, die frisch aus dem Räuchergrill kommende Pastrami aufzuschneiden. Das Fleisch muss erst über Nacht durchkühlen, bevor es in dünne Scheiben geschnitten werden kann. Verwenden Sie hierzu ein sehr scharfes Tranchiermesser mit dünner Klinge.

4 Pastrami wird klassischerweise über Dampf wieder aufgewärmt. Sie können das aber auch in der Mikrowelle erledigen: Die Scheiben auf einem hitzefesten Teller auslegen, mit 2 EL Wasser besprühen, den Teller abdecken und die Pastrami auf mittlerer Stufe in der Mikrowelle 3–5 Min. erwärmen.

5 Übrig gebliebene Pastrami können Sie etwa fünf Tage im Kühlschrank aufbewahren. Zum Einfrieren ist geräuchertes Fleisch weniger gut geeignet.

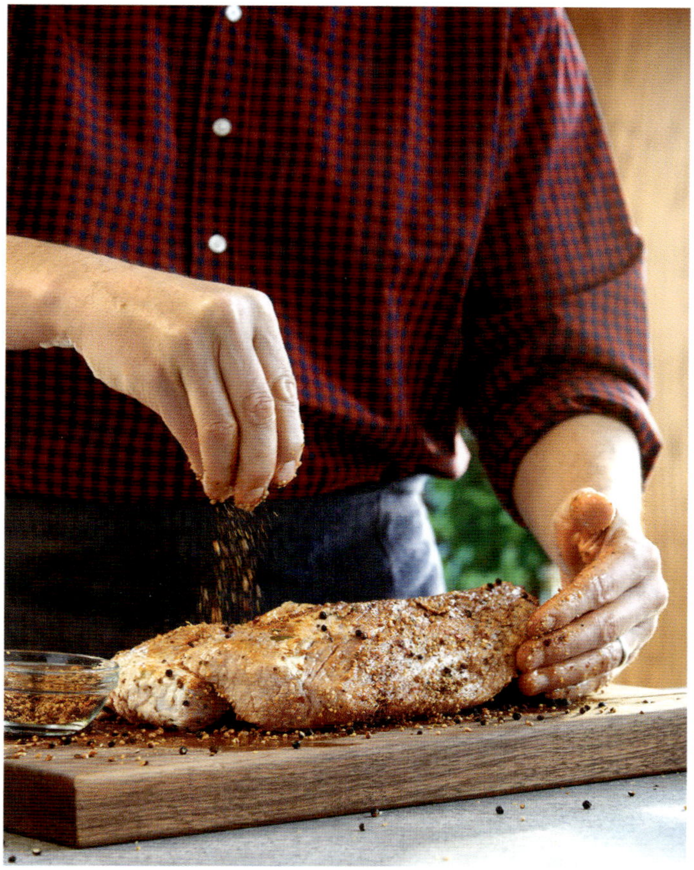

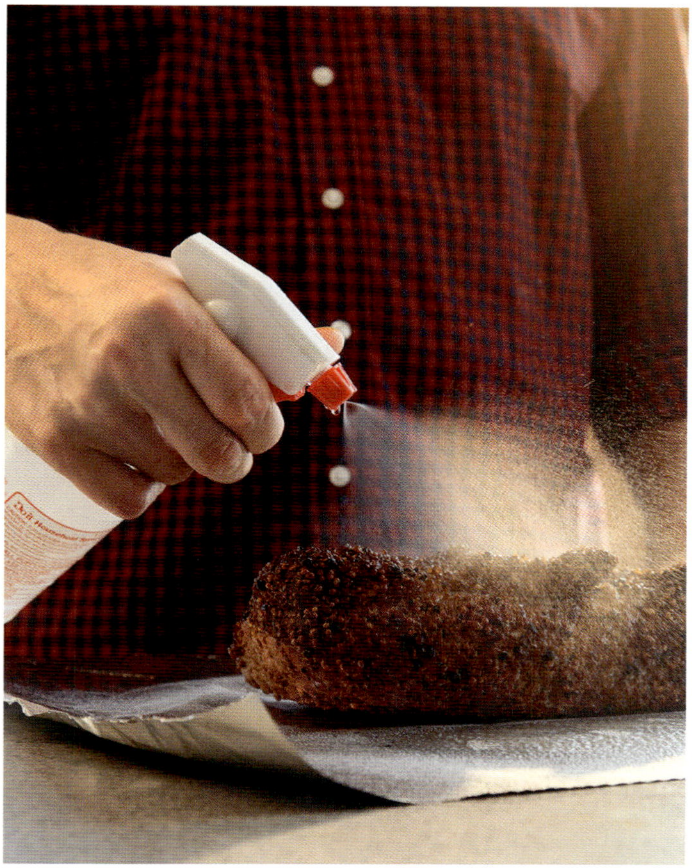

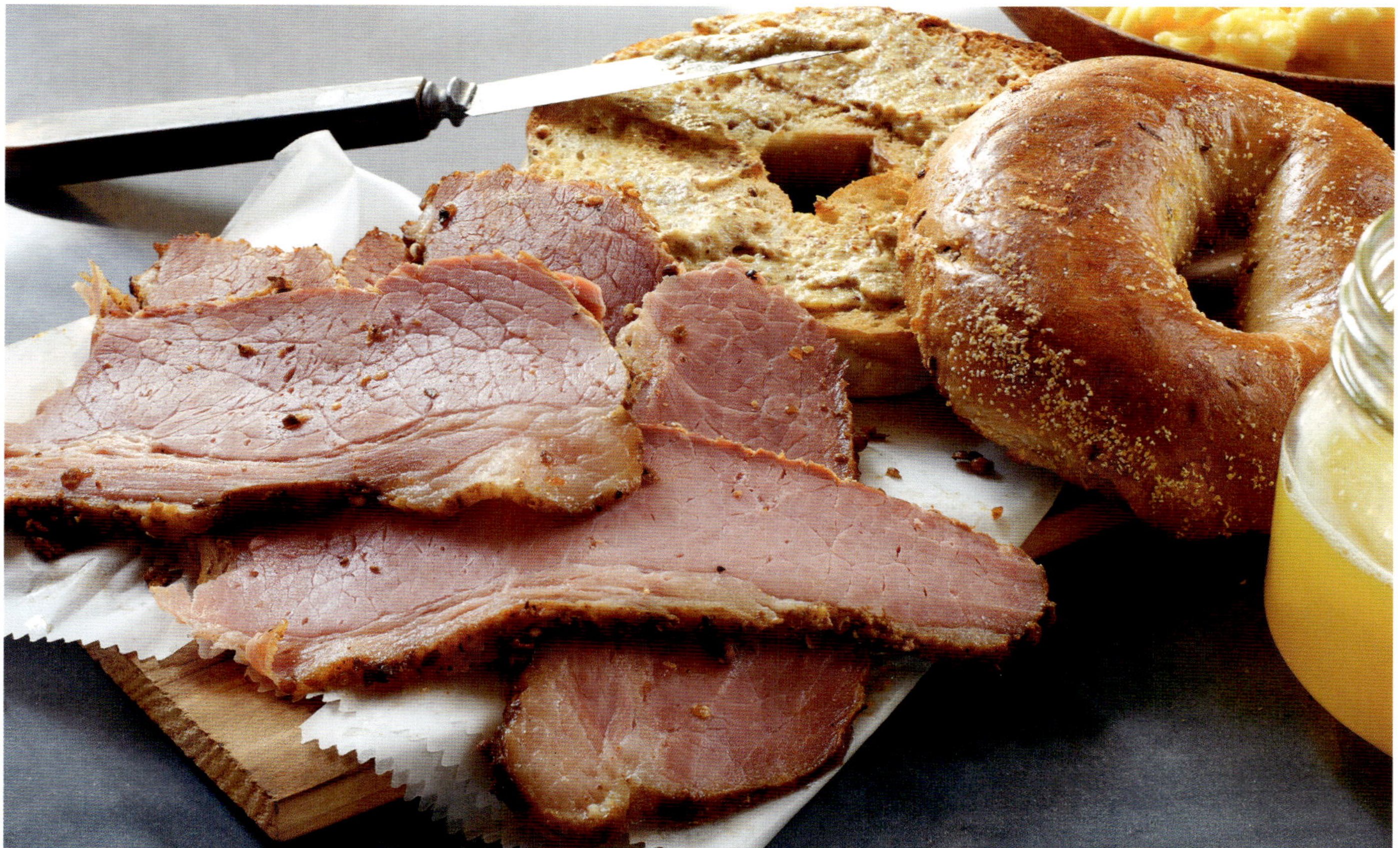

RINDFLEISCHSANDWICH PO'BOY

FÜR 6 PERSONEN | **ZUBEREITUNGSZEIT:** 20 MIN. | **GRILLZEIT:** 3¼–4¼ STD.
ZUBEHÖR: 3 GROSSE HANDVOLL PEKANNUSS- ODER EICHENHOLZ-CHIPS, GROSSER GRILLFESTER DUTCH OVEN (6 L INHALT)

1½ kg Rinderschmorbraten, 5 cm dick
Olivenöl
grobes Meersalz
frisch gemahlener schwarzer Pfeffer
400 ml Rinderbrühe
60 ml kräftiger Rotwein
3 EL Tomatenmark
2 EL Worcestersauce
800 g Zwiebeln, halbiert, in dünne Scheiben geschnitten
8 große Knoblauchzehen, grob gehackt
2 TL fein gehackte Thymianblättchen
2 Lorbeerblätter
6 knusprige französische Baguette- oder Sandwichbrötchen, aufgeschnitten
Mayonnaise
Kopfsalatblätter
Tomatenscheiben

Ob der Name Po'Boy (po' steht für poor) tatsächlich in New Orleans geprägt wurde, als 1929 während eines Streiks kostenlose Sandwiches an arbeits- und mittellose Arbeiter verteilt wurden, ist nicht belegt, aber es bleibt eine lebendige kulinarische Überlieferung der Stadt. Typisch für New Orleans dagegen ist die Art, wie der Rinderbraten für diese Sandwiches zubereitet wird: Er schmort so lange im Topf, bis das Fleisch derart mürbe und zart ist, dass es förmlich auseinanderfällt. Und typisch ist auch der Name für die Fleischstückchen, die beim Aufschneiden des Bratens abfallen: Sie werden debris (Bruchstücke, Schutt) genannt. Der würzige Rauch, in dem der Braten hier gegart wird, macht ihn noch aromatischer, und zusammen mit den geschmorten Zwiebeln und knusprigem Baguette wähnen Sie sich im New Orleanschen Po'Boy-Sandwich-Himmel.

1 Die Räucherchips mind. 30 Min. wässern.

2 Den Rinderbraten rundherum mit 1 EL Öl bestreichen und gleichmäßig mit Salz und Pfeffer würzen. Vor dem Grillen bei Raumtemperatur 30 Min. ruhen lassen.

3 Den Grill für direkte starke Hitze (230–290 °C) vorbereiten.

4 Von den Chips 2 Handvoll abtropfen lassen, auf die Glut oder nach Herstelleranweisung in die Räucherbox des Gasgrills geben und den Grilldeckel schließen. Sobald Rauch entsteht, den Braten über *direkter starker Hitze* bei geschlossenem Deckel 8–10 Min. anbraten, dabei einmal wenden.

5 Die Grilltemperatur auf indirekte mittlere Hitze (175–200 °C) absenken. Den Braten in die indirekte Zone legen und ohne zu wenden 25–30 Min. über *indirekter mittlerer Hitze* bei geschlossenem Deckel weitergrillen, bis er noch kräftiger gebräunt ist.

6 In der Zwischenzeit Rinderbrühe, Wein, Tomatenmark und Worcestersauce mit 1 EL Öl in einer großen Schüssel verrühren, bis sich das Tomatenmark aufgelöst hat. Zwiebeln, Knoblauch, Thymian, 1½ TL Salz und ½ TL Pfeffer gründlich untermengen. Die Hälfte der Zwiebelmischung und der Flüssigkeit in den Dutch Oven geben. Den Braten auf das Zwiebelbett legen, übrige Zwiebelmischung mitsamt der Flüssigkeit darübergeben. Die Lorbeerblätter in die Flüssigkeit tauchen. Den Dutch Oven nicht verschließen.

7 Die restlichen Chips abtropfen lassen und auf die Glut oder in die Räucherbox geben. Den offenen Dutch Oven über *indirekte mittlere Hitze* stellen, den Grilldeckel schließen und Fleisch und Zwiebeln 15–20 Min. schmoren, bis die Zwiebeln beginnen weich zu werden. Den Dutch Oven mit Alufolie verschließen und alles 2½–3¼ Std. weitergaren, dabei einmal wenden, bis das Fleisch so zart ist, dass Sie ohne den geringsten Widerstand eine Gabel hineinstechen können.

8 Den Dutch Oven vom Grill nehmen, den Braten auf ein Schneidbrett heben und 5 Min. nachziehen lassen. Nach Belieben die Brötchenhälften mit den Schnittflächen nach unten über direkter Hitze etwa 1 Min. rösten. Brötchenhälften nach Geschmack mit Mayonnaise bestreichen. Den Braten quer zur Faser in dicke Scheiben schneiden. Fleischstückchen, die dabei abfallen (*debris*), unter die Zwiebeln mengen. Die Zwiebelmischung salzen und pfeffern. Zwischen die Brötchenhälften Salatblätter, Tomatenscheiben, Fleisch und Zwiebeln geben und die Sandwiches warm servieren.

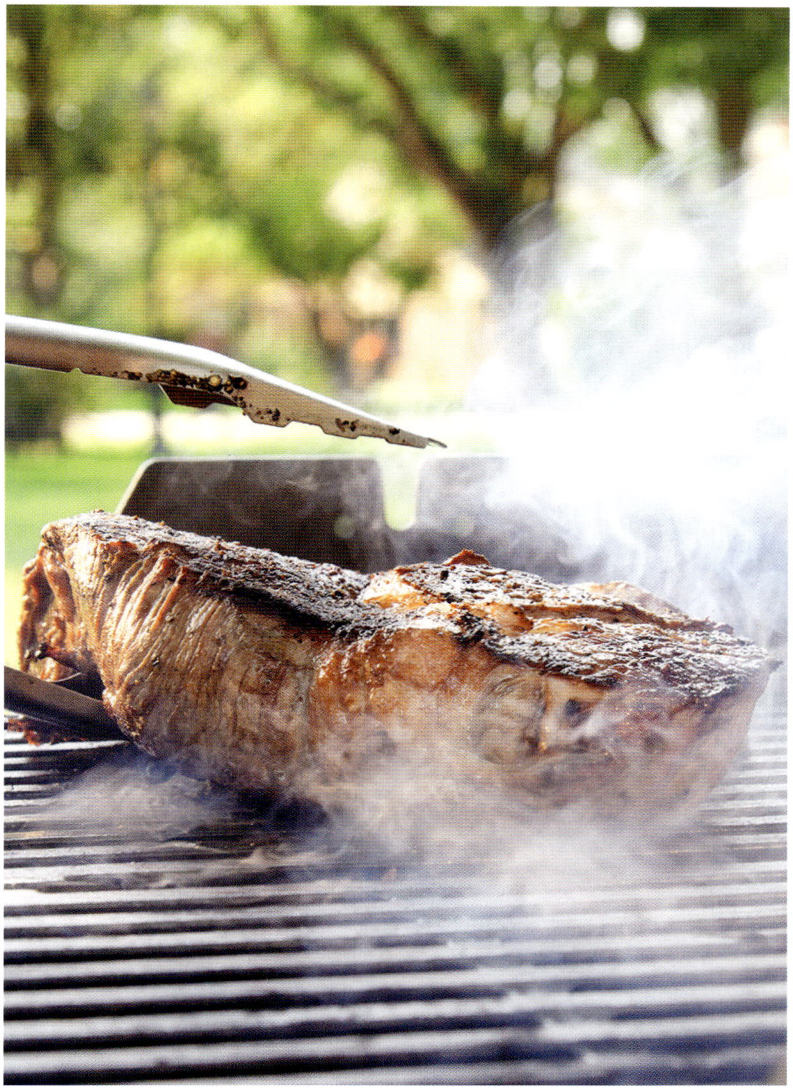

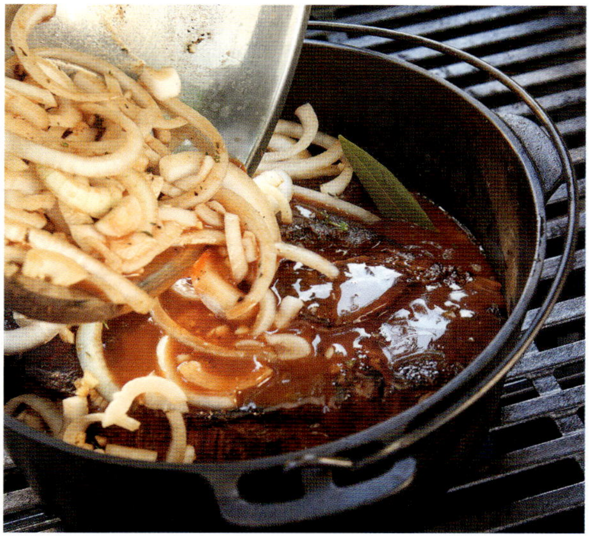

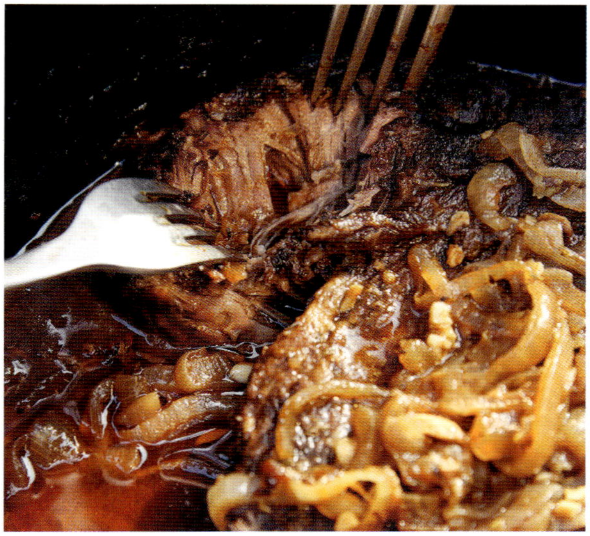

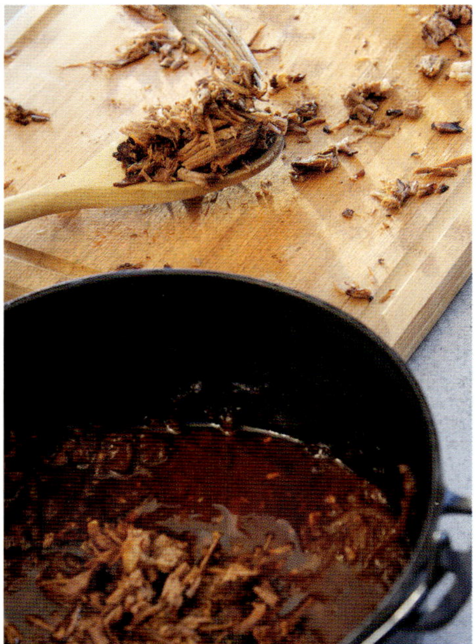

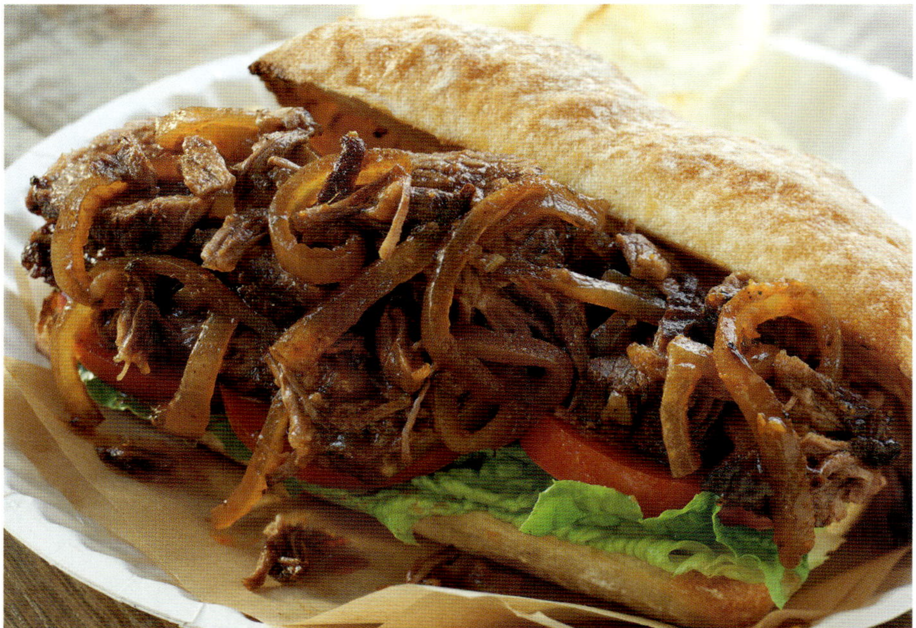

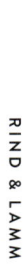

CHILI CON CARNE

FÜR 6–8 PERSONEN | **ZUBEREITUNGSZEIT:** 40 MIN.
GRILLZEIT: 2–2 ½ STD. | **ZUBEHÖR:** GROSSER GRILLFESTER DUTCH OVEN (6 L INHALT)

3 Ancho-Chilischoten (getrocknete Poblano-Schoten, etwa 40 g), Stiele und Kerne entfernt
3 Guajillo-Chilischoten (getrocknete Mirasol-Schoten etwa 20 g), Stiele und Kerne entfernt
1–1 ½ l Rinderbrühe
1 ½ kg Rinderschmorbraten, pariert und in 2 ½ cm große Würfel geschnitten
grobes Meersalz
frisch gemahlener schwarzer Pfeffer
Olivenöl
350 g weiße Zwiebeln, fein gewürfelt
4 Knoblauchzehen, fein gehackt
2 TL reines Chilipulver
1 EL gemahlener Kreuzkümmel
1 EL Paprikapulver
2 TL getrockneter Oregano
½ TL gemahlener Piment
3 EL Maismehl (vorzugsweise mexikanisches Masa harina)
2 Dosen stückige Tomaten (je 400 g), mit etwas Rauchsalz gewürzt
2 Dosen rote Kidneybohnen (je 400 g), abgebraust und abgetropft
30 g Zartbitterschokolade, gehackt
gehackte Frühlingszwiebeln
geriebener Cheddar oder Gouda
scharfe Chilisauce

Wer das Chili nun eigentlich erfunden hat, darüber wird seit Langem diskutiert und gestritten. Die einen schreiben es den Inkas, Azteken und Maya zu, andere sehen seinen Ursprung bei den Viehtreibern und Cowboys des amerikanischen Westens. Ziemlich sicher ist, dass ein Chili im Wesentlichen aus geschmortem Fleisch, Chilischoten, Kräutern, Gewürzen und manchmal Bohnen besteht und es unzählige Rezepte und Meinungen darüber gibt, wie und wo das beste aller Chilis zubereitet wird. Mit dem Rezept hier gelingt Ihnen jedenfalls ein richtig, richtig gutes Chili auf Ihrem eigenen Grill!

1 In einem mittelgroßen Topf Wasser aufkochen. Die getrockneten Chilischoten ins kochende Wasser geben, den Topf vom Herd nehmen und die Schoten 30 Min. einweichen. Chilis abtropfen lassen, dann mit 1 l Brühe im Mixer pürieren. Beiseitestellen.

2 Den Grill für direkte schwache Hitze (150 bis 160 °C) vorbereiten und den Dutch Oven ohne Deckel 10 Min. vorheizen.

3 Die Fleischwürfel mit 1 TL Salz und ½ TL Pfeffer würzen. 1 EL Öl im Dutch Oven erhitzen. Die Hälfte des Fleisches in den Topf geben und über **direkter schwacher Hitze** bei geschlossenem Deckel 5 Min. anbraten, bis es leicht gebräunt ist, dabei zweimal umrühren. Fleisch auf einen Teller geben und beiseitestellen. Das übrige Fleisch genauso anbraten. Bei Bedarf noch 1 EL Öl zufügen.

4 Das gesamte Fleisch wieder in den Dutch Oven geben, dann Zwiebeln und Knoblauch untermischen. Den Grilldeckel schließen und die Zwiebeln 4–5 Min. garen, bis sie etwas weicher sind. Chilipulver, Kreuzkümmel, Paprikapulver, Oregano und Piment untermengen und unter Rühren 1 Min. rösten, bis die Gewürze duften und das Fleisch gleichmäßig von ihnen überzogen ist. Chilipüree, Maismehl, Tomaten und ½ TL Salz unterrühren. Den Deckel des Dutch Ovens halb auflegen und den Grilldeckel schließen. Das Chili über **direkter sehr schwacher Hitze** (120–150 °C) 1 ¾–2 ¼ Std. schmoren lassen, bis das Fleisch ganz zart ist. Dabei ab und zu mit einem Grillwender umrühren und bei Bedarf am Topfboden oder an der Topfwand angesetztes Chili lösen. Prüfen Sie alle 20 Min seine Konsistenz. Wird es zu dick, mit etwas Brühe verdünnen. In den letzten 15 Min. der Garzeit die Kidneybohnen untermischen.

5 Den Topfdeckel mit Grillhandschuhen vorsichtig abnehmen. Die Schokolade zum Chili geben und 1 Min. unter Rühren schmelzen lassen. Den Dutch Oven vom Grill nehmen, Chili mit Salz und Pfeffer abschmecken. In tiefen Schalen anrichten, jede Portion mit Frühlingszwiebeln und Käse bestreuen und mit der Chilisauce servieren.

In diesem mexikanisch-amerikanischem Rezept werden die drei wichtigsten Zutaten der mexikanischen Küche verwendet – Mais, Chilis und Schokolade. Getrocknete Maiskörner bilden die Grundlage für das Maismehl, mit dem das Chili gebunden wird. Ancho- und Guajillo-Chilis verleihen ihm seinen intensiven, würzigen Geschmack, und die Schokolade nimmt der Schärfe die Spitze und verleiht geschmackliche Ausgewogenheit.

RIND & LAMM

147

HOCHRIPPENBRATEN
AUS DEM HICKORYRAUCH MIT ROTWEINSAUCE

FÜR 8–10 PERSONEN | **ZUBEREITUNGSZEIT:** 30 MIN., PLUS ETWA 1 STD. FÜR DIE SAUCE | **GRILLZEIT:** 2–2½ STD.
ZUBEHÖR: GASGRILL, 2 GROSSE HANDVOLL HICKORYHOLZ-CHIPS, KÜCHENGARN, DIGITALES FLEISCHTHERMOMETER

FÜR DIE WÜRZMISCHUNG
1½ EL grobes Meersalz
1 EL Ancho-Chilipulver
2 TL getrocknetes Basilikum
1½ TL Paprikapulver
1½ TL gemahlener Kreuzkümmel
1½ TL frisch gemahlener schwarzer Pfeffer

3 kg Rinderbraten aus der Hochrippe mit drei Knochen (Prime Rib)

FÜR DIE SAUCE
6 EL Butter
220–250 g Schalotten, fein gewürfelt
6 Knoblauchzehen, fein gehackt
1 große Möhre, fein gewürfelt
1 große Stange Staudensellerie, fein gewürfelt
2 Lorbeerblätter
1 EL Thymianblättchen
1 Flasche (0,75 l) Cabernet Sauvignon oder ein anderer trockener Rotwein
550 ml Rinderbrühe
1½ EL Tomatenmark
½ TL grobes Meersalz
½ TL frisch gemahlener schwarzer Pfeffer

Wenn Sie sich Edelfleisch wie diesen Braten gönnen, entkorken Sie Ihren besten Wein oder öffnen Sie eine Flasche feinsten Whiskey. Nichts in der Zubereitung dieses Bratens ist schwierig, nur sein Preis könnte Kopfzerbrechen bereiten. Das prachtvolle Stück gart langsam im Rauch, bis seine Kerntemperatur knapp unter 50 °C liegt. Anschließend zieht es 20 Minuten nach und erreicht so den perfekten Gargrad. Das Ergebnis sind butterzarte, rosarote Bratenscheiben mit herrlicher Kruste. Und dazu servieren Sie eine üppige Rotweinsauce.

1 Die Räucherchips mind. 30 Min. wässern.

2 Die Zutaten für die Würzmischung vermengen. Mit einem scharfen Messer zwischen Knochen und Fleisch fahren und die Knochen so in einem Stück abschneiden, dass am unteren Knochenende etwa 5 cm Fleisch stehen bleibt. Den Braten rundherum sowie die fleischigen Teile der Knochen mit der Würzmischung bestreuen. Mit Küchengarn die Knochen wieder in ihrer ursprünglichen Form ans Fleisch binden (siehe Bilder unten). Vor dem Grillen bei Raumtemperatur 1 Std. ruhen lassen.

3 In einem großen Topf 2 EL Butter auf mittlerer bis hoher Stufe zerlassen. Schalotten, Knoblauch, Möhre, Sellerie, Lorbeerblätter und Thymian 4–5 Min. darin dünsten, bis das Gemüse etwas weicher ist; ab und zu umrühren. Wein zugießen, aufkochen und alles 15–17 Min. köcheln lassen, bis die Konsistenz grobkörnigem nassem Sand gleicht. Brühe und Tomatenmark unterrühren, erneut aufkochen und auf mittlerer Stufe 30 Min. im offenen Topf köcheln lassen, bis die Sauce auf etwa 600 ml reduziert ist. Den Topf vom Herd nehmen. Die Sauce durch ein feines Sieb in eine mittelgroße Schüssel passieren. Mit einem großen Löffel die festen Bestandteile kräftig ausdrücken.

Den Siebinhalt wegwerfen. Die Sauce zurück in den Topf gießen und beiseitestellen.

4 Den Grill für indirekte mittlere bis schwache Hitze (möglichst 175 °C) vorbereiten.

5 Von den Chips 1 Handvoll abtropfen lassen, nach Herstelleranweisung in die Räucherbox geben und den Grilldeckel schließen. Sobald Rauch entsteht, den Braten mit der Knochenseite nach unten über **indirekter mittlerer bis schwacher Hitze** bei geschlossenem Deckel 2–2½ Std. grillen, bis seine Kerntemperatur an der dicksten Stelle 48 °C beträgt (beim Messen nicht den Knochen berühren). Nach 1 Std. Grillzeit die übrigen Chips abtropfen lassen und in die Räucherbox geben. Den Braten vom Grill nehmen.

6 Das Fleisch wieder von den Knochen trennen. Beides mit Alufolie abdecken und 20 Min. nachziehen lassen. Die Kerntemperatur steigt in dieser Zeit um 2–5 °C. Inzwischen die Sauce auf mittlerer Stufe heiß werden lassen. Den Topf vom Herd nehmen und die restlichen 4 EL Butter unterschlagen, bis sie geschmolzen sind. Die Sauce salzen und pfeffern. Den Braten in dicke Scheiben schneiden, das Knochenstück in drei Ribs teilen. Mit der Sauce servieren.

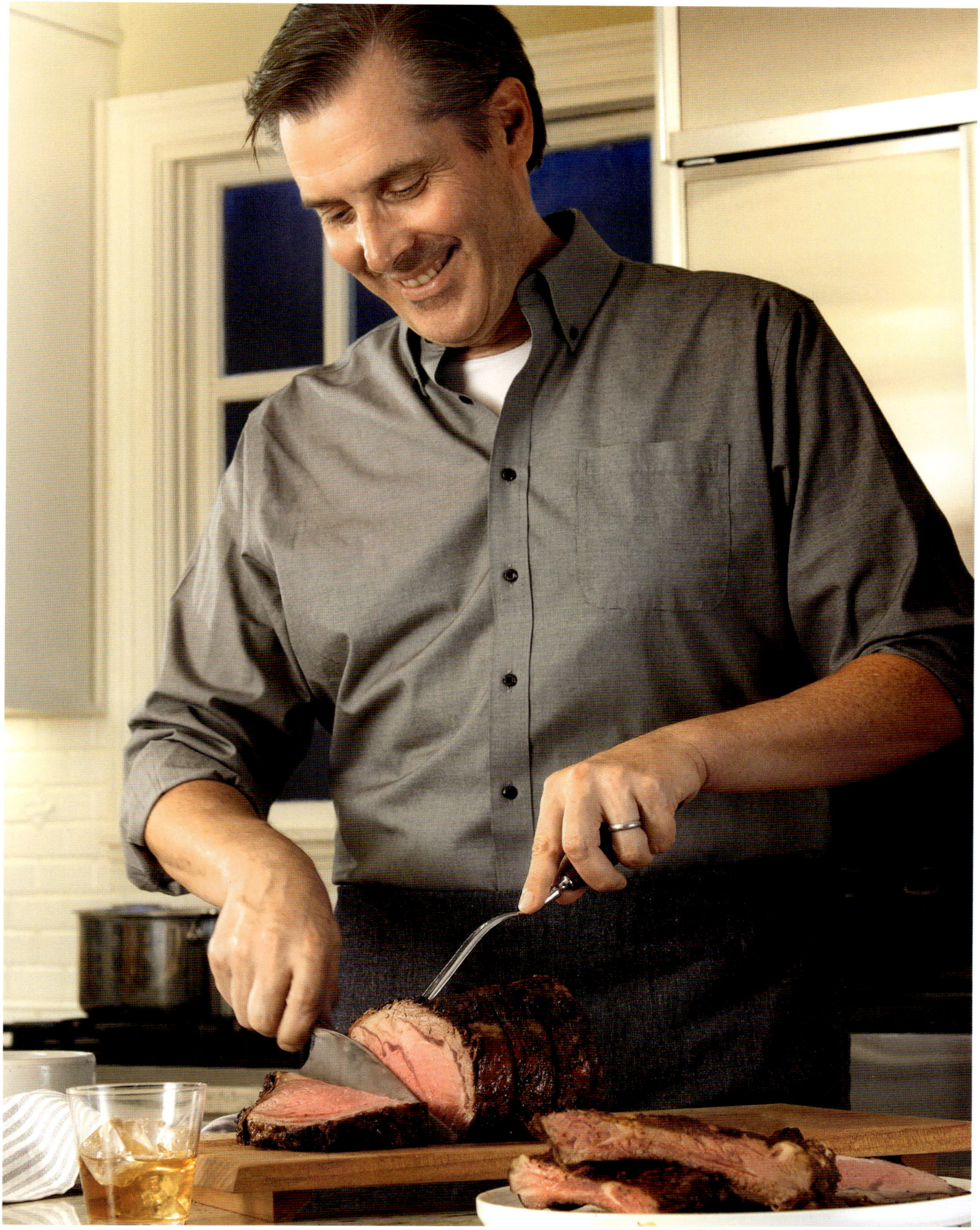

LAMMKARREES
MIT BOARD-DRESSING AUS KAPERN UND SENF

FÜR 4 PERSONEN | **ZUBEREITUNGSZEIT:** 20 MIN. | **MARINIERZEIT:** 3–4 STD. (NACH BELIEBEN) | **GRILLZEIT:** 16–20 MIN.
ZUBEHÖR: 2 GROSSE HANDVOLL MESQUITEHOLZ-CHIPS, DIGITALES FLEISCHTHERMOMETER

2 Lammkarrees (je etwa 700 g), Rippenknochen sauber abgeschabt
Olivenöl
grobes Meersalz
frisch gemahlener schwarzer Pfeffer
¾ TL getrockneter Thymian, gerebelt

FÜR DAS DRESSING
4 EL Kapern, abgetropft und fein gehackt
4 EL fein gehackte glatte Petersilienblätter
2 EL Dijon-Senf
2 EL plus 2 TL Weinbrand (nach Belieben)
2 EL plus 2 TL Olivenöl
1 EL fein gehackter Knoblauch
2 TL Rotweinessig
1 TL grobes Meersalz
1 TL frisch gemahlener schwarzer Pfeffer

Mein Freund Adam Perry Lang hat als Erster den Begriff »Board-Dressing« eingeführt für eine Technik, mit der man aromatische Zutaten auf einem Schneidbrett vermengt und das gegrillte Fleisch dann direkt auf dieser Mischung tranchiert. Das Besondere daran: Der austretende Fleischsaft mischt sich mit den Zutaten auf dem Brett zu einem Dressing oder einer Sauce. Diese Technik wird unter Grillfans immer beliebter, aber auch der Begriff selbst gewinnt an Popularität.

1 Die Räucherchips mind. 30 Min. wässern.

2 Das Fett fast vollständig von den Lammkarrees entfernen, sodass das Fleisch an einigen Stellen sichtbar wird. Die parierten Karrees auf beiden Seiten mit etwas Öl bestreichen und großzügig mit Salz, Pfeffer und dem Thymian würzen. Die Karrees möglichst 3–4 Std. nicht abgedeckt in den Kühlschrank stellen. Vor dem Grillen 15 bis 30 Min. Raumtemperatur annehmen lassen.

3 Den Grill für direkte mittlere bis starke Hitze (200–230 °C) vorbereiten.

4 In die Mitte eines großen Schneidbretts die Zutaten für das Dressing häufen und das Brett in die Nähe des Grills legen. (Sie können das Brett zuvor auch noch in ein Backblech mit hohem Rand geben.)

5 Die Chips abtropfen lassen, auf die Glut oder nach Herstelleranweisung in die Räucherbox des Gasgrills geben und den Grilldeckel schließen. Sobald Rauch entsteht, die Karrees mit der Fleischseite nach unten über **direkter mittlerer bis starker Hitze** bei geschlossenem Deckel 8 Min. grillen. Sollten Stichflammen entstehen, die Karrees auf dem Rost hin und her bewegen. Wenden und ein rechteckiges Stück Alufolie unter die frei liegenden Knochen legen, damit sie nicht verbrennen. Die Karrees weitere 8–12 Min. grillen, bis ihre Kerntemperatur knapp 60 °C beträgt und das Fleisch sich auf Fingerdruck elastisch anfühlt. Um die »Fleischaugen« an den Seiten knusprig zu grillen, die Karrees mit einer Grillzange aufrecht auf den Rost stellen und jede Seite ein paar Sekunden grillen.

6 Die Dressingzutaten auf dem Brett mit einer Gabel vermischen und zu zwei Ovalen in der Größe der Karrees formen. Jedes Karree mit der Fleischseite nach unten in ein Dressingoval legen und 3 Min. nachziehen lassen. Karrees in einzelne Koteletts schneiden, auf beiden Seiten nochmals durch das Dressing ziehen und sofort warm servieren.

Wenn die Lammkarrees gar sind, werden sie sofort auf das »Brett-Dressing« gelegt und ziehen dort ein paar Minuten nach. Der austretende Fleischsaft vermischt sich währenddessen mit den Dressingzutaten. Anschließend die Karrees auf dem Dressing in einzelne Koteletts schneiden und nochmals auf beiden Seiten durch das Dressing ziehen.

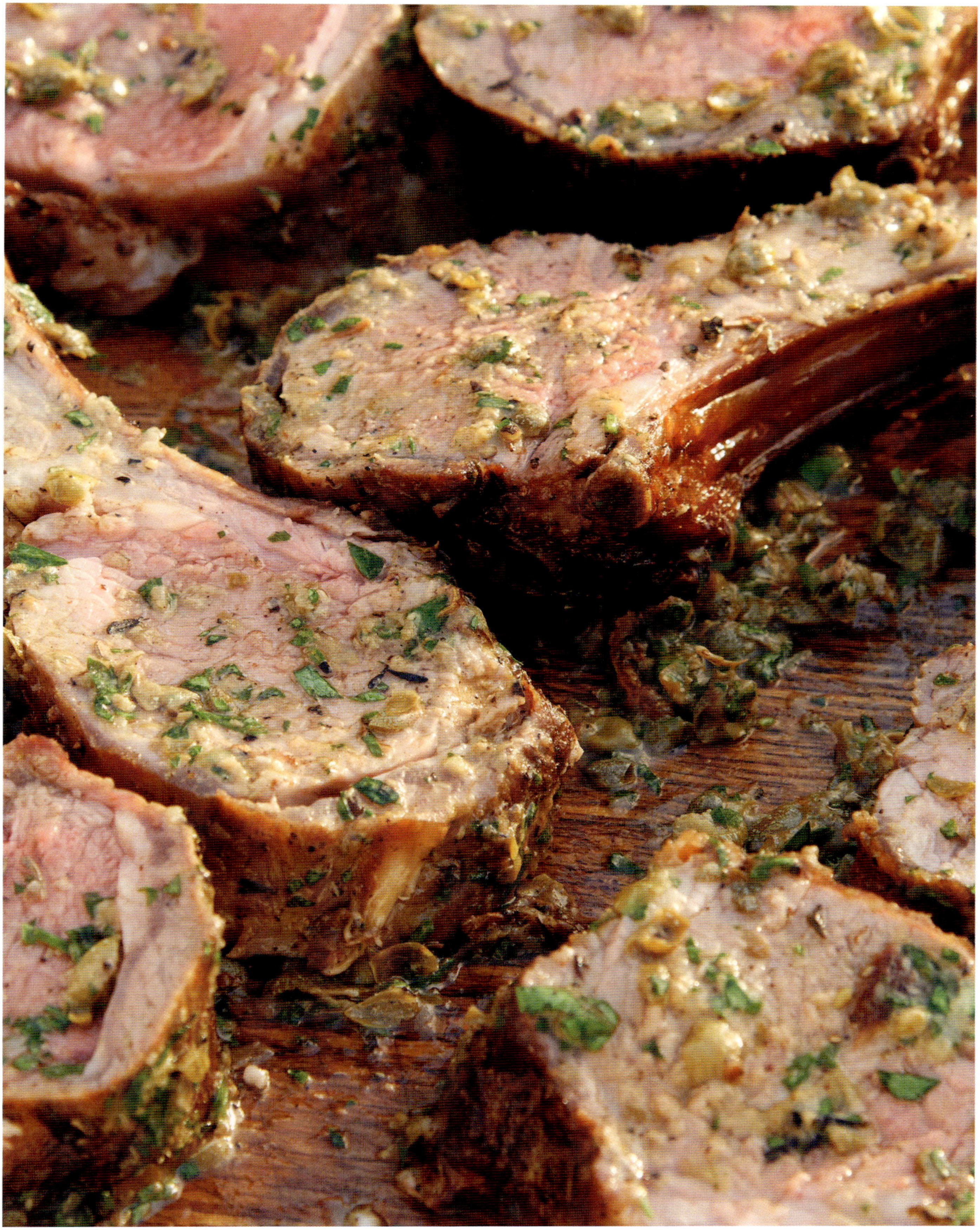

LAMMKOTELETTS MAROKKANISCH
MIT TOMATEN-KICHERERBSEN-SALAT

FÜR 4 PERSONEN | **ZUBEREITUNGSZEIT:** 25 MIN.
GRILLZEIT: 8–10 MIN.

Häufig sind Lammkoteletts zu dünn und zu klein für starke Hitze, denn wenn sie außen endlich knusprig sind, ist das Innere meist schon übergart. Meine Empfehlung: Kaufen Sie ganze Lammkarrees und zerlegen Sie sie in etwa 4 cm dicke Doppelkoteletts, also mit je zwei Rippenknochen. Die Vorbereitung ist etwas aufwendiger, denn Sie müssen den dicken Fettdeckel entfernen, der die Rippenknochen und das Fleisch bedeckt. Auch Fleisch und Fett zwischen den Rippen müssen vollständig entfernt und die Knochen sauber abgeschabt werden.

FÜR DIE WÜRZMISCHUNG
2 TL reines Chilipulver
1 TL grobes Meersalz
½ TL frisch gemahlener schwarzer Pfeffer
½ TL gemahlene Koriandersamen
½ TL gemahlener Kreuzkümmel
½ TL Kümmelsamen
¼ TL Knoblauchpulver

2 Lammkarrees (je 700–900 g), Rückgratknochen entfernt, Rippenknochen sauber abgeschabt, überschüssiges Fett und Silberhaut entfernt
Olivenöl

FÜR DEN SALAT
1½ EL frisch gepresster Zitronensaft
½ TL grobes Meersalz
¼ TL frisch gemahlener schwarzer Pfeffer
1 Dose Kichererbsen (400 g), abgebraust und abgetropft
250 g bunte Cocktail- oder Datteltomaten, halbiert
4 EL grob gehackte Basilikumblätter
Fleur de Sel (Salzblume)
1 Romanasalatherz, Blätter in feine Streifen geschnitten

Zitronenspalten

1. Die Zutaten für die Würzmischung vermengen.

2. Von den Lammkarrees die dicke Fettauflage, die Fleisch und Rippenknochen bedeckt, entfernen. Dafür ein scharfes Messer mit dünner Klinge am Knochenansatz ansetzen und einen langen Schnitt quer durch das Fett machen. Die Fettdecke anschließend mit der Hand und mithilfe des Messers von den Knochen ablösen. Fettauflage, Sehnen und Silberhaut vom Fleisch ebenfalls entfernen. Anschließend Fleisch und Fett zwischen den einzelnen Rippenknochen wegschneiden und die Knochen mit dem Messer sauber abschaben. Zum Schluss jedes Karree in vier Koteletts mit zwei Rippen und 4 cm Dicke schneiden (Bilder unten).

3. Die Koteletts auf beiden Seiten dünn mit Öl bestreichen und gleichmäßig mit der Würzmischung bestreuen. Vor dem Grillen bei Raumtemperatur 15–30 Min. ruhen lassen.

4. Den Grill für direkte mittlere Hitze (175–230 °C) vorbereiten.

5. Für den Salat in einer Servierschüssel 3 EL Öl mit Zitronensaft, Salz und Pfeffer verquirlen. Kichererbsen, Tomaten und Basilikum mit dem Dressing vermengen.

6. Die Lammkoteletts über **direkter mittlerer Hitze** bei geschlossenem Deckel bis zum gewünschten Gargrad grillen, 8–10 Min. für rosa/rot (medium rare), dabei viermal wenden. Sollten Stichflammen entstehen, die Koteletts vorübergehend über indirekte Hitze legen. Vom Grill nehmen, mit Fleur de Sel würzen und etwa 3–5 Min. nachziehen lassen.

7. Die Salatblätter zu den Zutaten in der Servierschüssel geben und gut durchmischen. Die warmen Lammkoteletts mit Salat und Zitronenspalten servieren.

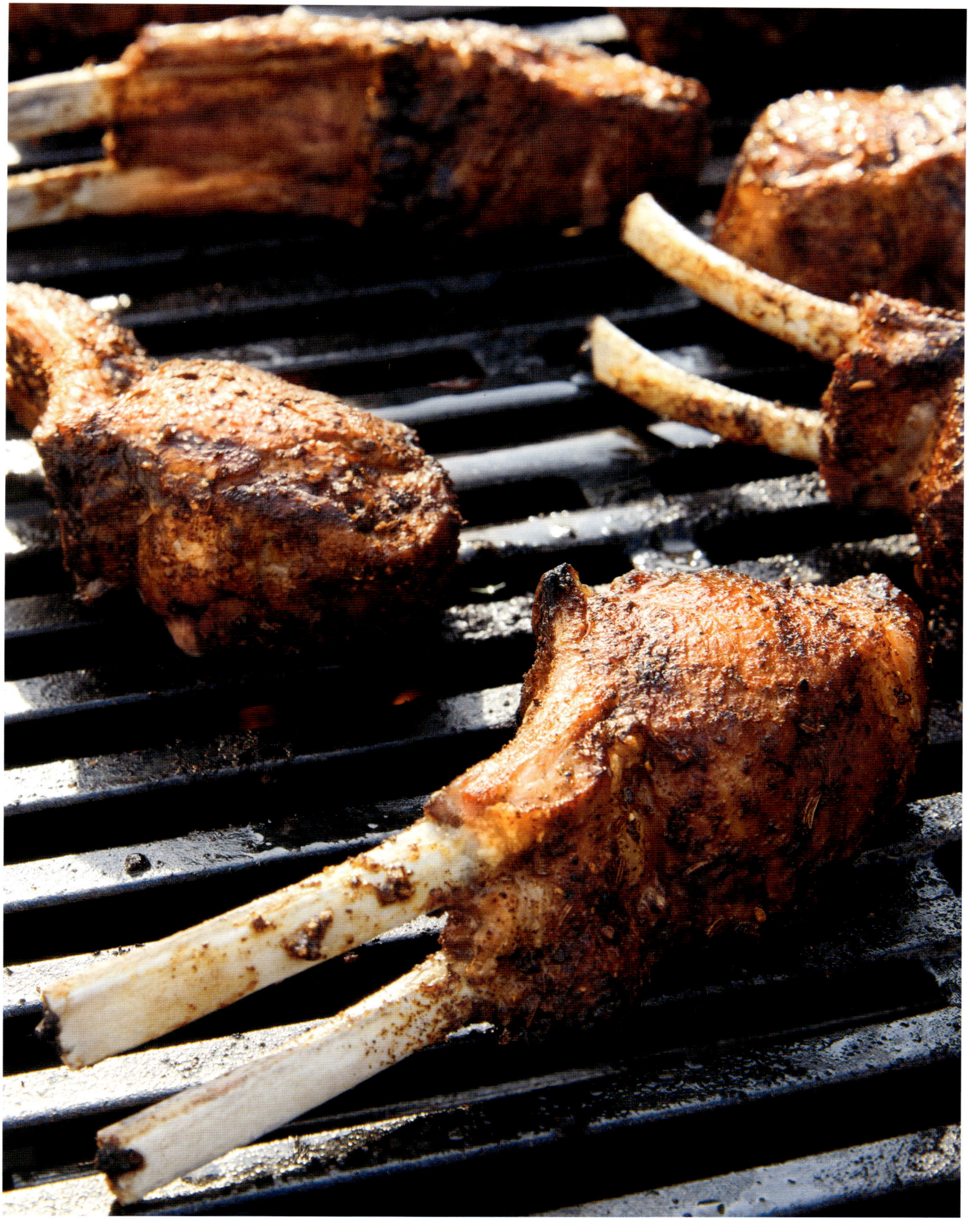

LAMM-PAPRIKA-SPIESSE
IN ESSIGMARINADE

FÜR 4–6 PERSONEN | **ZUBEREITUNGSZEIT:** 25 MIN. | **MARINIERZEIT:** 4–8 STD.
GRILLZEIT: 8–10 MIN. | **ZUBEHÖR:** 12 METALL- ODER HOLZSPIESSE

Mit Essigaufguss aus Gurkengläsern lassen sich hervorragende Marinaden herstellen, die Lammgerichten eine besondere Note verleihen. Da jedoch die Salzkonzentration des Aufgusses von Hersteller zu Hersteller stark variiert, sollten Sie das Fleisch nach dem Grillen probieren: Braucht es noch mehr Pep, würzen Sie die Spieße mit etwas Salz nach. Bei der Wahl des Fleisches kommt es darauf an, ob Sie lieber das magere und zartere Fleisch der Lammnuss bevorzugen oder das aromatischere aus der Keule.

FÜR DIE MARINADE
250 ml Essigaufguss aus einem Glas Dillgurken
180 g rote Zwiebeln, fein gewürfelt
1 TL Kümmelsamen
½ TL Chiliflocken

900 g Lammnuss oder ausgelöstes Fleisch aus der Lammkeule, in 2½–4 cm große Würfel geschnitten
2 mittelgroße Dillgurken, längst halbiert, in 2½ cm große Stücke geschnitten
1 rote Paprikaschote, in 2½ cm große Stücke geschnitten
grobes oder feines Meersalz

1 Die Zutaten für die Marinade verrühren. Lammfleischwürfel und Marinade in einen großen, wiederverschließbaren Plastikbeutel geben, die Luft aus dem Beutel streichen und den Beutel fest verschließen. Mehrmals wenden, bis die Marinade gleichmäßig verteilt ist. In einer Schüssel 4–8 Std. kalt stellen, dabei gelegentlich wenden.

2 Holzspieße mind. 30 Min. wässern.

3 Den Grill für direkte mittlere bis starke Hitze (etwa 200–230 °C) vorbereiten.

4 Die Lammwürfel aus dem Beutel nehmen, Gewürze am Fleisch nicht entfernen. Die Marinade entsorgen. Abwechselnd Lammfleisch, Gurken- und Paprikastücke auf die Spieße stecken. Die Spieße über **direkter mittlerer bis starker Hitze** bei geschlossenem Deckel grillen, bis das Fleisch den gewünschten Gargrad erreicht hat, 8–10 Min. für rosa/rot (medium rare), dabei gelegentlich wenden. Vom Grill nehmen und bei Bedarf mit Salz würzen. Die Spieße warm servieren.

BEEF BACK RIBS
AUS DEM MESQUITERAUCH

FÜR 4–5 PERSONEN | **ZUBEREITUNGSZEIT:** 15 MIN., PLUS ETWA 20 MIN. FÜR DIE WÜRZSAUCE | **GARZEIT:** 6–7 STD.
ZUBEHÖR: RÄUCHERGRILL (WATER SMOKER), 4 GROSSE MESQUITEHOLZ-CHUNKS

Beef Back Ribs aus der Hochrippe des Rinds sind die unterschätzten Helden des American Barbecue. Sie stehen im Schatten der Stars, der unwiderstehlich fleischigen Short Ribs, die aus der Querrippe unter dem Rinderhals geschnitten werden. Bestellen Sie die Rinderrippen (die wie die Short Ribs alles andere als klein sind) unbedingt bei Ihrem Metzger vor und bitten Sie ihn, beim Zuschneiden mindestens 2½ cm Fleisch zwischen den Rippen zu lassen. Andernfalls sollten Sie sich im Internet umsehen bei Anbietern von US-Beef.

2 fleischige Rinderrippen (Hochrippe) mit jeweils 7 Knochen (vorzugsweise 6. bis 12. Rippe; je etwa 2½ kg)
2 TL grobes Meersalz
1 EL frisch gemahlener schwarzer Pfeffer

FÜR DIE WÜRZSAUCE
500 ml Tomatensauce (Fertigprodukt)
1 kleine Flasche (0,33 l) Amber-Bier
4 EL Vollrohrzucker
4 EL mittelscharfer Senf
60 ml Apfelessig
1 TL gemahlener Kreuzkümmel
½ TL grobes Meersalz
½ TL gemahlene Nelken

1 Den Räuchergrill für indirekte sehr schwache Hitze (90–120 °C) vorbereiten, die Wasserschale drei Viertel hoch mit Wasser füllen.

2 Die dünne Haut auf der Unterseite der Rippen entfernen. Auf allen Seiten Salz und Pfeffer ins Fleisch massieren.

3 Wenn die Grilltemperatur 120 °C erreicht hat, die Chunks auf die Glut geben. Die Rippen mit den Knochenseiten nach unten auf dem oberen Rost über *indirekter sehr schwacher Hitze* bei geschlossenem Deckel 3 Std. räuchern.

4 Inzwischen die Zutaten für die Würzsauce in einem mittelgroßen schweren Topf auf mittlerer bis hoher Stufe verrühren, bis sich der Zucker aufgelöst hat. Aufkochen, die Hitze auf kleine Stufe stellen und die Sauce in 15–20 Min. auf etwa die Hälfte einkochen lassen. Dabei gelegentlich mit einem Holzlöffel umrühren.

5 Nach 3 Std. Garzeit die Rippen auf allen Seiten mit Würzsauce bestreichen. Weitere 3–4 Std. über *indirekter sehr schwacher Hitze* bei geschlossenem Deckel räuchern, dabei stündlich mit Würzsauce bestreichen, bis das Fleisch so zart ist, dass man es zwischen den Knochen leicht mit einer Gabel einstechen kann. Die Grilltemperatur während der gesamten Zeit konstant bei 90–120 °C halten. Die Rippen vom Grill nehmen, mit Alufolie abdecken und 10–15 Min. nachziehen lassen. Die Rippen zwischen den Knochen in gleichmäßig fleischige Ribs schneiden und warm servieren.

KOREANISCHE RIB-TORTILLAS
MIT KOGI-SAUCE UND EINGELEGTEN GURKEN

FÜR 6 PERSONEN | **ZUBEREITUNGSZEIT:** 30 MIN. | **EINLEGEZEIT FÜR DIE GURKEN:** 1 STD.
MARINIERZEIT: 24 STD. | **GRILLZEIT:** 4–6 MIN.

US-koreanische Küchenchefs wie Roy Choi in Los Angeles, David Chang in New York und Edward Lee in Louisville waren es, die Tacos und Tortillas neu interpretierten und sie mit Zutaten wie Gochujang in Verbindung brachten. Gochujang ist eine dicke Paste aus roten Chilis, fermentierten Sojabohnen sowie Klebreis (siehe nebenstehendes Bild links oben) und eine Hauptzutat der koreanischen Kogi-Sauce. Mit ihrer scharfen, süß-salzigen Note kann man diese Sauce als das koreanische Pendant einer Barbecue-Sauce bezeichnen, da sie hervorragend zu gegrilltem Fleisch passt. Wenn Sie Gochujang nicht bekommen, können Sie auch anstatt der Kogi-Sauce etwas Sriracha auf die Tortillas geben.*

FÜR DIE MARINADE
- 6 Knoblauchzehen, geschält
- 1 Granny-Smith-Apfel (etwa 250 g), geviertelt, entkernt
- 1 Zwiebel (etwa 180 g), geviertelt
- 1 Stück Ingwer (5 cm), geschält und grob gehackt
- 250 ml Sojasauce
- 100 g Rohrohrzucker
- 60 ml Reiswein oder Sherry
- 2 EL geröstetes Sesamöl
- 1 TL frisch gemahlener schwarzer Pfeffer
- ½ TL Cayennepfeffer

- 1½ kg dünne Rinderippenscheiben aus der Querrippe (quer zu den Rippen geschnittene Short Ribs nach dem US-Zuschnitt »flanken«; Scheiben etwa 1½ cm dick)

FÜR DIE EINGELEGTEN GURKEN
- 1 Salatgurke (etwa 350 g), in sehr feine Scheiben geschnitten
- 1 rote Jalapeño-Chilischote, fein gehackt
- 2 EL Reisessig
- 1 TL grobes Meersalz
- ½ TL Zucker

FÜR DIE KOGI-SAUCE
(siehe Einleitungstext*)
- 4 EL Gochujang (scharfe koreanische Würzpaste)
- 4 EL Sojasauce
- 3 EL Zucker
- 1 EL geröstetes Sesamöl
- 2 TL Reisessig

- 1 großer Kopfsalat, in Blätter zerteilt
- 12 Weizentortillas
- ½ Bund Koriandergrün (etwa 25 g), Blätter abgezupft

1. Knoblauch, Apfel, Zwiebel und Ingwer im Mixer oder in der Küchenmaschine fein hacken. Mit den übrigen Zutaten für die Marinade fein pürieren. Short Ribs in einen großen, wiederverschließbaren Plastikbeutel geben und die Marinade dazugießen. Die Luft aus dem Beutel streichen und den Beutel fest verschließen. Mehrmals wenden, damit sich die Marinade gleichmäßig verteilt. Den Beutel in einer Schüssel in den Kühlschrank stellen und die Ribs 24 Std. marinieren, dabei gelegentlich wenden. Vor dem Grillen 30 Min. Raumtemperatur annehmen lassen.

2. In einer mittelgroßen Schüssel die Zutaten für die eingelegten Gurken vermengen. Bei Raumtemperatur 1 Std. durchziehen lassen.

3. Für die Kogi-Sauce die Zutaten verrühren.

4. Den Grill für direkte starke Hitze (230–290 °C) vorbereiten.

5. Die Ribs aus der Marinade nehmen, die Marinade entsorgen. Über **direkter starker Hitze** bei geschlossenem Deckel 4–6 Min. (je nach Dicke der Ribs) grillen, bis sie außen kräftig gebräunt und karamellisiert und innen rosa/rot (medium rare) sind, dabei einmal wenden. Vom Grill nehmen und 3–5 Min. nachziehen lassen. Die Knochen entfernen, das Fleisch quer in dünne Scheiben schneiden.

6. Jeweils 1 Salatblatt auf die Tortillas legen, darauf Fleisch, eingelegte Gurken, Kogi-Sauce (oder Sriracha) und Korianderblätter anrichten, die Tortillas aufrollen und sofort servieren.

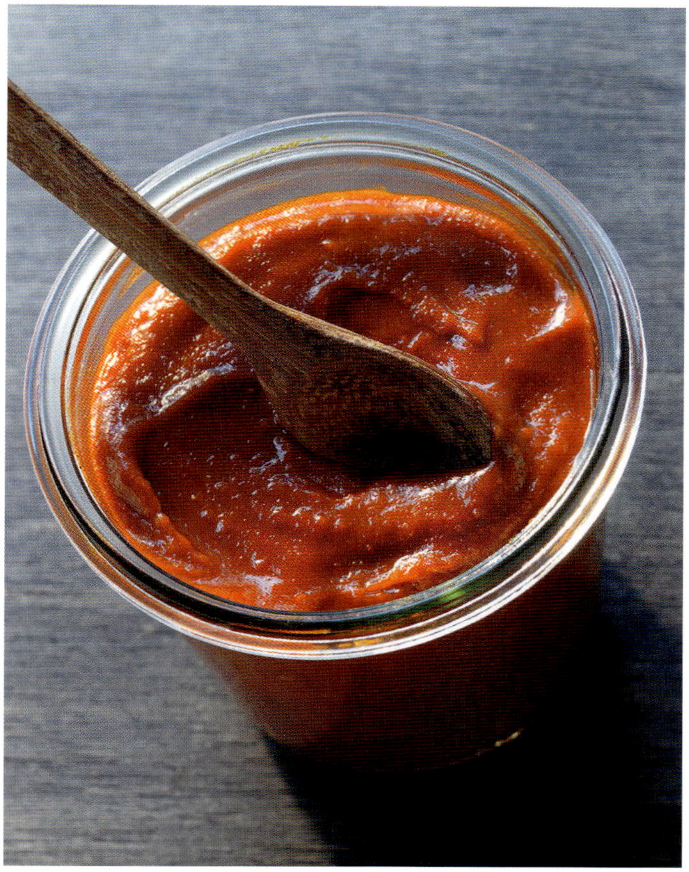

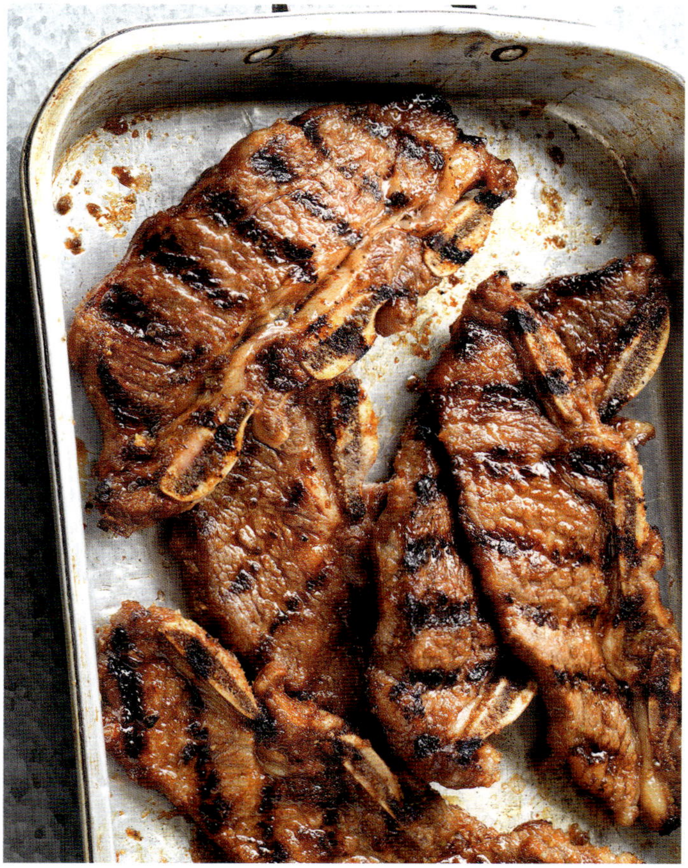

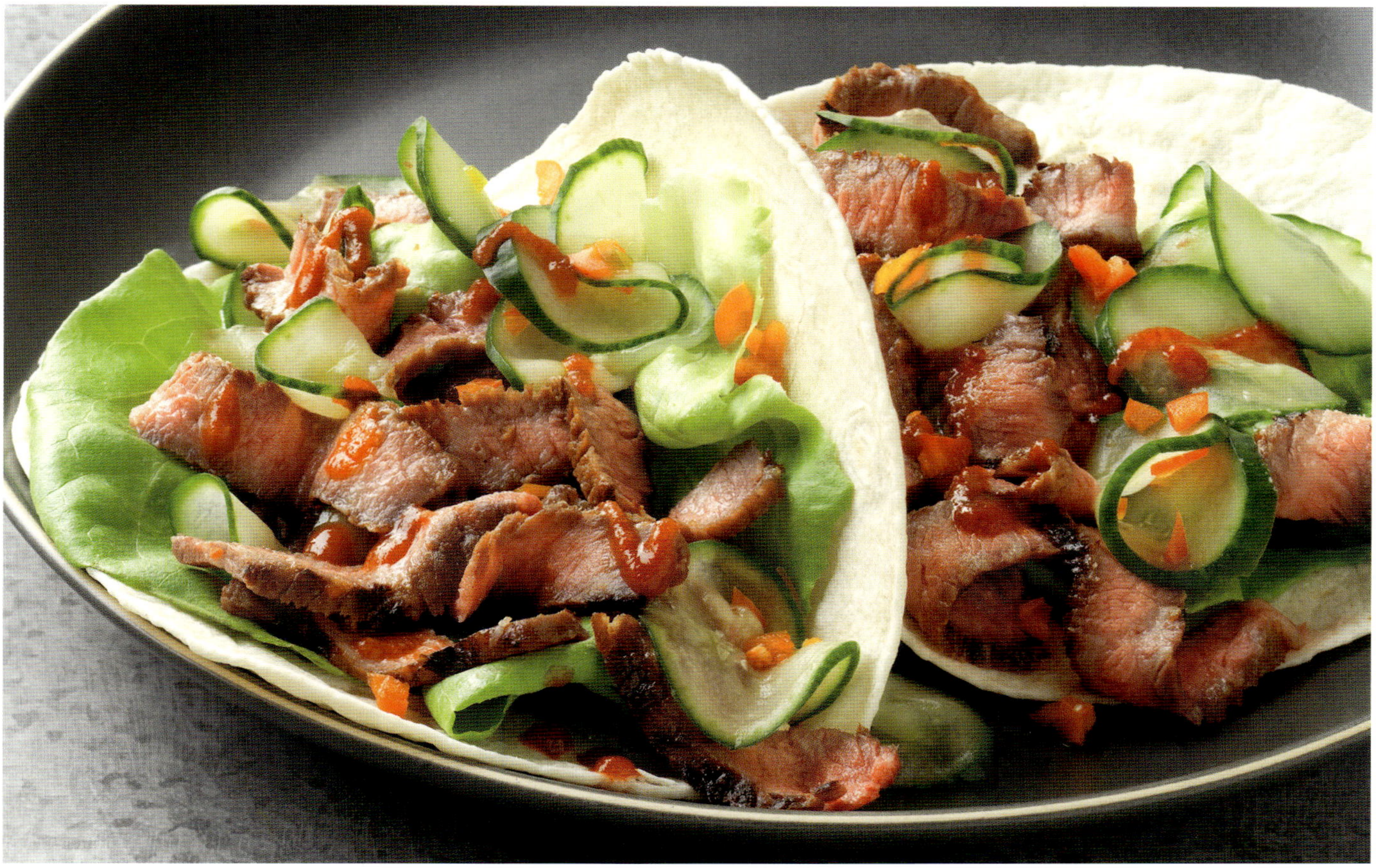

SHORT RIBS NEW MEXICO

FÜR 6 PERSONEN | **ZUBEREITUNGSZEIT:** 30 MIN.
GRILLZEIT: 3½–4 STD. | **ZUBEHÖR:** GROSSER GRILLFESTER DUTCH OVEN (6 L INHALT)

- 2 kg Rinderippenscheiben mit Knochen (Leiterstück), in 8–10 cm große Stücke geschnitten
- 3 EL Olivenöl

FÜR DEN SCHMORFOND
- 5 dicke Scheiben Speck, gewürfelt
- 350 g rote Zwiebeln, gewürfelt
- 450 g grüne Paprikaschoten, gewürfelt
- 1 EL gehackte Chipotle-Chili in Adobo-Sauce (Dose)
- 1 EL Adobo-Sauce (aus der Dose)
- 2 TL fein gehackter Knoblauch
- 2 EL reines Chilipulver (vorzugsweise aus New-Mexico-Schoten)
- 1 TL geräuchertes Paprikapulver
- 2 TL getrockneter Oregano
- 2 TL gemahlener Kreuzkümmel
- 1½ TL grobes Meersalz
- ½ TL frisch gemahlener schwarzer Pfeffer
- 800 g grob passierte Tomaten (Passata rustica)
- 1 kleine Flasche (0,33 l) Amber-Bier
- 150 ml frisch gepresster Orangensaft

- 2 gehäufte EL fein abgeriebene Schale von 1–2 Bio-Orangen

In Texas werden ganze Rippenleitern im Pfeffermantel auf den Grill gelegt. In New Mexico dagegen schneidet man die Rippen in kleinere Blöcke und gart sie in feuchter Hitze. Brät man Short Ribs zuerst über direkter Hitze an und schmort sie anschließend in einem Topf über indirekter Hitze, entsteht ein für den amerikanischen Südwesten typisches Gericht voller Raucharomen. Dazu passen hervorragend Tortillas, aber auch Reis und Bohnen. Oder Sie servieren die Ribs auf einem Bett aus Kartoffelpüree, das die herabtropfende Schmorflüssigkeit aufnimmt.

1 Den Grill für direkte und indirekte mittlere Hitze (175–200 °C) vorbereiten.

2 Die Ribs großzügig von allen Seiten mit Öl bestreichen und über *direkter mittlerer Hitze* bei geschlossenem Deckel etwa 10 Min. grillen, bis sie schön gebräunt sind, dabei ab und zu wenden. Die Ribs anschließend über indirekte Hitze legen und den Schmorfond zubereiten.

3 Den Dutch Oven über *direkter mittlerer Hitze* vorheizen. Den Speck in den Topf geben und bei geschlossenem Grilldeckel in 6–7 Min. knusprig braten, dabei gelegentlich umrühren. Zwiebeln und Paprikaschoten zufügen und unter häufigem Rühren weich dünsten. Achten Sie darauf, dass die Temperatur im Grill 200 °C nicht überschreitet. Chipotle-Chilis, Adobo-Sauce und Knoblauch unterrühren und 1 Min. mitgaren. Chili- und Paprikapulver, Oregano, Kreuzkümmel, Salz und Pfeffer dazugeben und 20 Sek. rösten, bis sie aromatisch duften. Passierte Tomaten, Bier und Orangensaft unterrühren, dabei den Bratensatz am Topfboden lösen.

4 Die Ribs in den Schmorfond einlegen und den Fond über *direkter mittlerer Hitze* unter ständigem Rühren zum Kochen bringen. Wenn nötig, die Hitze im Grill erhöhen. Den Dutch Oven verschließen und in die indirekte Zone ziehen. Die Grilltemperatur auf schwache Hitze absenken (etwa 150 °C) und die Ribs über *indirekter schwacher Hitze* bei geschlossenem Deckel 3–3½ Std. schmoren, bis das Fleisch ganz zart ist. Sollte der Fond in dieser Zeit zu dickflüssig werden, stündlich 120 ml Wasser zugießen. Den Dutch Oven vom Grill nehmen. Die Orangenschale einrühren und 10 Min. ziehen lassen. Anschließend das Fett von der Oberfläche des Fonds abschöpfen. Das Fleisch mit Reis und Bohnen, in Tortillas gewickelt oder mit Kartoffelpüree warm servieren.

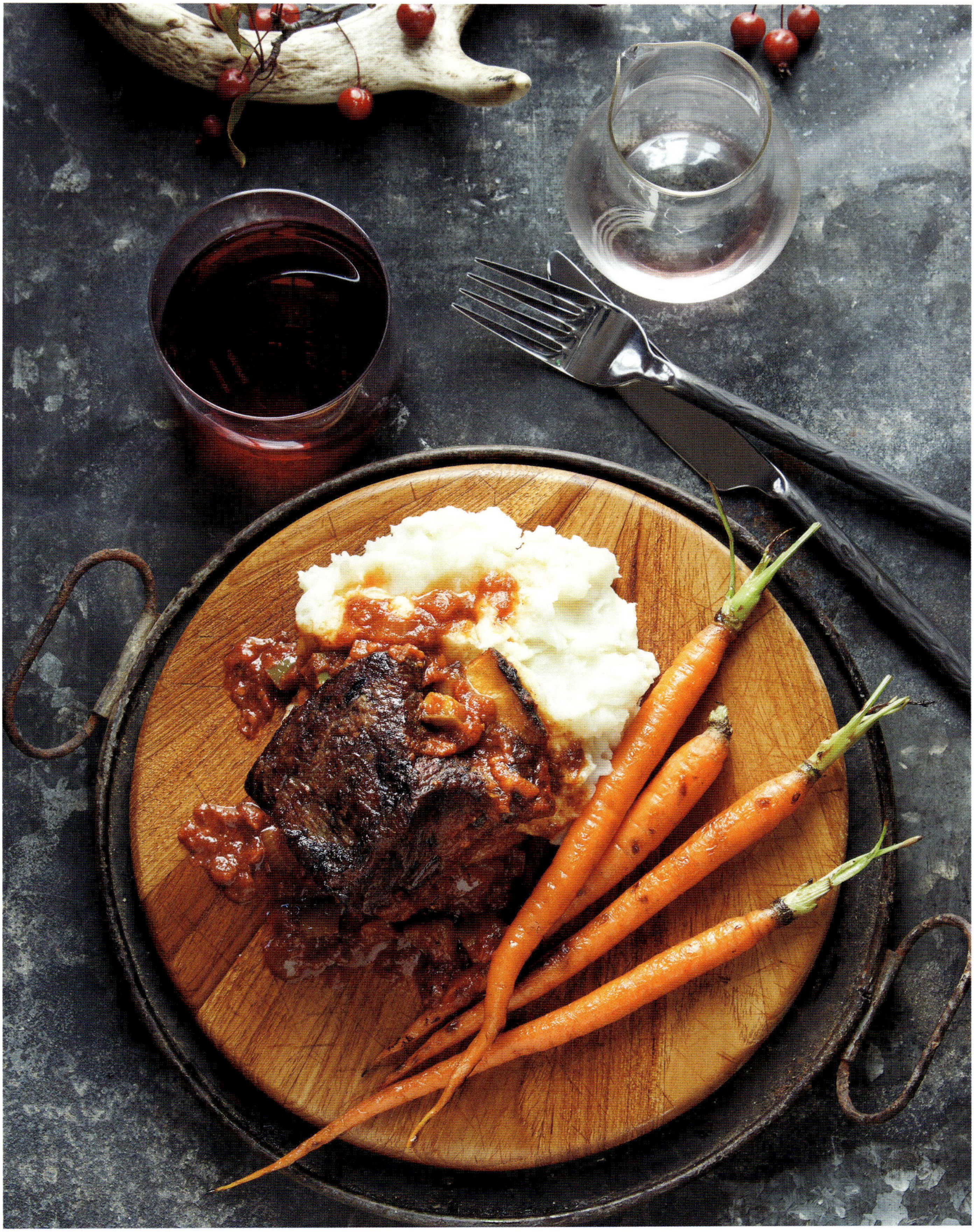

CENTRAL TEXAS BEEF SHORT RIBS

FÜR 6–8 PERSONEN | ZUBEREITUNGSZEIT: 15 MIN. | **GARZEIT:** 6–7 STD. | **RUHEZEIT:** 1–2 STD.
ZUBEHÖR: RÄUCHERGRILL (WATER SMOKER), 4 GROSSE MESQUITE- ODER EICHENHOLZ-CHUNKS, MIT WASSER GEFÜLLTE SPRÜHFLASCHE, DIGITALES FLEISCHTHERMOMETER, TROCKENE, GUT ISOLIERTE KÜHLBOX

FÜR DIE WÜRZMISCHUNG
1 EL plus 2 TL grob gemahlener schwarzer Pfeffer
1 EL grobes Meersalz
2 TL Knoblauchgranulat

2 Rippenleitern mit je 4 Knochen und 5 cm dicker Fleischschicht (aus der Knochendünnung geschnitten; je etwa 2 kg), überschüssiges Fett entfernt

Dieses Rezept ist einem unvergesslichen Tag zu verdanken, den ich mit Wayne Mueller verbracht habe, Pitmaster in dritter Generation im Louie Mueller Barbecue im texanischen Taylor. Wayne macht die großartigsten Beef Ribs, die ich jemals probiert habe.

1 Die Zutaten für die Würzmischung vermengen und die Rippen überwiegend auf der Fleischseite damit würzen.

2 Den Räuchergrill für indirekte schwache Hitze (135–150 °C) vorbereiten. Die Wasserschale zur Hälfte mit Wasser füllen. Sobald die Temperatur im Grill 135 °C erreicht hat, die Chunks auf die Glut geben.

3 Die Rippenleitern mit den Knochen nach unten auf den oberen und gegebenenfalls unteren Rost legen und über *indirekter schwacher Hitze* bei geschlossenem Deckel 6–7 Std. räuchern. Nach 3 Std. die Rippen mehrmals mit Wasser besprühen und, wenn beide Roste verwendet werden, die Rippen umschichten: Die Rippen vom oberen Rost auf den unteren legen und umgekehrt. Weiter über *indirekter schwacher Hitze* bei geschlossenem Deckel garen, bis die Ribs so zart sind, dass der Messfühler des Thermometers fast ohne Widerstand durch das Fleisch gleitet. Das Fleisch sollte sich auf Fingerdruck so weich wie ein Marshmallow anfühlen und an der dicksten Stelle eine Kerntemperatur von 93 °C haben. Besser als die Kerntemperatur zeigt jedoch die Mürbheit des Fleisches den richtigen Gargrad an. Die Ribs erneut mit Wasser besprühen. Jede Rippe separat in drei Lagen Frischhaltefolie einwickeln und für 1–2 Std. in die Kühlbox legen.

4 Die Rippenleitern auspacken und zwischen den Knochen in einzelne Ribs schneiden. Warm servieren. In Texas werden Ribs ohne Sauce serviert.

LOUIE MUELLER BARBECUE

Den Schlüssel zu den sensationellen BBQ-Gerichten in Muellers Restaurant findet man weniger in seinen Rezepten, sondern vielmehr in seinem profunden Wissen über Feuer und Thermodynamik. Seine Köche lernen vor allem, wie man ein anständiges Feuer anschürt, wie man jeden Tag aufs Neue Temperaturen und Luftfeuchtigkeit konstant hält und wie unterschiedlich Frischholz im Gegensatz zu kammergetrocknetem oder gut abgelagertem Holz brennt. Er meint: »Meine schwierigste Aufgabe besteht darin, aus meinen Mitarbeitern menschliche Thermostate zu machen. Vermeintlich kleine, harmlose Änderungen, etwa Windgeschwindigkeit, Windrichtung, barometrischer Druck und Luftfeuchtigkeit, beeinflussen den Garvorgang des Fleisches. Beim Barbecue geht es darum, all diese Variablen unter Kontrolle zu halten, und zwar intuitiv, was viel Erfahrung voraussetzt.« Mueller hat trotzdem einige Tipps, die wir alle nutzen können:

1 *Bei Beef Short Ribs unterscheidet man zwei Zuschnitte: Chuck Ribs werden aus dem Leiterstück der Querrippe geschnitten und die etwas tiefer sitzenden Plate Ribs aus der Knochendünnung am Brustkern. Sie sind etwa 50% größer als Chuck Ribs. Das Verhältnis von Fleisch zu Knochen ist bei Plate Ribs viel größer als bei Chuck Ribs. Wayne bereitet deshalb ausschließlich Plate Ribs zu.*

2 *Wayne würzt die Ribs nur mit Salz und Pfeffer — und zwar mit mehr grob gemahlenem Pfeffer als mit Salz: Das Verhältnis liegt bei überraschenden 9 Teilen Pfeffer und nur 1 Teil Salz.*

3 *Er entfernt die Silberhaut nicht von den Knochen, sondern gart sie mit der Knochenseite nach unten über 6–7 Std. mit. In seinem Restaurant brennt ein Feuer aus heimischen Eichenholz an einem Ende einer langen Grube aus Ziegelsteinen und Metall. Wayne leitet den heißen Rauch ganz gezielt horizontal über die Ribs, dreht die eine oder andere Rippe aber auch gelegentlich um 90 Grad und setzt damit eine bestimmte Seite einem heißeren Wärmestrom aus. Die durchschnittliche Temperatur im Pit überschreitet aber nie 150 °C.*

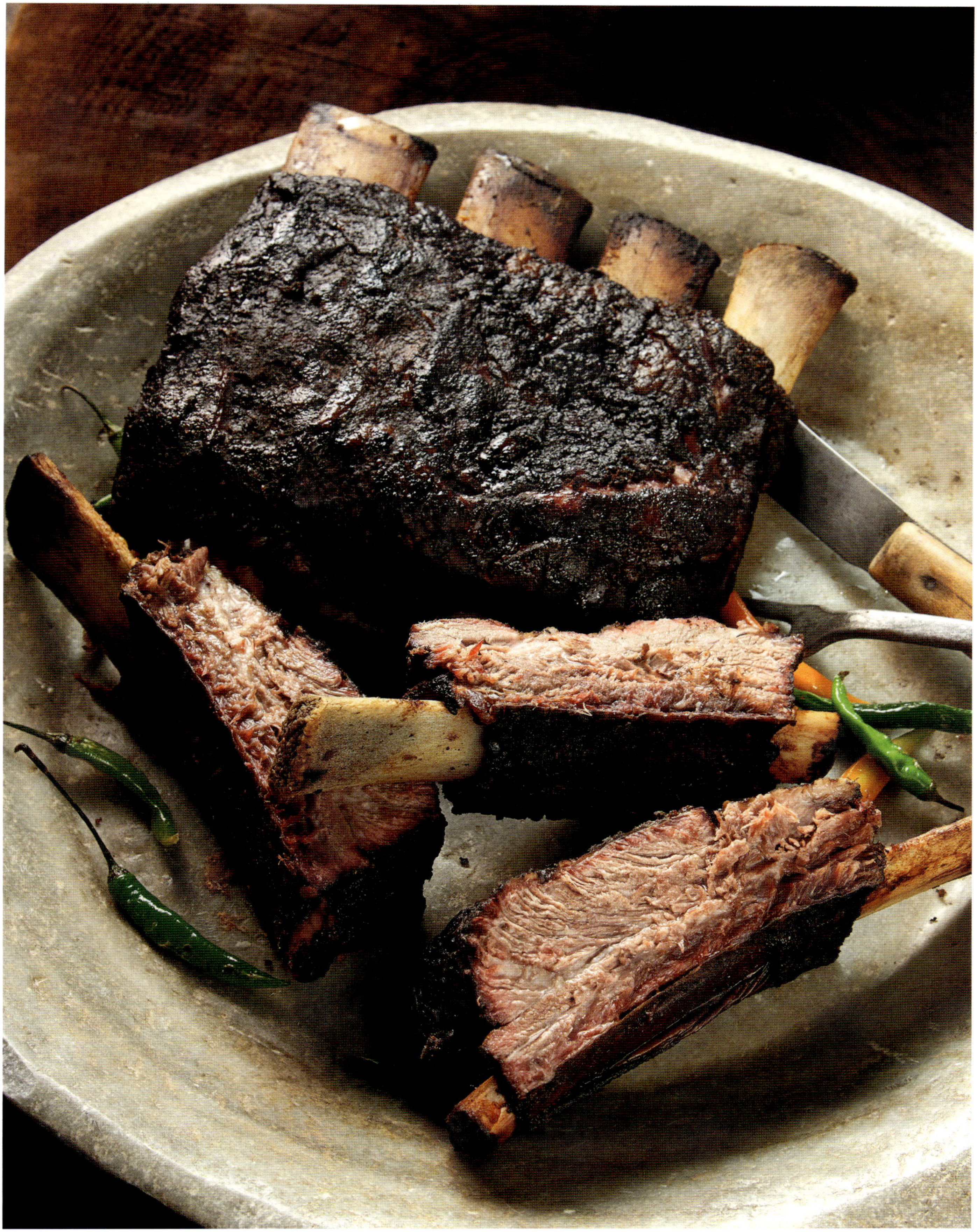

DAS COMEBACK VON LAMM UND BISON

Colorado

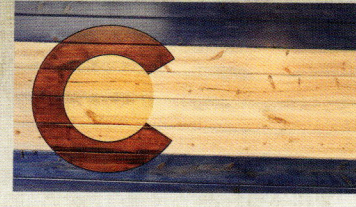

Im späten 17. und frühen 18. Jahrhundert erfreuten Colorados Zeitungen ihre Leser mit Geschichten von gigantischen Barbecue-Events mit bis zu 30.000 Teilnehmern, bei denen Groß- und Kleinvieh, aber auch allerlei Wildbret aufgefahren wurde. Vor allem das amerikanische Bison (irrtümlich auch Büffel genannt) sowie Lammfleisch waren damals sehr gefragt. Nachdem sie lange gründlich von Rind, Schwein und Geflügel verdrängt worden waren, erleben Bison und Lamm heute ein Comeback und kehren langsam zu altem Ruhm zurück.

»Wir haben Bison auf der Speisekarte, weil mein Stamm, die Osage Nation, aus den Plains stammt und Bison unser Haupteiweißlieferant war«, erklärt Ben Jacobs, Miteigentümer des Tocabe, einem indianischen Lokal in Denver. Die Ribs werden mit einem trockenen Rub eingerieben, 24 Stunden kalt gestellt und dann auf jeder Seite 6–7 Minuten über sehr starker Hitze gegrillt. Anschließend werden sie aufrecht in einen Rib-Halter gestellt, der in einer zur Hälfte mit Bisonbrühe oder dunklem Bier gefüllten Grillpfanne steht, und kommen so mit Alufolie abgedeckt für 2 Stunden bei 220 °C in den Ofen. Kurz vor dem Servieren werden sie noch einmal ein paar Minuten scharf angegrillt. Angelehnt an die traditionellen Beilagen seiner Vorfahren serviert Jacobs dazu eine Barbecue-Sauce mit Brombeeren oder Heidelbeeren.

Colorados enthusiastischter Bison-Botschafter war Sam'l P. Arnold (1926–2006), der ein umfassendes historisches Quellenstudium betrieben hatte, bevor er 1963 das schnell zum Kult gewordene The Fort in Morrison eröffnete, das sich der Küche des Wilden Westens widmete. Der heutige Chefkoch Randy Savala merkt an, dass The Fort seit nunmehr 10 Jahren wieder Bison Ribs anbietet. »Wir verwenden Hickoryholz und auch ein auf Hickory basierendes flüssiges Raucharoma und räuchern die Ribs 10 Stunden bei 95 °C. Vor dem Servieren erhitzen wir sie dann noch einmal 8 Minuten im 220 °C heißen Ofen und bestreichen sie in dieser Phase mit unserer Barbecue-Sauce, die etwas Whiskey enthält. Das versiegelt die Aromen und schützt das Fleisch vor dem Austrocknen«. Savala rät Hobbyköchen, Bisonfleisch wie Rind zu behandeln und vor dem Räuchern nur mit Salz und Pfeffer zu würzen. »Bisonfleisch ist süßer als Rind, und sein feiner Geschmack sollte nicht mit Gewürzen überdeckt werden«, so sein Credo.

Coy Webb wiederum schwebte etwas Außergewöhnliches vor, als er 2014 das Roaming Buffalo Bar-B-Que in Denver eröffnete. »Ich wuchs auf einer Farm in Texas auf, wo wir Schafe züchteten, habe später dann in New Mexico als Koch gearbeitet und lernte dort erstmals Colorado-Lamm kennen. Als ich nach Denver zog und beschloss, ein Lokal zu eröffnen, wollte ich einen Ort schaffen, der meine Cowboy-Herkunft widerspiegelt und gleichzeitig mit den Traditionen Colorados verwoben ist.« Neben Rind, Schwein und Geflügel stehen auf Webbs Speisekarte auch Bison Short Ribs, Lammkeule und -schulter. Je nach Größe und Knochendicke räuchert Webb seine Bison Ribs 5–7 Stunden, die Lammschulter zwischen 14 und 16 Stunden und die Lammkeule 4½ Stunden bei Temperaturen von 100–115 °C. Er verwendet zum Räuchern eine Pekanholz-Mischung und empfiehlt sie oder ein ähnlich mildes Holz allen, die Bison- oder Lammfleisch zuhause zubereiten möchten.

VON DEN BESTEN LERNEN
BRISKET

Aaron Franklin ist derzeit der hellste Stern der Barbecue-Galaxie. Er kocht in seinem Lokal am Interstate Highway 35 in Austin, Texas, das er einst in einem Trailer eröffnet hatte. 2015 gewann er den James Beard Award als bester Koch des Südwestens der USA. Fast jeden Tag stehen Barbecue-Fans aus dem ganzen Land (eigentlich aus der ganzen Welt) vor dem Lokal und quer über den Parkplatz mehrere Stunden an, bevor das Lokal seine Pforten öffnet. Wer es hineingeschafft hat, feiert sein Glück. Die Leute schicken Selfies mit Franklins Essen quer durch das Internet und die Blogosphäre und feuern so die Franklin-Barbecue-Manie noch weiter an.

Bei einem Treffen fragte ich ihn ganz direkt, was Barbecue denn nun sei. Seine Antwort fiel etwas überraschend aus: »Per Definition ist Barbecue alles, was über echtem Feuer gegart wird. Ganz einfach. Grillen gehört dazu. Hotdogs gehören auch dazu. Hotdogs sind prima und ganz schnell fertig. Für mich heißt Barbecue, Zeit und Liebe zu investieren. Es bedeutet etwas. Ich persönlich denke dabei an langsam gegartes Fleisch und jede Menge Holz. Hier in Zentraltexas haben wir eine eingeschworene Szene, die eine sehr genaue Vorstellung von Barbecue hat ... Wenn Leute das aber anders sehen, ist das genauso cool. Jeder sollte Barbecue so machen, wie er will.«

BARBECUE-KNOW-HOW

VORBEREITUNG

Franklin rät, sich beim Parieren des Brisket vorzustellen, wie der Rauch und die Hitze im Smoker um das Fleisch strömen. Das Fleisch sollte deshalb so gut wie möglich in eine aerodynamische Form gebracht werden. Abstehende Fleischteile trocknen aus oder verbrennen. Daher pariert Franklin ein Brisket weitaus gründlicher als manch anderer. An den Längsseiten des Brisket entfernt er lange, 2½ cm breite Fleischstreifen und am Ende des Flat-Stücks rundet er die Ecken ab.

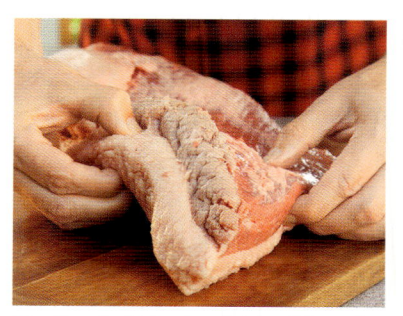

American Brisket besteht aus zwei Muskelsträngen der Rinderbrust, die in einem mächtigen Stück Fleisch, dem Brustspitz, verbunden sind. Je stärker diese Muskeln beansprucht wurden, umso härter und zäher sind sie. Der relativ fettreiche Muskel, den Sie oben im Bild zwischen meinen Händen sehen, ist der Supraspinatusmuskel, der bei einem Brisket *point* genannt wird.

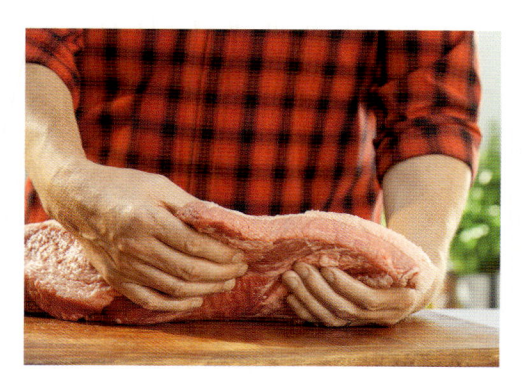

Der Fettdeckel sollte gleichmäßig auf etwa ½ cm zurückgeschnitten, aber nicht ganz entfernt werden. Durch die dünne Fettschicht kann der Rauch besser ins Fleisch dringen.

Auch das harte Fett an den Seiten des Brisket sollte abgeschnitten werden, genauso wie gräulich verfärbtes Fleisch in diesem Bereich – ein Zeichen dafür, dass das Fleisch zu lange im eigenen Saft lag.

Der zweite Muskel ist der Pectoralismuskel, den wir *flat* nennen. Das magere, flache, rechtwinklige Muskelfleisch liegt unterhalb des Point-Stücks und erstreckt sich über die gesamte Länge des Brisket. Die Herausforderung beim Räuchern eines Brisket liegt darin, dass die beiden unterschiedlichen Fleischzuschnitte gleichzeitig gar werden. Ähnlich wie bei einem Truthahn, wo das dunkle Schenkelfleisch und das helle Brustfleisch zur selben Zeit fertig sein sollen. Es ist nur ungleich schwieriger.

Wählen Sie ein Brisket, dessen Flat-Stück von einem zum anderen Ende relativ dick und nirgendwo dünner als 2½ cm ist, denn das dünne Fleisch würde austrocknen, lang bevor der Rest gar ist. Achten Sie darüber hinaus auf Größe und Gewicht: Das Brisket sollte mindestens 4½ kg wiegen. Nur wenn es groß genug ist, kann es auch lange genug garen, um sein reichliches Kollagen zu schmelzen. Idealerweise kaufen Sie eine *Full Packer Brisket* zwischen 5½ und 7 kg.

Auf der Unterseite mit einem Messer mit dünner Klinge unter Fettschichten und Silberhaut fahren und diese wegschneiden.

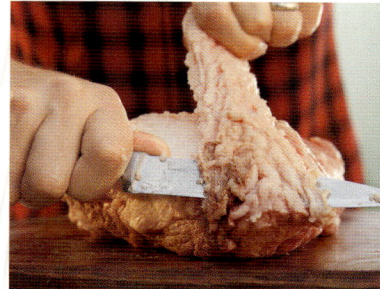

Zwischen Point- und Flat-Stück befindet sich ein größerer Fettklumpen, den Sie entfernen sollten. Er ist zu dick und groß, als dass er schmelzen würde.

WÜRZEN

Ein Brisket liegt 10–16 Stunden im Rauch. Würden Sie es vorher mit besonderen Gewürzen wie Kreuzkümmel oder Senfpulver würzen, wird der Rauch diese Aromen irgendwann völlig überdecken. Halten Sie sich besser an zwei bis drei Basisgewürze. Franklin würzt nach klassischem Texas-Stil zu gleichen Teilen mit grobem Meersalz und grob gemahlenem schwarzem Pfeffer, die er auf allen Seiten dünn aufträgt.

BRISKET FÜR EINSTEIGER

FÜR 10 PERSONEN | **ZUBEREITUNGSZEIT:** 30 MIN. | **GARZEIT:** 6–7 STD.
RUHEZEIT: 2–3 STD. | **ZUBEHÖR:** RÄUCHERGRILL (WATER SMOKER), SPRÜHFLASCHE MIT WASSER, 6–8 GROSSE MESQUITE-, EICHEN- ODER APFELHOLZ-CHUNKS, DIGITALES FLEISCHTHERMOMETER, EXTRA REISSFESTE ALUFOLIE, TROCKENE, GUT ISOLIERTE KÜHLBOX

Eine gut 6 kg schwere Rinderbrust erfordert insgesamt eine Zubereitungs- und Räucherzeit von etwa 16 Stunden. Mit diesem Rezept möchte ich Ihnen eine Alternative bieten, mit der Sie am frühen Vormittag beginnen können und bereits zum Abendessen fertig sind. Erforderlich dafür ist eine relativ kleine Rinderbrust (4½–5½ kg), die zuerst 6–7 Stunden im Räuchergrill gart und anschließend noch einmal 2–3 Stunden in einer Kühlbox nachzieht. Das kulinarische Ergebnis kann sich jedenfalls mehr als sehen lassen. Nicht ungewöhnlich ist übrigens, dass am Ende das Fleisch des Flat-Stücks ein wenig trocken wird. Sie können sich das etwas trockenere Fleisch trotzdem richtig schmecken lassen, indem Sie es zusammen mit saftigeren Scheiben aus dem Point-Stück grob zerpflücken und in Burger-Brötchen servieren. Geben Sie dabei auch Barbecue-Sauce in die Brötchen, das verleiht eine Extraportion Saftigkeit und Geschmack.

Nach etwa 4 Stunden Räuchern sollte die Brust eine schöne dunkle Kruste haben. Nehmen Sie sie jetzt aus dem Grill, besprühen Sie beide Seiten mit Wasser und schlagen Sie sie in eine doppelte bis dreifache Lage Alufolie ein. Die eingewickelte Brust kommt zurück in den Grill, bis das Fleisch so weich wie ein Marshmallow ist. Die Kerntemperatur beträgt dann um die 93 °C (bzw. 200 °F auf dem hier abgebildeten Thermometer). Das Fleisch muss anschließend in der Folie 2–3 Stunden in einer Kühlbox nachziehen. Lassen Sie diese Phase der Muskelentspannung auf keinen Fall aus!

1 ausgelöste Rinderbrust mit Fettauflage (4½–5½ kg Brustspitz, nach US-Zuschnitt mit Flat- und Point-Stück), nicht pariert
5 EL grobes Meersalz
4 EL frisch gemahlener schwarzer Pfeffer
500 ml Barbecue-Sauce (nehmen Sie Ihre Lieblingssauce)
10 Burger-Brötchen, aufgeschnitten

1 Den Fettdeckel der Rinderbrust mit einem sehr scharfen Messer gleichmäßig bis auf ½ cm abschneiden (auf keinen Fall das Fett ganz wegschneiden). Das Fleisch umdrehen und die dünne Silberhaut entfernen, sodass das grob gemaserte Fleisch darunter sichtbar wird. Harte Fettklumpen auf beiden Seiten der Brust abschneiden.

2. Salz und Pfeffer mischen. Die Rinderbrust gleichmäßig von allen Seiten mit der Würzmischung einreiben. Das Fleisch vor dem Grillen kalt stellen.

3. Den Räuchergrill für indirekte sehr schwache Hitze (etwa 110 °C) vorbereiten.

4. Die Rinderbrust auf beiden Seiten mit Wasser nass sprühen. Die Hälfte der Chunks auf die Glut geben. Sobald Rauch entsteht, die Rinderbrust mit der Fettseite nach unten auf die oberste Ebene in den Räuchergrill legen und den Deckel schließen. Das Fleisch bei **indirekter sehr schwacher Hitze** etwa 4 Std. räuchern, bis sich eine schön dunkle Kruste gebildet hat, dabei nach 1 Std. die restlichen Holzstücke auf die Glut geben. Die tiefdunkle Farbe der Kruste ist ein sicheres Anzeichen dafür, dass das Fleisch jetzt »versiegelt« ist, d. h. kaum mehr Raucharomen aufnimmt. Für Sie ist das der Zeitpunkt, an dem Sie das Fleisch in Alufolie einwickeln müssen. Die Farbe der Kruste ist dafür der wichtigste Hinweis, sie sollten jedoch zusätzlich mit dem Fleischthermometer die Kerntemperatur messen, die an der dicksten Stelle der Brust 65–70 °C betragen sollte.

5. Die Rinderbrust vom Grill nehmen und auf beiden Seiten erneut mit Wasser besprühen. Anschließend mit der Fettseite nach unten dicht in eine doppelte oder dreifache Lage extra reißfeste Alufolie einwickeln.

6. Die eingepackte Rinderbrust mit der Fettseite nach unten zurück auf die oberste Ebene des Räuchergrills legen. Über **indirekter sehr schwacher Hitze** und bei geschlossenem Deckel 2–3 Std. weitergaren, bis sich das in Folie gewickelte Fleisch auf Fingerdruck weich wie ein Riesen-Marshmallow anfühlt und die Kerntemperatur zwischen 90 und 95 °C liegt (die Mürbheit des Fleisches zeigt den richtigen Gargrad jedoch besser an als die Kerntemperatur). Bitte bedenken Sie dabei, dass die Garzeit auch von der verwendeten Rinderrasse und anderen Eigenschaften des Fleisches abhängt.

7. Die Rinderbrust in der Folie vom Grill nehmen und in eine trockene, gut isolierte Kühlbox legen. Die Kühlbox schließen und das Fleisch etwa 2–3 Std. nachziehen lassen.

8. Danach die Rinderbrust auf einem Schneidbrett vorsichtig aus der Folie wickeln und den kostbaren Fleischsaft in der Folie auffangen.

9. Die Barbecue-Sauce bei mittlerer Stufe auf dem Herd etwa 5 Min. erwärmen. Die Rinderbrust quer zur Faser in dünne Scheiben schneiden und warm mit der Sauce servieren. Nach Belieben den aufgefangenen Fleischsaft vorher noch in die Sauce rühren. Sollte das Fleisch des Flat-Stücks etwas trocken sein, zerpflücken Sie es grob und mischen Sie es nach Geschmack mit Barbecue-Sauce. Anschließend warm in den Brötchen servieren.

TEXAS BRISKET

FÜR 10–12 PERSONEN | **ZUBEREITUNGSZEIT:** 30 MIN. | **GARZEIT:** 8–10 STD. | **RUHEZEIT:** 2–3 STD.
ZUBEHÖR: 3 GROSSE MESQUITEHOLZ- UND 3 HICKORYHOLZ-CHUNKS, RÄUCHERGRILL (WATER SMOKER), MIT WASSER GEFÜLLTE SPRÜHFLASCHE, DIGITALES FLEISCHTHERMOMETER, EXTRA GROSSE EINWEG-ALUSCHALE FÜR BRATEN, TROCKENE, GUT ISOLIERTE KÜHLBOX

Für ein richtig gutes Texas Brisket brauchen Sie exzellentes Fleisch, das nur mit Salz und Pfeffer gewürzt wird (in Texas nennt man die Mischung Dalmation rub, also Dalmatiner Rub, weil sie schwarz-weiß ist). Bitten Sie Ihren Metzger, Ihnen eine große Rinderbrust von zum Beispiel zertifiziertem Angus-Rind zu besorgen, dessen Fleisch hinsichtlich Geschmack und Zartheit höchsten Ansprüchen genügt, und sie als sogenannte Full Packer Brisket zuzuschneiden. Andernfalls finden Sie auch im Internet Anbieter von hochwertigem US Beef. Ihre Chance auf ein sensationelles Ergebnis ist mit einem Brisket solcher Qualität fast schon garantiert.

FÜR DIE WÜRZMISCHUNG
4 EL grobes Meersalz
3 EL frisch gemahlener schwarzer Pfeffer
3 EL Rohrohrzucker (nach Belieben)

1 ausgelöste Rinderbrust mit Fettauflage (Brustspitz, nach US-Zuschnitt mit Flat- und Point-Stück, eine sogenannte Full Packer Brisket), 5½–6½ kg, nicht pariert
120 ml Rinderbrühe

1 Die Zutaten für die Würzmischung vermengen.

2 Die Fettauflage der Rinderbrust mit einem sehr scharfen Messer gleichmäßig bis auf ½ cm zurückschneiden (auf keinen Fall das Fett ganz wegschneiden). Die Brust umdrehen und die dünne Haut entfernen, sodass das grob gemaserte Fleisch darunter sichtbar wird. Harte Fettklumpen auf beiden Seiten abschneiden. Die Ecken der Brust so gut es geht abrunden. Grau angelaufene Stellen wegschneiden.

3 Die Rinderbrust rundherum gleichmäßig mit der Würzmischung bestreuen und dabei auch die schmalen Seiten würzen. Vor dem Grillen bis zu 24 Std. abgedeckt in den Kühlschrank stellen.

4 Den Räuchergrill für indirekte sehr schwache Hitze (etwa 110 °C) vorbereiten.

5 Die Chunks auf die Glut geben. Sobald Rauch entsteht, die Rinderbrust auf beiden Seiten mit Wasser besprühen, bis die Oberfläche zwar feucht, aber nicht nass ist. Mit der Fettseite nach unten auf den obe-

Das Fleisch des Brisket muss gegen die Faser in Scheiben geschnitten werden, nur dann zergeht es förmlich auf der Zunge (der Faserverlauf von Flat- und Point-Stück ist jedoch unterschiedlich). Ich halte mich an die Technik von Franklin Barbecue. Das Brisket mit dem dicken Point-Stück nach oben auf ein großes Schneidbrett legen und zuerst das Flat-Stück quer zur Faser in ½ cm dünne Scheiben schneiden (Bild oben links). Sobald Sie am Übergang zwischen Flat- und Point-Stück angekommen sind, die Fleischscheiben dicht an dicht (damit sie nicht austrocknen) beiseitelegen. Das Point-Stück um 90 Grad drehen, die Schnittfläche zeigt jetzt also von Ihnen weg, und quer halbieren (Bild oben rechts). Das Brisket ist perfekt gegart, wenn die Fettschicht und das Kollagen zwischen Flat- und Point-Stück schön weich sind und das Fleisch saftig aussieht (Bild unten links). Die Point-Hälften in etwas dickere Scheiben schneiden als das Flat-Stück (Bild unten rechts). Das Brisket immer erst kurz vor dem Servieren aufschneiden, dann bleibt das Fleisch warm und saftig.

ren Rost in den Räuchergrill legen und den Deckel schließen. Das Fleisch bei **indirekter sehr schwacher Hitze** 4–5 Std. räuchern, bis sich eine schön dunkle Kruste gebildet hat wie auf dem Bild unten. Die tiefdunkle Farbe der Kruste zeigt an, dass das Fleisch jetzt »versiegelt« ist, also kaum mehr Raucharomen aufnimmt. Jetzt muss das Fleisch in Alufolie eingewickelt werden. Die Farbe der Kruste ist dafür der wichtigste Hinweis, zusätzlich sollten Sie aber auch die Kerntemperatur messen, die an der dicksten Stelle 65–70 °C betragen sollte.

6 Die Rinderbrust aus dem Grill nehmen, mit der Fettseite nach unten in die Aluschale legen und mit der Brühe übergießen. Die Schale dicht mit Alufolie verschließen und auf den oberen Rost in den Grill stellen. Die Grilltemperatur möglichst auf etwa 100 °C absenken. Die Rinderbrust 4–5 Std. weitergaren, bis das Fleisch so zart und mürbe ist, dass es sich auf Fingerdruck durch die Folie weich wie ein Marshmallow anfühlt und seine Kerntemperatur 90–95 °C beträgt. Prüfen Sie per Fingerdruck stündlich die Mürbheit des Fleisches und messen Sie seine Kerntemperatur, denn die Garzeit hängt auch von der verwendeten Rinderrasse und anderen Eigenschaften des Fleisches ab und kann variieren.

7 Die Rinderbrust in der abgedeckten Schale in die Kühlbox geben und in der verschlossenen Box 2–3 Std. nachziehen lassen. Lassen Sie diese Ruhephase nicht aus, andernfalls entspannen sich die Muskeln nicht.

8 Die Brust behutsam aus der Schale auf ein Schneidbrett heben, dabei nichts von dem kostbaren Bratensaft in der Schale verschütten. Den Bratensaft vorsichtig in eine kleine Schüssel gießen. Sollte die Kruste der Rinderbrust nicht dunkel genug sein, die Brust ein paar Minuten ohne Folie ruhen lassen. Der Sauerstoff wird das Fleisch nachdunkeln. Die Rinderbrust quer zur Faser in dünne Scheiben schneiden. Jede Scheibe einzeln in den Bratensaft tauchen und warm servieren. Übrigen Bratensaft über die Fleischscheiben träufeln.

AMERICAN KOBE BRISKET
MIT BURNT ENDS

FÜR 10–12 PERSONEN | **ZUBEREITUNGSZEIT:** 30 MIN. | **GARZEIT:** 10–12 STD. | **RUHEZEIT:** 2–3 STD.
ZUBEHÖR: RÄUCHERGRILL (WATER SMOKER), EXTRA GROSSE EINWEG-ALUSCHALE FÜR BRATEN,
6 GROSSE KIRSCHHOLZ-CHUNKS, DIGITALES FLEISCHTHERMOMETER, EXTRA REISSFESTE ALUFOLIE,
TROCKENE, GUT ISOLIERTE KÜHLBOX, GROSSE EINWEG-ALUSCHALE

Barbecue hat sich fast zu so etwas wie einer Sportart entwickelt, die sich immer mehr verbreitet und deren Ansprüche steigen. Barbecue-Teams bereiten auf Wettbewerben deshalb auch zunehmend Premiumfleisch zu, für das sie saftige Preise zahlen, etwa für »American Style Kobe Beef«. Kobe-Rinder sind Wagyu-Rinder, die in der Gegend von Kobe in Japan gezüchtet werden. In den USA kreuzten einige Rinderbauern japanische Wagyu- mit Angus-Rindern zum American Style Kobe Beef, das sich durch einzigartiges fettmarmoriertes Fleisch und unvergleichliche Geschmackskomplexität auszeichnet – so wie das unten abgebildete Brisket.

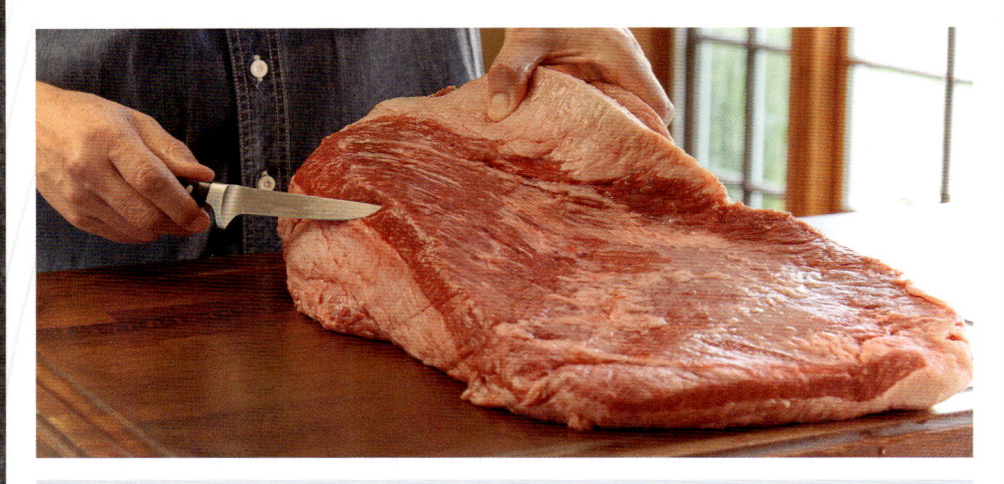

1 ausgelöste Rinderbrust mit Fettauflage vom Wagyu-Rind (Brustspitz, nach US-Zuschnitt mit Flat- und Point-Stück, eine sogenannte Full Packer Brisket), 5½–6½ kg, nicht pariert
60 ml Worcestersauce

FÜR DIE WÜRZMISCHUNG
4 EL grobes Meersalz
2 EL Paprikapulver
1 EL Zwiebelgranulat
1 EL Cayennepfeffer
1 EL frisch gemahlener schwarzer Pfeffer

FÜR DIE SAUCE (nach Belieben)
250 ml Barbecue-Sauce (nehmen Sie Ihre Lieblingssauce)
250 ml Rinderbrühe

Früher wurden die knusprig-fettigen Fleischreste, die beim Aufschneiden eines Briskets anfallen, von den Pitmastern in Kansas City nicht mitserviert, denn diese *burnt ends* galten als minderwertig. Heute werden die überaus geschmacksintensiven und meist mit karamellisierter Sauce überzogenen knusprigen Stückchen aus dem fetthaltigen Point-Anteil geschnitten und stehen nicht nur bei Wettbewerben mehr als hoch im Kurs. Trennen Sie das Point-Stück mit einem schrägen Schnitt vom Flat ab (Bild links unten) und schneiden Sie es zuerst in 2½ cm breite lange Streifen, dann in 2½ cm große Würfel (Bild unten rechts). Sie werden mit etwas Sauce vermischt und garen dann in einer Aluschale noch 1 Stunde oder länger im Räuchergrill, bis die Sauce auf dem Fleisch karamellisiert ist.

1 Die Fettauflage der Rinderbrust mit einem sehr scharfen Messer gleichmäßig bis auf ½ cm zurückschneiden (auf keinen Fall das Fett ganz wegschneiden). Die Brust umdrehen und die dünne Haut entfernen, sodass das grob gemaserte Fleisch darunter sichtbar wird. Das Ende des Flat-Stücks so weit abschneiden, bis es eine Dicke von mind. 2½ cm hat. Harte Fettklumpen auf beiden Seiten entfernen. Die Ecken der Brust so gut es geht abrunden. Grau angelaufene Stellen wegschneiden.

2 Die Rinderbrust in die Braten-Aluschale legen und mit Worcestersauce bestreichen. Die Zutaten für die Würzmischung vermengen und die Brust von allen Seiten damit würzen. Das Fleisch bis zu 24 Std. abgedeckt kalt stellen.

3. Den Räuchergrill für indirekte sehr schwache Hitze (möglichst 120 °C) vorbereiten.

4. Die Hälfte der Holzstücke auf die Glut geben. Sobald Rauch entsteht, die Rinderbrust aus der Aluschale nehmen und mit der Fettseite nach unten auf den oberen Rost legen. Den Deckel schließen. Die Aluschale beiseitestellen. Die Brust **über indirekter sehr schwacher Hitze** bei geschlossenem Deckel etwa 6 Std. garen, bis sie eine tief dunkelbraune Kruste gebildet hat. Nach der ersten Stunde die restlichen Chunks auf die Glut geben. Die tiefdunkle Farbe der Kruste zeigt an, dass das Fleisch jetzt »versiegelt« ist, also kaum mehr Raucharomen aufnimmt.

5. Das Fleisch mit der Fettseite nach unten zurück in die Aluschale legen. Die Schale dicht mit Alufolie verschließen und die Rinderbrust 4–6 Std. weitergaren, bis das Fleisch so zart und mürbe ist, dass es sich auf Fingerdruck durch die Folie weich wie ein Marshmallow anfühlt und seine Kerntemperatur 90–95 °C beträgt. Prüfen Sie per Fingerdruck stündlich die Mürbheit des Fleisches und messen Sie seine Kerntemperatur (die Mürbheit des Fleisches zeigt den richtigen Gargrad jedoch besser an als die Kerntemperatur).

6. Die Rinderbrust in der abgedeckten Schale in die Kühlbox geben und in der verschlossenen Box 2–3 Std. nachziehen lassen. Lassen Sie diese Ruhephase nicht aus, sie sorgt dafür, dass sich die Muskeln im Braten entspannen.

7. Inzwischen nach Belieben die Sauce zubereiten. Dafür Barbecue-Sauce und Brühe in einem Topf auf mittlerer Stufe unter häufigem Rühren aufkochen.

8. Die Rinderbrust behutsam aus der Schale auf ein Schneidbrett heben, dabei nichts von dem kostbaren Bratensaft in der Schale verschütten (Sie können den Bratensaft auch in die Sauce rühren). Das Point-Stück vom Flat-Stück abtrennen (siehe nebenstehendes Bild unten links). Das Flat-Stück zurück in die Schale legen, mit Alufolie abdecken und zum Warmhalten wieder in die Kühlbox stellen. Für die Burnt Ends das Point-Stück in 2½–5 cm große Würfel schneiden und in einer Lage in die Einweg-Aluschale geben. Nach Belieben die Fleischwürfel dünn mit Sauce überziehen. Die offene Aluschale in den Grill stellen und die Burnt Ends 1 Std. weitergaren.

9. Vor dem Servieren das Flat-Stück aus der Bratenschale nehmen und in bleistiftdünne Scheiben schneiden. Die Scheiben zusammen mit den knusprigen Burnt Ends entweder warm mit Sauce oder mit dem aufgefangenen Bratensaft beträufelt servieren.

ENCHILADAS SAN ANTONIO

FÜR 4–8 PERSONEN | ZUBEREITUNGSZEIT: 1 STD. | **GRILLZEIT:** ETWA 40 MIN.
ZUBEHÖR: GRILLFESTES BACKBLECH (ETWA 35 X 25 CM), BACK-ALUFOLIE

FÜR DIE SAUCE
7 getrocknete rote New-Mexico-Chilischoten, entstielt und entkernt
4 getrocknete Mulato-Chilischoten, entstielt und entkernt (siehe Bild unten)
5 Tomaten (je etwa 130 g), halbiert
1 große Zwiebel, quer in 1 cm dicke Scheiben geschnitten
2 EL Olivenöl
1 mittelgroße Knoblauchzehe, geschält
1 TL getrocknete mexikanische Oreganoblätter
1 TL gemahlener Kreuzkümmel
½ TL gemahlener Zimt
½ TL grobes Meersalz
½ TL frisch gemahlener schwarzer Pfeffer

500–600 g gegarter Rinderbrustbraten, das Fleisch zerpflückt
120 g Chilikäse (vorzugsweise Pepper Jack), gerieben
8 Weizentortillas (20 cm Ø)
180 g milder Cheddar-Käse, gerieben
4–8 Eier (Größe L)
2 Frühlingszwiebeln, in feine Scheiben geschnitten
Sourcream oder Schmand (nach Belieben)

Im texanischen San Antonio werden aus den Resten eines geräucherten Brisket Enchiladas zubereitet, eine leckere Kombination aus TexMex-Küche und der Barbecue-Tradition des Südwestens. Wichtig ist, dass das Fleisch so zart ist, dass es sich mit einer Gabel mühelos zerteilen lässt. Andernfalls müssen Sie es nachgaren: Besprühen Sie das Bratenstück rundherum mit Wasser und wickeln Sie es in Alufolie. Nach etwa 1 Stunde über indirekter mittlerer Hitze wird es so mürbe sein, dass Sie es mit einer Gabel zerpflücken können.

1 Die getrockneten Chilis in Stücke brechen. In einer großen Schüssel mit heißem Wasser bedecken und 20 Min. darin einweichen. Chilis über einer zweiten Schüssel durch ein Sieb abgießen. Chilis und Chiliwasser beiseitestellen.

2 Den Grill für direkte und indirekte mittlere Hitze (175–230 °C) vorbereiten.

3 Tomatenhälften und Zwiebelscheiben auf beiden Seiten mit Öl bestreichen und über **direkter mittlerer Hitze** bei geschlossenem Deckel 10–12 Min. grillen, bis sie weich und stellenweise kräftig gebräunt sind, dabei ein- bis zweimal wenden. Die Tomaten, die Hälfte der Zwiebeln und die abgetropften Chilis mit Knoblauch, Oregano, Kreuzkümmel, Zimt, Salz und Pfeffer im Mixer glatt pürieren. Dabei so viel von dem Chiliwasser untermixen, bis eine dickflüssige Sauce entsteht. Durch ein mittelfeines Sieb in eine Schüssel passieren.

4 Die übrigen Zwiebeln grob hacken und in einer großen Schüssel mit dem zerpflückten Fleisch und dem Chilikäse mischen.

5 Den Boden des grillfesten Backblechs gleichmäßig mit 120 ml Sauce bepinseln. Auf einer Arbeitsfläche die Tortillas mit je 2 EL Sauce bestreichen und in der Mitte mit einer Lage der Fleisch-Zwiebel-Mischung belegen. Die Tortillas fest aufrollen. Mit der Naht nach unten dicht nebeneinander auf das vorbereitete Backblech legen, mit der übrigen Sauce beträufeln und mit geriebenem Cheddar bestreuen. Das Blech mit einem großen Stück Back-Alufolie verschließen, dabei die Folie fest am Rand des Blechs zusammendrücken.

6 Die Enchiladas über **indirekter mittlerer Hitze** bei geschlossenem Deckel 20 Min. grillen. Anschließend die Folie entfernen und über **indirekter mittlerer Hitze** bei geschlossenem Deckel weitere 8–10 Min. grillen, bis sie blubbernd heiß sind und der Käse geschmolzen ist. Das Backblech vom Grill nehmen, die Enchiladas darauf 5 Min. ruhen lassen. Inzwischen die Eier zu Spiegeleiern braten. Auf die Enchiladas je 1 Spiegelei geben und warm mit Frühlingszwiebeln garniert servieren. Nach Belieben zu jeder Enchilada noch 1 Klecks Sourcream oder Schmand reichen.

Getrocknete Mulato-Chilis verleihen der Sauce eine dezente Schokoladennote. Diese besonderen Schoten finden Sie wahrscheinlich nur in mexikanischen oder lateinamerikanischen Feinkostläden beziehungsweise in spezialisierten Online-Shops. Oder Sie verwenden die etwas milderen Ancho-Chilis (so heißen getrocknete Poblanos).

RIND & LAMM

173

4
GEFLÜGEL

176	Zitronenhähnchen mit gegrilltem Mais, Tomaten und Emmer
178	Räucher-Hähnchen Bánh Mì mit eingelegten Jalapeños
180	Entenbrust mit rauchigem Pfirsich-Ingwer-Chutney
182	Betrunkene Thai-Nudeln mit Hähnchen und Basilikum

184 BARBECUE FEATURE
CHICAGO: BARBECUE IN BEWEGUNG

186	Von den Besten lernen: Hähnchenschenkel
188	Hähnchenschenkel mit süßer Aprikosen-Hoisin-Glasur
190	Gepökelte Hähnchenschenkel mit kirschfruchtiger Barbecue-Sauce
192	Hähnchen-Wurst-Gumbo
194	Jerk Chicken
196	Schmetterlingshähnchen mit Alabama White Sauce
198	Hähnchen unter Ziegelsteinen mit Rosmarin, Zitrone und Brotsalat
200	Bier-Hähnchen mit Chipotle-Würzpaste
202	Rotisserie-Hähnchen in Kräuterbuttermilch
204	Honig-glasierte Stubenküken
206	Geräucherte Puten-Pastrami
208	State-Fair-Putenschenkel
210	Geräucherter Truthahn mit kräuterwürziger Bratensauce

ZITRONENHÄHNCHEN
MIT GEGRILLTEM MAIS, TOMATEN UND EMMER

FÜR 4 PERSONEN | **ZUBEREITUNGSZEIT:** 45 MIN.
MARINIERZEIT: 1–4 STD. | **GRILLZEIT:** 16–22 MIN.

Am besten grillen Sie die Hähnchenfilets und den Mais auf einem Holzkohlegrill, weil der würzig-süße Duft von glühenden Kohlen diesen beiden Zutaten geschmacklich mehr Tiefe verleiht. Achten Sie aber darauf, das Hähnchenbrustfleisch und den Mais nicht zu übergaren: Das Fleisch muss saftig und die Maiskörner im Salat knackig-zart sein. Emmer ist ein Urgetreide, das in letzter Zeit wegen seines nussigen Geschmacks und seiner angenehm klebrigen Konsistenz neue Aufmerksamkeit genießt. Der hier verwendete Perl-Emmer muss nicht über Nacht eingeweicht werden. Anstelle von Emmer schmecken auch Reis oder Couscous in diesem Salat.

FÜR DIE MARINADE
2 TL fein abgeriebene Schale von
  1 Bio-Zitrone
60 ml frisch gepresster Zitronensaft
1 EL Dijon-Senf
½ TL getrockneter Oregano
2 Knoblauchzehen, fein gehackt

Olivenöl
frisch gemahlener schwarzer Pfeffer
grobes Meersalz
4 Hähnchenbrustfilets (je 180–220 g)
250 g Perl-Emmer
720 ml salzarme Hühnerbrühe oder
  Wasser

FÜR DAS KORIANDERPÜREE
40 g Korianderblätter
40 g glatte Petersilienblätter
1 EL frisch gepresster Zitronensaft
1 EL Rotweinessig
2 Knoblauchzehen, gehackt
¼ TL Chiliflocken

FÜR DEN SALAT
2 Maiskolben, Hüllblätter entfernt
350 g Dattel- oder Cocktailtomaten,
  halbiert
2 Frühlingszwiebeln, nur die weißen und
  hellgrünen Teile in feine Scheiben
  geschnitten
4 EL fein gehackte glatte Petersilie
1 EL frisch gepresster Zitronensaft

1. Die Zutaten für die Marinade mit 2 EL Öl, 1½ TL Pfeffer und 1 TL Salz verrühren. Die Hähnchenfilets in einen großen, wiederverschließbaren Plastikbeutel geben und die Marinade dazugießen. Die Luft aus dem Beutel streichen und den Beutel fest verschließen. Mehrmals wenden, damit sich die Marinade gut verteilt. Den Beutel in eine Schüssel legen und die Hähnchenfilets 1–4 Std. im Kühlschrank marinieren. Den Beutel in dieser Zeit gelegentlich wenden.

2. Emmer, Brühe oder Wasser und 1½ TL Salz in einem mittelgroßen Topf zum Kochen bringen. Die Hitze auf mittlere bis kleine Stufe stellen und den Emmer im verschlossenen Topf in 15 bis 20 Min. weich köcheln. Emmer abseihen und beiseitestellen.

3. Die Zutaten für das Korianderpüree mit 80 ml Öl und je ½ TL Salz und Pfeffer in der Küchenmaschine nicht ganz glatt pürieren. In eine Schüssel geben.

4. Den Grill für direkte mittlere Hitze (175–230 °C) vorbereiten.

5. Die Maiskolben dünn mit Öl bepinseln und über **direkter mittlerer Hitze** bei geschlossenem Deckel 8–10 Min. grillen, bis sie rundherum kräftig gebräunt und die Körner knackig-zart sind, dabei nach Bedarf wenden. Vom Grill nehmen und etwas abkühlen lassen. Die Körner von den Kolben schneiden und in eine Salatschüssel geben. Mit den übrigen Salatzutaten sowie 2 EL Öl, 1 TL Salz und ½ TL Pfeffer vermischen, dann den Emmer und das Korianderpüree untermischen.

6. Die Hähnchenfilets aus der Marinade nehmen und mit der glatten (Haut-) Seite nach unten über **direkter mittlerer Hitze** bei geschlossenem Deckel 8–12 Min. grillen, bis das Fleisch sich fest anfühlt und auch im Kern nicht mehr rosa ist, dabei einmal wenden. Vom Grill nehmen und 3–5 Min. nachziehen lassen. Warm mit dem Salat servieren.

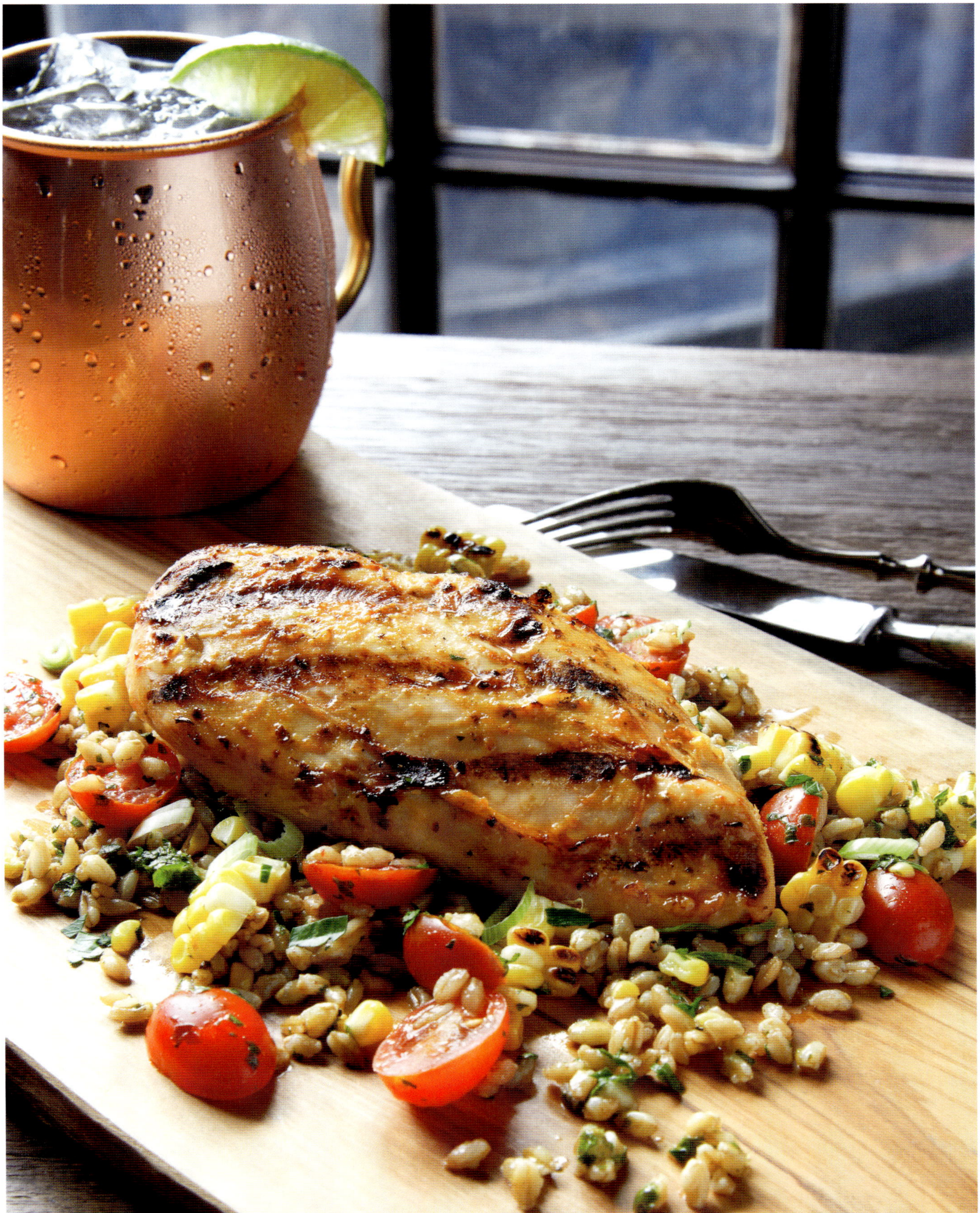

RÄUCHER-HÄHNCHEN BÁNH MÌ
MIT EINGELEGTEN JALAPEÑOS

FÜR 4 PERSONEN | **MARINIERZEIT:** 1 STD. | **ZUBEREITUNGSZEIT:** 40 MIN. | **GRILLZEIT:** ETWA 20 MIN.
ZUBEHÖR: 2 GROSSE HANDVOLL APFEL- ODER KIRSCHHOLZ-CHIPS

FÜR DIE MARINADE
4 EL vietnamesische oder thailändische Fischsauce
4 EL frisch gepresster Limettensaft
2 EL fein gewürfelte Schalotten
2 EL Öl
1 EL geröstetes Sesamöl
2 Knoblauchzehen, fein gehackt

4 Hähnchenbrustfilets (je etwa 180 g)
100 ml Reisessig
1 EL Zucker
2 TL grobes Meersalz
2 mittelgroße Jalapeño Chilischoten, in sehr feine Ringe geschnitten
120 g Mayonnaise
fein abgeriebene Schale von 1 Bio-Limette
1 EL frisch gepresster Limettensaft
¼ TL scharfe Chili-Knoblauch-Sauce (z. B. Sriracha)
4 knusprige Baguettebrötchen, aufgeschnitten
150 g feine Hühner- oder Entenleber-Pâté oder Leberwurst, raumtemperiert
1 kleines Stück (etwa 50 g) Bio-Salatgurke, mit Schale in feine Scheiben geschnitten
½ kleine rote Zwiebel, in feine Scheiben geschnitten und in Ringe zerteilt
25 g Korianderblätter

Bánh-Mì-Sandwiches waren jahrzehntelang von der kulinarischen Landkarte verschwunden, wie ungeliebte Kinder französisch-vietnamesischer Kochkunst. Doch seit einiger Zeit werden ihre vielschichtigen Aromen, Farben und Texturen wiederentdeckt. Auch in manchen BBQ-Lokalen werden die Brote mittlerweile serviert (siehe Seite 107). Frische Kräuter und sauer eingelegtes Gemüse stehen für einen authentisch vietnamesischen Geschmack, der sich wie selbstverständlich mit den französischen Elementen, also dem knusprigen Baguettebrötchen und der Pâté, verbindet.

1 Die Räucherchips mind. 30 Min. wässern.

2 Die Zutaten für die Marinade verrühren. Die Hähnchenfilets in einen großen, wiederverschließbaren Plastikbeutel geben und die Marinade dazugießen. Die Luft aus dem Beutel streichen und den Beutel fest verschließen. Mehrmals wenden, damit sich die Marinade gut verteilt. Den Beutel in eine Schüssel legen und die Hähnchenfilets bei Raumtemperatur 1 Std. marinieren, dabei ab und zu wenden.

3 Inzwischen in einer kleinen Schüssel Reisessig, Zucker und Salz so lange verrühren, bis sich der Zucker aufgelöst hat. Die Jalapeño-Ringe in den Essigsud geben und abgedeckt 1 Std. im Kühlschrank durchziehen lassen.

4 In einer zweiten kleinen Schüssel die Mayonnaise mit Limettenschale und -saft sowie der Chili-Knoblauch-Sauce mischen und bis kurz vor dem Servieren abgedeckt kalt stellen.

5 Den Grill für indirekte mittlere bis schwache Hitze (möglichst 175 °C) vorbereiten.

6 Die Hähnchenfilets aus der Marinade nehmen und überschüssige Marinade mit Küchenpapier abtupfen. Die Marinade entsorgen. Die Räucherchips abtropfen lassen, auf die Glut oder nach Herstelleranweisung in die Räucherbox des Gasgrills geben und den Deckel schließen. Sobald Rauch entsteht, die Hähnchenfilets mit der glatten (Haut-) Seite nach oben über **indirekter mittlerer bis schwacher Hitze** bei geschlossenem Deckel etwa 20 Min. grillen, bis sich das Fleisch fest anfühlt und auch im Kern nicht mehr rosa ist (die Filets nehmen keine Farbe an). Vom Grill nehmen und 3 Min. nachziehen lassen. Die Brustfilets quer zur Faser schräg in 1 cm dicke Scheiben schneiden.

7 Jeweils eine Hälfte der Brötchen mit dem Mayonnaise-Mix bestreichen, die andere Hälfte mit Pâté oder Leberwurst. In die Brötchen zu gleichen Teilen Hähnchenfleisch, eingelegte Jalapeños, Gurkenscheiben, Zwiebelringe und Korianderblätter geben und die Sandwiches sofort servieren.

GEFLÜGEL

ENTENBRUST
MIT RAUCHIGEM PFIRSICH-INGWER-CHUTNEY

FÜR 4 PERSONEN | **ZUBEREITUNGSZEIT:** 20 MIN. | **GRILLZEIT:** ETWA 35 MIN.
ZUBEHÖR: 2 GROSSE HANDVOLL KIRSCHHOLZ-CHIPS, GRILLFESTE PFANNE

FÜR DAS CHUTNEY
- 4 feste, aber reife Pfirsiche
- 2 EL Butter, zerlassen
- 110 g Vollrohrzucker
- 4 EL fein gewürfelte Schalotten
- 4 EL Apfelessig
- 2 EL fein gehackter Ingwer
- ½ TL Zimt

- 4 ausgelöste Entenbrüste mit Haut (je 180–220 g)
- 1 TL grobes Meersalz
- ¼ TL frisch gemahlener schwarzer Pfeffer

Das Grillen einer Entenbrust birgt so manche Herausforderung. In der Entenhaut steckt sehr viel Fett, das bei zu starker Hitze viel zu schnell austritt, ins Feuer tropft und zu hohen Flammen führt. Ist die Hitze dagegen zu schwach, wird das Fleisch zäh wie Gummi, bevor die Haut auch nur ansatzweise gebräunt ist. Der goldene Mittelweg ist also mittlere Hitze. Doch auch bei dieser Grilltemperatur entstehen manchmal Stichflammen, weshalb Sie eine indirekte Hitzezone bereithalten sollten, über der die Entenbrust vorübergehend weitergegrillt wird. Danke nein, höre ich Sie sagen? Doch bitte, bereiten Sie eines meiner Lieblingsrezepte in diesem Buch unbedingt einmal zu und Sie werden all den Aufwand nicht bereuen.

1. Die Räucherchips mind. 30 Min. wässern. Den Grill für direkte und indirekte mittlere Hitze (175–230 °C) vorbereiten.

2. Die Pfirsiche halbieren und entkernen, dabei austretenden Saft auffangen. Die Pfirsichhälften rundherum mit zerlassener Butter bepinseln; übrige Butter aufbewahren.

3. Von den Chips 1 Handvoll abtropfen lassen, auf die Glut oder nach Herstelleranweisung in die Räucherbox des Gasgrills geben und den Grilldeckel schließen. Sobald Rauch entsteht, die Pfirsiche mit den Schnittflächen nach oben über **direkter mittlerer Hitze** bei geschlossenem Deckel 7–10 Min. grillen, bis die Haut verkohlt und das Fruchtfleisch weicher ist. Vom Grill nehmen und etwas abkühlen lassen. Die Haut abziehen und wegwerfen, das Fruchtfleisch in dünne Scheiben schneiden.

4. Pfirsichscheiben, Vollrohrzucker, Schalotten, Essig, Ingwer und Zimt mit dem aufgefangenen Pfirsichsaft und der übrigen zerlassenen Butter in der grillfesten Pfanne mischen. Die Pfanne auf den Grillrost stellen und den Pfirsich-Mix über **direkter mittlerer Hitze** bei geschlossenem Deckel in 7–9 Min. zum Köcheln bringen. Dann unter gelegentlichem Rühren 10 Min. weiterköcheln lassen, bis die Mischung zu einem Chutney eingedickt ist. Die Pfanne vom Grill nehmen und das Chutney abkühlen lassen.

5. Inzwischen die Haut der Entenbrüste mit einem scharfen Messer rautenförmig einschneiden, dabei aber nicht ins Fleisch schneiden. Die Brüste auf beiden Seiten salzen und pfeffern.

6. Die restlichen Chips abtropfen lassen, auf die Glut oder in die Räucherbox geben und den Deckel schließen. Sobald Rauch entsteht, die Entenbrüste zunächst mit der Haut nach unten über **direkter mittlerer Hitze** bei geschlossenem Deckel grillen, bis die Haut knusprig und gebräunt ist und das Fleisch den gewünschten Gargrad erreicht hat. Rechnen Sie für medium rare 8–10 Min. Die Brüste dabei einmal wenden (bei Flammenbildung das Fleisch vorübergehend über indirekte Hitze legen). Entenbrüste vom Grill nehmen, mit Alufolie abdecken und 3–5 Min. nachziehen lassen. Quer in Scheiben schneiden und mit dem Chutney warm servieren.

Damit das Fett der Entenbrüste über mittlerer Hitze gut schmelzen kann, müssen Sie die Haut rautenförmig einschneiden, dürfen dabei aber nicht das darunterliegende Fleisch verletzen. Schneiden Sie mit einem sehr scharfen Messer quer auf der Haut zunächst mehrere Linien in einem Abstand von etwa 1 cm ein, danach wird die Haut der Länge nach mehrmals in einem Abstand von erneut 1 cm eingeschnitten, um ein gleichmäßiges Rautenmuster zu erhalten.

GEFLÜGEL

BETRUNKENE THAI-NUDELN
MIT HÄHNCHEN UND BASILIKUM

FÜR 2–4 PERSONEN | **ZUBEREITUNGSZEIT:** 25 MIN. | **GRILLZEIT:** 6–8 MIN.
ZUBEHÖR: GRILLFESTER WOK ODER SEHR GROSSE GRILLFESTE PFANNE

250 g breite Reisnudeln

FÜR DIE SAUCE
3 EL Austernsauce
2 EL thailändische oder vietnamesische Fischsauce
1 EL Sojasauce
1 EL Rohrohrzucker

2 EL Öl
4 ausgelöste Hähnchenoberschenkel ohne Haut (je etwa 120 g), in 2½ cm große Stücke geschnitten
1 mittelgroße rote Paprikaschote, in 1 cm breite Streifen geschnitten
180 g Shiitake-Pilze, Stiele entfernt, die Hüte in 1 cm breite Streifen geschnitten
4 Frühlingszwiebeln, schräg in feine Scheiben geschnitten
12 eingelegte Maiskölbchen, abgebraust und abgetropft, schräg in 2 cm große Stücke geschnitten
3 Knoblauchzehen, fein gehackt
1 kleine rote Chilischote (z. B. Thai-Chili), mit den Kernen fein gehackt
30 g Thai-Basilikum (Horapa), sehr grob gehackt, oder ganze Basilikumblätter
1 Limette, in Spalten geschnitten
scharfe Chili-Knoblauch-Sauce (z. B. Sriracha)

Nicht ein Tropfen Alkohol kommt in diesem Gericht vor, dessen Name eher eine Anspielung darauf ist, dass es die Folgen einer durchzechten Nacht kuriert. Beim Pfannenrühren auf dem Grill spielt Rauch kaum eine Rolle, doch die starke Hitze brät das Hähnchenfleisch besonders scharf an, was auf dem Herd so nicht zu erreichen ist. Gemüse wie Spargel oder Brokkoliröschen passen ebenfalls gut und anstelle des Hähnchens können Sie geschälte, entdarmte Garnelen braten. Auch normales Basilikum eignet sich gut, doch es lohnt sich, nach Thai-Basilikum Ausschau zu halten, da es trotz des Garens seine ausgeprägte Lakritz- und Anisnote nicht verliert.

1 In einer großen Schüssel die Nudeln mit sehr heißem Leitungswasser vollständig bedecken und etwa 12–15 Min. quellen lassen, bis sie weicher, aber noch nicht gar sind, dabei gelegentlich umrühren (die Nudeln nicht zu lange quellen lassen, da sie erst später fertig gegart werden). Anschließend die Nudeln in einem Sieb abtropfen lassen, dann kalt abbrausen und erneut abtropfen lassen.

2 Den Grill für direkte starke Hitze (230 bis 290 °C) vorbereiten und den grillfesten Wok 5–10 Min. vorheizen.

3 Die Zutaten für die Sauce mit 2 EL Wasser so lange verrühren, bis sich der Zucker aufgelöst hat.

4 Die vorbereiteten Zutaten griffbereit neben den Grill stellen: Nudeln, Sauce, Öl, Hähnchenfleisch, Paprikaschote, Pilze, die Hälfte der Frühlingszwiebeln, Maiskölbchen, Knoblauch, Chilischote, Basilikum sowie 60 ml Wasser.

5 Sobald der Wok richtig heiß ist, das Öl seitlich in den Wok laufen lassen. Die Hähnchenstücke hineingeben und über **direkter starker Hitze** bei geöffnetem Grilldeckel etwa 1 Min. von allen Seiten anbraten. Paprika, Pilze, Frühlingszwiebeln und Maiskölbchen dazugeben und 2–4 Min. bei geöffnetem Grilldeckel braten, bis Gemüse und Pilze etwas weicher sind, dabei häufig umrühren. Knoblauch und Chili etwa 30 Sek. mitbraten, bis sie aromatisch duften.

6 Die Nudeln mit 60 ml Wasser zufügen und pfannenrühren, bis das Wasser verdampft ist und die Nudeln warm sind. Die Sauce darübergießen und 1 Min. unterrühren, bis die Nudeln heiß und von Sauce überzogen sind. Das Basilikum untermischen und etwa 30 Sek. garen, bis die Blätter zusammenfallen. Den Wok vom Grill nehmen. Die Nudeln auf Tellern oder in Schalen anrichten und mit den übrigen Frühlingszwiebeln bestreuen. Mit Limettenspalten und der Chili-Knoblauch-Sauce heiß servieren.

Über tausende von Jahren bestand der Mittelpunkt einer typischen chinesischen Küche aus einer runden Öffnung über einem Feuerkasten mit brennendem Holz und Kohlen, in die ein passgenauer Wok eingesetzt wurde, was den Verbrauch von wertvollem, teurem Brennstoff gering hielt. Diese althergebrachte Art des Kochens, besser gesagt des Pfannenrührens über offenem Feuer, lässt sich mit einem grillfesten Wok und einem speziellen Grillrost, in den der Wok eingehängt werden kann, auf Ihrem eigenen Grill nachbilden.

GEFLÜGEL

183

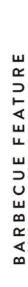

CHICAGO:

BARBECUE IN BEWEGUNG

In Chicago schätzt man die Spannung, die starke Gegensätze erzeugen. Sei es der Übergang von gnadenloser Kälte im Winter, die bis ins Mark dringt, zu strahlendem Sonnenschein im Sommer, seien es Chicagos Sportteams, die nach jahrelangem Verlierertum plötzlich zu Champions werden, oder die Änderung der Fließrichtung des Chicago River, der die Stadt durchzieht – die Bürger der Stadt sind es gewohnt, immer wieder mal das Unterste zuoberst zu kehren. Mit dem Barbecue verhält es sich nicht anders.

»Ich denke, Chicago war einfach fällig«, so Barry Sorkin, ehemaliger IT-Manager und nun Inhaber des Smoque BBQ, eines hervorragenden Gourmetgrills in Irving Park im Norden der Stadt. »Der Barbecue-Hype wurde ja immer stärker, aber Chicago konnte den nicht bedienen, zumindest nicht für die Generation, die mit Kochshows und Essen als Lifestyle großgeworden ist.« Nimmt man die Länge der Schlange als Maßstab, die sich an einem gewöhnlichen Abend vor dem Smoque BBQ bildet, dann muss er recht haben. Die jungen Leute sehnten sich nach der Qualität, wie sie etwa modernes Barbecue in Kansas City und Austin boten. Chicago besaß zwar seine eigenen Stile, aber etwas Neues war überfällig. Und das hatte es in sich.

»Seit 2010 beobachten wir eine rasante Zunahme an gehobenen BBQ-Restaurants«, erklärt der ortsansässige Gastrojournalist Kevin Pang die Veränderungen. »Barbecue hat durch ausgeklügeltere Präsentationen und verfeinerte Techniken an Qualität und Ansehen gewonnen.« Pang verweist auf das Chicago q im vornehmen Gold-Coast-Viertel, einem von mehreren Restaurants, in denen mit vollautomatischen, digital gesteuerten Gas-Smoker gearbeitet wird. Puristen mögen die mangelnde Authentizität solcher Einrichtungen monieren, aber unter Zuhilfenahme von Holz erzielen diese Smoker eine gleichbleibende Spitzenqualität.

Sobald man das Chicago q betritt, fühlt man diese hippe, urbane Ausstrahlung. Hier pulsiert das schicke Leben, besonders nachts, wenn die Youngster unterwegs sind und mit medaillenverdächtigen Ribs, Brisket vom Kobe-Rind und Überraschungsrennern wie Blackened Alligator mit kreolischer Senf-Aioli feiern. Die Gerichte tragen den Stempel von Lee Ann Whippen, einer preisgekrönten Barbecue-Köchin, die ihre Künste zwischen 2010 und 2015 in den Dienst des noblen Country-Club-Restaurants gestellt hatte. Das Essen hier ist über jeden Zweifel erhaben und beeindruckend, ebenso wie die Weinkarte, die Bierauswahl und die ausgesuchten Whiskeys. Und die Preise? Die Kunden wissen, was sie hier erwartet.

»Fragt man die Gäste nach dem Essen, wie es ihnen geht, nachdem sie richtig viel Geld ausgegeben haben«, so Whippen, »sagen sie fast immer, sie möchten unbedingt wiederkommen und am liebsten noch mehr Leute mitbringen.«

Der Unterschied zur bisherigen Barbecue-Szene Chicagos könnte krasser nicht sein. Auch wenn Chicago nie zu den klassischen Patenstädten des American Barbecue zählte, so hatte es doch eine eigene Geschichte mit vielfältigen Traditionslinien. Zwei Stile dominierten bis vor Kurzem: einer aus dem Norden, einer aus dem Süden der Stadt. Der seit jeher von Osteuropäern geprägte Norden grillte Würste oder schmorte Ribs butterweich, um sie anschließend noch scharf anzugrillen und dann in süßen Saucen zu ertränken. Lokale wie Twin Anchors oder Gale Street Inn Chicago gründeten ihren Ruf auf derlei Gerichte. Im Süden machte sich der Einfluss der Afroamerikaner bemerkbar, die im frühen 20. Jahrhundert in die Stadt kamen. In traditionsreichen Lokalen wie Lem's Bar-B-Q und Leon's BBQ wurden Rib Tips (Endrippchen) und Hot Links (Würstchen) in Aquarium-Smokern geräuchert (die genau so aussehen, wie man es sich vorstellt) und in Plastikschachteln mit viel hausgemachter Sauce und einem Stück Weißbrot serviert oder nicht selten auch durch kugelsichere Schalter gereicht.

Die Barbecue-Kultur des Südens steckt in der Krise. Die Restaurantbesucher sind in schönere Viertel abgewandert, und die eingesessenen Pitmaster werden immer älter, ohne dass sich Nachfolger anböten. »Es ist die eigene Geschichte, die langsam abstirbt«, meint Pang. »Das Schmachvollste daran ist, dass dieser Barbecue-Stil keine jungen Fans hat.«

Doch Chicagos nächste Barbecue-Welle ist schon am Entstehen, denn Amerikas Hauptstadt des guten Essens muss keinen Eid auf einen bestimmten Stil ablegen. Vielmehr greifen Geschichte und Kreativität ineinander. Ehrwürdige Traditionen treffen auf neue Technologien. Texas Brisket und Carolina Pulled Pork kommen auf einer weißen Tischdecke gut miteinander aus. Und so beginnt ein weiteres Kapitel in der faszinierenden Geschichte des Essens in Chicago – eines, in dem alle möglichen Vorstellungen von Barbecue Platz haben, wo IT-Manager und durchreisende Preisträger von Barbecue-Wettbewerben zu Starköchen werden, und wo sich alle immer wieder neu erfinden.

VON DEN BESTEN LERNEN
HÄHNCHENSCHENKEL

Als ich 2015 bei der Memphis in May Barbecue-Weltmeisterschaft als Preisrichter fungierte, konnte ich über mehrere Stunden das dänische BBQ-Nationalteam (oben im Bild) bei der Zubereitung von Hähnchen und anderem Fleisch beobachten. Die Jungs hatten monatelang gemeinsam trainiert, um bei diesem internationalen Spektakel am Ufer des Mississippi gut abzuschneiden. Memphis in May ist einer der angesehensten Wettbewerbe der Welt, bei dem sich über 250 BBQ-Teams zu qualifizieren versuchen. Zu dem Event gehören zum einen zwei wilde Party-Tage mit Männern in Drag-Queen-Klamotten und Schweinemasken, zum anderen zwei ernsthafte Tage, an denen Fleischstücke über dem Feuer so kunstvoll zubereitet werden, dass sie wie Edelsteine funkeln.

BARBECUE-KNOW-HOW

ZEIT FÜR EIN SALZBAD

Wenn es Ihnen zu mühselig erscheint, das Schenkelfleisch vor der Zubereitung in eine Lake zu legen, kann ich das verstehen. Manchmal überspringe ich diesen Schritt auch, aber wer je an einem Wettbewerb teilgenommen hat, wird Ihnen raten, die Hähnchenschenkel fürs Abendessen schon morgens ins Salzbad zu legen:

1

Salz hat die sympathische Eigenschaft, das Muskeleiweiß im Fleisch aufzulösen. Die Muskelfasern werden dadurch lockerer und aufnahmefähiger.

2

Ich mische normalerweise 110 g grobes Meersalz und 100 g Zucker in einem großen Topf mit 1 Liter Wasser. Ich lasse die Mischung aufkochen, um Salz und Zucker aufzulösen, und gebe dann etwa 2 l Eiswürfel hinein, um die Mischung abzukühlen, bevor ich die rohen Hähnchenoberschenkel hineinlege.

3

Nach 6–8 Stunden Einlegezeit verbleibt einiges an Aromen und Feuchtigkeit aus der Lake im Fleisch – es trocknet auf dem Grill nicht aus. Die gelockerten Muskelfasern halten den Fleischsaft, den sie andernfalls herausdrücken würden. Der Lohn ist wunderbar saftiges Schenkelfleisch.

HÄHNCHENOBERSCHENKEL VORBEREITEN

Für eine knusprige braune Haut müssen die Hähnchenoberschenkel trocken sein, bevor sie auf den Grill kommen. Die Haut enthält an sich schon viel Wasser, Fett und Eiweiß; werden die Schenkel aber zuvor in Lake eingelegt, sollte sie gut mit Küchenpapier trockengetupft werden. Anschließend würzen Sie die Schenkel auf beiden Seiten, und etwas Öl hilft, ein Anhaften am Grillrost zu vermeiden.

ERST BRÄUNEN, DANN MIT SAUCE BEPINSELN

Damit die Haut goldbraun und knusprig wird, ist zunächst direkte Hitze gefragt. Durch sie verdampft bzw. schmilzt überschüssiges Wasser und Fett der Haut schnell. Nachdem die Schenkel über direkter Hitze gebräunt worden sind, kann man sie über indirekte Hitze legen und mit Sauce bepinseln. Süße Saucen verbrennen leicht, daher trägt man sie erst 10–15 Minuten vor Ende der Grillzeit auf.

HÄHNCHENSCHENKEL
MIT SÜSSER APRIKOSEN-HOISIN-GLASUR

FÜR 4 PERSONEN | **ZUBEREITUNGSZEIT:** 20 MIN. | **GRILLZEIT:** 31–36 MIN.
ZUBEHÖR: 2 GROSSE HANDVOLL KIRSCH- ODER APFELHOLZ-CHIPS, GROSSE EINWEG-ALUSCHALE

Früher habe ich in chinesischen oder vietnamesischen Restaurants Hoisin-Sauce nur zu Peking-Ente, Mu-Shu-Schweinefleisch oder Pho-Suppen bestellt. Dabei sind ihre süß-scharfen Aromen, die aus der Mischung von Zucker, Essig, Soyabohnen und Gewürzen entstehen, eine ausgezeichnete Alternative zu den traditionellen Barbecue-Saucen auf Tomatenbasis. Kocht man sie zusammen mit Aprikosenkonfitüre, frisch gepresstem Zitronensaft und frischem Ingwer, erhält man eine moderne Glasur im Asia-Stil für gegrilltes Hähnchenfleisch.

Für dieses Rezept habe ich eine exotische Sauce entwickelt, die in traditionellen BBQ-Lokalen mit Sicherheit fehl am Platz wäre. Ich aber mag die Mischung aus Ananas und Hoisin (siehe Seite 279) mit ihrer tropischen Note. Probieren Sie nach Lust und Laune andere Saucen aus und erweitern Sie das Barbecue auch durch Ihre eigene Note.

FÜR DIE WÜRZMISCHUNG
- 1½ TL grobes Meersalz
- 1½ TL Knoblauchpulver
- 1 TL gemahlener Kreuzkümmel
- ¾ TL frisch gemahlener schwarzer Pfeffer
- ½ TL Chilipulver
- ½ TL gemahlener Ingwer
- ⅛ TL Zimt

- 8 Hähnchenoberschenkel mit Knochen und Haut (je 150 bis 180 g), überschüssiges Fett und überhängende Haut entfernt, trockengetupft

FÜR DIE GLASUR
- 160 g Aprikosenkonfitüre
- 4 EL Hoisin-Sauce (chinesische Würzsauce)
- 1 EL frisch gepresster Zitronensaft
- 2 TL fein gehackter Ingwer

- 1–2 EL gehackte Korianderblätter

1 Die Räucherchips mind. 30 Min. wässern. Den Grill für direkte und indirekte schwache bis mittlere Hitze (175–200 °C) vorbereiten.

2 Die Zutaten für die Würzmischung vermengen und die Hähnchenschenkel damit auf beiden Seiten bestreuen.

3 In einem kleinen Topf die Zutaten für die Glasur auf mittlerer Stufe aufkochen und etwa 3 Min. unter gelegentlichem Rühren sanft köcheln lassen, bis die Mischung etwas angedickt ist. Den Topf vom Herd nehmen.

4 Die Chips abtropfen lassen, auf die Glut oder nach Herstelleranweisung in die Räucherbox des Gasgrills geben und den Deckel schließen. Sobald Rauch entsteht, die Hähnchenschenkel zunächst mit der Hautseite nach unten über **direkter schwacher bis mittlerer Hitze** bei geschlossenem Deckel etwa 16 Min. grillen, bis sie leicht gebräunt sind, dabei einmal wenden. Die Schenkel mit der Hautseite nach oben nebeneinander in die große Aluschale legen, mit etwas Glasur bepinseln und über **indirekter schwacher bis mittlerer Hitze** bei geschlossenem Deckel 15–20 Min. weitergaren, bis beim Einstechen klarer Fleischsaft austritt und das Fleisch auch am Knochen nicht mehr rosa ist. In dieser Zeit ab und zu mit Glasur bestreichen. Sollte die Glasur beim Abkühlen zu dick werden, einfach auf dem Herd auf mittlerer Stufe kurz aufwärmen. Das Fleisch mit der restlichen Glasur bestreichen und anschließend vom Grill nehmen. Mit Korianderblättern garnieren und warm servieren.

GEFLÜGEL

189

GEPÖKELTE HÄHNCHENSCHENKEL
MIT KIRSCHFRUCHTIGER BARBECUE-SAUCE

FÜR 6 PERSONEN | **ZUBEREITUNGSZEIT:** 20 MIN. | **PÖKELZEIT:** 6–8 STD. ODER ÜBER NACHT | **GRILLZEIT:** ETWA 2 STD.
ZUBEHÖR: 2 GROSSE HANDVOLL KIRSCHHOLZ-CHIPS, 2 GROSSE EINWEG-ALUSCHALEN

Gegrilltes Hähnchenfleisch ist garantiert saftig, wenn es vorher nassgepökelt wird. Der Kirschsaft in der Lake verleiht dem Fleisch zusätzliches Aroma, das in dem Kirschsaft in der Sauce einen wunderbaren Widerhall erfährt.

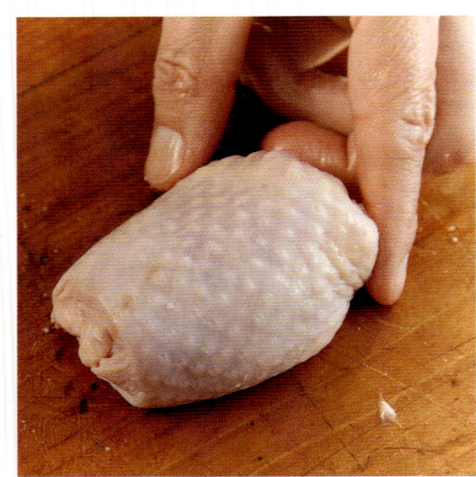

COMPETITION-STYLE BARBECUE CHICKEN THIGHS

Wettbewerbsvorteile haben Teams, die die Haut von Hähnchenoberschenkeln auf bestimmte Weise einschneiden, damit die Preisrichter mühelos durch die Haut direkt ins Fleisch beißen können. Dafür wird die Haut von jedem Schenkel einzeln abgelöst und auf der Unterseite eingeschnitten, anschließend schabt man mit einem scharfen Messer auf der Innenseite das überschüssige Hautfett ab. Die Haut wird wieder um den Schenkel gewickelt und manchmal mit einem Zahnstocher fixiert. Es ist eine aufwendige, aber unerlässliche Methode, wenn Teams eine hohe Punktzahl erreichen wollen.

FÜR DIE LAKE
500 ml Sauerkirschsaft
110 g grobes Meersalz
100 g Vollrohrzucker
2 l Eiswürfel

12 große Hähnchenoberschenkel mit Knochen und Haut (je etwa 200 g), überschüssiges Fett und überhängende Haut entfernt, trockengetupft

FÜR DIE WÜRZMISCHUNG
2 TL Paprikapulver
1½ TL grobes Meersalz
1½ TL Chilipulver
1½ TL getrockneter Thymian
¾ TL frisch gemahlener schwarzer Pfeffer

FÜR DIE SAUCE
250 ml Sauerkirschsaft
120 ml Ketchup
4 EL mittelscharfer Senf
2 EL Honig
1 TL Worcestersauce

1. Die Zutaten für die Lake mit Ausnahme der Eiswürfel mit 1 l Wasser in einem großen Topf mischen und aufkochen, dabei gut umrühren, damit sich Salz und Zucker auflösen. Vom Herd nehmen und zum Abkühlen der Lake die Eiswürfel hineingeben. Die Hähnchenschenkel in die abgekühlte Lake geben und 6–8 Std. oder über Nacht kalt stellen.

2. Die Räucherchips mind. 30 Min. wässern.

3. Die Zutaten für die Würzmischung vermengen. ½ TL davon für die Sauce beiseitestellen.

4 Den Grill für indirekte schwache Hitze (etwa 150 °C) vorbereiten.

5 Die Hähnchenschenkel aus der Lake nehmen, die Lake entsorgen. Die Schenkel auf beiden Seiten mit der Würzmischung bestreuen, anschließend mit der Hautseite nach unten jeweils 6 Schenkel eng nebeneinander in eine großen Aluschale legen.

6 Die Chips abtropfen lassen, auf die Glut oder in die Räucherbox des Gasgrills geben und den Grilldeckel schließen. Sobald Rauch entsteht, die beiden Aluschalen über *indirekte schwache Hitze* stellen und die Schenkel bei geschlossenem Deckel 1½ Std. garen, dabei nach 45 Min. wenden.

7 In einem mittelgroßen Topf die Zutaten für die Sauce mit dem übrigen ½ TL der Würzmischung verrühren, auf mittlerer Stufe zum Köcheln bringen und 3–5 Min. köcheln lassen, dabei ab und zu umrühren.

8 Die Hähnchenschenkel aus der Aluschale nehmen und auf beiden Seiten mit der Sauce bestreichen. Auf den Grillrost legen und über *indirekter schwacher Hitze* bei geschlossenem Deckel 20–30 Min. grillen, bis sie schön glänzen. Vom Grill nehmen, die Schenkel ein letztes Mal mit Sauce bestreichen und warm servieren.

HÄHNCHEN-WURST-GUMBO

FÜR 8 PERSONEN | **ZUBEREITUNGSZEIT:** 1 STD. | **GRILLZEIT:** ETWA 3½ STD. | **ZUBEHÖR:** 3 GROSSE HANDVOLL PEKANNUSS- ODER HICKORYHOLZ-CHIPS, GASGRILL, GROSSER DUTCH OVEN (6 L)

6 Hähnchenoberschenkel mit Knochen und Haut (je 150–180 g), überschüssiges Fett und überhängende Haut entfernt, trockengetupft
Öl
grobes Meersalz
frisch gemahlener schwarzer Pfeffer
500 g geräucherte Schweinswürste (z.B. würzige Krakauer)
6 Scheiben Speck, quer in 2½ cm große Stücke geschnitten
130 g Mehl
400 g Zwiebeln, fein gewürfelt
3 Stangen Staudensellerie, fein gewürfelt
1 große grüne Paprikaschote (etwa 200 g), in 1 cm große Stücke geschnitten
4 Knoblauchzehen, fein gehackt
2 l salzarme Hühnerbrühe
4 TL Worcestersauce
scharfe Chilisauce
1½ TL getrockneter Thymian
2 Lorbeerblätter
220 g Okraschoten, Stiele entfernt, quer in 1 cm dicke Stücke geschnitten
4 EL grob gehackte glatte Petersilienblätter
800 g gegarter Langkornreis (entspricht etwa 500 g rohem Reis)

Gumbo ist der klassische würzige Eintopf aus den Südstaaten der USA, der in einer Vielzahl von Varianten zubereitet wird. Jede Familie hat sozusagen ihr eigenes Rezept für Gumbo. Aus diesem Grund gibt es weder eine »richtige« Mischung aus Fleisch und Gemüse, noch ist der Bräunungsgrad der Mehlschwitze einheitlich. Gumbo ist ein westafrikanischer Dialektbegriff für Okraschoten, mit denen der Eintopf in der Regel zubereitet wird. Wer die Schoten nicht mag, kann sie durch in mundgerechte Stücke geschnittene grüne Bohnen ersetzen. Durch die lange Garzeit des Eintopfs verlieren die Okraschoten aber ihre übliche schleimige Konsistenz. Da Sie für dieses Rezept häufig die Temperatur im Grill ändern müssen, ist ein Gasgrill am besten geeignet.

1 Die Räucherchips mind. 30 Min. wässern.

2 Die Hähnchenschenkel auf beiden Seiten mit Öl bepinseln und mit 1 TL Salz sowie ½ TL Pfeffer würzen. Bei Raumtemperatur ruhen lassen, während Sie den Grill vorbereiten.

3 Den Gasgrill für indirekte mittlere bis schwache Hitze (etwa 175 °C) vorbereiten.

4 Die Hälfte der Chips abtropfen lassen, nach Herstelleranweisung in die Räucherbox des Gasgrills geben und den Grilldeckel schließen. Sobald Rauch entsteht, die Hähnchenschenkel mit der Hautseite nach oben über *indirekter mittlerer bis schwacher Hitze* bei geschlossenem Deckel etwa 50 Min. grillen, bis sich das Hähnchenfleisch fest anfühlt und beim Einstechen klarer Fleischsaft austritt. Nach den ersten 20 Min. der Grillzeit die übrigen Chips abtropfen lassen und in die Räucherbox geben. Die Schenkel vom Grill nehmen und in einer Schüssel beiseitestellen. Die Grilltemperatur auf direkte mittlere Hitze (175–230 °C) erhöhen.

5 Die Wurst über *direkter mittlerer Hitze* bei geschlossenem Deckel in 8 Min. von allen Seiten bräunen. Vom Grill nehmen und 5 Min. ruhen lassen. Anschließend quer in ½ cm dicke Scheiben schneiden.

6 Den Speck im Dutch Oven über *direkter mittlerer Hitze* bei geschlossenem Deckel 8–10 Min. braten, bis er gebräunt und knusprig ist, dabei gelegentlich wenden. Mit einem Schaumlöffel herausnehmen und auf Küchenpapier entfetten.

7 Zum Speckfett im Dutch Oven 180 ml Öl gießen. Das Mehl einstreuen und im Öl zu einer dünnen Mehlschwitze verrühren, dann über *direkter mittlerer Hitze* 8–10 Min. unter Rühren weiterrösten, bis sie die Farbe einer enthäuteten Erdnuss angenommen hat. Jetzt schon das Gemüse zugeben, wie in Schritt 8 beschrieben, oder weiterrösten, damit die Mehlschwitze noch nussiger wird. Die Temperatur im Grill auf etwa 175 °C absenken und über *direkter mittlerer bis schwacher Hitze* 10–15 Min. weiterrühren, bis die Mehlschwitze nach Röstnoten duftet, leicht rauchig und nur ein wenig heller als Milchschokolade ist. Auf keinen Fall zu dunkel rösten!

8 Zwiebeln, Sellerie und Paprika in den Dutch Oven geben und über *direkter mittlerer Hitze* bei geschlossenem Deckel 8–10 Min. unter häufigem Rühren dünsten, bis die Zwiebeln etwas weicher sind und die Mischung recht klebrig ist. Den Knoblauch etwa 1 Min. mitdünsten. Nach und nach die Brühe einrühren, dann Worcestersauce, 2 TL scharfe Chilisauce, Thymian, Lorbeerblätter, ¾ TL Salt und ½ TL Pfeffer. Die Grilltemperatur auf starke Hitze (230–290 °C) erhöhen, die Mischung aufkochen, dann die Temperatur auf schwache Hitze (120–175 °C) absenken und die Mischung über *direkter schwacher Hitze* bei geschlossenem Deckel 1 Std. garen, dabei ab und zu umrühren.

9 Hähnchen samt ausgetretenem Fleischsaft und die Wurst untermischen und die Mischung über *direkter schwacher Hitze* bei geschlossenem Deckel 30 Min. weitergaren. Okraschoten und Petersilie dazugeben und weitere 20 bis 30 Min. garen, bis die Schoten sehr weich sind. Den Dutch Oven vom Grill nehmen. Lorbeerblätter entfernen. Die Hähnchenschenkel herausheben und auf einem Schneidbrett etwas abkühlen lassen. Den Dutch Oven abdecken, damit der Eintopf heiß bleibt.

10 Die Hähnchenschenkel von Knochen und Haut befreien, Knochen und Haut entsorgen. Hähnchen und Speck in mundgerechte Stücke schneiden und zurück in den Eintopf geben. Mit Salz, Pfeffer und Chilisauce abschmecken.

11 Jeweils 100 g gegarten Reis in einzelnen Servierschalen anrichten und Gumbo darüberschöpfen. Heiß servieren und die Chilisauce separat dazu reichen.

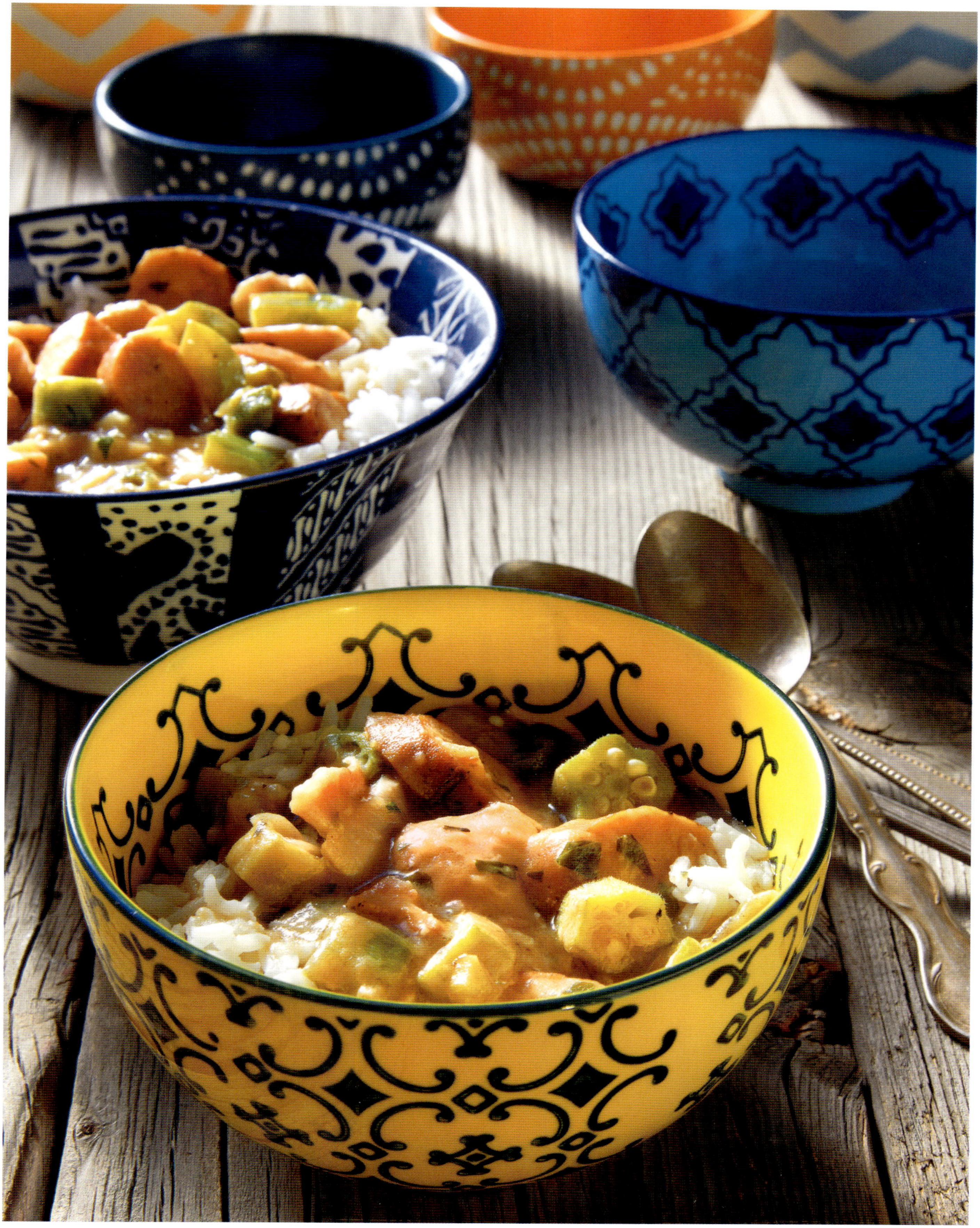

JERK CHICKEN

FÜR 4 PERSONEN | **ZUBEREITUNGSZEIT:** 30 MIN. | **MARINIERZEIT:** 4–18 STD. | **GRILLZEIT:** 1¼–1¾ STD.
ZUBEHÖR: GUMMIHANDSCHUHE, 2 GROSSE HANDVOLL APFELHOLZ-CHIPS

FÜR DIE MARINADE

- 1 Scotch-Bonnet- oder Habanero-Chilischote, entkernt und grob gehackt (siehe Bild und Hinweis unten)
- 6 große Frühlingszwiebeln, nur die weißen und hellgrünen Teile grob gehackt
- 4 EL Öl
- 2 EL Sojasauce
- 2 EL frisch gepresster Limettensaft
- 2 EL gemahlener Piment (vorzugsweise frisch gemörserte Pimentkörner aus Jamaika)
- 2 EL Rohrohrzucker
- 1 EL fein gehackter Ingwer
- 1 EL grob gehackte Thymianblättchen
- 1 TL grobes Meersalz
- ½ TL frisch geriebene Muskatnuss
- ½ TL Zimt
- 2 Knoblauchzehen, grob gehackt

1 küchenfertiges Hähnchen (2–2¼ kg)
1 Limette, in Spalten geschnitten

Der Ursprung des American Barbecue ist auf den sonnendurchfluteten Westindischen Inseln zu finden (siehe dazu auch Seite 5), was also liegt näher, als ein zeitgenössisches Rezept aus diesem Teil der Welt aufzunehmen, in diesem Fall aus Jamaika. Eine betörende Mischung aus Chilis, Gewürzen, Kräutern und Sojasauce ergibt eine dicke Marinade, in der allerdings nur ein Minimum der extrem scharfen Scotch-Bonnet-Chili verwendet wird. Wer sich traut, nimmt eine zweite Schote. Die Zauberformel von Jerk Food lautet low & slow, *also das langsame Garen bei Niedrigtemperatur, und jamaikanisches Pimentholz, mit dem das Fleisch zu rauchiger Zartheit geführt wird. Apfelholz ist ein guter Ersatz für das sehr teure Pimentholz, das Sie ohnehin nur über das Internet bekommen. Manche Jerk-Fans geben deshalb auch eingeweichte Pimentkörner in die Glut.*

1 Die Zutaten für die Marinade im Standmixer pürieren; bei ausgeschalteter Maschine Reste an der Glaswand ab und zu mit einem Teigschaber nach unten schieben und wieder einarbeiten. Wird die Marinade zu dick, etwas Wasser untermixen. (Ein Standmixer mit Glasaufsatz ist am besten geeignet, da Plastik den Geruch der Marinade annehmen könnte.)

2 Das Hähnchen in zwei Brusthälften, zwei Schenkel und zwei Flügel (die Flügelspitzen entfernen und wegwerfen) teilen und in eine 30 cm große Glas- oder Keramikform geben. Die Marinade darübergießen und die Hähnchenteile mit einer Küchenzange darin wenden, bis sie mit Marinade überzogen sind. Die Form mit Frischhaltefolie abdecken und 4–18 Std. kalt stellen; das Fleisch ab und zu wenden.

3 Die Räucherchips mind. 30 Min. wässern. Den Grill für direkte und indirekte schwache bis mittlere Hitze (175–200 °C) vorbereiten.

4 Die Hähnchenteile aus der Form nehmen und überschüssige Marinade in die Form abtropfen lassen. Die Marinade in eine kleine Schüssel geben und vorübergehend kalt stellen.

5 Die Hälfte der Chips abtropfen lassen, auf die Glut oder nach Herstelleranweisung in die Räucherbox des Gasgrills geben und den Grilldeckel schließen. Sobald Rauch entsteht, die Hähnchenteile mit der Hautseite nach oben über **indirekter schwacher bis mittlerer Hitze** bei geschlossenem Deckel 45 Min. grillen. Übrige Chips abtropfen lassen und auf die Glut oder in die Räucherbox geben, bevor die alten Chips abgebrannt sind. Hähnchenteile wenden und mit etwas Marinade bestreichen. Bei geschlossenem Deckel 30–55 Min. weitergrillen, bis beim Einstechen klarer Fleischsaft austritt und das Fleisch auch am Knochen nicht mehr rosa ist. Dabei bis etwa 20 Min. vor Ende der Grillzeit ab und zu mit Marinade bestreichen. Restliche Marinade entsorgen. Für eine knusprige Haut während der letzten 2–4 Min. die Hähnchenteile mit der Haut nach unten über **direkter schwacher bis mittlerer Hitze** grillen, dabei einmal wenden. Vom Grill nehmen und 3–5 Min. nachziehen lassen.

6 Mit einem schweren Messer die Schenkel am Gelenk durchtrennen und die Brusthälften quer halbieren. Die Hähnchenteile auf einem Servierteller anrichten und warm mit den Limettenspalten zum Beträufeln servieren.

Scotch-Bonnet-Chilis (siehe Bild) und die gleich aussehenden Habaneros gehören zu den schärfsten im Handel erhältlichen Chilischoten. Karibische Köche verwenden sie schon seit Jahrhunderten und wissen, wie vorsichtig man mit ihnen umgehen muss: Zum Schutz Ihrer Haut sollten Sie beim Verarbeiten der Chilis Gummihandschuhe tragen, beim Pürieren der Marinade die scharfen Dämpfe nicht einatmen und die Marianade stets in einer gut durchlüfteten Küche zubereiten.

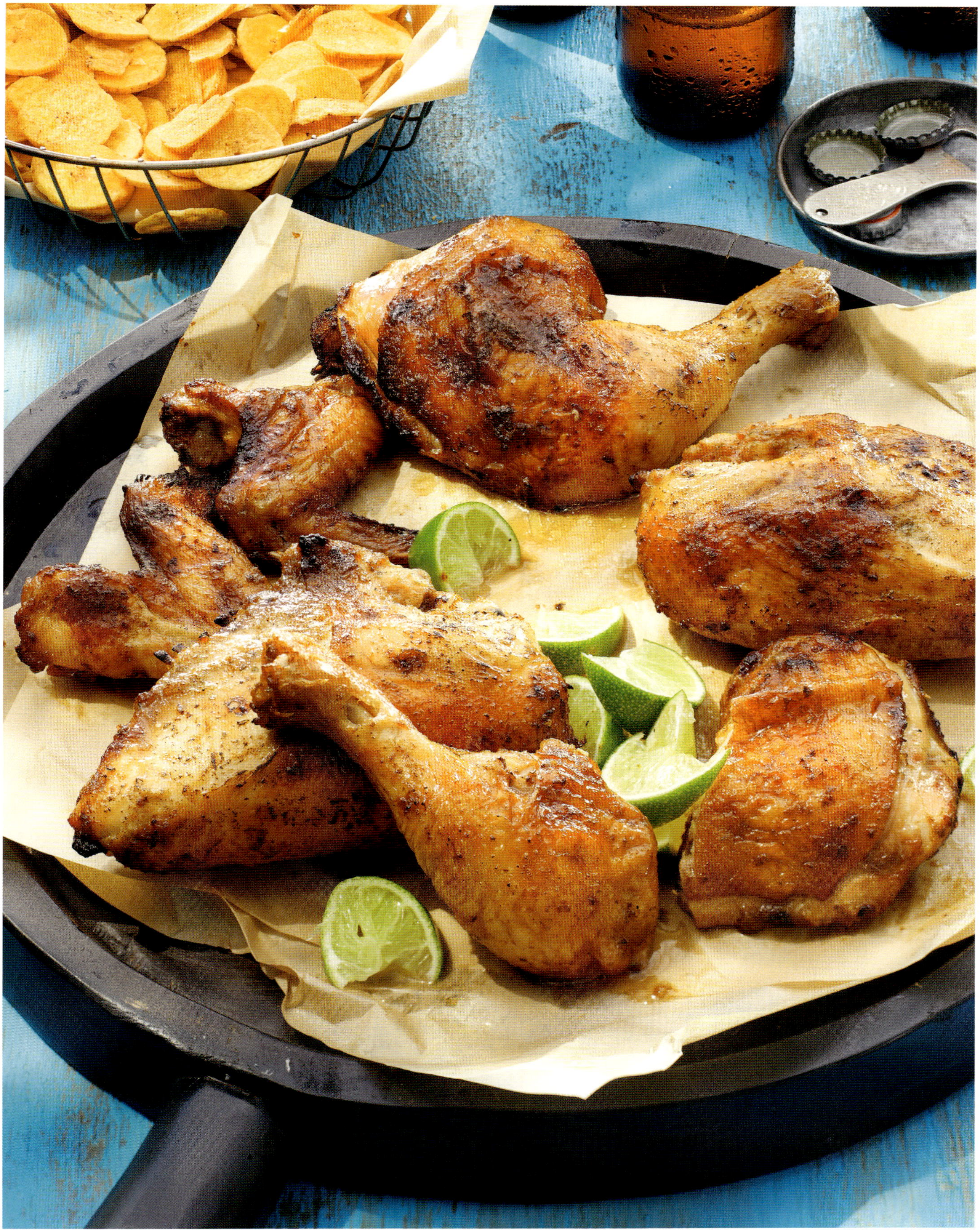

SCHMETTERLINGSHÄHNCHEN
MIT ALABAMA WHITE SAUCE

FÜR 2–4 PERSONEN | **ZUBEREITUNGSZEIT:** 15 MIN. | **GRILLZEIT:** 25–30 MIN. | **ZUBEHÖR:** 1 GROSSE HANDVOLL HICKORY- ODER PEKANNUSSHOLZ-CHIPS, GEFLÜGELSCHERE, DIGITALES FLEISCHTHERMOMETER

FÜR DIE WÜRZPASTE
- 1 EL Olivenöl
- 1 EL frisch gepresster Limettensaft
- 1 EL Vollrohrzucker
- 1 TL gemahlener Kreuzkümmel
- 1 TL getrockneter Oregano
- 1 TL getrockneter Thymian
- 1 TL Paprikapulver
- 1 TL grobes Meersalz
- 1 TL frisch gemahlener schwarzer Pfeffer
- ½ TL Knoblauchpulver

1 küchenfertiges Hähnchen (etwa 2 kg), schmetterlingsförmig aufgeschnitten (siehe Schritt-für-Schritt-Anleitung unten)

FÜR DIE SAUCE
- 230 g Mayonnaise
- 4 EL Weißweinessig
- 2 TL frisch gemahlener schwarzer Pfeffer
- ¾ TL Zucker
- ¼ TL grobes Meersalz

Im US-Bundesstaat Alabama sind weiße Barbecue-Saucen eine Frage des Nationalstolzes. Die essigbetonten, cremigen Saucen mit reichlich Pfeffer haben mit den klassischen roten Barbecue-Saucen nichts gemein. Die Bandbreite der Rezepturen von süß bis pfeffrig ist riesig, nur die weiße Farbe ist obligatorisch. Für eine pfefferwürzige Version der White Sauce ist das Restaurant Big Bob Gibson's Bar-B-Q in Decatur berühmt, wo mein Freund Chris Lilly sie in großen Bottichen zubereitet und ganze BBQ-Hähnchen darin eintaucht. Bei dem hier empfohlenen Schmetterlingszuschnitt des Hähnchens kommt die größtmögliche Fleischoberfläche in direkten Kontakt zum heißen Grillrost und führt zu maximaler Geschmacksentfaltung des Fleisches. Sorgen Sie für viele, viele Servietten bei Tisch, denn bei diesem Gericht muss es vor Sauce einfach nur so tropfen!

1 Die Räucherchips mind. 30 Min. wässern.

2 Die Zutaten für die Würzpaste vermengen und das Hähnchen auf der Hautseite damit einmassieren. Bei Raumtemperatur marinieren lassen, während Sie den Grill vorbereiten.

3 Den Grill für direkte mittlere Hitze (175–230 °C) vorbereiten.

4 Die Räucherchips abtropfen lassen, auf die Glut oder nach Herstelleranweisung in die Räucherbox des Gasgrills geben und den Grilldeckel schließen. Sobald Rauch entsteht, das Hähnchen zunächst mit der Knochenseite nach unten über **direkter mittlerer Hitze** bei geschlossenem Deckel 10 Min. grillen. Anschließend wenden und 15–20 Min. weitergrillen, bis beim Einstechen klarer Fleischsaft austritt und das Fleischthermometer an der dicksten Stelle (beim Messen keinen Knochen berühren) eine Kerntemperatur von 72 bis 75 °C anzeigt. Vom Grill nehmen und 10 Min. nachziehen lassen (dabei wird sich die Kerntemperatur noch um 2–5 °C erhöhen).

5 In der Zwischenzeit die Zutaten für die Sauce in einer mittelgroßen Schüssel glatt rühren. Das Hähnchen der Länge nach halbieren oder in einzelne Stücke schneiden und mit der Sauce zum Dippen warm servieren.

---

1 *Das Hähnchen mit dem Rücken nach oben legen. Mit der Geflügelschere vom Hals her bis zum Ende auf beiden Seiten am Rückgrat entlangschneiden.*

2 *Das Rückgrat entfernen. Sie sehen jetzt das Innere des Hähnchens. Das knorpelige untere Ende des Brustbeins mit einem kleinen Einschnitt versehen, dann mit den Händen die Rippenenden packen und das Hähnchen aufklappen.*

3 *Mit zwei Fingern auf beiden Seiten des Knorpels, der zwischen den Brusthälften liegt, entlangfahren, um ihn vom Fleisch zu lösen. Den Knochen greifen und zusammen mit dem Knorpel herausziehen.*

4 *Das Hähnchen umdrehen und die Hautseite fest nach unten drücken. Die Flügelspitzen abschneiden, denn sie verbrennen leicht.*

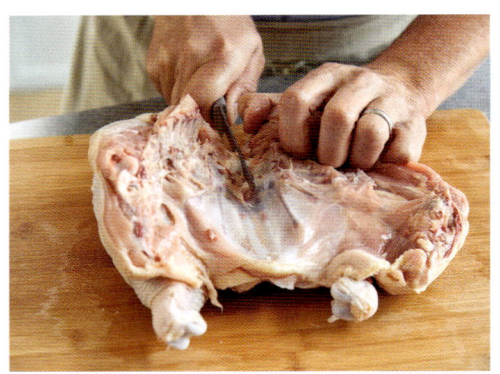

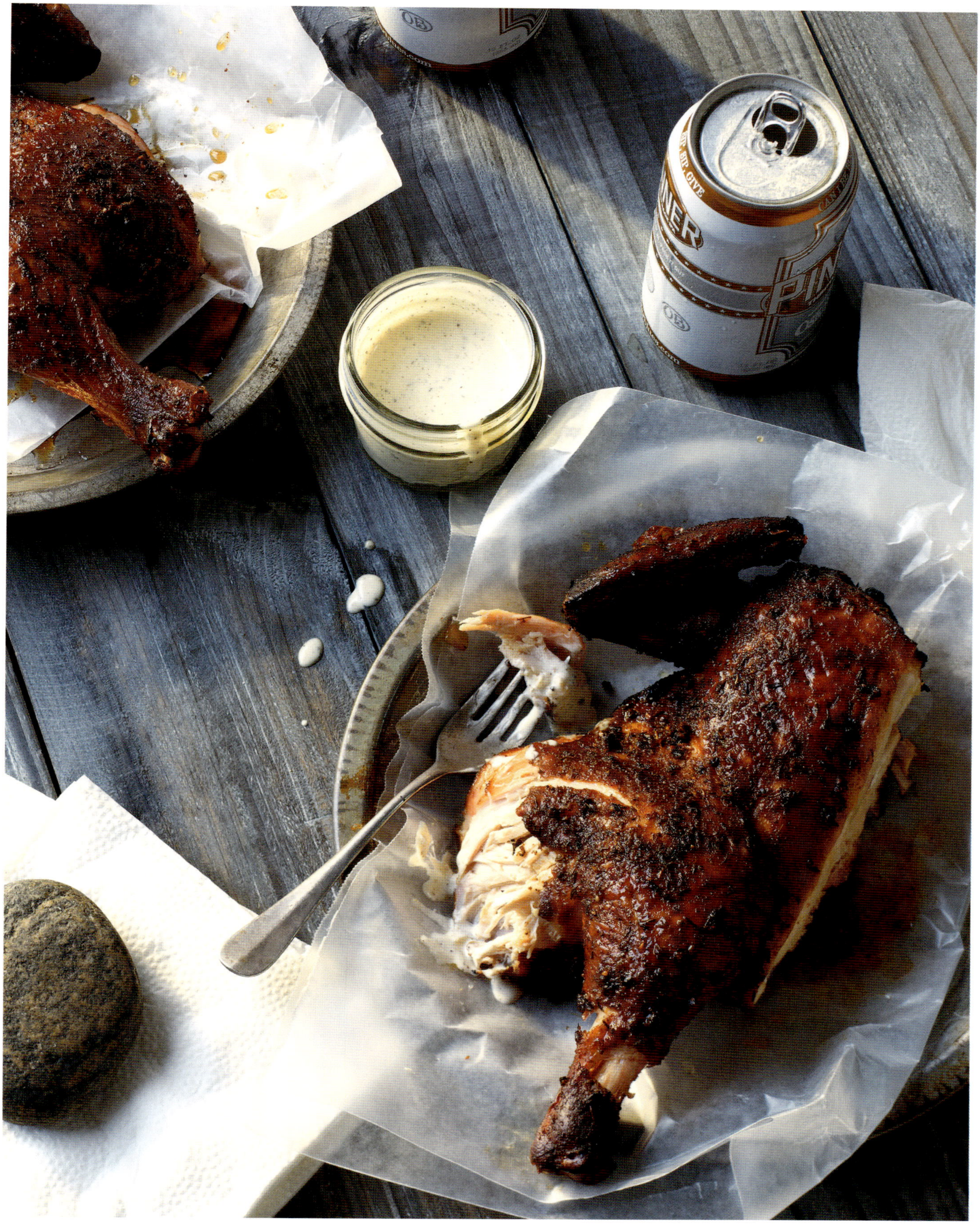

HÄHNCHEN UNTER ZIEGELSTEINEN
MIT ROSMARIN, ZITRONE UND BROTSALAT

FÜR 4–6 PERSONEN | **ZUBEREITUNGSZEIT:** 30 MIN. | **MARINIERZEIT:** 4–24 STD. | **GRILLZEIT:** ETWA 1 STD.
ZUBEHÖR: GEFLÜGELSCHERE, 3 GROSSE HANDVOLL PEKANNUSSHOLZ-CHIPS, HOLZKOHLEGRILL, ZWEI IN ALUFOLIE EINGEWICKELTE ZIEGELSTEINE ODER EINE GROSSE GUSSEISENPFANNE, DIGITALES FLEISCHTHERMOMETER

FÜR DIE MARINADE
fein abgeriebene Schale und Saft von 2 Bio-Zitronen
2 EL fein gehackte Rosmarinnadeln
4 Knoblauchzehen, fein gehackt
1 TL geräuchertes Paprikapulver

Olivenöl
grobes Meersalz
frisch gemahlener schwarzer Pfeffer
1 küchenfertiges Hähnchen (2¼ kg), schmetterlingsförmig aufgeschnitten (siehe Schritt-für-Schritt-Anleitung Seite 196)
1 Baguette (etwa 20 cm lang), der Länge nach halbiert

FÜR DAS DRESSING
1 EL frisch gepresster Zitronensaft
1 EL Rotweinessig
1 Knoblauchzehe, fein gehackt

350 g Dattel- oder Cocktailtomaten, halbiert
5 EL grob gehackte glatte Petersilienblätter

Ein Hähnchen flach aufzuschneiden und dann mit Ziegelsteinen beschwert zu grillen bescheinigt nicht nur einen ausgefallenen Stil, sondern auch eine ausgeklügelte Technik der Zubereitung – die hinsichtlich des Geschmacks übrigens durchaus Sinn ergibt. Das dunklere Schenkelfleisch braucht immer etwas länger als das Brustfleisch, um gar zu werden. Hier schaffen Sie mit der Grillmethode dieses Rezepts aber einen Ausgleich, da die Schenkel näher der Glut ausgesetzt sind. Versuchen Sie, die Ziegelsteine möglichst ausbalanciert auf das Brustfleisch zu legen, damit es vor zu viel Hitze geschützt ist. Und wer die Haut noch etwas knuspriger mag (und wer mag das nicht?), sollte das Schmetterlingshähnchen am Ende noch kurz über direkter Hitze grillen.

1 Die Zutaten für die Marinade mit 4 EL Öl, 2 TL Salz und 1 TL Pfeffer verquirlen. Das Hähnchen flach in eine entsprechend große Form legen, mit der Marinade übergießen und die Marinade auf beide Seiten einmassieren. Die Form mit Frischhaltefolie abdecken und 4–24 Std. in den Kühlschrank stellen.

2 Die Räucherchips mind. 30 Min. wässern.

3 Den Holzkohlegrill für direkte und indirekte mittlere Hitze (etwa 200 °C) vorbereiten. Dafür die Kohle halbkreisförmig am Rand des Kohlerosts anordnen.

4 Die Schnittflächen der Baguettehälften dünn mit Öl bestreichen und die Hälften mit den Schnittflächen nach unten über **direkter mittlerer Hitze** bei geschlossenem Deckel etwa 2 Min. rösten, bis sie knusprig sind, dabei einmal wenden. Vom Grill nehmen und in mundgerechte Stücke schneiden.

5 In einer großen Schüssel die Zutaten für das Dressing mit 4 EL Öl, ½ TL Salz und ¼ TL Pfeffer verquirlen. Baguettestücke und Tomaten dazugeben und gut mit dem Dressing vermischen. Bei Raumtemperatur durchziehen lassen, während Sie das Hähnchen grillen.

6 Die Chips abtropfen lassen und auf die Glut geben. Das Hähnchen mit der Knochenseite nach unten und den Schenkeln Richtung Glut zeigend über **indirekte mittlere Hitze** auf den Grillrost legen, mit den beiden Ziegelsteinen beschweren und bei geschlossenem Deckel 25 Min. grillen. Die Steine entfernen. Das Hähnchen mit einem großen Grillwender vorsichtig wenden (die Schenkel sollen anschließend weiterhin der Glut zugewandt sein). Passen Sie auf, dass dabei keine Hähnchenteile abbrechen. Erneut mit den Steinen beschweren und über **indirekter mittlerer Hitze** bei geschlossenem Deckel 25 Min. weitergrillen. Die Ziegelsteine entfernen. Ist die Haut noch nicht gut genug gebräunt, das Hähnchen behutsam über **direkte mittlere Hitze** ziehen und die Haut 5–10 Min. im offenen Grill bräunen. Das Hähnchen ist gar, wenn beim Einstechen klarer Fleischsaft austritt und das Fleischthermometer an der dicksten Stelle des Schenkels (ohne den Knochen zu berühren) eine Kerntemperatur von 72–75 °C anzeigt. Hähnchen behutsam vom Grill nehmen und 10 Min. nachziehen lassen (die Kerntemperatur erhöht sich in dieser Zeit noch um 2–5 °C).

7 Das Hähnchen tranchieren. Die Petersilie unter den Salat mischen und den Salat auf einer Servierplatte anrichten. Die Hähnchenteile auf das Salatbett geben und servieren.

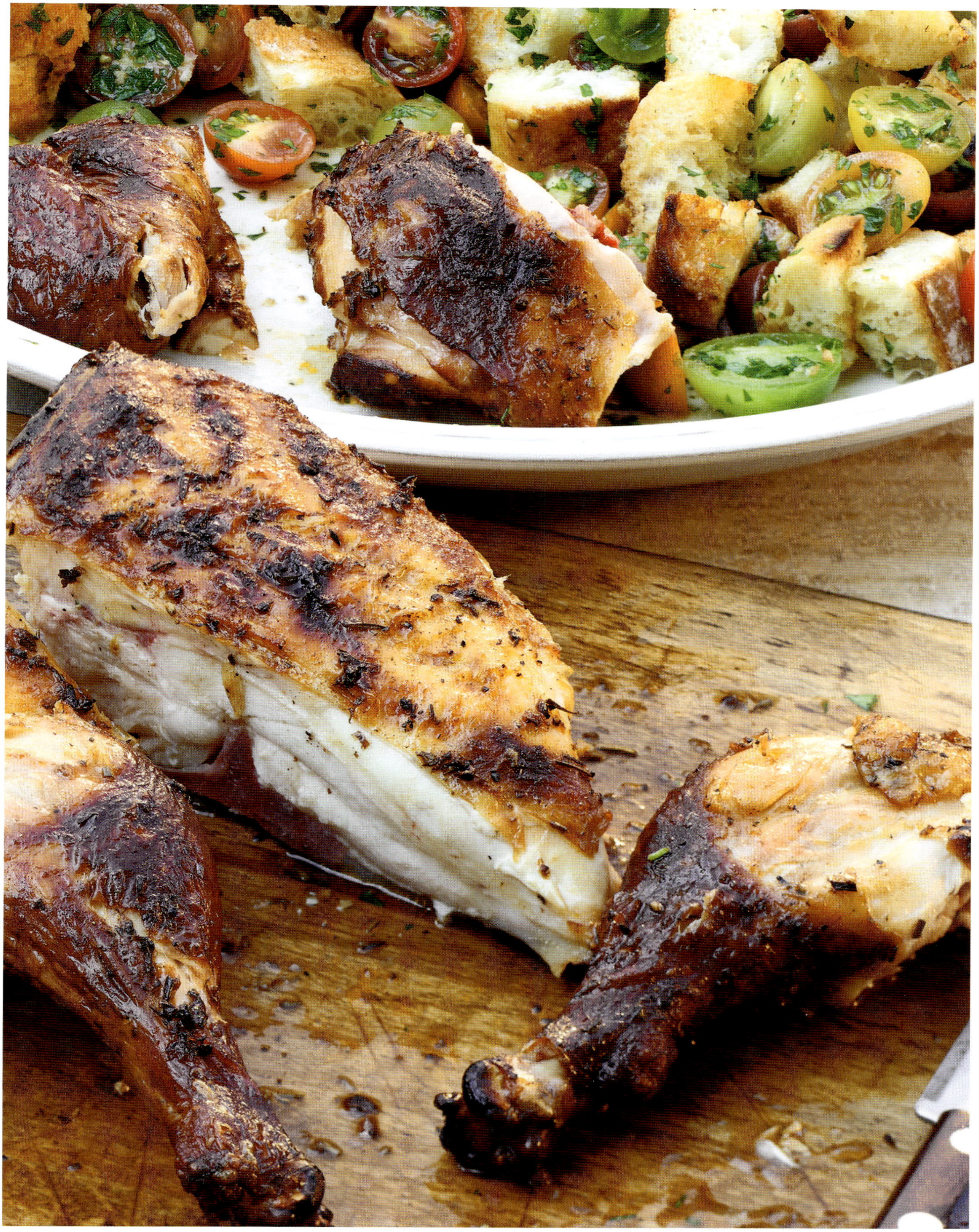

BIER-HÄHNCHEN
MIT CHIPOTLE-WÜRZPASTE

FÜR 4 PERSONEN | **ZUBEREITUNGSZEIT:** 20 MIN. | **GRILLZEIT:** 45–60 MIN. | **ZUBEHÖR:** 3 GROSSE HANDVOLL MESQUITEHOLZ-CHIPS, WEBER STYLE™ GEFLÜGELHALTER, DIGITALES FLEISCHTHERMOMETER, FETT-TRENNER

FÜR DIE WÜRZPASTE
- 1 EL Olivenöl
- 2 TL grobes Meersalz
- 1 TL Rohrrohrzucker
- 1 TL Chipotle-Chilipulver
- 1 TL gemahlener Kreuzkümmel
- 1 TL geräuchertes Paprikapulver
- ½ TL frisch gemahlener schwarzer Pfeffer
- ¼ TL Cayennepfeffer

1 küchenfertiges Hähnchen (2–2¼ kg) ohne Hals und Innereien, überschüssiges Fett entfernt
250 ml Bier, raumtemperiert

Bei dieser Art der Zubereitung eines ganzen Hähnchens kommt es nicht wirklich auf das Bier an, andere Flüssigkeiten eignen sich ebenso. Entscheidend ist der Dampf, der das Hähnchen während der Garzeit mit Feuchtigkeit versorgt. Wichtig ist, dass Sie nicht zu viel Bier, Wein, Saft oder was auch immer verwenden, sonst dauert es eine Ewigkeit, bis die Flüssigkeit köcheln und verdampfen kann. Ursprünglich wird das Hähnchen direkt auf eine Bierdose gesetzt, aber ein Geflügelhalter ist die sicherere Methode: Er steht stabil auf dem Grillrost und die Flüssigkeit im Becher gibt den erwünschten Dampf ab.

1. Die Räucherchips mind. 30 Min. wässern.

2. Für die Würzpaste Öl und Gewürze mit einer Gabel zu einer glatten Paste verarbeiten.

3. Mit den Fingern die Hähnchenhaut vom Fleisch lösen. Dafür an der Halsöffnung beginnend vorsichtig unter die Haut fahren, die Haut leicht anheben und lockern, dann behutsam die Brust entlangfahren und die Haut vom Fleisch lösen, ohne sie einzureißen. Das Hähnchen wenden und an der Bauchhöhle beginnend die Haut der Ober- und Unterschenkel vom Fleisch lösen. Reiben Sie anschließend vorsichtig und behutsam das Brust- und Schenkelfleisch unter der Haut mit der Hälfte der Würzpaste ein und mit der übrigen Paste die Haut selbst. Die Flügelspitzen auf den Rücken drehen. Das Hähnchen bei Raumtemperatur ruhen lassen, während Sie den Grill vorbereiten.

4. Den Grill für indirekte mittlere Hitze (175–230 °C) vorbereiten.

5. Den Becher des Geflügelhalters mit Bier füllen. Die Halterung aufsetzen und das Hähnchen mit der Bauchhöhle nach unten darüberstülpen.

6. Von den Räucherchips 2 Handvoll abtropfen lassen, auf die Glut oder nach Herstelleranweisung in die Räucherbox des Gasgrills geben und den Grilldeckel schließen. Sobald Rauch entsteht, den Geflügelhalter über **indirekte mittlere Hitze** stellen und das Hähnchen bei geschlossenem Deckel 45–60 Min. grillen, bis beim Einstechen klarer Fleischsaft austritt und das Fleischthermometer an der dicksten Stelle des Schenkels (ohne den Knochen zu berühren) eine Kerntemperatur von 72–75 °C anzeigt. Nach den ersten 15 Min. der Grillzeit die übrigen Chips abtropfen lassen und auf die Glut oder in die Räucherbox geben. Für ein gleichmäßiges Garen den Geflügelhalter nach 30 Min. Grillzeit mit Grillhandschuhen um 180 Grad drehen. Sollte das Hähnchen am Hals oder an den Flügeln zu schnell bräunen, die Teile mit Alufolie abdecken. Im Holzkohlegrill nach Bedarf Kohlen nachlegen, um die Hitze konstant zu halten.

7. Den Halter vom Grill nehmen und auf eine hitzefeste Unterlage stellen. Mit einem großen Löffel den in der Auffangschale angesammelten Bratenfond in den Fett-Trenner geben und warten, bis das Fett nach oben gestiegen ist. Das Hähnchen inzwischen 10 Min. nachziehen lassen (dabei erhöht sich die Kerntemperatur noch um 2–5 °C). Hähnchen vom Halter nehmen und tranchieren. Mit dem entfetteten Bratensaft beträufeln und warm servieren.

TIPPS BIER-HÄHNCHEN

1 Sie können jedes beliebige Bier verwenden, denn das Hähnchen nimmt den Biergeschmack ohnehin nicht an. Das verdampfende Bier sorgt jedoch für die Saftigkeit des Hähnchenfleisches. Lassen Sie das Bier frühzeitig Raumtemperatur annehmen, dann wird es auf dem Grill schneller heiß.

2 Halsbereich und Flügel des Hähnchens werden bei dieser Zubereitungsmethode schneller braun als der Rest. Decken Sie die gefährdeten Stellen gegebenenfalls lose mit Alufolie ab. Back-Alufolie leistet dabei die besten Dienste

3 Auch wenn es witzig aussieht, das Hähnchen auf eine Bierdose zu setzen, der Geflügelhalter ist die bessere Methode. Zum einen steht er sicher auf dem Rost und kippt nicht um, zum anderen gehen von ihm keine unerwünschten Anteile auf das Hähnchenfleisch über.

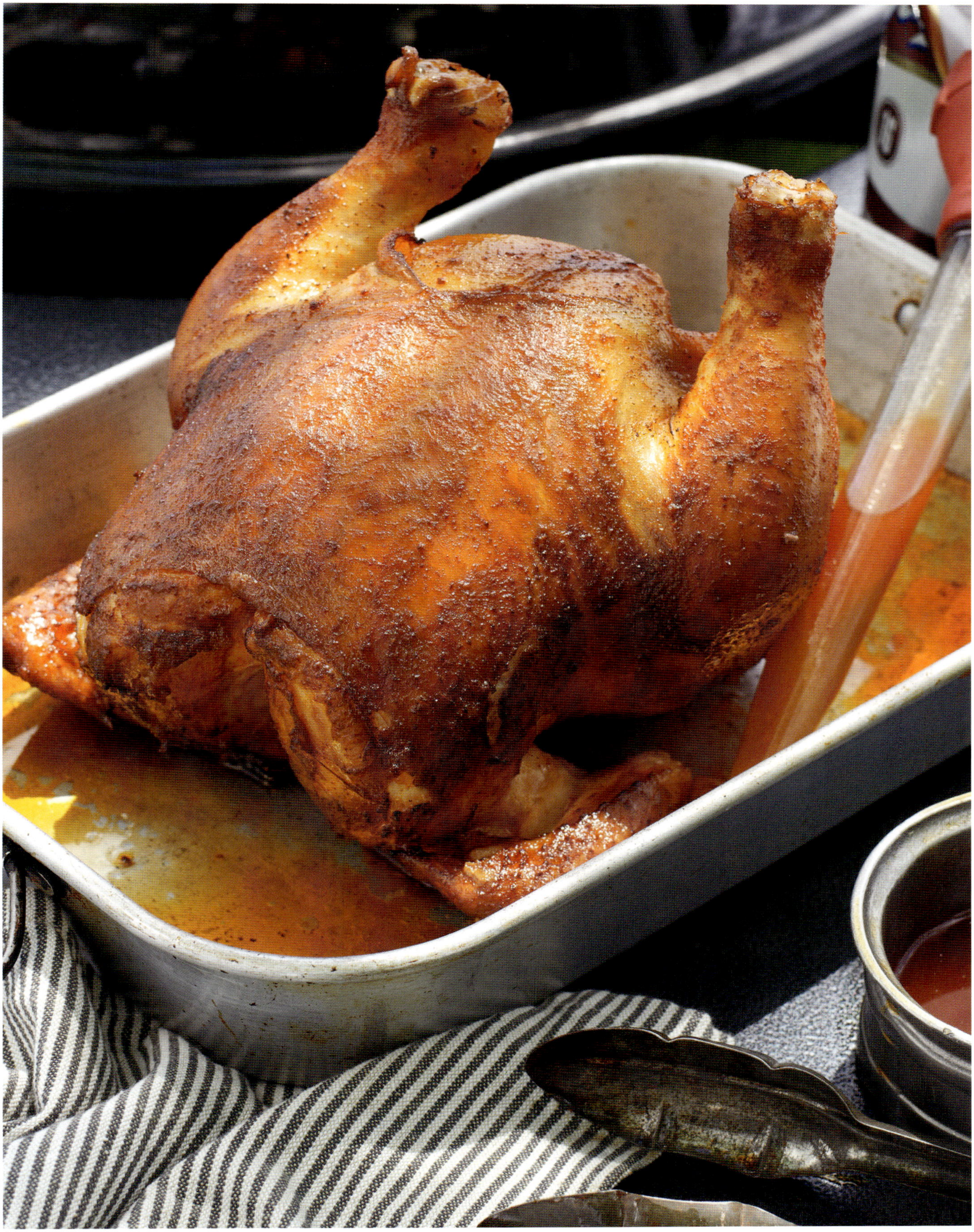

ROTISSERIE-HÄHNCHEN
IN KRÄUTERBUTTERMILCH

FÜR 4 PERSONEN | **ZUBEREITUNGSZEIT:** 25 MIN. | **EINLEGEZEIT:** 8–24 STD. | **GRILLZEIT:** ETWA 1¼ STD.
ZUBEHÖR: DREHSPIESS, KÜCHENGARN, GROSSE EINWEG-ALUSCHALE, DIGITALES FLEISCHTHERMOMETER

FÜR DIE LAKE
1½ l Buttermilch
5 EL scharfe Chilisauce
4 EL grobes Meersalz
4 EL Zucker
12 Knoblauchzehen, fein gehackt
2 EL gehackte Oreganoblätter
1 EL Thymianblättchen

3 EL gehackte Rosmarinnadeln
1 küchenfertiges Hähnchen (2¼ kg) ohne Hals und Innereien, überschüssiges Fett entfernt
2 EL Olivenöl

Rotisserie-Hähnchen sind derzeit in den USA der Renner, sie sind einfach allgegenwärtig. Die Leute reißen sich darum, vor allem dann, wenn das Fleisch saftig und die Haut knusprig ist. Für erstklassige Ergebnisse auf dem heimischen Grill brauchen Sie zuallerst ein artgerecht gehaltenes Freilandhuhn, am besten aus Bio-Aufzucht. Das kostet zwar einiges mehr als ein Hähnchen aus industrieller Massentierhaltung, bietet dafür aber deutlich mehr Geschmack. Eine einfache Lake, die hier aus Kräutern und Buttermilch besteht, verleiht dem schmackhaften Fleisch eine zusätzliche feinwürzige Note. Wichtig ist, dass Sie die Temperatur im Grill über die gesamte Garzeit möglichst konstant bei 200 °C halten.

1 Die Zutaten für die Lake mit 2 EL Rosmarin verrühren, bis sich Salz und Zucker aufgelöst haben. Das Hähnchen mit den Schenkeln nach oben in einen 4 l großen, wiederverschließbaren Plastikbeutel geben und die Lake dazugießen, dabei auch die Bauchhöhle füllen. Die Luft aus dem Beutel streichen und den Beutel fest verschließen. In eine große Schüssel legen, um eventuell austretende Flüssigkeit aufzufangen. Für 8–24 Std. in den Kühlschrank stellen.

2 Die große Einweg-Aluschale unter den Grillrost stellen, um herabtropfenden Bratensaft aufzufangen. Bei einem Gasgrill müssen Sie die Schale gegebenenfalls ein wenig zusammenstauchen. Bei einem Holzkohlegrill kommt die Tropfschale in die Mitte des Kohlerosts zwischen die beiden Kohlehaufen. Den Grill anschließend für Rotisserie-Grillen über indirekter mittlerer Hitze (möglichst konstante 200 °C) vorbereiten.

3 Das Hähnchen aus der Lake nehmen, die Lake entsorgen. Das Hähnchen innen und außen mit Küchenpapier gut trockentupfen. Schenkel und Flügel mit Küchengarn an den Körper binden.

4 Den übrigen Rosmarin mit dem Öl verrühren und das Hähnchen damit rundherum einpinseln. Eine der Grillgabeln mit den Zinken nach innen auf den Drehspieß ziehen und 25 cm vom Spießende entfernt sichern, die Schraube aber noch nicht festziehen. Das Hähnchen der Länge nach mittig auf den Drehspieß stecken und behutsam auf die Zinken der Grillgabel drücken, bis diese tief im Fleisch verankert sind. Die zweite Grillgabel mit den Zinken nach innen aufziehen und die Zinken ebenfalls fest ins Fleisch drücken. Die Gabel sichern, aber noch nicht festziehen. Mit Grillhandschuhen den Spieß einhängen. Das Hähnchen genau über der Schale ausrichten, dann die Schrauben festziehen und den Motor einschalten.

5 Das Hähnchen über *indirekter mittlerer Hitze* bei geschlossenem Deckel etwa 1¼ Std. grillen, bis das Fleischthermometer an der dicksten Stelle eines Schenkels (ohne den Knochen zu berühren) 72–75 °C anzeigt. Zum Messen der Kerntemperatur immer den Motor ausschalten. Ist die Haut nicht braun und knusprig genug, können Sie – sofern vorhanden – mit dem Infrarotbrenner nachhelfen: Schalten Sie ihn auf mittlere Hitze und lassen Sie das Hähnchen bei laufendem Motor noch einige Minuten bräunen. Passen Sie aber sehr gut auf, dass es dabei nicht verbrennt.

6 Den Motor ausschalten und den Spieß mit Grillhandschuhen herausheben. Behutsam die Haltezinken lösen und das Hähnchen vom Spieß ziehen. Auf einem Schneidbrett 10 Min. nachziehen lassen (dabei erhöht sich die Kerntemperatur noch um 2–5 °C), dann das Hähnchen tranchieren und warm servieren.

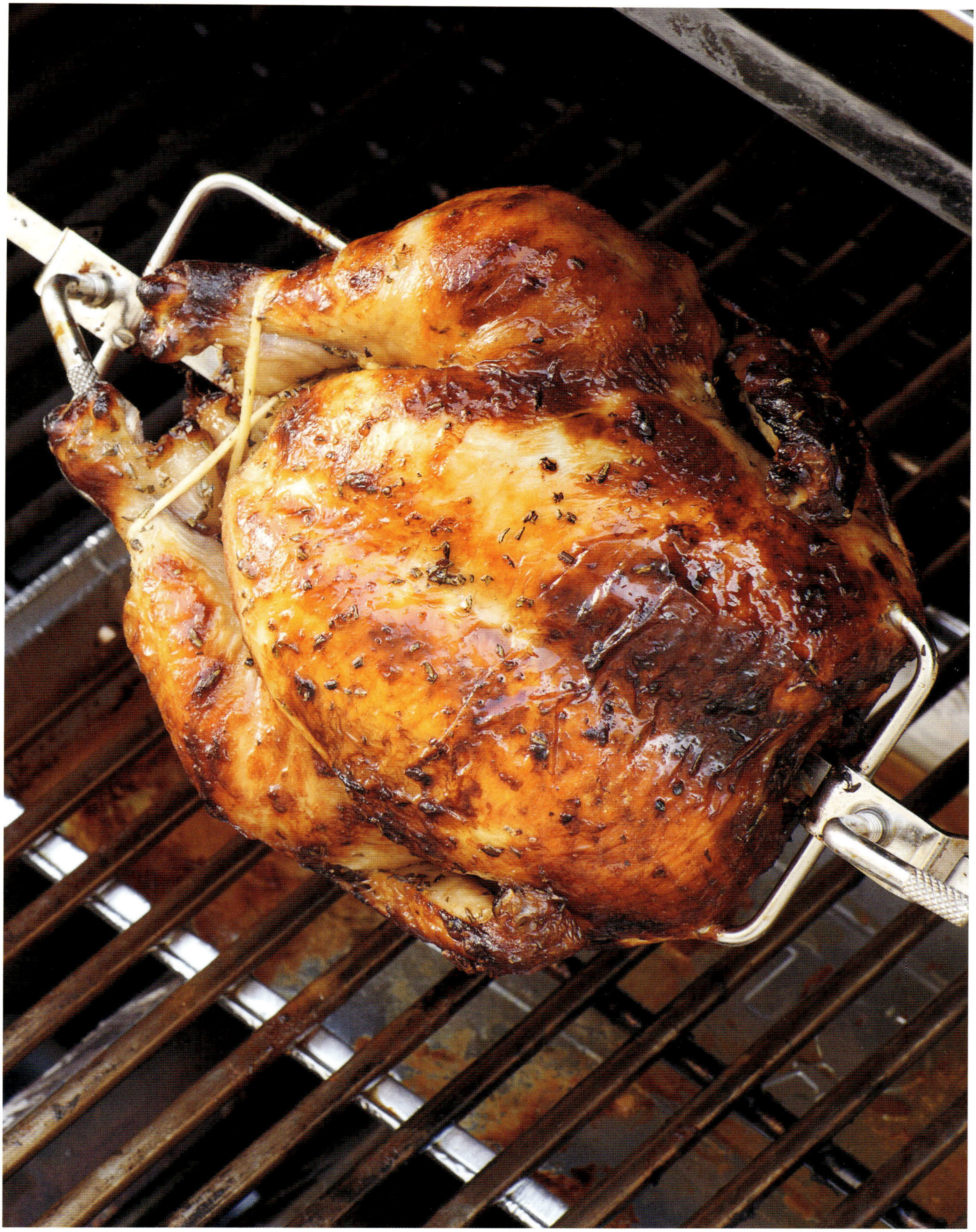

HONIG-GLASIERTE STUBENKÜKEN

FÜR 2–4 PERSONEN | **ZUBEREITUNGSZEIT:** 20 MIN. | **GRILLZEIT:** 30–40 MIN.
ZUBEHÖR: 1 GROSSE HANDVOLL HICKORYHOLZ-CHIPS, GEFLÜGELSCHERE

120 ml Honig
4 EL Reisessig
2 EL Sojasauce
1 Chipotle-Chili in Adobo-Sauce (Dose), entkernt und fein gehackt
2 küchenfertige Stubenküken (je etwa 700 g) ohne Hals und Innereien, Flügelspitzen entfernt
Meersalz

In diesem kleinen, aber feinen Rezept kommen einige klassische Elemente des American Barbecue in einer Kurzfassung zusammen: einfacher, aber intensiver Geschmack und der gezielte Einsatz von Rauch, Feuer und Hitze. Die Hähnchen werden kurz über direkter Hitze gebräunt und glasiert und garen dann indirekt fertig, was sie wunderbar saftig macht und mit einem appetitlichen Glanz überzieht. Das Meersalz, mit dem die Hähnchen am Schluss bestreut werden, vereint und intensiviert alle beteiligten Aromen.

1. Die Räucherchips mind. 30 Min. wässern.

2. Den Grill für direkte und indirekte mittlere Hitze (175–230 °C) vorbereiten.

3. Den Honig mit Essig, Sojasauce und Chilischote glatt rühren. 5 EL davon abnehmen und in einer kleinen Schüssel bis zum Servieren beiseitestellen.

4. Die Hähnchen mit dem Rücken nach oben auf eine Arbeitsfläche legen. Mit der Geflügelschere links und rechts vom Rückgrat entlangschneiden und das Rückgrat entfernen. Die Hähnchen wie ein Buch aufklappen und mit einem großen stabilen Messer die Brustmitte durchschneiden. Das Brustbein verbleibt an einer der beiden Hälften.

5. Die Chips abtropfen lassen, auf die Glut oder nach Herstelleranweisung in die Räucherbox des Gasgrills geben und den Grilldeckel schließen. Sobald Rauch entsteht, die Hähnchenhälften mit der Hautseite nach unten über **direkter mittlerer Hitze** bei geschlossenem Deckel etwa 5 Min. grillen, bis die Haut schön gebräunt ist. Hähnchen mit Glasur bestreichen, wenden und mit der Hautseite nach oben 5 Min. weitergrillen. Die Hähnchen sollten möglichst nicht auf dem Grillrost bewegt werden, es sei denn, es kommt zu Flammenbildung. So kann die Honigglasur karamellisieren, während die Haut der Hähnchen bräunt.

6. Die Hähnchen erneut mit Glasur bestreichen, anschließend über **indirekte mittlere Hitze** legen und den Deckel wieder schließen. 20–30 Min. weitergrillen, bis sich das Fleisch fest anfühlt und auch im Kern nicht mehr rosa ist, dabei oft mit Glasur bestreichen. Vom Grill nehmen, mit reichlich Meersalz würzen und 5 Min. ruhen lassen. Die Hähnchen warm servieren und die aufbewahrte Honigglasur als Dip dazu reichen.

GEFLÜGEL

GERÄUCHERTE PUTEN-PASTRAMI

FÜR 6–8 PERSONEN | **ZUBEREITUNGSZEIT:** 15 MIN. | **KÜHLZEIT:** 24–48 STD. | **GARZEIT:** ETWA 2 STD. | **ZUBEHÖR:** GEWÜRZMÜHLE, RÄUCHERGRILL (WATER SMOKER), 3 GROSSE KIRSCHHOLZ-CHUNKS, DIGITALES FLEISCHTHERMOMETER

FÜR DIE WÜRZMISCHUNG
- 1 EL schwarze Pfefferkörner
- 1 EL Koriandersamen
- 2 TL gelbe Senfkörner
- 2 EL Rohrohrzucker
- 1 EL grobes Meersalz
- 2 TL Paprikapulver
- 1 TL gemahlener Kreuzkümmel

- 1 ausgelöste Putenbrust mit Haut (1–1¼ kg)
- 1 EL Olivenöl
- Roggenbrotscheiben
- Salatblätter
- Tomatenscheiben
- Mayonnaise
- gelber Senf (vorzugsweise New York Deli Style Yellow Mustard)

Klassische Pastrami, die es in jüdischen Delikatessenläden in dicken Scheiben in Roggenbrötchen gibt, wird aus der Rinderbrust hergestellt. Das dicke, muskulöse Stück Fleisch wird bei niedriger Temperatur so lange geräuchert, bis das Kollagen im Bindegewebe schmilzt und das Fleisch zart und saftig macht. Mein Freund Meathead Goldwyn von Amazingribs.com erklärte das 1888 gegründete, familiengeführte Katz's Delicatessen in New York City denn auch kurzerhand zum ältesten BBQ-Restaurant der USA. Für traditionelles Pastrami wird das Rindfleisch nassgepökelt, anschließend mit Gewürzen wie Koriander, schwarzem Pfeffer, Senfkörnern und Paprikapulver gewürzt und im Smoker geräuchert, bevor es gedämpft und aufgeschnitten wird. In diesem Rezept bereite ich die Putenbrust ähnlich zu und verwende auch die gleichen Gewürze. Das geschmacklich etwas langweilige Brustfleisch profitiert ungemein von der erdigen Pfeffernote und der dunklen Kruste einer Pastrami-Zubereitung alter Schule.

1 Pfefferkörner, Koriandersamen und Senfkörner in einer kleinen Pfanne auf mittlerer Stufe 3–4 Min. unter Rühren und Rütteln der Pfanne rösten, bis sie hellbraun sind und aromatisch duften. In einer kleinen Schüssel 5 Min. abkühlen lassen, anschließend in der Gewürzmühle in 15–20 Intervallen grob mahlen. Zurück in die kleine Schüssel geben und mit den übrigen Gewürzen vermengen.

2 Die Putenbrust mit dem Öl bestreichen und gleichmäßig mit der Würzmischung bestreuen. In eine doppelte Lage Frischhaltefolie wickeln und auf einem Teller 24–48 Std. kalt stellen.

3 Den Räuchergrill für indirekte sehr schwache Hitze (110–135 °C) vorbereiten. Sobald die Temperatur im Smoker 110 °C erreicht hat, die Chunks auf die Glut geben.

4 Die Putenbrust mit der Hautseite nach unten über *indirekter sehr schwacher Hitze* bei geschlossenem Deckel 2 Std. räuchern, bis das Fleischthermometer an der dicksten Stelle der Brust eine Kerntemperatur von 72 °C anzeigt. Aus dem Grill nehmen und nicht abgedeckt 20 Min. nachziehen lassen (die Kerntemperatur erhöht sich dabei noch um 2–5 °C). In Scheiben schneiden und mit Roggenbrot, Salatblättern, Tomatenscheiben, Mayonnaise und Senf Pastrami-Sandwiches zusammenstellen.

GEFLÜGEL

STATE-FAIR-PUTENSCHENKEL

FÜR 6 PERSONEN | **ZUBEREITUNGSZEIT:** 15 MIN. | **PÖKELZEIT:** 12 STD. | **GARZEIT:** 1¾–2 STD. | **ZUBEHÖR:** RÄUCHERGRILL (WATER SMOKER), 2 GROSSE KIRSCH- ODER APFELHOLZ-CHUNKS, DIGITALES FLEISCHTHERMOMETER

FÜR DIE LAKE
600 g Rohrohrzucker
330 g grobes Meersalz
1 EL Selleriesamen
1 EL Koriandersamen
1 EL Kreuzkümmelsamen
1 EL gelbe Senfkörner
1 l Eiswürfel

6 Putenunterschenkel
(je 350–450 g)
2 EL Rapsöl

FÜR DIE SAUCE
160 ml Ketchup
2 TL Zuckerrohrmelasse
2 TL Apfelessig
2 TL Worcestersauce
1 TL Chilipulver
1 TL Knoblauchgranulat
½ TL frisch gemahlener schwarzer Pfeffer
½ TL gemahlener Kreuzkümmel

Jedes Jahr im August wird Des Moines, die Hauptstadt Iowas, vom Fieber nach Putenschenkeln erfasst. Gepökelt und geräuchert, sind sie eines der typischen Gerichte auf der State Fair, einer 11-tägigen Landwirtschaftsausstellung, die zugleich auch großes Volksfest ist. Lassen Sie das 12-stündige Pökeln der Schenkel auf keinen Fall aus, denn nur auf diese Weise und in Kombination mit der sanften Hitze des Smokers wird das sehnenreiche Fleisch der Unterschenkel zart und saftig. Servieren Sie zu diesem amerikanischen Klassiker einen knackigen Sommersalat mit cremigem Dressing und ein paar gegrillte Maiskolben.

1 Die Zutaten für die Lake bis auf die Eiswürfel in einem großen Topf mit 1 l Wasser verrühren. Auf hoher Stufe unter Rühren etwa 5 Min. kochen lassen, bis sich Salz und Zucker aufgelöst haben. Den Topf vom Herd nehmen, die Eiswürfel hineingeben und rühren, bis sie geschmolzen sind. Die Putenschenkel in die Lake geben und eventuell beschweren, damit alle Schenkel vollständig von der Lake bedeckt sind. 12 Std. im Kühlschrank nasspökeln.

2 Den Räuchergrill für indirekte sehr schwache Hitze (120–150 °C) vorbereiten.

3 Die Putenschenkel aus der Lake nehmen, mit Küchenpapier gründlich trockentupfen und rundherum mit dem Rapsöl bestreichen. Die Lake entsorgen.

4 Die Chunks auf die Glut geben. Sobald Rauch entsteht, die Putenschenkel über *indirekter sehr schwacher Hitze* bei geschlossenem Deckel 1¼–1½ Std. garen, bis sie schön gebräunt sind und das Fleischthermometer an der dicksten Stelle der Schenkel (beim Messen aber nicht den Knochen berühren) eine Kerntemperatur von 74 °C anzeigt. Inzwischen die Sauce auf dem Herd zubereiten.

5 Die Zutaten für die Sauce in einem kleinen Topf verrühren. Auf mittlerer Stufe zum Köcheln bringen, dann auf kleinerer Stufe etwa 2 Min. köcheln lassen, dabei ab und zu umrühren.

6 Sobald die Putenschenkel die Kerntemperatur von 74 °C erreicht haben, von allen Seiten mit der Sauce bestreichen und weiter über *indirekter sehr schwacher Hitze* bei geschlossenem Deckel garen, bis ihre Kerntemperatur nach 20–30 Min. 80–82 °C beträgt. Die Schenkel aus dem Smoker nehmen und 15 Min. nachziehen lassen (die Kerntemperatur steigt in dieser Zeit noch um 2–5 °C an). Warm servieren.

GEFLÜGEL

GERÄUCHERTER TRUTHAHN
MIT KRÄUTERWÜRZIGER BRATENSAUCE

FÜR 8–10 PERSONEN | **ZUBEREITUNGSZEIT:** 20 MIN., PLUS ETWA 4 STD. FÜR DEN FOND | **KÜHLZEIT:** 12–16 STD. | **GARZEIT:** 4½–5½ STD.
ZUBEHÖR: HOLZSPIESS, KÜCHENGARN, DOPPELLAGIGES MULLTUCH (ETWA 80 CM LANG), RÄUCHERGRILL (WATER SMOKER), 3 GROSSE PEKANNUSS-, APFEL- ODER HICKORYHOLZ-CHUNKS, DIGITALES FLEISCHTHERMOMETER

1 große Pute (etwa 6 kg), TK-Ware aufgetaut

FÜR DEN FOND
1¼ kg Putenflügel, vorzugsweise mit einem Küchenbeil in 5–7 cm große Stücke gehackt, dazu kommen Fettdrüse, Fett, Innereien und Hals der küchenfertigen Pute
1 EL Öl
1 kleine Zwiebel, gewürfelt
1 kleine Möhre, gewürfelt
1 kleine Stange Staudensellerie mit Blättern, gewürfelt
250 ml trockener Weißwein
4 Stängel glatte Petersilie
1½ TL grobes Meersalz
½ TL getrockneter Thymian
½ TL schwarze Pfefferkörner
1 Lorbeerblatt

FÜR DIE WÜRZMISCHUNG
2 TL grobes Meersalz
2 EL getrockneter Salbei
1 TL getrockneter Majoran
1 TL getrockneter Rosmarin
1 TL getrockneter Thymian
1 TL frisch gemahlener schwarzer Pfeffer

Öl
1 Zwiebel (etwa 100 g), fein gewürfelt
½ kleine Orange, sehr grob gewürfelt
4 Stängel glatte Petersilie
2 Lorbeerblätter, grob zerkrümelt

FÜR DIE BRATENSAUCE
bis zu 4 EL zerlassene Butter
120 g Mehl
1 TL fein gehackte Thymianblättchen
1 TL fein gehackte Rosmarinblätter
grobes Meersalz
frisch gemahlener schwarzer Pfeffer

Da das Bratfett einer geräucherten Pute manchmal zu rauchig schmeckt, ist es für die Sauce nicht geeignet. Deshalb wird sie in diesem Rezept mit einem selbst gemachten, im Voraus gekochten Fond zubereitet. Da auch die Kohle Rauch und Aromen abgibt, sollten Sie nicht mehr als die angegebene Menge an Chunks verwenden.

1 Den Backofen auf 200 °C vorheizen. Die Pute mit Küchenpapier innen und außen trockentupfen. Die Fettdrüse, falls nötig, abschneiden, das Fett nahe der Drüse entfernen. Die Innereien herausnehmen (die Leber wegwerfen), den Hals abschneiden und in 5 cm große Stücke schneiden. Alles zusammen mit den Putenflügeln in einem großen Bräter etwa 1 Std. im Ofen rösten, bis alle Stücke gut gebräunt sind, dabei einmal wenden.

2 Das Öl in einem großen Topf auf mittlerer bis hoher Stufe erhitzen. Zwiebel, Möhre und Sellerie im heißen Öl etwa 3 Min. braten, bis das Gemüse leicht gebräunt ist. Die gerösteten Putenteile dazugeben, den Bräter beiseitestellen. So viel kaltes Wasser in den Topf gießen, bis die Zutaten knapp bedeckt sind. Auf hoher Stufe aufkochen und den Schaum abschöpfen. Die übrigen Fond-Zutaten zufügen und alles auf kleiner Stufe etwa 2 Std. unter gelegentlichem Rühren köcheln lassen, bis der Fond sehr aromatisch schmeckt. Durch ein feines Sieb in eine große Schüssel gießen und 5 Min. stehen lassen, bis sich das Fett abgesetzt hat. Fett abnehmen und entsorgen. Den Fond zurück in den Topf gießen und auf hoher Stufe in 15–20 Min. auf 1 l einkochen lassen.

3 In der Zwischenzeit das Fett im Bräter wieder auf hoher Stufe erhitzen, bis es brutzelt. Fett in eine kleine Schüssel gießen. Den Bräter zurück auf den Herd stellen, 250 ml Wasser angießen, auf hoher Stufe aufkochen, dabei den Bratensatz ablösen, dann etwa 1 Min. auf die Hälfte einkochen lassen. In eine zweite kleine Schüssel gießen. Fond, Fett und abgelöschten Bratensatz abgedeckt bis zu 2 Tage kalt stellen.

4 Während der Fond köchelt, die Zutaten für die Würzmischung vermengen. Die Pute mit 2 EL Öl bestreichen, dann innen und außen mit der Mischung würzen. Die Flügelspitzen auf den Rücken drehen. Die Pute vorsichtig erneut mit etwas Öl bestreichen, damit die Kräuter feucht bleiben. Einen Ofenrost in ein Backblech mit hohem Rand legen und die Pute auf den Rost geben. Unbedeckt 12–16 Std. kalt stellen.

5 Zwiebel, Orange, Petersilie und Lorbeerblätter in die Bauchhöhle und Halsöffnung der Pute geben. Mit einem Holzspieß die Halsöffnung verschließen. Die Unterschenkel mit Küchengarn zusammenbinden. Vor dem Grillen bei Raumtemperatur 1 Std. ruhen lassen. Inzwischen das Mulltuch mit Wasser befeuchten, auswringen, in einer mittelgroßen Schüssel auslegen und mit 2 EL Öl durchtränken.

6 Den Räuchergrill für indirekte sehr schwache Hitze (110–120 °C) vorbereiten. Wenn 110 °C erreicht sind, die Chunks auf die Glut geben.

7 Die Unterseite der Pute erneut mit Öl bestreichen und die Pute mit dem feuchten Mulltuch umwickeln. Die Pute im Smoker über *indirekter sehr schwacher Hitze* bei geschlossenem Deckel 3½ Std. räuchern. Danach das Mulltuch abnehmen und die Brust locker mit Alufolie abdecken. Weitere 1–2 Std. bei geschlossenem Deckel räuchern, bis die Pute tief goldbraun ist und die Kerntemperatur an der dicksten Stelle eines Schenkels (beim Messen nicht den Knochen berühren) 77–79 °C beträgt. Prüfen Sie die Kerntemperatur alle 30 Min.

8 Die Pute aus dem Smoker nehmen. Den angesammelten Fleischsaft aus der Bauchhöhle in einen Messbecher laufen lassen und mit dem Fond auf 1 l auffüllen. Die Pute 30 Min. nachziehen lassen (die Kerntemperatur erhöht sich dabei noch um 2–5 °C).

9 Das kalt gestellte Putenfett in einem mittelgroßen Topf auf mittlerer Stufe zerlassen, abmessen und mit zerlassener Butter auf 120 ml auffüllen. Zurück in den Topf geben und das Mehl darin auf mittlerer Stufe in 2–3 Min. hell goldbraun anschwitzen. Fond, Bratensatz, Thymian und Rosmarin einrühren, aufkochen, dann auf mittlerer bis kleiner Stufe unter häufigem Rühren 5–8 Min. kochen lassen, bis die Sauce andickt. Mit Salz und Pfeffer abschmecken.

10 Die Pute tranchieren, dabei die Füllung entfernen, und mit der Bratensauce warm servieren.

GEFLÜGEL

5

SEAFOOD

- **214** Lachs vom Räucherbrett mit Fenchelsalat und Meerrettichsahne
- **216** Gegrillter Lachs mit Tomaten und Würsten in Brühe
- **218** American BLT Sandwiches
- **219** Thunfischbrötchen Provence
- **220** Kurz gegrillter Thunfisch mit Oliven-Kapern-Vinaigrette
- **222** Schwertfischsteaks mit schneller Tomaten-Sardellen-Sauce
- **224** Geschwärzter Fisch und Ananas-Salsa in Tortillas
- **226** Geräucherte Forelle mit Nudeln in Erbsen-Sahne-Sauce

228 BARBECUE FEATURE
NEW ORLEANS' SEAFOOD BARBECUE

- **230** Cobb Salad mit Garnelen und rauchigem Tomaten-Buttermilch-Dressing
- **232** Garnelen auf weißer Polenta
- **234** Gegrillte Jakobsmuscheln mit Blumenkohlpüree und Grünkohlchips
- **236** Geräucherte Miesmuscheln mit Bier, Schalotten und Knoblauch
- **238** Venusmuscheln aus der Glut mit Chilinudeln

LACHS VOM RÄUCHERBRETT
MIT FENCHELSALAT UND MEERRETTICHSAHNE

FÜR 4 PERSONEN | **ZUBEREITUNGSZEIT:** 30 MIN. | **GRILLZEIT:** 15–20 MIN.
ZUBEHÖR: RÄUCHERBRETT AUS NATURBELASSENEM ZEDERNHOLZ (ETWA 30 CM LANG UND 18 CM BREIT)

FÜR DEN AUFGUSS
250 ml trockener Weißwein oder Vermouth
180 ml Weißweinessig
2 EL Zucker
2 TL Fenchelsamen
8 Wacholderbeeren
2 kleine Knoblauchzehen, zerdrückt

grobes Meersalz
½ große Fenchelknolle, Strunk entfernt, in 2 cm breite Streifen geschnitten
½ kleiner Kopf Radicchio, Strunk entfernt, Blätter in 5 cm breite Streifen geschnitten
2 EL Tafelmeerrettich
1½ TL fein gehackte Dillspitzen
100 g Crème fraîche oder Schmand
frisch gemahlener schwarzer Pfeffer
1 Mittelstück vom Lachsfilet mit Haut (etwa 900 g schwer und gut 2 cm dick), entgrätet
Olivenöl
1 kleines Bund Brunnenkresse, Blätter mit Stielen abgezupft

Edward Lee, ein US-Amerikaner mit koreanischen Wurzeln, der seine Ausbildung zum Koch in mondänen französischen Restaurants gemacht hat und heute mit dem MilkWood in Kentucky sein eigenes Restaurant führt, verknüpft die bunten Fäden seines multikulturellen Hintergrunds immer wieder zu etwas Neuem und lotet dabei auch die Grenzen des Barbecue weiter aus. »Nichts setzt der Intensität des Rauchs mehr entgegen als sauer Eingelegtes«, schreibt er in seinem ersten Kochbuch. »Zusammen bilden sie eine Harmonie, das perfekte Yin und Yang.« Hier sind es Fenchel und Radicchio, die zum geräucherten Lachs serviert werden.

1 Das Räucherbrett mind. 2 Std. wässern.

2 Die Zutaten für den Aufguss mit 2½ EL Salz in einem kleinen Topf verrühren und auf mittlerer Stufe aufkochen. Fenchelstreifen hineingeben und 3–4 Min. köcheln lassen, bis sie knackig-zart sind. Mit einem Schaumlöffel herausheben und auf Küchenpapier abtropfen lassen. Den Radicchio in den köchelnden Aufguss geben und 1½ Min. garen, bis die Streifen zusammenfallen. Mit einem Schaumlöffel herausheben und auf Küchenpapier abtropfen lassen.

3 Meerrettich mit Dill und Crème fraîche glatt rühren und mit etwas Salz und reichlich Pfeffer würzen.

4 Den Grill für direkte mittlere Hitze (175–230 °C) vorbereiten.

5 Den Lachs in vier Stücke schneiden, die Haut jedoch nicht durchtrennen. Lachs mit Öl bestreichen, salzen und pfeffern.

6 Das Räucherbrett abtropfen lassen, über **direkte mittlere Hitze** legen und den Deckel schließen. Sobald Rauch entsteht und das Brett auf der Unterseite leicht angekohlt ist, das Brett umdrehen und den Lachs mit der Hautseite nach unten darauflegen. Den Lachs über **direkter mittlerer Hitze** bei geschlossenem Deckel bis zum gewünschten Gargrad grillen, 15–20 Min. für medium rare. Das Brett mit dem Fisch vorsichtig vom Grill nehmen und auf einer hitzefesten Unterlage abstellen. Einen Grillwender zwischen Haut und Lachsfleisch schieben, die Stücke von der Haut heben und auf Serviertellern anrichten.

7 Fenchel, Radicchio und Brunnenkresse mit 1½ EL Öl anmachen. Die Lachsfilets warm mit dem Salat und Meerrettichsahne servieren.

Bevor man den Fisch auflegt, muss man das Zedernbrett erst zum Rauchen bringen. Das zuvor mindestens 2 Stunden in Wasser eingeweichte Brett abtropfen lassen und auf den Rost über direkte Hitze legen, bis man den Rauch riecht. Anschließend das Brett umdrehen und den Fisch darauflegen. Wenn das Brett einmal Feuer fangen sollte, kann man die Flammen mit etwas Wasser aus einer Sprühflasche löschen. Lachs auf Zedernholz ist eine klassische Kombination, aber auch fruchtige Holzarten oder Mesquite eignen sich. Probieren Sie es aus!

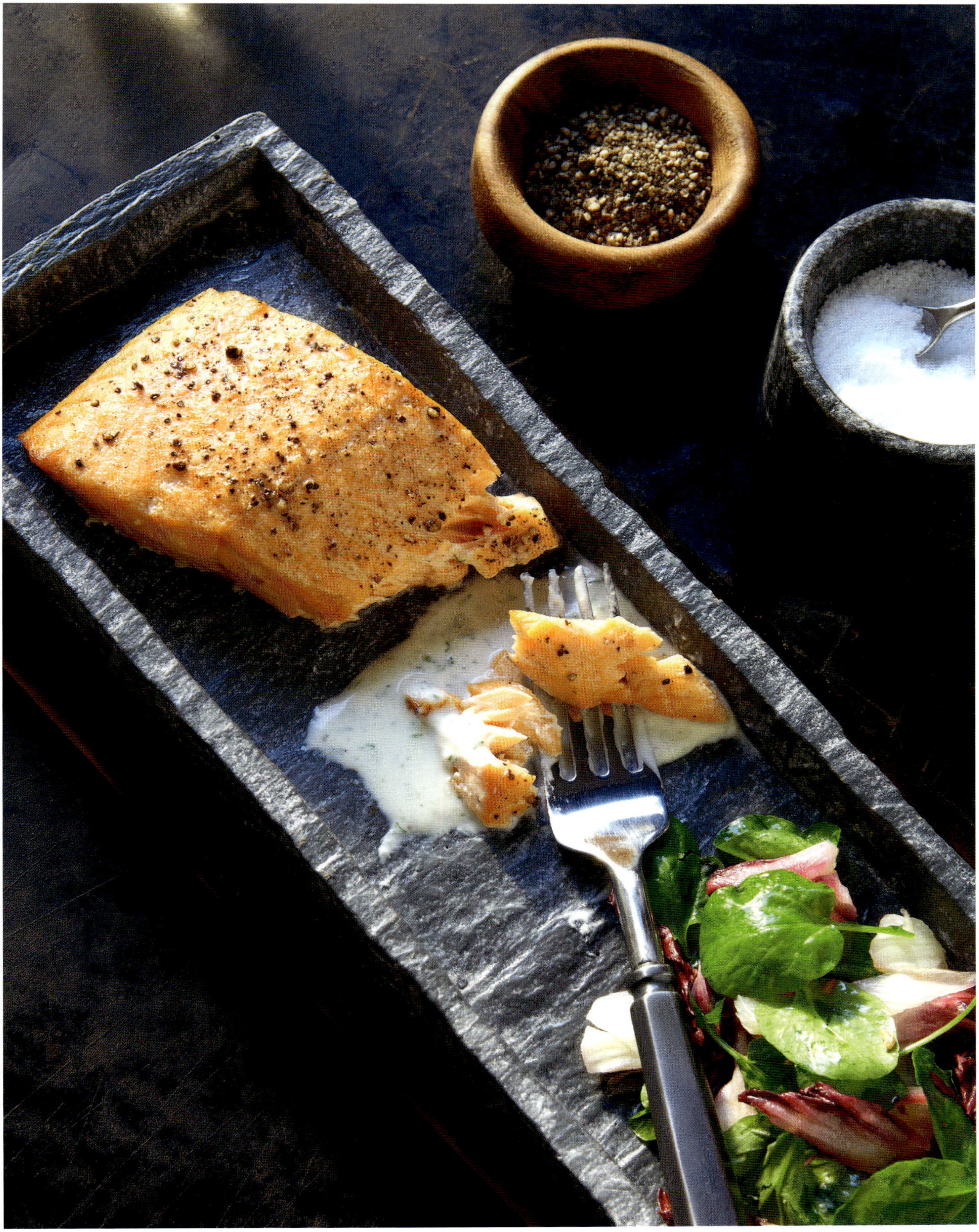

GEGRILLTER LACHS
MIT TOMATEN UND WÜRSTEN IN BRÜHE

FÜR 4 PERSONEN | **ZUBEREITUNGSZEIT:** 25 MIN.
GRILLZEIT: 16–18 MIN.

Lachs ist nicht zuletzt deshalb ein so beliebter Fisch zum Grillen, weil er innerhalb weniger Minuten auf dem heißen Rost die köstlichsten Aromen aus dem Feuer annimmt. Hier wird er mit gegrillten Würsten und Tomaten sowie einer deftigen, aber unkomplizierten Brühe kombiniert. Das Lachsfilet bleibt in der Brühe wunderbar zart und trocknet nicht aus.

FÜR DIE BRÜHE
500 ml salzarme Hühnerbrühe
160 ml trockener Weißwein oder Vermouth
2 TL Weißweinessig
3 Zweige Thymian
3 Knoblauchzehen, angequetscht und geschält
½ TL gemahlener Kreuzkümmel
½ TL scharfe Chili-Knoblauch-Sauce (z. B. Sriracha)
¼ TL grobes Meersalz
¼ TL geräuchertes Paprikapulver

3 mittelgroße Rispentomaten (insgesamt etwa 350 g), Stielansatz entfernt, quer halbiert und entkernt
300 g würzige geräucherte Schweinswürste (z. B. Andouille, Krakauer oder Chorizo)
Olivenöl
grobes Meersalz
frisch gemahlener schwarzer Pfeffer
1 Lachsfilet mit Haut (600 g schwer und gut 2 cm dick), entgrätet
¼ TL geräuchertes Paprikapulver
4 große Scheiben rustikales Weißbrot (jeweils gut 1 cm dick)
4 EL Korianderblätter

1 Die Zutaten für die Brühe in einem kleinen Topf mischen. Auf mittlerer Stufe aufkochen, anschließend auf kleiner Stufe zugedeckt etwa 15 Min. köcheln lassen, bis die Brühe die Aromen aufgenommen hat. Vom Herd nehmen und zugedeckt beiseitestellen.

2 Den Grill für direkte mittlere bis starke Hitze (220–230 °C) vorbereiten.

3 Tomatenhälften und Würste mit Öl bestreichen und die Tomaten mit je ¼ TL Salz und Pfeffer würzen. Über *direkter mittlerer bis starker Hitze* bei geschlossenem Deckel grillen, bis die Tomaten nach etwa 5 Min. leicht gebräunt und die Würste nach etwa 8 Min. stellenweise kräftig gebräunt sind, dabei ab und zu wenden. Die Zutaten vom Grill nehmen und beiseitestellen.

4 Den Lachs dünn mit Öl bestreichen und mit je ¼ TL Salz, Pfeffer und Paprikapulver würzen. Die Brotscheiben dünn mit Öl bestreichen. Den Lachs mit der Hautseite nach unten über *direkter mittlerer bis starker Hitze* bei geschlossenem Deckel 8–10 Min. grillen, bis er in der Mitte nicht mehr glasig ist, dabei nicht wenden. Während der letzten Minute die Brotscheiben über direkter Hitze rösten und einmal wenden.

5 Die Brühe bei Bedarf noch einmal erhitzen, Thymian und große Knoblauchstücke entfernen. Tomaten würfeln, Würste quer in ½ cm dicke Scheiben schneiden, den Lachs portionieren. Tomaten, Würste und Lachs in Suppentellern anrichten, Brühe darüberschöpfen und mit je 1 EL Korianderblättern garnieren. Warm mit den gerösteten Brotscheiben servieren.

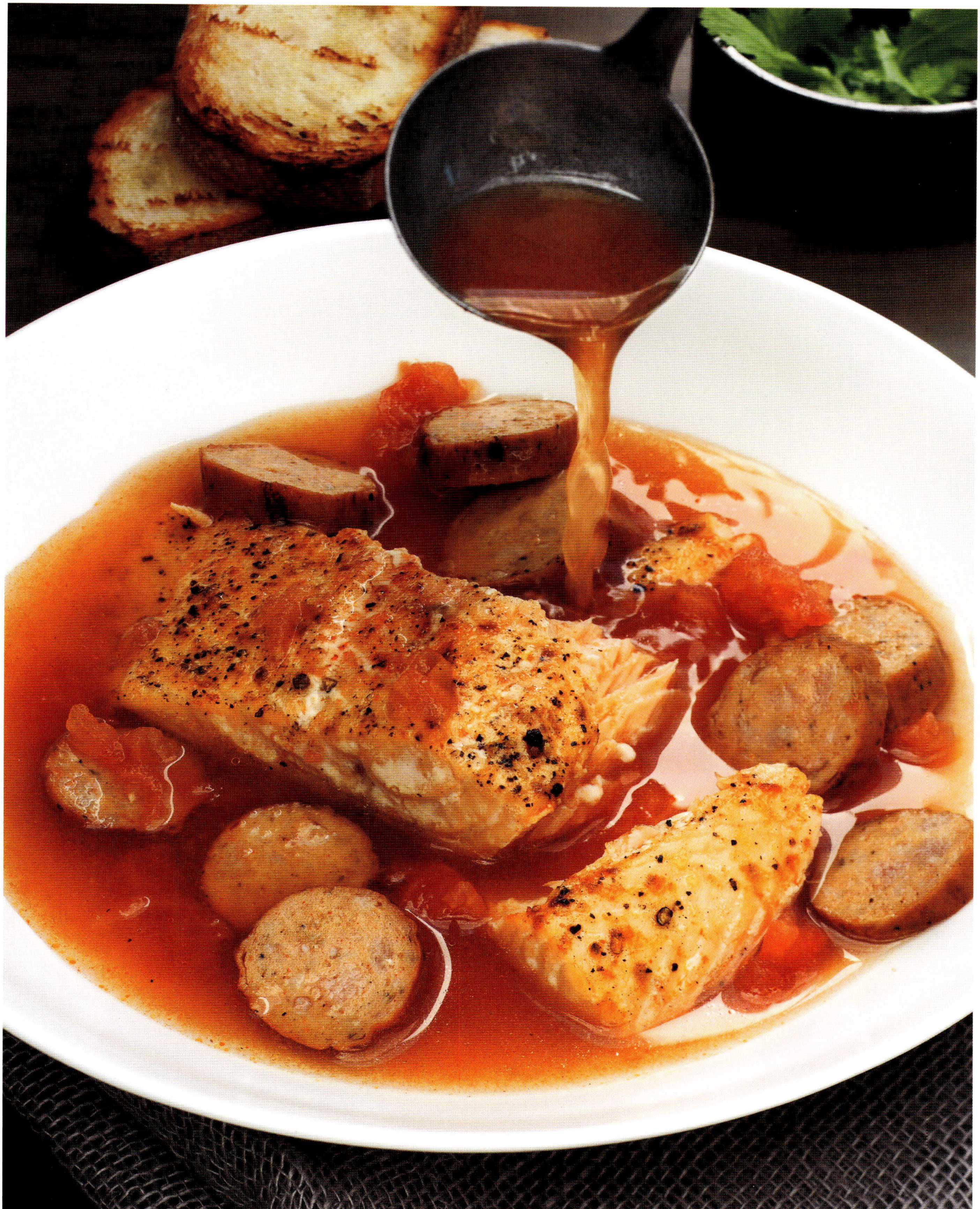

AMERICAN BLT SANDWICHES

FÜR 2 PERSONEN | **ZUBEREITUNGSZEIT:** 15 MIN.
GRILLZEIT: 5–6 MIN.

BLT steht für Bacon, Lettuce, Tomatoes – also für Speck, Blattsalat und Tomaten. Wir haben diesen uramerikanischen Sandwichklassiker auf einen Roadtrip zur Westküste geschickt, wo er sich mit Avocado und Lachs angefreundet hat. Für das Grillen von Fischfilets ohne Haut braucht es ein wenig Selbstvertrauen, denn normalerweise hilft die Haut, dass das Fischfleisch nicht zerfällt. Wichtig ist daher, dass der Grillrost wirklich heiß und ganz sauber ist und der Fisch nur einmal gewendet wird. Bepinseln Sie die Lachsfilets außerdem großzügig mit Öl, damit sie nicht am Rost haften bleiben.

4 dicke Scheiben Frühstücksspeck
2 Lachsfilets ohne Haut (je etwa 150–170 g schwer und gut 1 cm dick), entgrätet
Olivenöl
1 kräftige Prise grobes Meersalz
1 kräftige Prise frisch gemahlener schwarzer Pfeffer
4 Scheiben Sauerteigbrot mit knuspriger Kruste
1 kleine Avocado, Fruchtfleisch zerdrückt
Mayonnaise
1 mittelgroße Ochsenherztomate, quer in 4 Scheiben geschnitten
2 Blätter Romanasalat

1. Den Grill für direkte starke Hitze (230–290 °C) vorbereiten.

2. Den Speck in einer großen Pfanne auf mittlerer Stufe in 10–12 Min. auf beiden Seiten knusprig braten. Aus der Pfanne nehmen und auf Küchenpapier entfetten.

3. Die Lachsfilets auf beiden Seiten mit Öl bestreichen, salzen und pfeffern. Die Brotscheiben auf einer Seite mit Öl bestreichen.

4. Lachsfilets über **direkter starker Hitze** bei geschlossenem Deckel etwa 3 Min. grillen, bis sie sich leicht vom Rost lösen lassen, ohne haften zu bleiben. Wenden und bis zum gewünschten Gargrad weitergrillen, 2–3 Min. für medium rare. Während der letzten 30 Sek. die Brotscheiben mit der eingeölten Seite nach unten über direkter Hitze ohne zu wenden rösten. Alle Zutaten vom Grill nehmen und den Lachs 2–3 Min. nachziehen lassen.

5. Jeweils auf der nicht gerösteten Seite 2 Brotscheiben großzügig mit Avocado, die beiden anderen Scheiben mit Mayonnaise bestreichen. Die Avocadobrote mit je 2 Tomatenscheiben, 1 Salatblatt, 2 Speckscheiben und 1 Lachsfilet belegen und jeweils mit 1 Mayonnaisebrot abdecken. Sofort servieren.

THUNFISCHBRÖTCHEN PROVENCE

FÜR 4–6 PERSONEN (ERGIBT 12 MINI-BRÖTCHEN) | **ZUBEREITUNGSZEIT:** 35 MIN. | **GRILLZEIT:** 15–20 MIN.
ZUBEHÖR: 3 GROSSE HANDVOLL APFEL-, KIRSCHHOLZ- ODER PEKANNUSS-CHIPS

Mit diesem Rezept wird der gute alte Thunfischsalat durch die Verwendung von frischem, geräuchertem Fisch und provenzalischen Delikatessen wie Oliven, Kapern und Knoblauch verfeinert. Die Mini-Brötchen können einzeln in Frischhaltefolie verpackt und einige Stunden vor dem Servieren im Kühlschrank aufbewahrt werden. Sie sind dann zwar kalt, aber schmecken noch aromatischer als direkt nach der Zubereitung. Serviert man die Brötchen sofort, hilft ein in die Mitte gesteckter Zahnstocher, das die Zutaten nicht herausfallen.

150 g Mayonnaise
1 große Knoblauchzehe, fein gehackt
500 g Thunfischsteaks (je gut 2 cm dick), trockengetupft
Olivenöl
grobes Meersalz
frisch gemahlener schwarzer Pfeffer
2 EL frisch gepresster Zitronensaft
1 TL Dijon-Senf
1 TL Sardellenpaste
3 EL fein gehackte Kalamata-Oliven
2 EL Kapern, abgebraust und abgetropft
12 Mini-Brötchen, aufgeschnitten, aus den Hälften etwas Krume herausgezupft
3 Eiertomaten in feinen Scheiben
3 Eier (Größe L), hart gekocht, gepellt und in dünne Scheiben geschnitten
30 g junge zarte Rucolablätter

1. Die Räucherchips mind. 30 Min. wässern.

2. Den Grill für indirekte mittlere bis schwache Hitze (etwa 175 °C) vorbereiten.

3. Mayonnaise und Knoblauch zu einer Aïoli verrühren. Abdecken und beiseitestellen.

4. Die Fischsteaks auf allen Seiten dünn mit Öl bestreichen und gleichmäßig mit je ¼ TL Salz und Pfeffer würzen. Die Chips abtropfen lassen, auf die Glut oder nach Herstelleranweisung in die Räucherbox des Gasgrills geben und den Grilldeckel schließen. Sobald Rauch entsteht, den Thunfisch über **indirekter mittlerer bis schwacher Hitze** bei geschlossenem Deckel 15–20 Min. grillen, bis die Steaks außen mit einer goldgelben Farbe überzogen und innen nicht mehr glasig sind. Vom Grill nehmen und in 1 cm große Stücke zerpflücken.

5. Zitronensaft mit Senf, Sardellenpaste und je ¼ TL Salz und Pfeffer in einer großen Schüssel verquirlen, dann nach und nach 3 EL Öl unterschlagen und abschließend Thunfisch, Oliven und Kapern untermischen.

6. Die Schnittflächen der Brötchen dünn mit Aïoli bestreichen, die unteren Brötchenhälften jeweils mit Tomaten, Thunfischsalat, Eiern und Rucola belegen. Die oberen Brötchenhälften aufsetzen und die Brötchen sofort servieren oder einzeln in Frischhaltefolie gewickelt einige Stunden im Kühlschrank aufbewahren.

KURZ GEGRILLTER THUNFISCH
MIT OLIVEN-KAPERN-VINAIGRETTE

FÜR 4 PERSONEN | ZUBEREITUNGSZEIT: 15 MIN.
GRILLZEIT: 3–4 MIN.

Thunfisch eignet sich wegen seiner fleischähnlichen Konsistenz besonders gut zum Kurzgrillen auf dem glühend heißen Rost, das eingebrannte Muster verleiht dem Fischfleisch darüber hinaus einen willkommenen feinen Grillgeschmack. Sie können den Thunfisch warm servieren, doch an warmen Sommertagen schmeckt er gekühlt besser. Der Salat wird dann zu einer leichten Mahlzeit, die Sie im Voraus zubereiten können.

1½ TL fein abgeriebene Schale von 1 Bio-Zitrone
3 EL frisch gepresster Zitronensaft
½ TL Sardellenpaste
¼ TL Senfpulver
grobes Meersalz
1 Knoblauchzehe, fein gehackt
1 kräftige Prise Chiliflocken
frisch gemahlener schwarzer Pfeffer
Olivenöl
5 EL fein gehackte Kalamata-Oliven
2 EL Kapern, abgebraust und abgetropft
1 TL fein gehackte Thymianblättchen
4 Thunfischsteaks, vorzugsweise in Sushi-Qualität (je etwa 180 g schwer und gut 2 cm dick)
180 g zarte junge Rucolablätter
4 Eier (Größe L), hart gekocht, gepellt und längs geviertelt

1 Den Grill für direkte starke Hitze (230–290 °C) vorbereiten.

2 Zitronenschale und -saft, Sardellenpaste, Senfpulver, ¼ TL Salz, Knoblauch, Chiliflocken und 1 kräftige Prise Pfeffer in einer mittelgroßen Schüssel verrühren. 4 EL Öl nach und nach unterschlagen, dann Oliven, Kapern und Thymian untermischen.

3 Die Thunfischsteaks auf beiden Seiten dünn mit Öl einpinseln, gleichmäßig mit 1 TL Salz und ½ TL Pfeffer würzen und über **direkter starker Hitze** bei geöffnetem Deckel grillen, bis der gewünschte Gargrad erreicht ist, 3–4 Min., wenn die Steaks im Kern noch roh sein sollen. Vom Rost nehmen und etwa 3 Min. ruhen lassen. Die Thunfischsteaks quer zu Faser in 1 cm dicke Scheiben, anschließend in mundgerechte Stücke schneiden.

4 Den Rucola auf vier Teller verteilen, darauf Thunfisch und Eier anrichten und alles mit der Vinaigrette beträufeln. Warm servieren.

Häufig wird frischer Thunfisch in dünn geschnittenen Scheiben verkauft und ist von einer Qualität, die seinen Verzehr nur in durchgegartem Zustand erlaubt. Manchmal lohnt es sich jedoch, für einen besonderen Leckerbissen Thunfisch in Sushi-Qualität bei einem ausgesuchten Fischhändler zu kaufen und um dickere Fischsteaks zu bitten. Denn diese kostbaren Steaks sollen im Kern roh bleiben, während sie außen über starker Hitze appetitlich gebräunt werden. Allein der Farbkontrast ist schon ein Augenschmaus, die Geschmackskombination aus gegrilltem Außen und rohem Innen dann ein echtes kulinarisches Erlebnis.

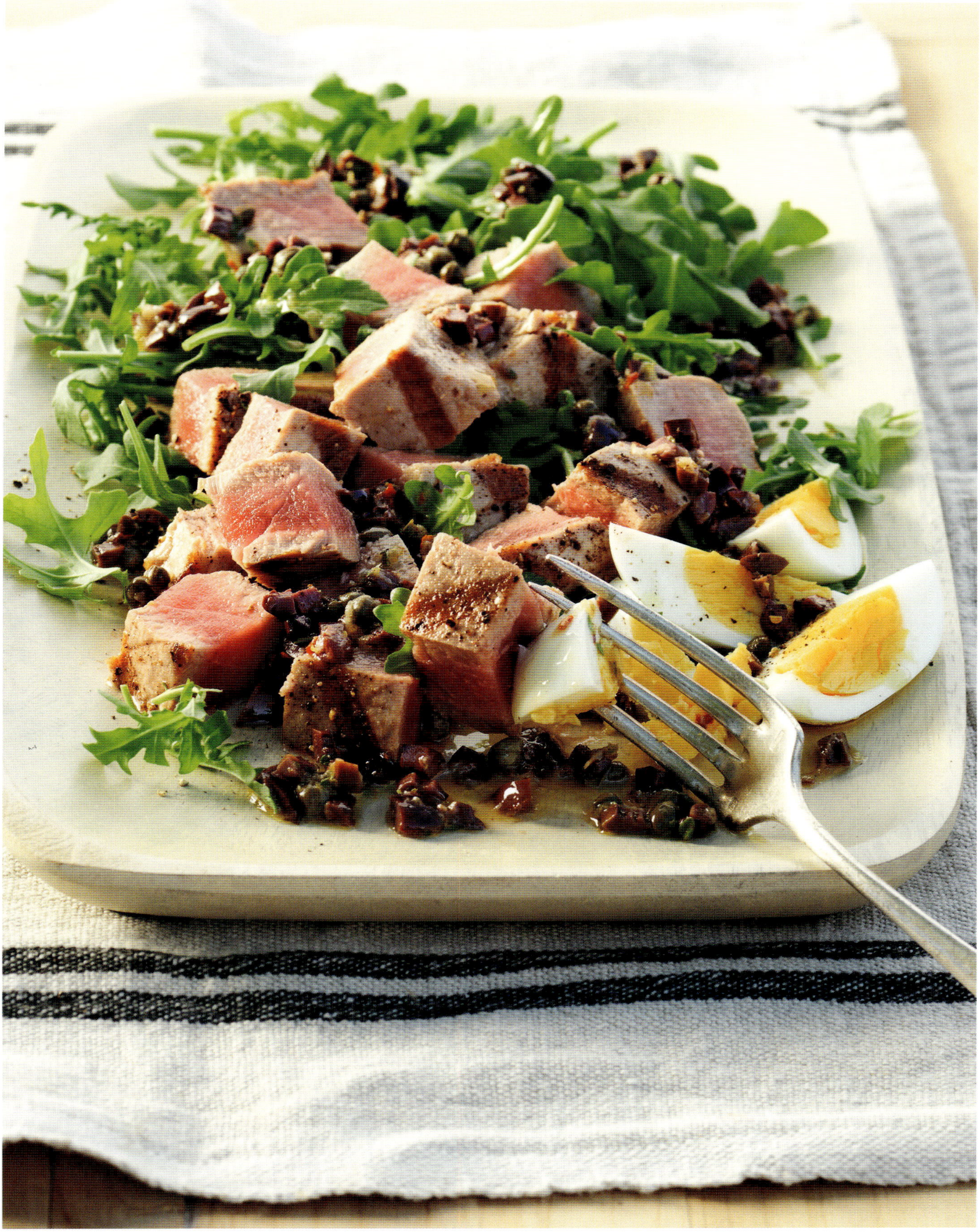

SCHWERTFISCHSTEAKS
MIT SCHNELLER TOMATEN-SARDELLEN-SAUCE

FÜR 4 PERSONEN | **ZUBEREITUNGSZEIT:** 15 MIN., PLUS ETWA 20 MIN. FÜR DIE SAUCE | **GRILLZEIT:** 6–7 MIN.
ZUBEHÖR: HOLZKOHLEGRILL, NATURBELASSENE HOLZKOHLE, 4–6 GROSSE HICKORYHOLZ-CHUNKS

FÜR DIE SAUCE
1 EL Olivenöl
1 Zwiebel, fein gewürfelt
4 Knoblauchzehen, fein gehackt
3 Sardellenfilets in Öl, fein gehackt
½ TL Chiliflocken (oder nach Geschmack)
350 g Dattel- oder kleine Cocktailtomaten
70 g entsteinte Kalamata-Oliven, grob gehackt
120 ml trockener Weißwein
1 EL Kapern, abgebraust und abgetropft

4 Schwertfischsteaks mit Haut (je 180-220 g schwer und gut 2 cm dick)
1 EL Olivenöl
¾ TL grobes Meersalz
½ TL frisch gemahlener schwarzer Pfeffer

Die starken, durchdringenden Aromen dieser Sauce harmonieren hervorragend mit rauchig gegrilltem Fisch sowie Schalentieren. Die in der Sauce schmelzenden Sardellen verleihen ihr einen reichhaltigen Umami-Geschmack, dem die Chiliflocken eine willkommene Schärfe entgegensetzen. Schwertfisch wird trocken, wenn er zu lange auf dem Rost liegt, daher sollten Sie stets ein Auge auf die Fischsteaks haben und die Garzeit gegebenenfalls an ihre Dicke anpassen.

1 In einer großen Pfanne 1 EL Öl auf mittlerer Stufe erhitzen und die Zwiebeln darin in etwa 2 Min. etwas weicher dünsten, dabei ab und zu umrühren. Knoblauch, Sardellen und Chiliflocken hinzufügen und etwa 1 Min. unter häufigem Rühren mitdünsten, bis sie aromatisch duften. Tomaten, Oliven, Weißwein und Kapern dazugeben, kurz aufkochen lassen, anschließend auf mittlerer bis kleiner Stufe mit schräg aufgelegtem Deckel 8–10 Min. köcheln lassen, bis die Tomaten ihre Form verlieren, dabei gelegentlich umrühren und einige Tomaten mit dem Rücken des Kochlöffels zerdrücken. Den Deckel abnehmen und die Sauce in der offenen Pfanne weitere 5 bis 7 Min. köcheln lassen, bis sie leicht angedickt ist, dabei ab und zu umrühren. Vom Herd nehmen und zugedeckt warm halten.

2 Den Holzkohlegrill mit der naturbelassenen Holzkohle für direkte starke Hitze (230 bis 290 °C) vorbereiten. Die Chunks auf die Glut geben und durchglühen lassen.

3 Die Fischsteaks auf beiden Seiten dünn mit 1 EL Öl bestreichen und gleichmäßig mit Salz und Pfeffer würzen. Wenn die Holzstücke durchgeglüht sind, die Fischsteaks über **direkter starker Hitze** bei geschlossenem Deckel 6–7 Min. grillen, bis sie im Kern nicht mehr glasig sind, dabei einmal wenden. Vom Grill nehmen und warm mit der Sauce servieren.

SEAFOOD

GESCHWÄRZTER FISCH
UND ANANAS-SALSA IN TORTILLAS

FÜR 4 PERSONEN | **ZUBEREITUNGSZEIT:** 20 MIN. | **GRILLZEIT:** ETWA 15 MIN.
ZUBEHÖR: GUSSEISERNE PFANNE (Ø 30 CM)

Einer der Titanen der amerikanischen Küche, Paul Prudhomme aus New Orleans, machte in den 1980er-Jahren die regionale Küche Louisianas salonfähig, als er die Cajun-Tradition modernisierte und verfeinerte. Die Zubereitungsart blackened (= geschwärzt) war eines seiner Markenzeichen: kurz und extrem heiß in der Pfanne gebratene Steaks oder Fischfilets. Dieses Rezept ist eine grillfähige Variante seines Kultrezepts »Blackened Redfish« – hier mit Red Snapper und einer süß-scharfen Salsa in Tortillas.

FÜR DIE SALSA
1 mittelgroße Ananas, geschält
1 EL Rapsöl
4 EL fein gewürfelte Zwiebeln
2 EL frisch gepresster Limettensaft
2 EL fein gehackte Korianderblätter
½ TL grobes Meersalz
¼ TL gemahlener Kreuzkümmel

FÜR DIE WÜRZMISCHUNG
1 EL Paprikapulver
1 TL Knoblauchpulver
1 TL getrockneter Oregano
1 TL grobes Meersalz
½ TL gemahlener Kreuzkümmel
¼ TL frisch gemahlener schwarzer Pfeffer
1 kräftige Prise Cayennepfeffer

700 g Red-Snapper-Filets ohne Haut, gut 1 cm dick
2 EL Butter
8 Weizen- oder Maistortillas (Ø 15 cm)
2 Limetten, jeweils in 4 Spalten geschnitten

1. Den Grill für direkte mittlere bis starke Hitze (200–230 °C) vorbereiten.

2. Die Ananas quer in sechs gut 1 cm dicke Scheiben schneiden (das holzige Mittelstück nicht herausschneiden). Gegebenenfalls benötigen Sie nicht die ganze Ananas. Die Ananasscheiben auf beiden Seiten mit Öl einpinseln.

3. Die Ananasscheiben über *mittlerer bis starker Hitze* bei geschlossenem Deckel 5–8 Min. grillen, bis sie leicht gebräunt sind, dabei einmal wenden. Vom Grill nehmen, das holzige Mittelstück herausschneiden und wegwerfen. Ananasringe grob hacken und in eine mittelgroße Schüssel geben. Die restlichen Zutaten für die Salsa hinzufügen und gut vermischen.

4. Die Zutaten für die Würzmischung vermengen und die Fischfilets auf beiden Seiten gleichmäßig damit bestreuen.

5. Die Butter in der gusseisernen Pfanne über *direkter mittlerer bis starker Hitze* zerlassen. Bevor sie braun wird, die Filets in die Pfanne legen und über *direkter mittlerer bis starker Hitze* bei geschlossenem Deckel 5 Min. braten. Mit einem langstieligen Grillwender wenden (hüten Sie sich dabei vor heißen Butterspritzern) und weitere 2–3 Min. braten, bis das Fischfleisch fast blättig zerfällt, wenn Sie mit einer Messerspitze hineinstechen. Die Pfanne vom Grill nehmen und die Fischfilets in große Stücke zerpflücken.

6. Die Tortillas auf jeder Seite 10 Sek. über direkter Hitze erwärmen. Die Fischstücke auf den Tortillas anrichten, Salsa darübergeben und mit den Limettenspalten sofort servieren.

Als der berühmte Cajun-Koch Paul Prudhomme mit seinen Kochbüchern »Blackened Redfish« in ganz Amerika bekannt machte, musste der Rote Trommler am Ende wegen Überfischung geschützt werden. Red Snapper, Seebarsch oder Dorade können mit dieser Technik aber genauso gut zubereitet werden. Halten Sie beim Wenden der Fischfilets ausreichend Abstand, damit Sie keine heißen Butterspritzer abbekommen und sich verbrennen.

SEAFOOD

225

GERÄUCHERTE FORELLE
MIT NUDELN IN ERBSEN-SAHNE-SAUCE

FÜR 4 PERSONEN | ZUBEREITUNGSZEIT: 20 MIN. | **GRILLZEIT:** ETWA 10 MIN.
ZUBEHÖR: 1 GROSSE HANDVOLL PEKANNUSS- ODER APFELHOLZ-CHIPS, BREITER FISCHWENDER

2 küchenfertige Forellen (je etwa 220 g), im Schmetterlingsschnitt aufgeklappt
1 EL Olivenöl
grobes Meersalz
frisch gemahlener schwarzer Pfeffer
400 g Nudeln (Ziti oder Penne)
60 g Butter, in kleine Stücke geschnitten
5 EL fein gewürfelte Schalotten
250 ml trockener Weißwein (z. B. Chardonnay)
125 g Sahne
150 g frische oder TK-Erbsen (TK-Erbsten nicht aufgetaut)
60 g Parmesan, fein gerieben
1 TL fein abgeriebene Schale von 1 Bio-Zitrone
2 EL fein gehackte Dillspitzen

Dieses warme Nudelgericht verdankt sein reiches Aroma vor allem der selbst geräucherten Forelle, deren Fleisch milder und zarter wird als bei einer fertig gekauften Räucherforelle. An lauen Sommerabenden serviert man dazu ein kühles Bier oder fruchtigen Weißwein.

1. Die Räucherchips mind. 30 Min. wässern.

2. Den Grill für indirekte mittlere Hitze (175–230 °C) vorbereiten.

3. Die Haut der Forellen mit Öl bestreichen, das Fleisch mit je ¼ TL Salz und Pfeffer würzen. Die Chips abtropfen lassen, auf die Glut oder nach Herstelleranweisung in die Räucherbox des Gasgrills geben und den Grilldeckel schließen. Sobald Rauch entsteht, die Forellen mit der Hautseite nach unten über **indirekter mittlerer Hitze** bei geschlossenem Deckel etwa 10 Min. ohne zu wenden grillen, bis das Fleisch nicht mehr glasig ist und blättrig zerfällt. Vom Grill nehmen und einige Minuten ruhen lassen. Die Forellen filetieren, Kopf, Schwanz, Haut und Gräten entfernen. Die Filets in mundgerechte Stücke zerpflücken.

4. Reichlich Salzwasser in einem großen Topf zum Kochen bringen und die Pasta darin nach Packungsanweisung garen. Abseihen.

5. Eine große Pfanne auf hoher Stufe 3–4 Min. heiß werden lassen. Butterstückchen darin zerlassen und die Schalottenwürfel etwa 3 Min. unter häufigem Rühren in der Butter glasig dünsten. Wein und Sahne zugießen, unter gelegentlichem Rühren aufkochen und 2 Min. sprudelnd kochen lassen, bis die Sauce leicht andickt, aber nicht dickflüssig ist. Die Erbsen 1 Min. mitgaren, dabei ab und zu umrühren. Die Nudeln dazugeben und etwa 1 Min. mit der Sauce mischen, bis sie durchgewärmt und gut mit Sauce überzogen sind. Käse, Zitronenschale, 1 TL Salz und ¼ TL Pfeffer unterrühren und alles in etwa 1 Min. blubbernd heiß werden alles. Die Fischstücke behutsam unterheben und die Pfanne vom Herd nehmen. Mit Dill garnieren und sofort servieren.

Wenn Sie der Gedanke, Fisch zu grillen, noch ein wenig nervös macht, stärken Sie Ihr Selbstvertrauen mit einem Fischwender wie diesem hier auf dem Bild. Durch den leichten Knick am Stiel ist es ganz einfach, die breite Hebefläche unter den Fisch zu schieben, besonders, wenn man sie parallel zu den Streben des Grillrosts schiebt. Mit der breiten Hebefläche gelingt es, den ganzen Fisch anzuheben und auf ein Backblech zu transferieren.

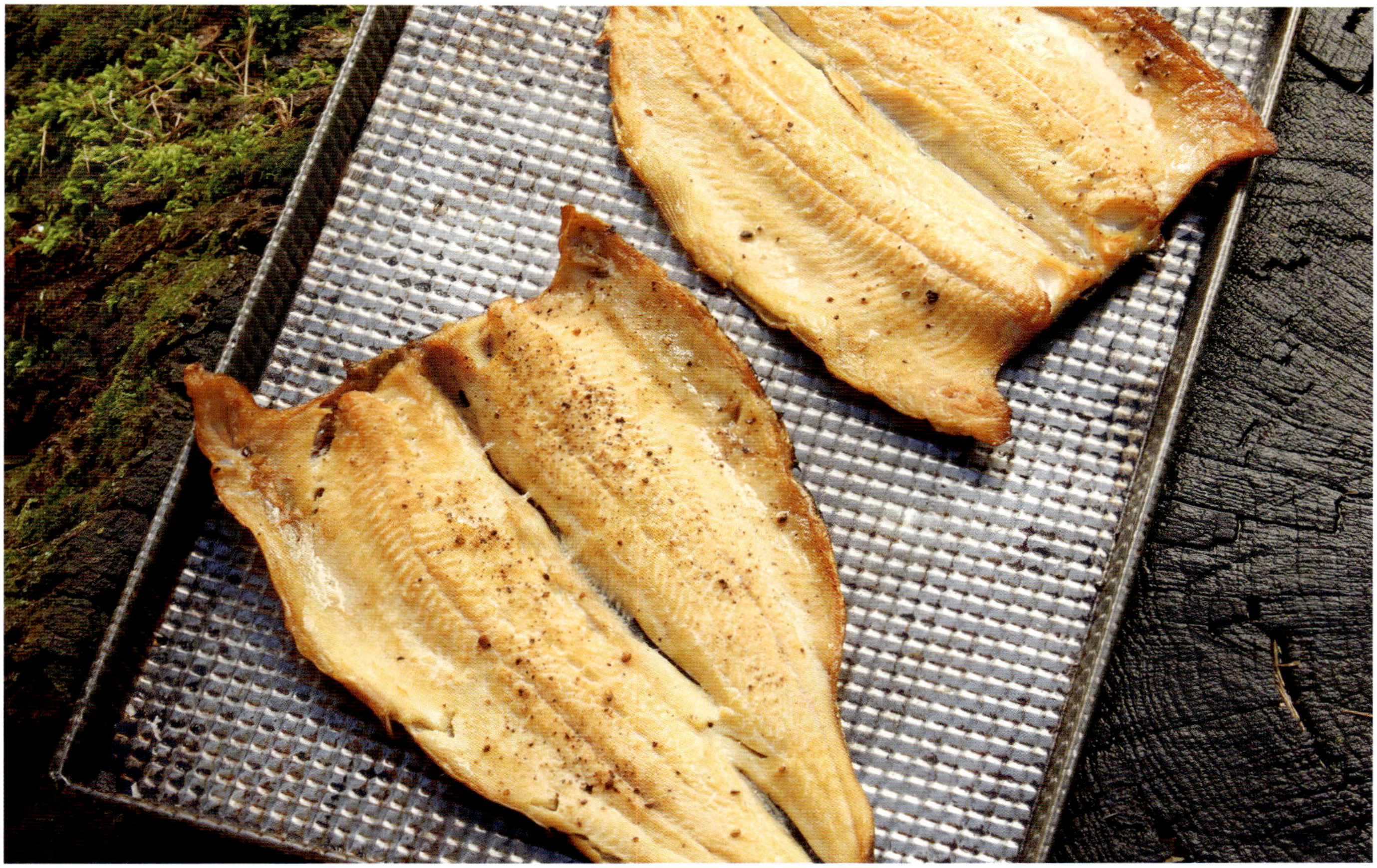

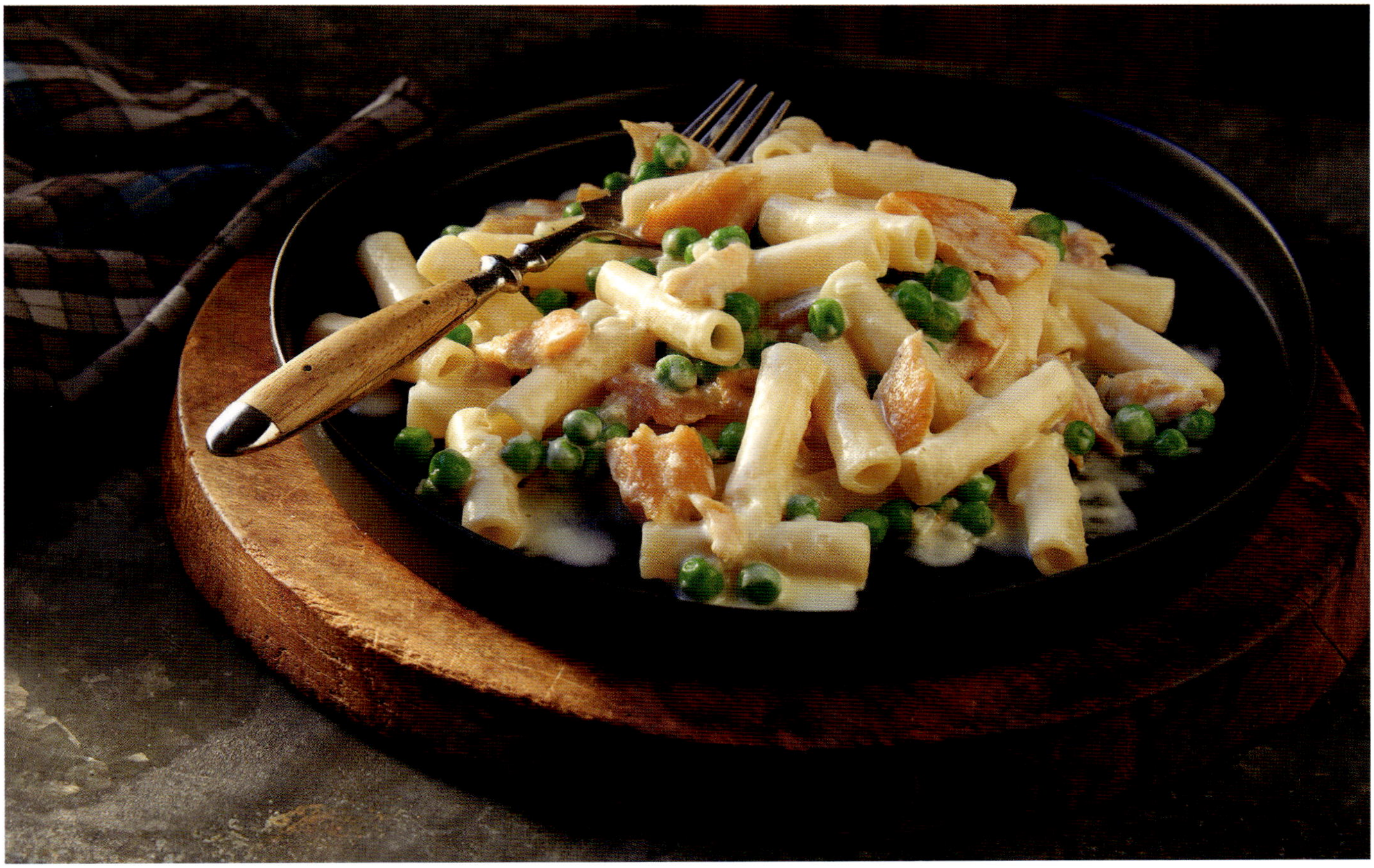

NEW ORLEANS' SEAFOOD BARBECUE

Wenn Fleisch auf Feuer trifft, spricht man von Barbecue. Und schon ist man mitten in der Diskussion um die richtige Sauce, den besten Brennstoff und ob das Fleisch vom Schwein, vom Rind oder von beiden sein sollte. Bei Pêche Seafood Grill lautet die Antwort: weder noch. Hier pflegen Ryan Prewitt und sein Team einen neuen, sehr individuellen Barbecue-Stil am multifunktionalen Holzfeuergrill, mit Ergebnissen, die weit über die übliche Seafood-Küche von New Orleans hinausweisen.

»Wir wollten den Schwerpunkt auf hochwertiges Seafood aus der Golfregion legen«, verrät Prewitt kurz vor der Mittagszeit im Restaurant. Als Tagesgericht servierte er eine ganze, auf Eichen- und Pekanholz gegrillte Stachelmakrele aus dem Golf von Mexiko. Aber im Gegensatz zu den örtlichen Gepflogenheiten war der Fisch nicht in Butter ertränkt oder mit Schalen- und Krebstieren überhäuft, sondern wurde mit einem Relish aus roten Zwiebeln, Petersilie und frischen Gurken serviert. Der zart und mild schmeckende Fisch hatte durch den Rauch an Tiefe gewonnen, zu dem das helle, frische Relish einen herrlichen Gegenpol bot. Health Food vom Feinsten!

Wenn man Prewitt über unterschiedliche Austernarten von der Küste Louisianas fachsimpeln hört, scheint er ganz eins zu sein mit dem Meer und seinen Lebewesen. Das sah die James Beard Foundation genauso und ernannte ihn im Mai 2014 zum besten Koch des Südens der USA. Dabei stand Seafood für den in Memphis geborenen Koch lange nicht auf der Liste – alles drehte sich bei ihm um Schweinefleisch.

Vier Wochen bevor Hurricane Katrina im August 2005 über New Orleans fegte, zog Prewitt in die Stadt, um mit Donald Link zu arbeiten, der in seinem Restaurant Herbsaint französisch-italienische Küche mit Südstaaten-Flair zelebrierte und damit international Furore machte. Die Stadt wurde trotz der Zerstörungen Prewitts neues Zuhause, und die Eröffnung eines Restaurants mit Donald Link sein erklärtes Ziel. Unklar war nur, welche Art von Restaurant es sein sollte. »Die Idee entwickelte sich, als wir mit anderen Köchen häufig auf Reisen waren«, erinnert sich Prewitt. Er und Link gehörten dem sogenannten Fatback Collective an, einem Dreamteam von

Köchen aus dem Süden der USA, das u. a. bei Memphis in May, dem größten BBQ-Wettbewerb der Welt, antrat. Und Prewitt wurde süchtig nach Feuer und Rauch.

Eine Reise nach Uruguay gab dann den Ausschlag. »Als ich sah, was sie dort mit dem Feuer machen und wie sie mit ihm umgehen, hat das meine Sicht völlig verändert«, erklärt Prewitt. »Es gab dort keine Räucheröfen oder was auch immer, um das Feuer zu kontrollieren. Es waren einfache Lagerfeuer, die aber nicht selten zu regelrechten Feuerwänden aufgeschichtet wurden und so heiß waren, dass man Wasser in einem danebengestellten Topf zum Kochen hätte bringen können«, erzählt Prewitt, während er neben seinem eigenen Miniaturinferno steht, das ebenfalls nicht von schlechten Eltern ist und deswegen immer von zwei Köchen gleichzeitig in Schach gehalten wird.

Neben der Spezialität des Hauses – im Ganzen zubereiteter Fisch – gibt es eine saisonabhängige Hauptkarte und wechselnde Tagesgerichte. Über Holzfeuer gegrillte Sardinen (ausnahmsweise nicht aus der Golfregion) sind bei meinem Besuch frisch genug, um sie als Spezialität des Tages anzubieten. Unter Bacon Jam und Sellerieherzen trifft man auf den kräftig-würzigen Geschmack des Fisches, dem das Feuer aber unvergleichliche süße und rauchige Noten verliehen hat.

An der Raw Bar wird ein Dip von in der eigenen Räucherkammer geräuchertem Thunfisch aus der Region angeboten und geräucherter Trommlerfisch mit sauer eingelegten Süßkartoffeln und Sesamsamen als Salat serviert. Die an sich nicht ungewöhnliche Kombination von Rauch und sauer eingelegtem Gemüse hat hier ihren Meister gefunden. Auch ein zunächst einfach erscheinendes Maisgericht entpuppt sich als kulinarisches Wunderwerk, in dem Maiskolben zunächst in ihren Hüllblättern gegrillt, die abgeschabten Kolben und Hüllblätter daraufhin aber noch in einer am Ende gehaltvollen, rauchigen Brühe verarbeitet werden. Alles findet mit Chiliöl und Grana Padano wieder zusammen und schmeckt mehr nach Barbecue, als jedes andere Gemüse, das ich bis dato gegessen habe.

Auch die Anhänger von traditionellerem Barbecue gehen im Pêche Seafood Grill nicht leer aus, etwa mit Hähnchen und der für Alabama so typischen White Sauce. Der bodenständigen Eleganz des Restaurants entsprechend werden jedoch nicht die üblichen gegrillten halben Hähnchen serviert, sondern ausgelöste Hähnchenoberschenkel auf Holzspießen, die von der herben weißen BBQ-Sauce umhüllt sind.

Die Kreationen des Restaurants sind erfrischend anders, aber wie alle großartigen BBQ-Gerichte nicht unnötig kompliziert. »Unsere Grundlagen sind einfach: eine wunderbare Hitzequelle und ein sehr sorgfältig ausgewähltes Produkt. Wir bringen die beiden zusammen und geben ihnen einen kleinen Stups in die richtige Richtung«, meint Prewitt bescheiden. Er und sein Team tun weit mehr als das, und die Richtung, die sie eingeschlagen haben, ist sowohl vertrautes Terrain als auch absolutes Neuland.

COBB SALAD MIT GARNELEN
UND RAUCHIGEM TOMATEN-BUTTERMILCH-DRESSING

FÜR 4–6 PERSONEN | **ZUBEREITUNGSZEIT:** 25 MIN. | **KÜHLZEIT:** 1 STD. | **MARINIERZEIT:** 1 STD. | **GRILLZEIT:** 28–50 MIN.
ZUBEHÖR: 2 GROSSE HANDVOLL APFEL-, KIRSCH- ODER PEKANNUSSHOLZ-CHIPS,
8 METALL- ODER HOLZSPIESSE, 2 KLEINE EINWEG-ALUSCHALEN

2 Frühlingszwiebeln
2 Tomaten (je etwa 170 g), quer halbiert
Olivenöl
300 g Datteltomaten
grobes Meersalz
frisch gemahlener schwarzer Pfeffer
1 Knoblauchzehe, grob gehackt
120 ml Buttermilch
5 EL Mayonnaise
2 EL grob gehackte Dillspitzen
1 EL Apfelessig
¼ TL geräuchertes Paprikapulver
700 g große Garnelen (Größe 21/30), geschält, entdarmt, mit oder ohne Schwanzsegment
1 EL frisch gepresster Zitronensaft
2 Romanasalatherzen (je 200 g), Blätter in mundgerechte Stücke gezupft
2 große Avocados, das Fruchtfleisch gewürfelt
5 Scheiben Frühstücksspeck, kross gebraten und zerbröckelt
120 g Feta, zerbröckelt
4 Eier (Größe L), hart gekocht, gepellt und der Länge nach geviertelt (nach Belieben)

Der Legende nach entstand der Cobb Salad eines Nachts im Jahr 1937, als Restaurantbesitzer Rob Cobb auf der Suche nach einem späten Snack eine Reihe verschiedener Zutaten aus dem Kühlschrank seines Küchenchefs zusammenklaubte und mit knusprigem Räucherspeck aufpeppte. Seither haben Köche verschiedene Zutaten hinzugefügt und andere weggelassen. Meine Version enthält gegrillte Garnelen statt der üblichen Hähnchen- oder Putenbrust sowie ein cremiges Dressing mit im Rauch gegrillten Tomaten.

1 Die Räucherchips mind. 30 Min. wässern. Falls Sie Holzspieße verwenden, diese ebenfalls mind. 30 Min. wässern, aber separat von den Chips.

2 Den Grill für indirekte mittlere Hitze (175–230 °C) vorbereiten.

3 Die weißen und hellgrünen Teile der Frühlingszwiebeln grob hacken (sie kommen später ins Dressing), die dunkelgrünen in feine Ringe schneiden und zum Garnieren aufbewahren.

4 Die Tomatenhälften mit den Schnittflächen nach oben in eine der kleinen Aluschalen setzen und mit Öl beträufeln. Die Datteltomaten in die andere Aluschale geben, mit Öl beträufeln und mit Salz und Pfeffer würzen. 2 Handvoll Holzchips abtropfen lassen, auf die Glut oder nach Herstelleranweisung in die Räucherbox des Gasgrills geben und den Grilldeckel schließen. Sobald Rauch entsteht, die beide Aluschalen über **indirekte mittlere Hitze** stellen und die Tomaten bei geschlossenem Deckel weich garen. Die Tomatenhälften brauchen 25–45 Min., bis sie sehr weich und an den Rändern gebräunt sind, die Datteltomaten 12–25 Min., bis ihre Haut stellenweise aufgeplatzt ist. Vom Grill nehmen und vollständig auskühlen lassen.

5 Mit einem kleinen Löffel die Kerne aus den Tomatenhälften entfernen und wegwerfen. Den Stielansatz herausschneiden. Die Tomatenhälften mit den weißen und grünen Teilen der Frühlingszwiebeln und dem Knoblauch im Mixer kurz zerkleinern. Dann Buttermilch mit Mayonnaise, Dill, Essig, Paprikapulver, ¾ TL Salz und ¼ TL Pfeffer zufügen und alles zu einem glatten Dressing verarbeiten. In eine Schüssel geben.

6 Die Garnelen in einen großen, wiederverschließbaren Plastikbeutel geben und den Zitronensaft, 1 EL Öl sowie 2 EL von dem Dressing hinzufügen. Die Luft aus dem Beutel streichen und den Beutel fest verschließen. Den Beutel mehrmals wenden, um die Marinade zu verteilen, und 1 Std. kalt stellen. Das restliche Dressing abgedeckt ebenfalls 1 Std. in den Kühlschrank stellen.

7 Den Grill für direkte mittlere bis starke Hitze (200–230 °C) vorbereiten.

8 Die Garnelen aus der Marinade nehmen, überschüssige Marinade nicht abschütteln. Restliche Marinade entsorgen. Die Garnelen auf die acht Spieße stecken und über **direkter mittlerer bis starker Hitze** bei geschlossenem Deckel 3–5 Min. grillen, bis sie sich fest anfühlen und im Kern nicht mehr glasig sind, dabei einmal wenden.

9 Das Dressing noch einmal aufschlagen. In einer großen Schüssel die Salatblätter mit etwa der Hälfte des Dressings anmachen und eine große Servierplatte damit auslegen. Datteltomaten, Garnelen, Avocadowürfel, Speck, Feta und nach Belieben die Eiviertel in einzelnen Reihen auf dem Salatbett anrichten und mit den dunklen Frühlingszwiebeln bestreuen. Den Salat sofort mit dem übrigen Dressing servieren.

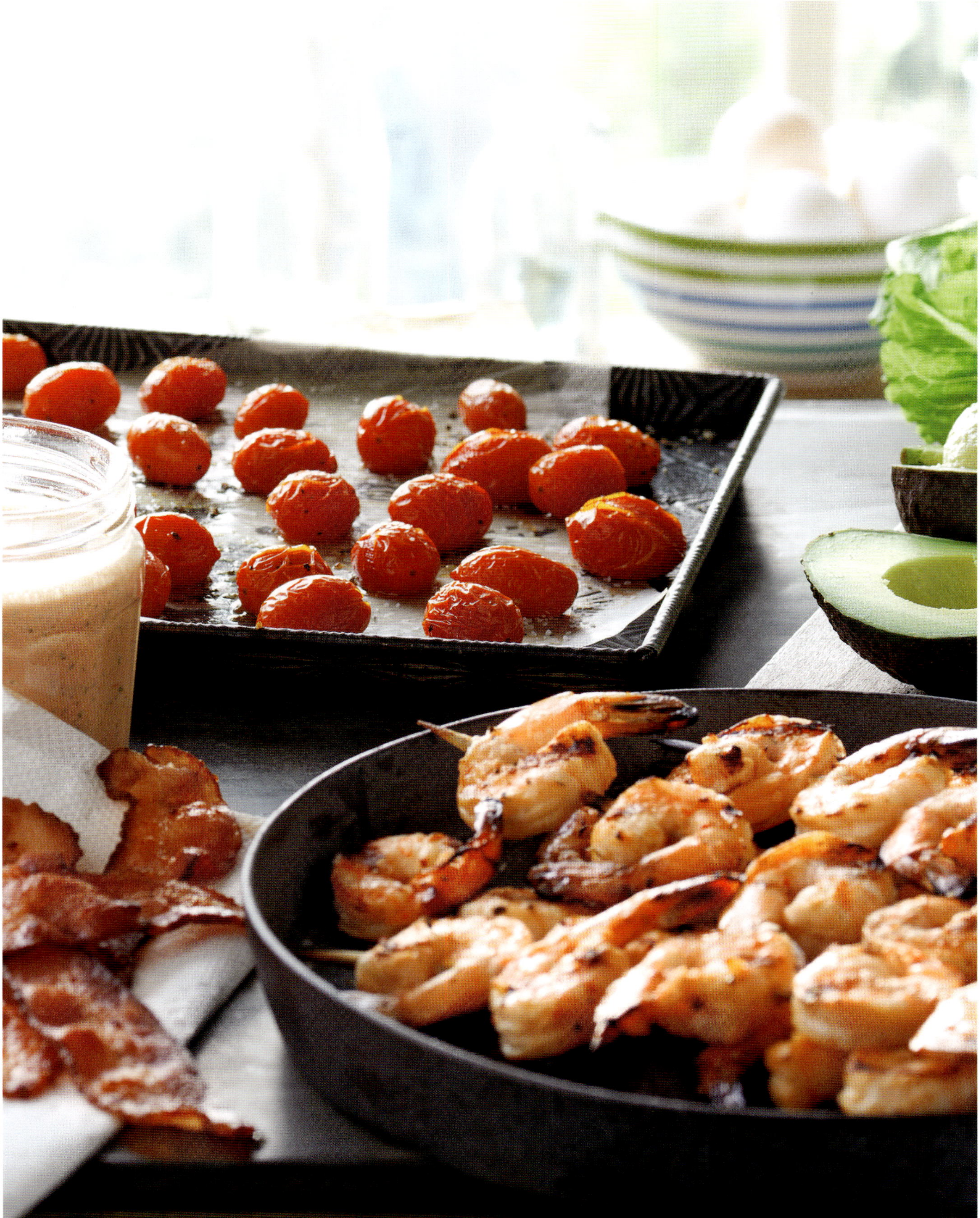

GARNELEN AUF WEISSER POLENTA

FÜR 4 PERSONEN | **ZUBEREITUNGSZEIT:** 15 MIN., PLUS ETWA 20 MIN. FÜR DIE POLENTA | **GRILLZEIT:** 6–8 MIN.
ZUBEHÖR: 1 GROSSE HANDVOLL APFELHOLZ-CHIPS

125 g Butter
grobes Meersalz
170 g weißer Maisgrieß (Polenta bianca)
85 g weißer Cheddar, fein gerieben
1 Knoblauchzehe, fein gehackt
1 TL scharfe Chilisauce
¼ TL frisch gemahlener schwarzer Pfeffer
700 g große Garnelen (Größe 21/30), geschält, entdarmt, Schwanzsegment entfernt
3 Frühlingszwiebeln, nur die weißen und hellgrünen Teile fein gehackt

Shrimp and Grits heißt ein Klassiker aus der Lowcountry genannten Küstenregion von South Carolina, der normalerweise nicht auf dem Grill zubereitet wird. Doch der süße Apfelholzrauch, in dem die Garnelen gegrillt werden, stellt geschmacklich definitiv eine Steigerung dar. Und in einer weiteren Abweichung von der Tradition wird dem Maisbrei durch die braune Butter eine warme, nussige Note verliehen.

1 Die Räucherchips mind. 30 Min. wässern.

2 Den Grill für direkte mittlere Hitze (175–230 °C) vorbereiten.

3 Die Butter in einem mittelgroßen Edelstahltopf auf mittlerer bis kleiner Stufe zerlassen und 3-4 Min. erhitzen, bis sie stellenweise nussig braun ist (siehe Bild unten), dabei den Topf gelegentlich schwenken. Vom Herd nehmen und die braune Butter in ein kleines Glas oder mikrowellengeeignetes Gefäß gießen.

4 In demselben Topf 1 l Wasser mit 1½ TL Salz auf mittlerer bis starker Stufe aufkochen; die Reste der braunen Butter mit einem Schneebesen vom Topfboden lösen. Den Maisgrieß unter Rühren langsam ins kochende Wasser einrieseln lassen und auf kleiner Stufe 15 bis 20 Min. garen, bis ein dicklicher, sehr weicher Brei entsteht, dabei gelegentlich umrühren. Den Topf vom Herd nehmen und den Käse sowie 3 EL braune Butter unter den Maisbrei rühren. Auf kleiner Stufe warm halten.

5 In einer großen Schüssel 1 EL braune Butter, mit Knoblauch, Chilisauce, ½ TL Salz und ¼ TL Pfeffer verrühren. Die Garnelen hinzufügen und gut vermischen.

6 Die Chips abtropfen lassen, auf die Glut oder nach Herstelleranweisung in die Räucherbox des Gasgrills geben und den Grilldeckel schließen. Sobald Rauch entsteht, die Garnelen über **direkter mittlerer Hitze** bei geschlossenem Deckel 6–8 Min. grillen, bis sie sich fest anfühlen und im Kern nicht mehr glasig sind, dabei einmal wenden.

7 Sollte die braune Butter inzwischen fest geworden sein, abgedeckt in der Mikrowelle wieder schmelzen lassen.

8 Den Maisbrei auf vier vorgewärmten Teller anrichten, die Garnelen darauf verteilen, mit der übrigen braunen Butter beträufeln und mit Frühlingszwiebeln garnieren. Sofort servieren.

Nachdem die Butter flüssig geworden ist, schäumt sie ein wenig auf. Wenn der Schaum nachlässt, bilden sich kleine braune Brösel am Topfboden. Es handelt sich um die Eiweißbestandteile der Butter, die sich vom Fett getrennt haben und nun ein nussiges Aroma entwickeln. Wenn die Butter so wie rechts auf dem Bild aussieht, den Topf vom Herd nehmen und die flüssige Butter in ein kleines Gefäß gießen, damit die Eiweißbestandteile nicht verbrennen und bitter werden.

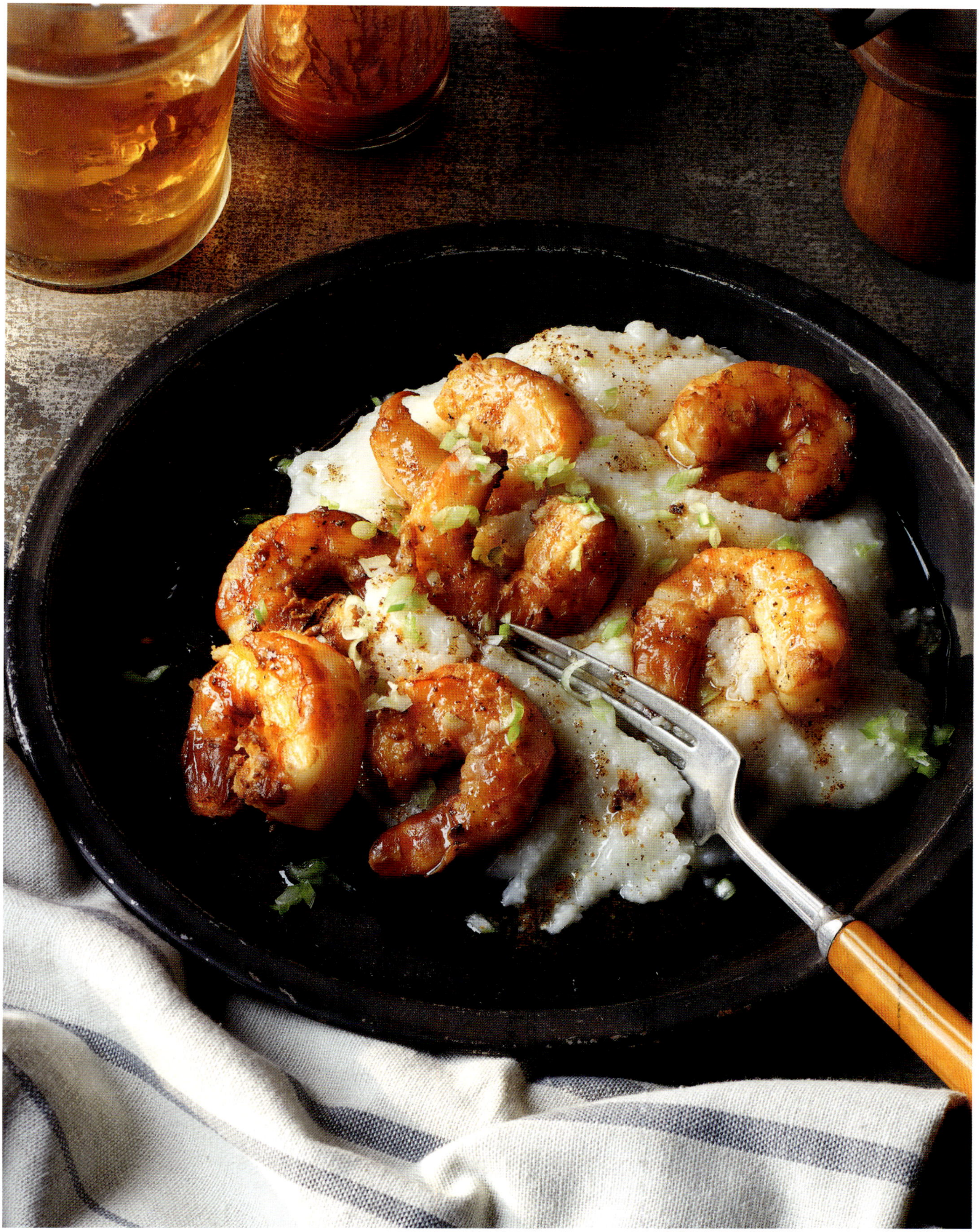

GEGRILLTE JAKOBSMUSCHELN
MIT BLUMENKOHLPÜREE UND GRÜNKOHLCHIPS

FÜR 4 PERSONEN | **ZUBEREITUNGSZEIT:** 30 MIN.
GRILLZEIT: 5–8 MIN.

6 große Blätter Grünkohl
Olivenöl
grobes Meersalz
1 Blumenkohl (etwa 900 g), Strunk entfernt, die Röschen grob gehackt
350 ml Hühnerbrühe
1 kleine Knoblauchzehe, geschält
30 g Pecorino romano, fein gerieben
3 EL Butter
frisch gemahlener schwarzer Pfeffer
16 ausgelöste Jakobsmuscheln (je etwa 50 g), trockengetupft
2 TL fein abgeriebene Schale von 1 Bio-Zitrone

Achten Sie darauf, ausgelöste Jakobsmuscheln stets gut trockenzutupfen, bevor Sie sie mit Öl bepinseln, da ihr Wassergehalt hoch ist. Kaufen Sie Muschelfilets, denen kein Wasser zugesetzt wurde, und verwenden Sie für dieses Rezept die größtmöglichen Muscheln, die Sie finden können.

1 Den Grill für direkte mittlere Hitze (175–230 °C) vorbereiten.

2 Die Grünkohlblätter dünn mit Öl einpinseln, mit ¼ TL Salz würzen und über **direkter mittlerer Hitze** bei geschlossenem Deckel 2–3 Min. grillen, bis sie leicht gebräunt und knusprig sind, dabei einmal wenden und gut im Auge behalten, damit sie nicht verbrennen. Vom Grill nehmen und etwas abkühlen lassen, dann die harten Mittelrippen entfernen und die Blätter in Stücke zupfen.

3 Blumenkohlröschen und Brühe in einen großen Topf geben, zum Kochen bringen, dann auf mittlerer bis kleiner Stufe im verschlossenen Topf 18–20 Min. köcheln lassen, bis die Röschen weich sind. Mit einem Schaumlöffel herausheben und die Röschen mit 4 EL der heißen Brühe und dem Knoblauch im Mixer glatt pürieren. Käse, Butter, 1 TL Salz und ½ TL Pfeffer in Intervallen untermixen. Das Püree sollte am Ende glatt und formfest sein. Abdecken und warm halten.

4 Die Grilltemperatur auf starke Hitze erhöhen (230–290°C).

5 Die kleinen harten Seitenmuskel, falls noch vorhanden, von den Jakobsmuscheln entfernen. Die Jakobsmuscheln auf allen Seiten dünn mit Öl bestreichen und mit ¾ TL Salz und ½ TL Pfeffer würzen. Über **direkter starker Hitze** bei geschlossenem Deckel 3–5 Min. grillen, bis sie schön gebräunt und im Kern nicht mehr glasig sind, dabei einmal wenden.

6 Das Blumenkohlpüree auf Teller verteilen und mit der Rückseite eines Esslöffels ein wenig verstreichen. Die Jakobsmuscheln in der Mitte des Pürees anrichten, die Kohlchips ringförmig um die Muschelfilets streuen. Mit Zitronenschale garnieren und sofort servieren.

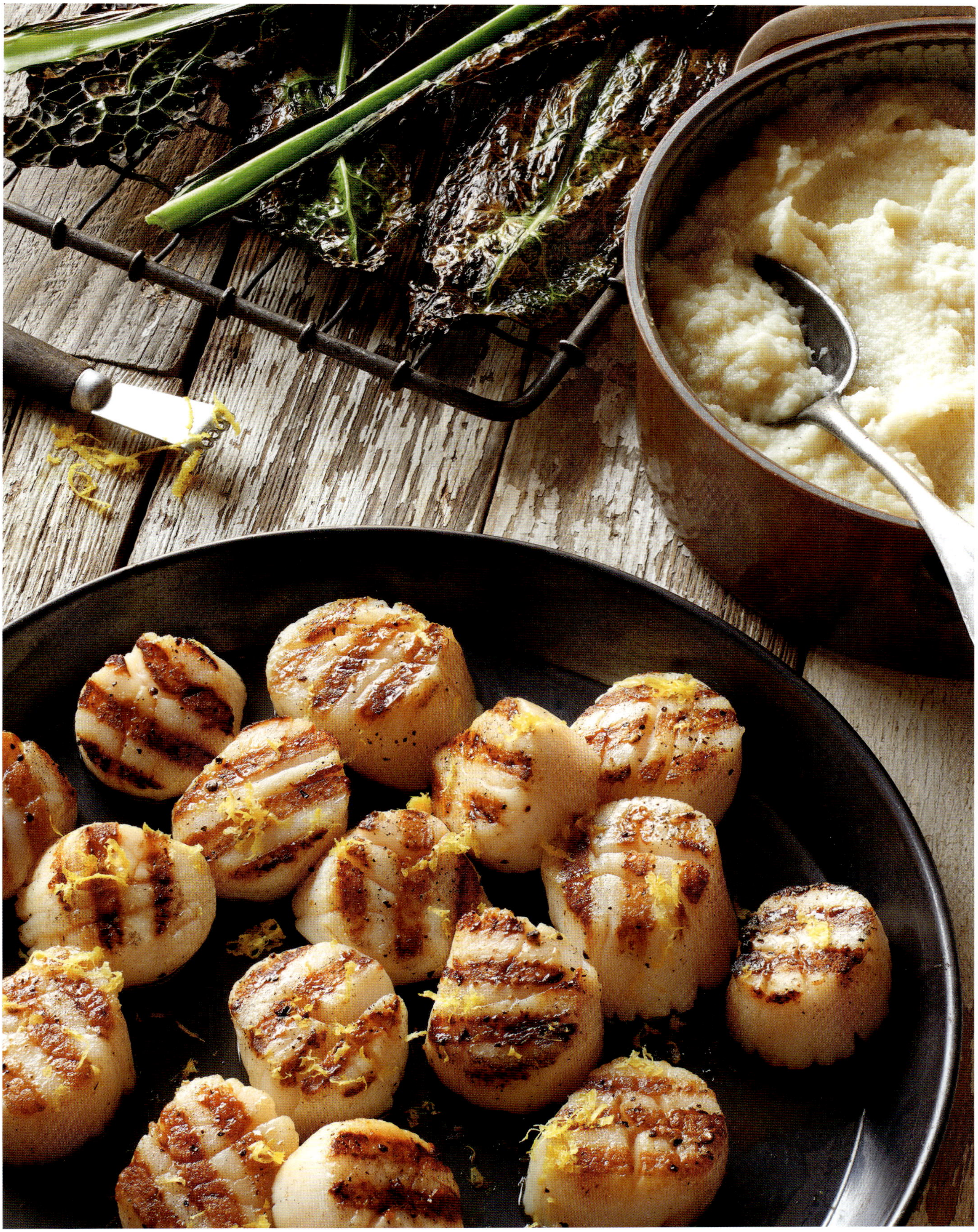

GERÄUCHERTE MIESMUSCHELN
MIT BIER, SCHALOTTEN UND KNOBLAUCH

FÜR 4 PERSONEN | **ZUBEREITUNGSZEIT:** 20 MIN. | **GRILLZEIT:** 18–32 MIN. | **ZUBEHÖR:** 2 GROSSE HANDVOLL APFEL- ODER KIRSCHHOLZ-CHIPS, GROSSER GRILLFESTER BRÄTER ODER GROSSE EINWEG-GRILLSCHALE

150 g Mayonnaise
2 EL körniger Dijon-Senf
4 EL Butter
1 große oder 2 kleine Schalotten, gewürfelt
4 Knoblauchzehen, fein gehackt
660 ml Weizenbier
6 große Zweige Thymian
2 kg frische Miesmuscheln, abgebürstet, entbartet
1 TL grobes Meersalz
½ TL frisch gemahlener schwarzer Pfeffer
3 EL grob gehackte glatte Petersilienblätter

Fleischfans unter den Grillenthusiasten mögen die Nase rümpfen, aber bereits zu Urzeiten des amerikanischen Barbecue gab es immer auch Schalentiere, vor allem in Neuengland. Muscheln wurden manchmal über dem Holzfeuer in Wein gegart, doch hier wird ein modernerer Ansatz verfolgt: Probieren Sie dieses Rezept mit einem milden Weizenbier. Amber Lager oder Pale Ale funktionieren ebenfalls. Um das mühselige Entfernen der Bärte zu umgehen, wählen Sie Muscheln aus Aquakulturen. Und vergessen Sie nicht, genügend rustikales Weißbrot zu servieren, mit der sich die köstliche Brühe aufnehmen lässt.

1 Die Räucherchips mind. 30 Min. wässern.

2 Den Grill für direkte und indirekte mittlere bis schwache Hitze (etwa 175 °C) vorbereiten.

3 Mayonnaise und Senf verrühren und auf vier Schälchen verteilen. Abgedeckt beiseitestellen, während Sie die Muscheln zubereiten.

4 Butter, Schalotten und Knoblauch in den grillfesten Bräter geben. 1 Handvoll Räucherchips abtropfen lassen, auf die Glut oder nach Herstelleranweisung in die Räucherbox des Gasgrills geben und den Grilldeckel schließen. Sobald Rauch entsteht, den Bräter über *indirekte mittlere bis schwache Hitze* stellen, den Grilldeckel schließen und die Zutaten 8–10 Min. garen, bis die Butter geschmolzen ist und die Schalotten weich sind, dabei gelegentlich umrühren. Das Bier zugießen, den Thymian einlegen und alles weitere 5–7 Min. garen, bis die Flüssigkeit dampfend heiß ist.

5 Die restlichen Chips abtropfen lassen und auf die Glut oder in die Räucherbox geben. Den Bräter über direkte Hitze stellen, die Muscheln in den Biersud geben und im offenen Topf über *direkter mittlerer bis schwacher Hitze* bei geschlossenem Grilldeckel 5–15 Min. garen, bis sie sich geöffnet haben, dabei ab und zu behutsam umrühren. Geöffnete Muscheln mit einer Grillzange in eine große Schüssel geben und abgedeckt warm halten. Ungeöffnete Muscheln aussortieren und wegwerfen, ebenso die Thymianzweige.

6 Den Biersud mit dem Salz und Pfeffer würzen. Die Muscheln in vier tiefen Tellern anrichten und Biersud darüberschöpfen. Mit Petersilie garnieren und heiß mit dem Mayonnaise-Senf-Dip servieren.

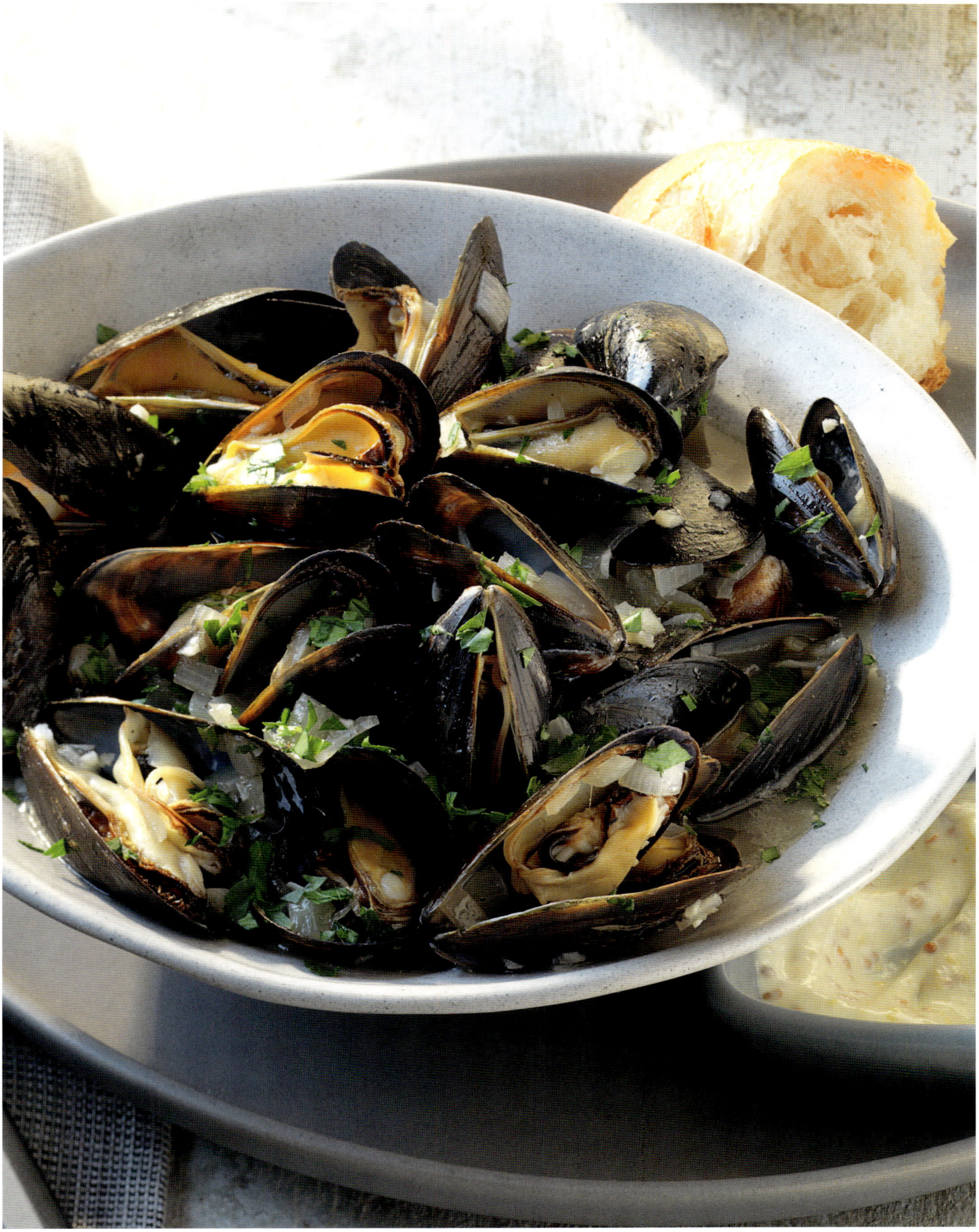

VENUSMUSCHELN AUS DER GLUT
MIT CHILINUDELN

FÜR 4 PERSONEN | **ZUBEREITUNGSZEIT:** 25 MIN. | **GRILLZEIT:** 7–10 MIN. | **ZUBEHÖR:** HOLZKOHLEGRILL, NATURBELASSENE HOLZKOHLE, GELOCHTE GRILLPFANNE, GUT ISOLIERENDE GRILLHANDSCHUHE

4 kleine rote Kirschpaprika
2 EL Olivenöl
3 große Knoblauchzehen, gehackt
¼ TL Chiliflocken
250 ml trockener Weißwein
4 EL frisch gepresster Zitronensaft
1 TL grobes Meersalz
900 g frische Venusmuscheln (vorzugsweise Littleneck oder Manila), abgebürstet
400 g Linguine oder Spaghetti
4 EL gehackte glatte Petersilienblätter
4 EL weiche Butter
2 TL fein abgeriebene Schale von 1 Bio-Zitrone
frisch gemahlener schwarzer Pfeffer

Haben Sie Lust auf eine neue Zubereitungsart für Muscheln? Dann garen Sie sie wie in diesem Rezept direkt auf einer Glut aus naturbelassener Holzkohle. Diese Technik ist die zeitgenössische Version des sogenannten Clambake, eines auf indianische Wurzeln zurückgehenden Gerichts, bei dem Schalentiere in einer Sandgrube zwischen glühendem Holz, heißen Steinen und dampfenden Meeresalgen gegart werden. Hier kommt die rauchige, milde Schärfe von gegrillter roter Kirschpaprika hinzu. Wer es feuriger mag, verwendet Jalapeño-Chilis oder gibt mehr Chiliflocken in die Sauce.

1 Den Holzkohlegrill mit naturbelassener Holzkohle für direkte mittlere Hitze (175–230 °C) vorbereiten.

2 Die Kirschpaprika über **direkter mittlerer Hitze** bei geschlossenem Deckel 3–5 Min. grillen, bis die Haut noch nicht schwarz ist, aber rundherum Blasen wirft, dabei nach Bedarf wenden. Vom Grill nehmen und etwas abkühlen lassen. Die Schoten längs halbieren, Stiele, Trennwände und Kerne entfernen und das Fruchtfleisch quer in Streifen schneiden. Die Kirschpaprika beiseitelegen.

3 Das Öl in einer großen tiefen Pfanne auf mittlerer Stufe erhitzen und darin Knoblauch und Chiliflocken etwa 1 Min. dünsten, bis sie aromatisch duften. Wein, Zitronensaft und Salz zufügen und aufkochen lassen, anschließend auf mittlerer bis kleiner Stufe 5 Min. köcheln lassen. Vom Herd nehmen und abdecken.

4 Die Muscheln in einer Lage in der gelochten Grillpfanne verteilen. Mit den gut isolierenden Grillhandschuhen den Grillrost abnehmen und die Grillpfanne direkt auf die Glut stellen (die Holzkohle sollte mit einer Ascheschicht überzogen sein, rot glühen und keine schwarzen Stellen haben). Den Deckel schließen und die Muscheln 4–5 Min. garen, bis sie sich geöffnet haben. Die Grillpfanne vorsichtig aus der Glut heben und auf eine hitzefeste Unterlage stellen. Ungeöffnete Muscheln aussortieren und wegwerfen. Die Muscheln samt noch vorhandenem Saft in den Schalen in die Pfanne mit dem Weinsud geben.

5 Reichlich Salzwasser in einem großen Topf sprudelnd aufkochen und die Nudeln darin nach Packungsanweisung knapp al dente garen (1 Min. weniger als angegeben). Abseihen und dabei 125 ml Nudelwasser auffangen. Nudeln, Kirschpaprika, 2 EL Petersilie, Butter und Zitronenschale in die Pfanne zu den Muscheln geben und die Nudeln nach Belieben mit etwas Nudelwasser auflockern. Auf mittlerer bis hoher Stufe behutsam durchmischen, bis die Nudeln heiß und gut mit Weinsud überzogen sind. Mit Pfeffer abschmecken, mit der übrigen Petersilie bestreuen und warm servieren.

Die Muscheln sollten in diesem Rezept ausschließlich auf einer Glut mit naturbelassener Holzkohle garen. Briketts können chemische Zusätze enthalten, die in die Muscheln gelangen. Naturbelassene Holzkohle besteht aus nichts anderem als aus in sauerstoffarmer Umgebung verbranntem Hartholz.

Kleinere und zartere Venusmuscheln wie Littleneck oder Manila sind für dieses Rezept erste Wahl. Littleneck von der Atlantikküste ist dabei die teuerste Sorte, geschätzt vor allem wegen ihres süß-salzigen Muschelfleisches. Halten Sie Ausschau nach kleinen Exemplaren, die maximal 2½ cm breit sind.

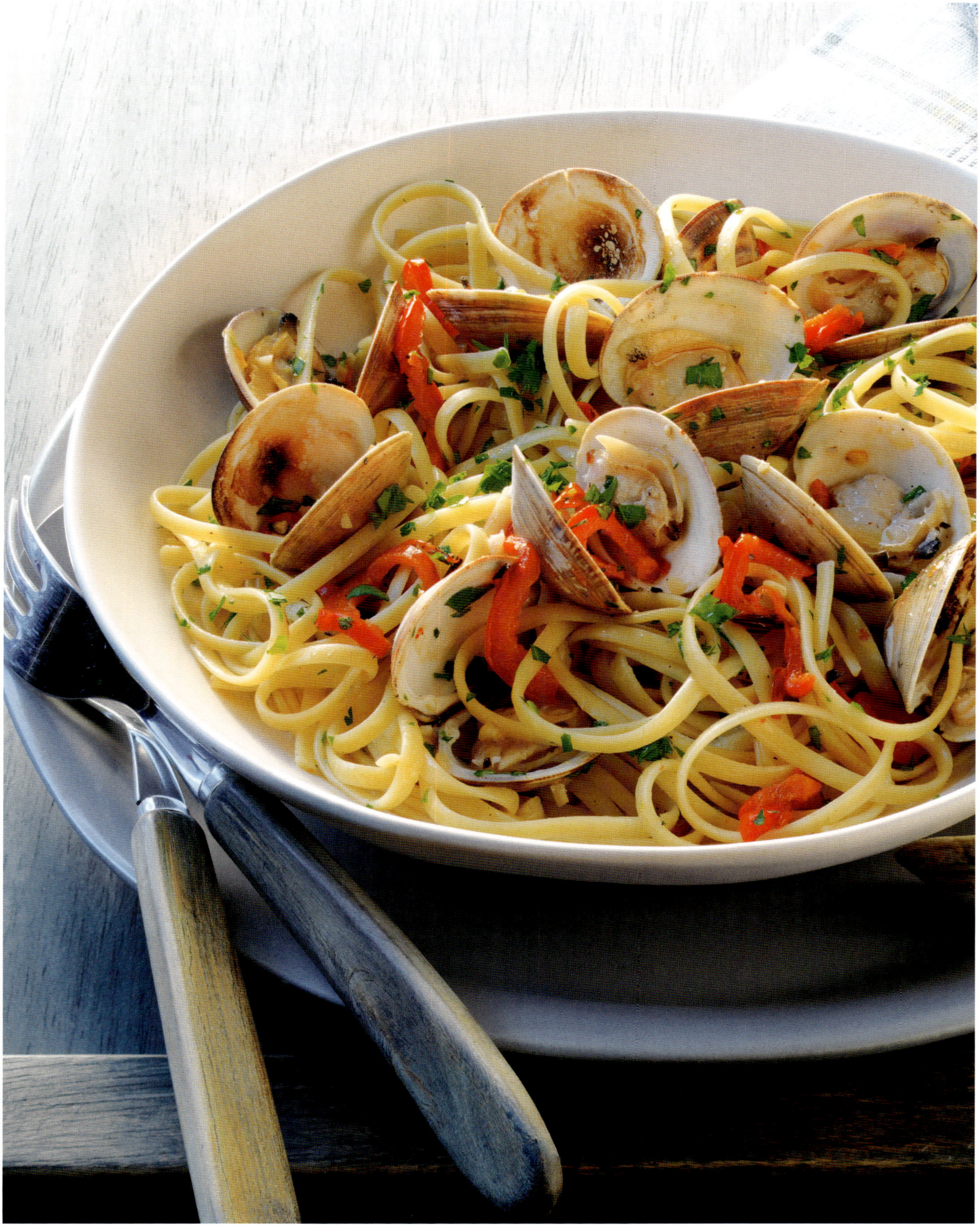

6
BEILAGEN

- **242** Fächerkartoffeln mit Knoblauchbutter und Parmesan
- **244** Gefüllte Kartoffeln mit Käse, Meerrettich und knusprigem Speck
- **246** Kleine Kartoffeln vom Grill mit minzefrischer Gremolata
- **247** Kartoffelsalat mit Basilikum-Vinaigrette

248 BARBECUE FEATURE
BARBECUE CROSSROADS IN KANSAS CITY

- **250** Mango und Radieschen mit Yambohne und Limetten-Koriander-Dressing
- **251** Krautsalat mit Fenchel und Blauschimmelkäse
- **252** American Coleslaw
- **253** Brokkoli-Slaw
- **254** Macaroni and Cheese mit Parmesanbröseln
- **256** Cremiger Nudelsalat mit gegrilltem Mais und Tomaten
- **257** Sesam-Erdnuss-Nudelsalat mit rauchigem Zitronenaroma
- **258** Zucchini-Erbsen-Pappardelle mit gegrillten Zwiebeln und Feta
- **260** Buntes Succotash
- **261** Texanische Borracho-Bohnen
- **262** BBQ Baked Beans
- **263** Bohnen auf griechische Art
- **264** Lauch vom Grill mit Haselnuss-Chimichurri
- **266** Pot Likker mit Grünkohl
- **268** Naan-Brot mit Knoblauch-Kräuter-Butter
- **270** Buttermilchbrötchen mit Honigbutter
- **272** Weiches Maisbrot
- **274** Zimtschnecken mit Zuckerguss

FÄCHERKARTOFFELN
MIT KNOBLAUCHBUTTER UND PARMESAN

FÜR 6 PERSONEN | **ZUBEREITUNGSZEIT:** 45 MIN.
GRILLZEIT: 65–70 MIN.

6 große festkochende Kartoffeln (je etwa 350 g), gewaschen, abgebürstet und trockengetupft
6 EL Butter
6 Knoblauchzehen, angequetscht und geschält
1½ TL grobes Meersalz
¾ TL frisch gemahlener schwarzer Pfeffer
60 g Parmesan, fein gerieben
2 EL fein gehackte glatte Petersilienblätter

Die sogenannten Hasselback-Kartoffeln, wie die Fächerkartoffeln auch genannt werden, überstrahlen seit einigen Jahren das Beilagenrepertoire des American Barbecue. Erfunden wurde diese brillante Zubereitungsart für Kartoffeln aber nicht in den USA, sondern von Köchen des Restaurants Hasselbacken in Stockholm.

1 Den Grill für indirekte mittlere bis starke Hitze (200–230 °C) vorbereiten.

2 Damit jede Kartoffel flach auf dem Grillrost liegen kann, auf der breitesten Seite der Kartoffeln jeweils ein kleines Stück (maximal ½ cm) abschneiden. Betrachten Sie diese Seite nun als die Unterseite der Kartoffeln. Die Kartoffeln anschließend mit einem sehr scharfen Messer, gut 2 cm von einem Ende entfernt, quer in hauchdünne Scheiben von ½ cm schneiden, dabei aber nicht komplett durchschneiden, da die Scheiben zusammenhängen sollen.

3 Die Butter in einer kleinen Pfanne auf mittlerer Stufe zerlassen und darin den Knoblauch in 1½–2 Min. unter gelegentlichem Rühren hellbraun braten. Die Pfanne vom Herd nehmen und die Knoblauchbutter mit Salz und Pfeffer würzen. Die Kartoffeln auffächern, damit sie auch zwischen den Scheiben mit etwas Butter beträufelt werden können, und rundherum mit der Hälfte der Knoblauchbutter bepinseln.

4 Die Fächerkartoffeln über **indirekter mittlerer bis starker Hitze** bei geschlossenem Deckel 30 Min. grillen. Anschließend mit der übrigen Knoblauchbutter bepinseln und dabei auch zwischen die Scheiben etwas Butter geben. Bei geschlossenem Deckel weitere 30 Min. grillen, bis die Kartoffeln fast gar sind. Mit dem Parmesan bestreuen und 5–10 Min. weitergrillen, bis der Käse geschmolzen und leicht gebräunt ist und die Kartoffeln außen knusprig und innen weich sind. Die Fächerkartoffeln mit Petersilie garnieren und heiß servieren.

Ein wenig Geduld ist erforderlich, die Kartoffeln in so viele dünne Scheiben zu schneiden, aber das cremig-zarte Innere und die knusprigen Ränder entschädigen für diesen Aufwand. Damit Sie nicht doch aus Versehen Scheiben durchschneiden, können Sie sozusagen als »Leitplanken« jeweils zwei Essstäbchen an die Längsseiten der Kartoffel legen. An den sich verjüngenden Enden, wo die Kartoffel nicht mehr aufliegt, sollten Sie dann sehr vorsichtig schneiden.

BEILAGEN

GEFÜLLTE KARTOFFELN
MIT KÄSE, MEERRETTICH UND KNUSPRIGEM SPECK

FÜR 4 PERSONEN | **ZUBEREITUNGSZEIT:** 20 MIN.
GRILLZEIT: 1¼–1½ STD. | **ZUBEHÖR:** GELOCHTE GRILLPFANNE

4 große festkochende Kartoffeln (je etwa 350 g), gewaschen, abgebürstet und trockengetupft

FÜR DIE FÜLLUNG
2 dicke Scheiben Frühstücksspeck
90 g würziger Cheddar, fein gerieben
100 g Schmand
3 Frühlingszwiebeln, in feine Scheiben geschnitten
3 gehäufte EL fein geriebener frischer Meerrettich oder 2 TL Tafelmeerrettich
2 EL weiche Butter
1½ TL grobes Meersalz
¾ TL frisch gemahlener schwarzer Pfeffer

2 EL Butter, zerlassen
30 g Parmesan, fein gerieben

Gefüllte Kartoffeln sind etwas Wunderbares und besonders lecker, wenn sie mit Käse und Speck gefüllt sind. Frischer Meerrettich verleiht der üppigen Füllung hier einen willkommenen Schärfekick. Alternativ können Sie auch eine TexMex-Füllung mit Chorizo, Schmand und gerösteten Chilischoten zubereiten oder aber eine fleischlose Version, in der Blauschimmelkäse und Thymian tonangebend sind.

1. Den Grill für indirekte mittlere Hitze (175–230 °C) vorbereiten.

2. Die Kartoffeln an mehreren Stellen mit einer Gabel einstechen und über **indirekter mittlerer Hitze** bei geschlossenem Deckel 1–1¼ Std. grillen, bis sie weich sind. Vom Grill nehmen und einige Minuten abkühlen lassen.

3. Inzwischen den Speck in einer mittelgroßen Pfanne auf mittlerer bis hoher Stufe braun und knusprig braten. Auf Küchenpapier entfetten und etwas abkühlen lassen, anschließend den Speck fein zerbröckeln. Den Speck mit den übrigen Zutaten für die Füllung gut vermischen, zuvor 2 EL von den Frühlingszwiebeln zum Garnieren beiseitestellen.

4. Die Grilltemperatur auf starke Hitze erhöhen (möglichst 230 °C).

5. Von den Kartoffeln längs einen 1 cm dicken Deckel abschneiden und anderweitig verwenden. Die Kartoffeln vorsichtig mit einem Löffel aushöhlen, dabei einen dünnen Rand Fruchtfleisch stehen lassen und die Schale nicht verletzen. Mit einer Gabel das ausgelöste Fruchtfleisch unter die Füllung mischen und dabei zerdrücken, bis Sie eine leicht stückige Füllmasse erhalten.

6. Die Masse gleichmäßig und behutsam in die ausgehöhlten Kartoffeln löffeln. Den Boden der gelochten Grillpfanne innen dünn mit Butter bestreichen, die gefüllten Kartoffeln hineinsetzen und die Schale der Kartoffeln mit der restlichen flüssigen Butter bepinseln (siehe oberes Bild rechts). Die gefüllten Kartoffeln mit Parmesan bestreuen.

7. Die Kartoffeln in der Grillpfanne über **indirekter starker Hitze** bei geschlossenem Deckel 8–10 Min. grillen, bis der Käse geschmolzen und die Füllung heiß ist (dazu mit einem spitzen Messer tief in die Füllung stechen und die Temperatur der Messerklinge prüfen). Mit den beiseitegestellten Frühlingszwiebeln bestreuen und servieren.

VARIANTEN

TexMex (Bild links): Das Fruchtfleisch der Kartoffeln mit 180 g gebratener, sehr fein geschnittener mexikanischer Chorizo, 4 EL Schmand, 120 g mexikanischem Käse, 1 gerösteten, fein gehackten Poblano-Chili, 2 EL gehackten Korianderblättern und 1 EL fein geschnittenen Frühlingszwiebeln vermischen.

Vegetarisch (Bild rechts): Das Kartoffelfruchtfleisch mit 60 g zerkrümeltem Blauschimmelkäse, 100 g Schmand, 2 EL fein gehackten Thymianblättchen, 2 EL fein gehackter glatter Petersilie und je ¼ TL Salz und Pfeffer vermischen.

BEILAGEN

KLEINE KARTOFFELN VOM GRILL
MIT MINZEFRISCHER GREMOLATA

FÜR 4–6 PERSONEN | **ZUBEREITUNGSZEIT:** 20 MIN.
GRILLZEIT: 40–45 MIN. | **ZUBEHÖR:** GROSSE GUSSEISERNE GRILLPLATTE

Eine gusseiserne Grillplatte eröffnet eine ganze Reihe neuer Möglichkeiten auf dem Grill. Werden die Kartoffeln langsam auf der Platte gegart, sind sie am Ende schön knusprig ohne zu verbrennen. Prüfen Sie ein- bis zweimal den Gargrad und platzieren Sie einzelne Kartoffeln bei Bedarf um.

FÜR DIE GREMOLATA
20 g glatte Petersilie, die Blätter abgezupft
15 g Minze, die Blätter abgezupft
2 EL Olivenöl
2 TL fein abgeriebene Schale von 1 Bio-Zitrone
1 Knoblauchzehe, gehackt
¼ TL grobes Meersalz

900 g Fingerlingkartoffeln (z. B. Bamberger Hörnchen), längs halbiert
2 EL Olivenöl
1½ TL grobes Meersalz
½ TL frisch gemahlener schwarzer Pfeffer
1 Knoblauchzehe, fein gehackt

1 Petersilie und Minze in der Küchenmaschine grob hacken. Die restlichen Zutaten für die Gremolata hinzufügen und alles fein hacken. Die Gremolata in eine große Schüssel geben.

2 Den Grill für indirekte mittlere Hitze (möglichst 200 °C) vorbereiten und die gusseiserne Grillplatte vorheizen.

3 Die Kartoffeln in einer zweiten großen Schüssel mit dem Öl, Salz, Pfeffer und Knoblauch mischen. Kartoffeln mit der Schnittfläche nach unten auf die Grillplatte geben und über ***indirekter mittlerer Hitze*** bei geschlossenem Deckel 40–45 Min. grillen, bis sie innen weich und außen goldbraun und knusprig sind, dabei gelegentlich den Gargrad prüfen und die Kartoffeln wenn nötig auf der Grillplatte umplatzieren, wenn sie zu schnell bräunen. Die Kartoffeln mit der Gremolata in der großen Schüssel vermengen und sofort servieren.

KARTOFFELSALAT
MIT BASILIKUM-VINAIGRETTE

FÜR 4–6 PERSONEN | ZUBEREITUNGSZEIT: 20 MIN. | GRILLZEIT: ETWA 40 MIN.
ZUBEHÖR: 2 GROSSE HANDVOLL HICKORYHOLZ-CHIPS, HOLZKOHLEGRILL, GELOCHTE GRILLPFANNE

Zarte Raucharomen verleihen einem Kartoffelsalat ganz neue Qualitäten. Vermischt man die Kartoffeln noch heiß mit der Vinaigrette, nehmen sie die würzenden Aromen der Vinaigrette sehr viel besser auf als abgekühlt.

FÜR DIE VINAIGRETTE
4 EL fein geschnittene Basilikumblätter
1 EL Weißweinessig
2 TL körniger Dijon-Senf

Olivenöl
grobes Meersalz
frisch gemahlener schwarzer Pfeffer
900 g kleine rotschalige Kartoffeln (je etwa 3 cm Ø), halbiert
1 mittelgroße rote Zwiebel, längs halbiert, in ½ cm dicke Scheiben geschnitten und in Halbringe zerteilt
2 Stangen Staudensellerie, in mittelgroße Würfel geschnitten
Basilikumblätter

1 Die Räucherchips mind. 30 Min. wässern.

2 Den Grill für indirekte mittlere bis starke Hitze (200–230 °C) vorbereiten und die gelochte Grillpfanne vorheizen.

3 Die Zutaten für die Vinaigrette mit 2 EL Wasser, 4 EL Öl, ½ TL Salz und ¼ TL Pfeffer zu einer Emulsion aufschlagen.

4 Die Kartoffelhälften in einem großen Topf etwa 5 cm hoch mit kaltem Salzwasser bedecken. Im verschlossenen Topf auf hoher Stufe aufkochen, den Deckel abnehmen und die Kartoffeln 5 Min. im offenen Topf kochen lassen. Kartoffeln abgießen, gut abtropfen lassen und in eine Schüssel geben. Zwiebeln, 2 EL Öl, ¾ TL Salz und ¼ Pfeffer unter die Kartoffeln mischen.

5 Die Hälfte der Chips abtropfen lassen, auf die Glut oder nach Herstelleranweisung in die Räucherbox des Gasgrills geben und den Grilldeckel schließen. Sobald Rauch entsteht, die Kartoffel-Zwiebel-Mischung in der gelochten Grillpfanne verteilen und über ***indirekter mittlerer bis starker Hitze*** bei geschlossenem Deckel in etwa 40 Min. weich grillen, dabei ein- bis zweimal wenden. Nach 20 Min. die übrigen Chips abtropfen lassen und auf die Glut oder in die Räucherbox geben.

6 Die Kartoffel-Zwiebel-Mischung in einer Servierschüssel mit dem Sellerie mischen. Die Vinaigrette noch einmal aufschlagen und den Kartoffelsalat mit so viel Vinaigrette anmachen, dass alles dünn damit überzogen ist. Mit Basilikumblättern garnieren und warm oder bei Raumtemperatur servieren.

BARBECUE FEATURE

248

BARBECUE CROSSROADS IN KANSAS CITY

Kansas Citys Ruf als wichtiger Knotenpunkt zwischen dem Kansas und dem Missouri River sowie dem nach Westen führenden Santa Fe Trail gründete sich im frühen 19. Jahrhundert. Während sich die Grenze des jungen Landes immer weiter nach Westen verlagerte, entwickelte sich die Stadt von einem Außenposten des Pelzhandels zu einem zentral gelegenen Handelsplatz. Bis heute ist sie Magnet für einen interessanten Mix aus Menschen, Märkten, Musik (v. a. Blues und Jazz) und – Fleisch! Die Besitzer großer Viehherden erkannten damals das kommerzielle Potenzial der Stadt, und innerhalb von wenigen Jahrzehnten wurde die Stadt zum zentralen Umschlagplatz für Rinder, Schweine und Schafe.

Kansas Citys bunte Barbecue-Szene spiegelt das kreative Potenzial dieser Gründerjahre wider, und im Gegensatz zu anderen Barbecue-Metropolen der USA hat man sich in Kansas nie auf ein bestimmtes Fleisch oder eine Zubereitungsart festgelegt. Rind, Geflügel, Fisch, Hammel und Schwein werden über verschiedenen Holzarten mit unterschiedlichen Techniken gegrillt, und alles ist typisch Kansas City.

Dennoch spielten Traditionen in Kansas City eine Rolle. Legendäre Restaurants wie Arthur Bryant's Barbeque, Gates Bar-B-Q oder Rosedale Bar-B-Q erfreuen sich nach wie vor großer Beliebtheit. Besonders stolz sind die Bewohner der größten Stadt im Bundesstaat Missouri auf ihre Spareribs sowie *burnt ends* (siehe Seite 170). In jüngerer Zeit profitierte die Restaurantkultur auch hier von der wachsenden Popularität der Barbecue-Wettbewerbe, nicht zuletzt dank der hoch angesehenen Kansas City Barbeque Society (KCBS), die zahlreiche Wettbewerbe im gesamten Land abhält. Ein Höhepunkt ist die jährliche American Royal World Series of Barbecue, die stets in Kansas City stattfindet. Es ist also kein Wunder, dass eine Reihe prämierter Teilnehmer in der Stadt ihres Sportverbands mittlerweile hochdekorierte Restaurants führen mit zahlreichen Gerichten aus den Wettbewerbskategorien der KCBS. So auch Joe's Kansas City Bar-B-Que (ehemals Oklahoma Joe's), das vom Team der Slaughterhouse Five Series in einer ehemaligen Tankstelle gegründet wurde.

Rob Magee, der kreative Kopf des Restaurants Q39, kochte viele Jahre in Nobelhotels, bevor er bei Barbecue-Wettbewerben mitmischte. Er ist überzeugt, dass ihm seine Hotelerfahrung dabei hilft, Barbecue »in neue Sphären« zu heben. Kommt das Gespräch auf seine berühmten BBQ-Saucen, geht es um das richtige Anschwitzen, Köcheln, Sieben, Pürieren und um Aromaprofile. »Meine Saucen schmecken anders«, meint Magee. »Sie sind komplexer, aromen- und finessenreicher.« Das Q39 hebt sich von anderen Barbecue-Lokalen auch nicht zuletzt dadurch ab, dass alle Gerichte auf der Speisekarte jeden Tag frisch zubereitet werden und Magee ein festes Team professioneller Kellner und Barkeeper beschäftigt. Er ist überzeugt davon, dass die Kunden heute »etwas Neues und Besonderes« erwarten.

Ist es möglich, dass dieses »Besondere« des Barbecue, vielleicht sogar seine Zukunft, vegetarisch ist? Die Leute von Char Bar Smoked Meats & Amusements jedenfalls sehen das so, und sie nutzen das Feuer kreativ zur Zubereitung von Obst und Gemüse. Die Köche dort grillen Rosenkohl, Auberginen und Grapefruit, sie rösten Trauben und Beten und räuchern Mais und tropische Jackfrucht. Letztere ist namengebend für das spezielle Sandwich »The JackKnife« mit einer bunten Mischung aus Provolone, Avocadoscheiben und gebratenen Jalapeños, das einem, zumindests vorübergehend, den Eindruck vermittelt, dass Fleisch in der Welt des Barbecue absolut überbewertet wird.

Kansas City ist heute der »Melting Pit«, was Traditioner, Experimentierfreude und innovative Ansätze betrifft. Was wollte man von einer Stadt, in der sich alle Wege kreuzen, auch anderes erwarten?

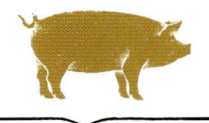

MANGO UND RADIESCHEN
MIT YAMBOHNE UND LIMETTEN-KORIANDER-DRESSING

In wenigen Schritten lassen sich aus der knorrigen Yambohne hübsche Juliennestreifen schneiden. Mit einem scharfen Gemüsemesser oder Sparschäler die Knolle schälen, halbieren und die Hälften mit den Schnittflächen nach unten auf ein Schneidbrett legen. In feine Scheiben schneiden, anschließend jeweils einige Scheiben aufeinanderlegen und in streichholzfeine Stifte schneiden.

FÜR 6–8 PERSONEN
ZUBEREITUNGSZEIT: 1 STD.

Dieser erfrischende Salat passt jederzeit und ist eine wunderbare Alternative zu Salaten mit Kohl. Süße Mango, herbe Limette und leicht scharfe Radieschen bilden die Koordinaten. Abgerundet wird alles durch das knackige, fruchtig-süße Knollengemüse Yambohne. Die Zutaten können mehrere Stunden im Voraus vorbereitet, sollten aber erst kurz vor dem Servieren vermischt werden.

FÜR DAS DRESSING
120 g Mayonnaise
2 TL fein abgeriebene Schale von 1 Bio-Limette
4 EL frisch gepresster Limettensaft
4 EL fein gehackte Korianderblätter
2 EL Zucker
1½ TL grobes Meersalz

2 mittelgroße reife Mangos, geschält und in Juliennestreifen geschnitten
500 g Yambohne, geschält und in Juliennestreifen geschnitten
10 große Radieschen, in Juliennestreifen geschnitten
3 Frühlingszwiebeln, nur die weißen und hellgrünen Teile fein geschnitten

1 Die Zutaten für das Dressing in einer großen Schüssel glatt rühren.

2 Mango-, Yambohne-, Radieschenstifte und Frühlingszwiebeln in die Schüssel zum Dressing geben und gut vermischen. Vor dem Servieren 10 Min. ziehen lassen.

KRAUTSALAT MIT FENCHEL
UND BLAUSCHIMMELKÄSE

FÜR 4–6 PERSONEN
ZUBEREITUNGSZEIT: 25 MIN.

Dieser unorthodoxe Krautsalat durchkreuzt auf köstliche Weise unsere Erwartungen und Gewohnheiten in Bezug auf amerikanischen Coleslaw. Die fein gehobelten Streifen von Rot- und Weißkohl sowie Fenchel werden von einem herb-säuerlichen Dressing umspielt, das mit sehr wenig Mayonnaise auskommt. Dagegen setzt der Blauschimmelkäse gehaltvolle Akzente.

FÜR DAS DRESSING
4 EL Olivenöl
4 EL Apfelessig
2 EL Mayonnaise
1 EL Dijon-Senf
1 TL grobes Meersalz
½ TL frisch gemahlener schwarzer Pfeffer
½ TL Zucker

1 mittelgroße Fenchelknolle
300 g Weißkohl, fein gehobelt
200 g Rotkohl, fein gehobelt
1 Bund glatte Petersilie (60 g), Blätter abgezupft und grob gehackt
40 g Blauschimmelkäse, zerbröckelt

1. Die Zutaten für das Dressing in einer großen Schüssel glatt rühren.

2. Die grünen Stängel von der Fenchelknolle abschneiden, das zarte Fenchelgrün zum Garnieren aufbewahren. Die Fenchelknolle vierteln und den harten Strunk keilförmig herausschneiden. Anschließend die Fenchelviertel quer in sehr feine Streifen schneiden.

3. Fenchel, Weiß- und Rotkohl sowie die Petersilie zum Dressing in die große Schüssel geben und alles gut vermischen. Mind. 5 Min. bei Raumtemperatur ziehen lassen, noch enmal durchmischen und mit dem Blauschimmelkäse bestreut sofort servieren.

BEILAGEN

AMERICAN COLESLAW

FÜR 8–10 PERSONEN | **ZUBEREITUNGSZEIT**: 30 MIN.
ZIEHZEIT: 45 MIN.

Der klassische amerikanische Krautsalat Coleslaw passt als Beilage zu fast jedem Barbecue-Gericht. Die Kombination aus frischen, säuerlichen Aromen und knackigem Biss bildet einen guten Gegenpart zu saftig zartem Fleisch, das ganz langsam über dem Feuer gegart wurde. Allerdings kann der Salat wässrig werden, wenn das Dressing dem Kohl Feuchtigkeit entzieht. Das Geheimnis für perfekt knackigen Coleslaw liegt darin, den Kohl vorher zu salzen und eine Weile ziehen zu lassen, damit ihm überschüssiges Wasser entzogen wird. Anschließend wird das Salz einfach mehrmals ausgespült.

1 Weißkohl (etwa 1¼ kg)
2 EL grobes Meersalz
3 mittelgroße Möhren

FÜR DAS DRESSING
4 EL Aceto balsamico bianco
2 EL körniger Dijon-Senf
2 EL Mayonnaise
2 EL Zucker
1 TL Worcestersauce
½ TL frisch gemahlener schwarzer Pfeffer

1 Den Weißkohl durch den Strunk vierteln und den harten Strunk keilförmig herausschneiden. Die Viertel jeweils mit der Schnittfläche nach unten auf ein Schneidbrett legen und quer in sehr feine Streifen schneiden oder hobeln. Die Kohlstreifen in eine sehr große Schüssel geben, das Salz zufügen und gut untermischen. Bei Raumtemperatur 45 Min. ziehen lassen.

2 Um überschüssiges Salz zu entfernen, den Kohl in der Schüssel mit kaltem Wasser bedecken, gut umrühren, dann abseihen und abtropfen lassen. Zweimal wiederholen, um alle Salzreste auszuspülen. Anschließend portionsweise aus dem Kohl überschüssiges Wasser mit den Händen ausdrücken.

3 Die Möhren in der Küchenmaschine oder mit einer Vierkantreibe grob raspeln.

4 Die Zutaten für das Dressing in einer großen Servierschüssel glatt rühren. Kohl und Möhren in die Schüssel geben und gut mit dem Dressing vermischen. Sofort servieren.

BROKKOLI-SLAW

Als farbenfrohe Alternative zu Brokkoli eignen sich auch violetter oder gelber Blumenkohl. Mischen Sie den Kohl mit geraspelter Möhre, feinen Paprikastreifen, Sultaninen und gerösteten Mandelstiften und würzen Sie das Dressing mit etwas Currypulver und/oder Mango-Chutney.

**FÜR 4–6 PERSONEN | ZUBEREITUNGSZEIT: 20 MIN.
ZIEHZEIT: 1–3 STD.**

Werfen Sie Brokkolistängel nicht weg. Raspeln Sie sie zusammen mit einigen Möhren und machen Sie das Gemüse mit einem säuerlichen Dressing an. Geröstete Mandeln steuern in diesem Salat salzige Knusprigkeit bei, die getrockneten Cranberrys eine süßliche Note. Lassen Sie die bunte Mischung vor dem Barbecue einige Stunden durchziehen, dann wird diese Version eines klassischen Coleslaw alle begeistern.

FÜR DAS DRESSING
1 kleine Zwiebel, geschält
3 EL Apfelessig
5 EL Mayonnaise
1 TL Dijon-Senf
1 TL Tafelmeerrettich
1 TL Zucker
1 TL grobes Meersalz
½ TL frisch gemahlener schwarzer Pfeffer

500 g Brokkolistängel, geschält
2 mittelgroße Möhren
150 g geröstete, gesalzene Mandeln, grob gehackt
5 EL getrocknete Cranberrys

1 Die Zwiebel mit dem Raspelaufsatz der Küchenmaschine oder mit der groben Seite einer Vierkantreibe raspeln, anschließend mitsamt dem ausgetretenen Zwiebelsaft in eine große Schüssel geben. Den Essig unterrühren und die Zwiebelraspel einige Minuten im Essig ziehen lassen. Dann die restlichen Zutaten für das Dressing untermischen.

2 Brokkolistängel und Möhren in der Küchenmaschine oder mit der Vierkantreibe raspeln. Mit den gehackten Mandeln und den Cranberrys zum Dressing in die Schüssel geben und gut vermischen. Mind. 1 Std. oder bis zu 3 Std. im Kühlschrank durchziehen lassen.

MACARONI AND CHEESE
MIT PARMESANBRÖSELN

FÜR 8–10 PERSONEN | **ZUBEREITUNGSZEIT:** 25 MIN. | **GRILLZEIT:** 20–25 MIN.
ZUBEHÖR: GUSSEISERNE PFANNE (Ø 30 CM)

4 EL Butter
4 EL Mehl
2 TL Senfpulver
1½ TL Zwiebelpulver
850 ml Vollmilch
120 g würziger Cheddar, grob gerieben
120 g Scheiblettenkäse, klein geschnitten
225 g milder Cheddar (vorzugsweise kalifornischer Monterey Jack), grob gerieben
1 TL grobes Meersalz
½ TL frisch gemahlener schwarzer Pfeffer
500 g Hörnchennudeln

FÜR DIE BRÖSEL
30 g japanisches Panko-Paniermehl
90 g Parmesan, fein gerieben
3 EL Butter, zerlassen

Das Rezept für einen Klassiker der USA ist geschmacklich bewusst mild gehalten, damit er auch Kindern schmeckt. Wenn Sie etwas intensivere Käsearomen bevorzugen, ersetzen Sie den würzigen Cheddar durch eine schärfere Version mit Chili und die Hälfte des milden Cheddars durch Gruyère. Ein letzter Tipp: Wenn Ihr Hauptgericht nicht bereits starke Raucharomen enthält, kann der Rauch von Apfelholz-Chips diese Nudelbeilage um eine weitere Geschmacksnote bereichern.

1 Den Grill für indirekte schwache bis mittlere Hitze (175–200 °C) vorbereiten.

2 Die Butter in der gusseisernen Pfanne auf mittlerer Stufe zerlassen. Das Mehl unter Rühren etwa 1 Min. darin anschwitzen, ohne dass es Farbe annimmt. Senf- und Zwiebelpulver einrühren, langsam die Milch zugießen und aufkochen lassen, dabei häufig mit einem Schneebesen rühren, bis eine glatte Sauce entsteht. Die Hitze auf kleine Stufe stellen und die Sauce unter häufigem Rühren mit dem Schneebesen etwa 3 Min. sanft köcheln lassen, bis der Mehlgeruch verflogen ist. Vom Herd nehmen und den gesamten Käse auf einmal unterrühren, bis er vollständig geschmolzen ist. Mit Salz und Pfeffer abschmecken.

3 Inzwischen reichlich Salzwasser in einem großen Topf zum Kochen bringen und die Nudeln nach Packungsanweisung bissfest garen (die Nudeln dürfen nicht zu weich sein, da sie in der Käsesauce noch weitergaren). Abseihen und gut abtropfen lassen, dann mit der Käsesauce in der Pfanne vermischen.

4 Die Zutaten für die Brösel mischen und gleichmäßig über die Nudeln streuen.

5 Die Pfanne über *indirekte schwache bis mittlere Hitze* stellen und die Nudel-Mischung bei geschlossenem Deckel 20–25 Min. garen, bis die Sauce blubbert und die Parmesanbrösel leicht gebräunt sind. Vom Grill nehmen und 5 Min. ruhen lassen. Warm servieren.

BEILAGEN

CREMIGER NUDELSALAT
MIT CHIPOTLE-CHILIS, GEGRILLTEM MAIS UND TOMATEN

FÜR 6–8 PERSONEN | **ZUBEREITUNGSZEIT:** 20 MIN.
GRILLZEIT: 8–10 MIN.

Diesen farbenfrohen Salat können Sie nach der Zubereitung sofort servieren, er schmeckt aber noch besser, wenn er über Nacht im Kühlschrank durchziehen darf. Die Nudeln nehmen dann mehr von den würzig-rauchigen Aromen auf.

FÜR DAS DRESSING
120 g Mayonnaise
100 g Schmand
2 Chipotle-Chilis in Adobo-Sauce (Dose), entkernt, sehr fein gehackt
2 TL Adobo-Sauce (aus der Dose)
1½ TL grobes Meersalz

350 g Hörnchennudeln
4 Maiskolben, Hüllblätter entfernt
2 TL Olivenöl
je 1 rote und grüne Paprikaschote, fein gewürfelt
350 g Datteltomaten, jeweils halbiert
3 Frühlingszwiebeln, nur die weißen und hellgrünen Teile in feine Scheiben geschnitten
20 g Basilikumblätter

1. Den Grill für direkte starke Hitze (230–290 °C) vorbereiten.

2. Die Zutaten für das Dressing in einer großen Servierschüssel verrühren.

3. Reichlich Salzwasser in einem großen Topf sprudelnd aufkochen und die Nudeln darin nach Packungsanweisung bissfest garen. Abseihen und unter fließendem kaltem Wasser abschrecken, anschließend gut abtropfen lassen. Die Nudeln in die Servierschüssel geben und mit dem Dressing vermischen.

4. Die Maiskolben rundherum mit Öl bepinseln und über **direkter starker Hitze** bei geschlossenem Deckel 8–10 Min. grillen, bis sie stellenweise gebräunt und die Körner weich sind, dabei gelegentlich drehen. Vom Grill nehmen und etwas abkühlen lassen, dann die Maiskörner von den Kolben schneiden. Mais, Paprika, Tomaten und Frühlingszwiebeln unter die Nudeln mischen. Den Nudelsalat bis zum Servieren kalt stellen. Erst kurz vor dem Servieren die Basilikumblätter in feine Streifen schneiden und untermengen.

SESAM-ERDNUSS-NUDELSALAT
MIT RAUCHIGEM ZITRONENAROMA

FÜR 6–8 PERSONEN | **ZUBEREITUNGSZEIT:** 20 MIN.
GRILLZEIT: 10–15 MIN. | **KÜHLZEIT:** 2–8 STD.

Hier ist ein Rezept für jene Barbecue-Tage, an denen Sie Ihre Beilage im Voraus zubereiten müssen, aber trotzdem einen Trumpf in der Hinterhand haben möchten. Werden die Zitronen vor dem Auspressen gegrillt, erhalten Sie jede Menge rauchig aromatischen Saft.

2 Zitronen, jeweils quer halbiert
Öl
370 g chinesische Eiernudeln, japanische Sobanudeln oder Vollkornspaghetti
120 g Erdnusscreme
4 EL Sojasauce
2 EL geröstetes Sesamöl
2 EL fein gehackte Schalotten
1 EL fein geriebener Ingwer
2 TL Honig
½ TL scharfe Chili-Knoblauch-Sauce (z. B. Sriracha)
3 Frühlingszwiebeln, nur die weißen und hellgrünen Teile in feine Scheiben geschnitten
3 EL fein gehackte Korianderblätter
1 EL geröstete Sesamsamen

1. Den Grill für indirekte mittlere Hitze (175–230 °C) vorbereiten.

2. Die Schnittflächen der Zitronen dünn mit Öl einpinseln. Die Zitronen mit den Schnittflächen nach unten über **indirekter mittlerer Hitze** bei geschlossenem Deckel 10–15 Min. ohne zu wenden grillen, bis die Schnittflächen ein hübsches Grillmuster angenommen haben und die Früchte aromatisch duften. Vom Grill nehmen und abkühlen lassen.

3. In einem großen Topf reichlich Salzwasser sprudelnd aufkochen und die Nudeln darin nach Packungsanweisung bissfest garen. Abseihen, mit kaltem Wasser abschrecken, anschließend gut abtropfen lassen.

4. In einer großen Schüssel die Erdnusscreme mit Sojasauce, Sesamöl, Schalotten, Ingwer, Honig und Chilisauce mischen. Den Saft der gegrillten Zitronen auspressen, durch ein feines Sieb zur Erdnussmischung gießen und die Mischung glatt rühren. Mit einer Küchenzange Nudeln und Sauce behutsam vermischen, bis die Nudeln mit Sauce überzogen sind.

5. Die Schüssel abdecken und die Nudeln mind. 2 oder bis zu 8 Std. kalt stellen. Vor dem Servieren mit Frühlingszwiebeln, Koriander und Sesam bestreuen und gekühlt oder bei Raumtemperatur servieren.

ZUCCHINI-ERBSEN-PAPPARDELLE
MIT GEGRILLTEN ZWIEBELN UND FETA

FÜR 4–6 PERSONEN | **ZUBEREITUNGSZEIT:** 25 MIN.
GRILLZEIT: 10–12 MIN.

Gegrillte Zwiebeln verleihen dieser bunten Sommerpasta eine süße, erdige Note. Man kann die Nudeln als eigenständiges Hauptgericht servieren oder als leckere Beilage zu Barbecue-Hähnchen oder Ribs.

5 EL fein gehackte Dillspitzen
5 EL fein gehackte Basilikumblätter
2 EL frisch gepresster Zitronensaft
2 TL Dijon-Senf
¼ TL Chiliflocken
grobes Meersalz
frisch gemahlener schwarzer Pfeffer
Olivenöl
je 2 grüne und gelbe Zucchini
(insgesamt etwa 1 kg),
die Enden entfernt
1 mittelgroße rote Zwiebel, quer
in knapp 1 cm dicke Scheiben
geschnitten
225 g Pappardelle
(breite italienische Bandnudeln)
100 g TK-Erbsen, aufgetaut
3 EL zerbröckelter Feta

1 In einer sehr großen Servierschüssel Dill, Basilikum, Zitronensaft, Senf, Chiliflocken sowie je ½ TL Salz und Pfeffer verrühren. Langsam 180 ml Öl unterschlagen, bis eine Vinaigrette entsteht.

2 Den Grill für direkte mittlere bis starke Hitze (200–230 °C) vorbereiten.

3 Mit einem Sparschäler von den Zucchini jeweils auf einer Seite der Länge nach breite Streifen abziehen (siehe Bild unten). Sobald Sie das Mittelstück mit den Kernen erreicht haben, die andere Seite der Zucchini abschälen. Die Zucchinistreifen in die Servierschüssel geben und mit der Vinaigrette anmachen. Die Mittelstücke der Zucchini wegwerfen.

4 Die Zwiebelscheiben dünn mit Öl bestreichen und großzügig mit Salz und Pfeffer würzen. Über **mittlerer bis starker Hitze** bei geschlossenem Deckel 10–12 Min. grillen, bis sie weich und schön gebräunt sind, dabei die Scheiben ein- bis zweimal wenden.

5 Inzwischen die Nudeln in kochendem Wasser nach Packungsanweisung bissfest garen. Abseihen, dabei 120 ml Nudelwasser auffangen, und gut abtropfen lassen.

6 Gegrillte Zwiebelscheiben grob hacken und in die Servierschüssel zu den Zucchini geben. Die Nudeln zufügen und alles gut vermischen. Bei Bedarf die Nudeln mit etwas Nudelwasser auflockern. Erbsen und Feta zufügen, mit Salz und Pfeffer würzen und die Zutaten behutsam unterheben. Sofort servieren.

Damit die Zucchini eine ähnliche Form wie die Nudeln bekommen, werden die Enden abgeschnitten und von den Früchten anschließend mit einem Sparschäler der Länge nach breite, dünne Streifen abgeschält. Wenn Sie am Mittelstück mit den Kernen angelangt sind, die andere Seite der Zucchini abschälen.

BEILAGEN

BUNTES SUCCOTASH

FÜR 6 PERSONEN | **ZUBEREITUNGSZEIT:** 25 MIN. | **GRILLZEIT:** ETWA 25 MIN.
ZUBEHÖR: GROSSE GRILLFESTE PFANNE

In seiner ursprünglichen Form ist Succotash ein einfaches Eintopfgericht der Narraganset-Indianer im Nordosten der USA, das aus Mais und Limabohnen zubereitet wird. In diesem Rezept wird der Eintopf mit Tomaten, duftendem Basilikum und Parmsan verfeinert und anstelle der Limabohnen werden die jungen grünen Sojabohnen namens Edamame verwendet. Zucchini, Mais und Paprika können Sie einige Stunden im Voraus grillen.

2 Zucchini (je etwa 150 g), die Enden entfernt, längs halbiert
Olivenöl
2 Maiskolben, Hüllblätter entfernt
1 rote Paprikaschote (etwa 220 g)
2 EL Butter
150 g Zwiebeln, gewürfelt
2 EL fein gehackte Jalapeño-Chilis
2 Knoblauchzehen, fein gehackt
220 g enthülste TK-Edamame-Bohnen, aufgetaut
2 Eiertomaten (je etwa 120 g), Stielansatz entfernt, entkernt und in 2 cm große Würfel geschnitten
1 TL grobes Meersalz
¼ TL frisch gemahlener schwarzer Pfeffer
60 g Parmesan, fein gerieben
2 EL fein gehackte Basilikumblätter
2 EL frisch gepresster Zitronensaft

1. Den Grill für direkte mittlere bis starke Hitze (220–250 °C) vorbereiten.

2. Die Zucchinihälften dünn mit Öl bepinseln. Zucchini, Mais und Paprikaschote über **direkter mittlerer bis starker** Hitze bei geschlossenem Deckel grillen, bis die Zucchini knackig-zart, die Maiskolben stellenweise gebräunt und die Körner weich sind und die Haut der Paprika rundherum verkohlt ist und Blasen wirft, dabei die Zutaten nach Bedarf wenden. Die Zucchini brauchen 5–7 Min., Mais und Paprika 10–12 Min. Fertiges Gemüse jeweils vom Grill nehmen. Die Paprikaschote in einer mit Frischhaltefolie abgedeckten Schüssel 10 Min. ausdampfen lassen.

3. Die Grilltemperatur auf schwache bis mittlere Hitze reduzieren (175°–200°C).

4. Die verkohlte Haut der Paprika abziehen, Stiel, Kerne und Trennwände entfernen. Paprika und Zucchini in 2 cm große Stücke, die Maiskörner von den Kolben schneiden.

5. Die Butter in der grillfesten Pfanne über **direkter schwacher bis mittlerer Hitze** zerlassen und die Zwiebeln darin bei geschlossenem Grilldeckel in 8–9 Min. goldgelb und weich dünsten, dabei gelegentlich umrühren. Chili und Knoblauch 1 Min. mitdünsten, bis sie aromatisch duften. Zucchini, Mais und Paprika untermischen, dann die Edamame-Bohnenkerne, Tomaten, Salz und Pfeffer hinzufügen und bei geschlossenem Deckel etwa 5 Min. unter gelegentlichem Rühren garen, bis alles heiß ist. Vom Grill nehmen. Parmesan, Basilikum und Zitronensaft unterrühren und warm servieren.

TEXANISCHE BORRACHO-BOHNEN

FÜR 6–8 PERSONEN | ZUBEREITUNGSZEIT: 15 MIN. | GRILLZEIT: 1–1½ STD.
ZUBEHÖR: HOLZKOHLEGRILL, GROSSER DUTCH OVEN (6 L), 2 GROSSE HICKORY- ODER EICHENHOLZ-CHUNKS

Barbecue-Restaurants in Texas haben häufig neben dem Fleisch einen großen Topf mit köchelnden Bohnen im Pit stehen, die schön langsam die Raucharomen mit aufnehmen. Die borracho (span. für betrunken) genannten Bohnen werden u. a. in reichlich Bier gegart und sind eine echte Alternative zu klassischen Baked Beans. Ich wette, Sie haben selten so köstliche Bohnen gegessen.

6 Scheiben Frühstücksspeck, in gut 1 cm große Stücke geschnitten
350 g weiße Zwiebeln, fein gewürfelt
2 Knoblauchzehen, fein gehackt
2 TL Chilipulver
1 TL gemahlener Kreuzkümmel
1 Flasche (0,33 l) Pils
3 Dosen Wachtelbohnen (je 400 g), abgebraust und abgetropft
2 Dosen stückige Tomaten (je 400 g)
1 TL grobes Meersalz
4 EL grob gehackte Korianderblätter
3 EL Ahornsirup
1 TL Apfelessig

1. Den Holzkohlegrill für direkte und indirekte mittlere Hitze (175–230 °C) vorbereiten.

2. Den Speck im Dutch Oven über **direkter mittlerer Hitze** bei geschlossenem Grilldeckel in 5–7 Min. von allen Seiten braun und knusprig braten. Zwiebelwürfel dazugeben und unter gelegentlichem Rühren in etwa 5 Min. goldgelb dünsten. Dann Knoblauch, Chilipulver und Kreuzkümmel unter häufigem Rühren 1 Min. mitdünsten. 180 ml Wasser zugießen, Bier, Bohnen, Tomaten und Salz einrühren. Den Grilldeckel schließen und die Mischung in etwa 15 Min. zum Kochen bringen.

3. Anschließend die Holzstücke auf die Glut geben. Sobald Rauch entsteht, den Dutch Oven über **indirekte mittlere Hitze** stellen und die Bohnen im offenen Topf, aber bei geschlossenem Grilldeckel 40–60 Min. köcheln lassen, bis die Flüssigkeit zur Hälfte eingekocht ist, dabei ab und zu umrühren. Vom Grill nehmen. Koriander, Ahornsirup und Essig unterrühren und warm servieren.

BBQ BAKED BEANS

FÜR 8 PERSONEN | **ZUBEREITUNGSZEIT:** 30 MIN. | **GRILLZEIT:** 35–45 MIN.
ZUBEHÖR: 2 GROSSE HANDVOLL HICKORY-, APFEL- ODER KIRSCHHOLZ-CHIPS, GROSSER DUTCH OVEN (6 L)

Diese klebrig süßen Bohnen mit Speck sind eine fantastische Beilage zu Hotdogs, Burgern und geräuchertem Fleisch. Wenn Sie dem Ganzen noch eins oben drauf setzen wollen, geben Sie während der letzten 5 Minuten Garzeit noch 300 Gramm klein geschnittenes Brisket zu den Bohnen (vorzugsweise die »Burnt Ends«). Damit werden die Bohnen zwar zu einer überaus reichhaltigen Beilage, für wahre Barbecue-Fans aber eine zum Niederknien.

4 dicke Scheiben Frühstücksspeck, grob gewürfelt
1 EL Öl
300 g Zwiebeln, gewürfelt
2 Knoblauchzehen, gehackt
240 ml Chiliketchup
160 ml Ketchup
5 EL Zuckerrohrmelasse
4 EL Rohrohrzucker
2 EL scharfer Senf
2 EL Worcestersauce
1 EL Apfelessig
1 TL scharfe Chilisauce
2 Dosen kleine weiße Bohnen (je 400 g), abgebraust und abgetropft
2 Dosen Wachtelbohnen (je 400 g), abgebraust und abgetropft

1 Die Räucherchips mind. 30 Min. wässern.

2 Den Grill für indirekte schwache bis mittlere Hitze (160–190 °C) vorbereiten.

3 Den Speck im Dutch Oven auf mittlerer Stufe in 8–10 Min. von allen Seiten braun und knusprig braten. Mit einem Schaumlöffel herausheben und auf Küchenpapier entfetten. Die Zwiebeln im ausgelassenen Speckfett in 8–10 Min. goldbraun braten, dabei ab und zu umrühren. Den Knoblauch unter Rühren etwa 30 Sek. anschwitzen, bis er aromatisch duftet. Die restlichen Zutaten bis auf die Bohnen in den Topf geben, mit einem Pfannenwender aus Holz gut vermischen, dabei den Bratensatz am Topfboden ablösen, und die Mischung zum Köcheln bringen. Dann sämtliche Bohnen unterrühren und aufkochen lassen.

4 Die Hälfte der Chips abtropfen lassen, auf die Glut oder nach Herstelleranweisung in die Räucherbox des Gasgrills geben und den Grilldeckel schließen. Sobald Rauch entsteht, den Dutch Oven über **indirekte schwache bis mittlere Hitze** stellen und die Bohnen im offenen Topf, aber bei geschlossenem Grilldeckel 15 Min. köcheln lassen. Dann die übrigen Chips abtropfen lassen und auf die Glut oder in die Räucherbox geben. Die Bohnen bei geschlossenem Grilldeckel weitere 20–30 Min. garen, bis die Sauce angedickt ist und die Oberfläche glasiert ist. Vom Grill nehmen und 5 Min. ruhen lassen. Die Bohnen mit den Speckwürfeln bestreuen und warm servieren.

BOHNEN AUF GRIECHISCHE ART

FÜR 6–8 PERSONEN | **ZUBEREITUNGSZEIT:** 15 MIN. | **GRILLZEIT:** 40–50 MIN.
ZUBEHÖR: GRILLFESTE AUFLAUFFORM (1½–2 L) ODER GUSSEISERNE PFANNE (Ø 20 CM)

Diese Bohnen sind tomatenfruchtiger und weniger süß als klassische Baked Beans. Mit Feta, Oregano und viel frischem Dill bekommt das Ganze eine griechische Note und passt somit gut zu Lammkeule oder geräucherten Rinderrippen.

1 große rote Zwiebel, quer in knapp 1 cm dicke Scheiben geschnitten
2 mittelgroße Tomaten, Stielansatz entfernt, längs halbiert und entkernt
Olivenöl
grobes Meersalz
frisch gemahlener schwarzer Pfeffer
6 Frühlingszwiebeln, Wurzelenden abgeschnitten
2 Dosen große weiße Bohnen (je 400 g), abgebraust und abgetropft
120 g Feta, zerbröckelt
1 TL getrockneter Oregano
7 EL fein gehackte Dillspitzen
30 g japanisches Panko-Paniermehl

1. Den Grill für direkte und indirekte mittlere bis starke Hitze (200–230 °C) vorbereiten.

2. Zwiebelscheiben und Tomatenhälften dünn mit Öl bestreichen und großzügig mit Salz und Pfeffer würzen. Über **direkter mittlerer bis starker Hitze** bei geschlossenem Deckel 10–15 Min. grillen, bis das Gemüse weich und schön gebräunt ist, dabei ein- bis zweimal wenden. Vom Grill nehmen, etwas abkühlen lassen und grob würfeln.

3. Frühlingszwiebeln fein hacken und 2 EL für die Bröselkruste beiseitestellen. Die übrigen Frühlingszwiebeln mit Zwiebeln, Tomaten, Bohnen, Feta, Oregano, 5 EL Dill sowie 1 TL Salz und ½ TL Pfeffer vermischen und in die grillfeste Auflaufform oder Gusseisenpfanne geben.

4. Das Paniermehl mit den beiseitegestellten Frühlingszwiebeln, 2 EL Dill, 2 EL Olivenöl und 1 Prise Salz mischen und gleichmäßig über die Bohnen streuen.

5. Die Auflaufform oder Pfanne über **indirekte mittlere bis starke Hitze** stellen und die Bohnenmischung bei geschlossenem Grilldeckel 30–35 Min. garen, bis die Zutaten heiß sind und sich eine goldbraune Kruste gebildet hat. Vom Grill nehmen und die Bohnen vor dem Servieren 10 Min. ruhen lassen.

LAUCH VOM GRILL
MIT HASELNUSS-CHIMICHURRI

FÜR 4 PERSONEN | **ZUBEREITUNGSZEIT:** 25 MIN.
GRILLZEIT: 16–20 MIN.

No risk, no fun, lautet das Motto dieser bemerkenswerten Gemüsebeilage, denn hier werden Lauchstangen so gegrillt, dass immer die Gefahr besteht, sie komplett zu verkohlen. Aber keine Sorge! Wenn das passiert, müssen Sie lediglich die verbrannten äußeren Lauchschichten entfernen – der Rest schmeckt köstlich. Die inneren Schichten garen nämlich zu zarter Süße und nehmen Raucharomen an, vor allem dann, wenn der Lauch auf einem Holzkohlegrill zubereitet wird. Und die nussige, leicht herbe argentinische Kräutersauce Chimichurri steuert Biss und lebhafte Frische bei.

FÜR DAS CHIMICHURRI
4 EL Haselnusskerne, geröstet
20 g glatte Petersilienblätter
4 EL Oreganoblätter
2 EL Rotweinessig
1 Knoblauchzehe, gehackt

Olivenöl
grobes Meersalz
frisch gemahlener schwarzer Pfeffer
8 Stangen Lauch (je etwa 2½ cm dick), harte äußere Blätter entfernt
170 g gelbe Cocktail- oder Datteltomaten, jeweils halbiert

1. Die Haselnüsse in der Küchenmaschine grob hacken. Die restlichen Zutaten für das Chimichurri mit 5 EL Öl, ½ TL Salz und ½ TL Pfeffer zufügen und annähernd glatt pürieren (es bleibt ein wenig stückig). In eine kleine Schüssel geben.

2. Den Grill für direkte und indirekte mittlere Hitze (175–230 °C) vorbereiten.

3. Die dunkelgrünen Enden der Lauchstangen abschneiden, etwa 5 cm oberhalb des Bereichs, an dem die Blätter dunkel werden. Die Wurzelenden nur so weit entfernen, dass die Lauchschichten noch zusammenhalten. Die Lauchstangen der Länge nach halbieren und die Hälften auch zwischen den Schichten unter fließendem kaltem Wasser abbrausen, um Erdreste zu entfernen. Die Stangen gut trockentupfen, dünn mit Öl bepinseln und mit ¾ TL Salz und ½ TL Pfeffer würzen.

4. Die Lauchhälften über *direkter mittlerer Hitze* bei geschlossenem Deckel in 4–6 Min. von allen Seiten kräftig bräunen. Anschließend über *indirekter mittlerer Hitze* bei geschlossenem Deckel 12–14 Min. weitergrillen, bis der Lauch weich ist, dabei ein- bis zweimal wenden und verkohlte Teile entfernen. Die Stangen auf einer Servierplatte anrichten, Chimichurri darübergeben und mit den Tomaten garniert warm servieren.

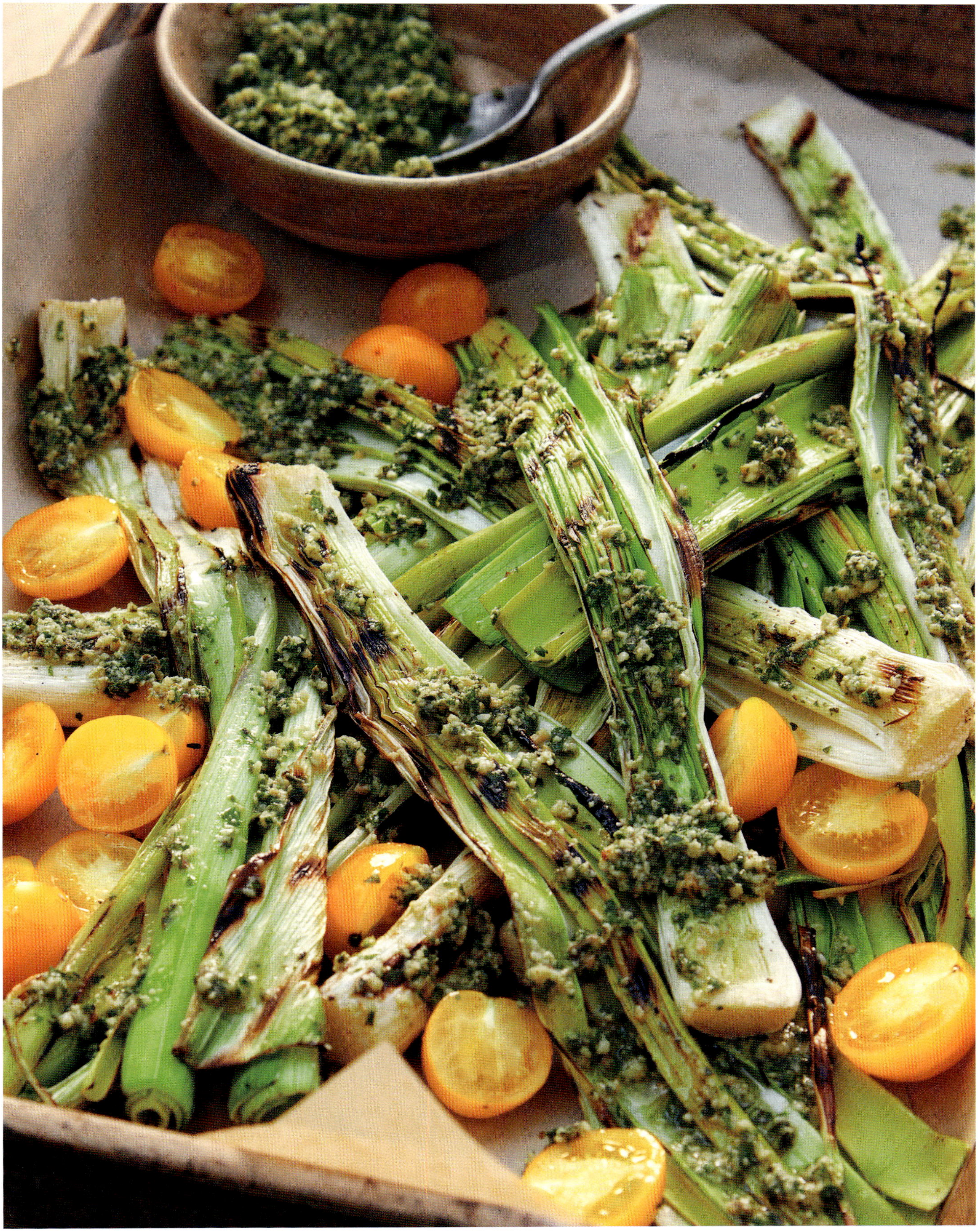

POT LIKKER MIT GRÜNKOHL

FÜR 8 PERSONEN | **ZUBEREITUNGSZEIT:** 1 STD., PLUS ETWA 1 STD. FÜR DIE BRÜHE
ZUBEHÖR: GROSSER SUPPENTOPF (10–15 L)

FÜR DIE BRÜHE
1 l Hühnerbrühe
700 g geräucherte Schweinshaxen (beim Metzger vorbestellen und in große Stücke schneiden lassen)
3 mittelgroße Zwiebeln, gewürfelt
6 Knoblauchzehen, angequetscht und geschält

1 EL Öl
4 mittelgroße Zwiebeln, gewürfelt
3 Knoblauchzehen, fein gehackt
1¾ kg Grünkohl, dicke Stängel entfernt
2 EL Zucker
2 TL grobes Meersalz
½ TL Chiliflocken
scharfe Chilisauce
Apfelessig

Der Pot Likker genannte Eintopf ist uramerikanisch. Likker ist eine andere Schreibweise für liquor *bzw.* liquid, *also Flüssigkeit, und besagt, dass der Kohl mit der Brühe, in der er gegart wurde, serviert wird. Klassischerweise werden geräucherte Schweinshaxen mitgeschmort, doch in letzter Zeit sind geräucherte Putenflügel in Mode gekommen. Fangen Sie rechtzeitig mit der Zubereitung der Brühe an, damit das Fleisch genug Zeit hat, sie zu aromatisieren. Das macht den Unterschied zwischen gut und großartig. Typischerweise wird zu Pot Likker Maisbrot (Rezept siehe Seite 272) serviert, mit dem die Brühe aufgetunkt wird.*

1 Für die Brühe Hühnerbrühe und Haxen mit 1 l Wasser in einen Topf (4 l Inhalt) geben und auf hoher Stufe aufkochen, dabei eventuellen Schaum abschöpfen. Zwiebeln und Knoblauch dazugeben und bei Bedarf noch etwas Wasser zugießen, damit die Zutaten mit Flüssigkeit bedeckt sind. Auf mittlerer bis kleiner Stufe etwa 1 Std. köcheln lassen, bis die Brühe auf gut 1½ l reduziert ist. Die Brühe durch ein feines Sieb in eine Schüssel gießen und beiseitestellen. Zwiebeln und Knoblauch entsorgen, das Fleisch aufbewahren.

2 In dem großen Suppentopf das Öl auf mittlerer Stufe erhitzen. Die Zwiebeln darin 7–8 Min. unter gelegentlichem Rühren braten, bis sie zu bräunen beginnen und sich braune Krümel am Topfboden bilden. Anschließend unter häufigem Rühren den Knoblauch 1 Min. im heißen Fett anschwitzen, dann die Brühe zugießen, die Haxen einlegen und alles zum Kochen bringen.

3 Inzwischen die Küchenspüle mit kaltem Wasser füllen und die Kohlblätter darin gründlich waschen. 1 Handvoll Kohlblätter herausnehmen, überschüssiges Wasser abschütteln, die Blätter aufeinanderlegen und von einer Längsseite zu einem dicken Zylinder aufrollen.

Den Zylinder mit einem großen Messer quer in etwa 1 cm breite Streifen schneiden. Die übrigen Blätter genauso in Streifen schneiden. Die Kohlstreifen in die Brühe rühren, bis sie zusammenfallen. Zucker, Salz und Chiliflocken unterrühren und bei Bedarf noch etwas Wasser zugießen, damit alle Zutaten mit Flüssigkeit bedeckt sind. Auf hoher Stufe zum Kochen bringen, anschließend auf kleiner Stufe etwa 30 Min. köcheln lassen, bis Kohl und Fleisch sehr weich sind, dabei gelegentlich umrühren. Die Haxen auf einen Teller geben, den Topf vom Herd nehmen und Kohl und Brühe zugedeckt warm halten.

4 Wenn die Haxen etwas abgekühlt, aber noch warm sind, das Fleisch vom Knochen lösen, dabei Haut, Fett und Knochen entfernen und wegwerfen. Das Fleisch in kleine Stücke schneiden und unter den Kohl mischen.

5 Kohl und Fleisch mit einem Schaumlöffel in eine Servierschüssel geben und genug Garflüssigkeit aus dem Topf (*pot likker*) hinzufügen, damit alles schön feucht, aber nicht suppenartig ist. Warm servieren und dazu Chilisauce, Essig und nach Belieben übrigen *pot likker* zum Beträufeln reichen.

Verfügt Ihr Grill über einen Seitenbrenner, können Sie auf ihm den Pot Likker zubereiten, während Sie den Rest der Mahlzeit grillen. Da dieser Eintopf überaus gehaltvoll ist, sind schon ein bis zwei Esslöffel davon eine üppige Beilagenportion zu geräuchertem Grillfleisch und idealerweise einem Stück Maisbrot.

BEILAGEN

NAAN-BROT
MIT KNOBLAUCH-KRÄUTER-BUTTER

FÜR 4–8 PERSONEN | **ZUBEREITUNGSZEIT:** 30 MIN. | **GEHZEIT FÜR DEN TEIG:** ETWA 45 MIN.
GRILLZEIT: PRO PORTION ETWA 4 MIN. | **ZUBEHÖR:** PIZZASTEIN, PINSEL MIT SILIKONBORSTEN

1 Päckchen Trockenhefe (7 g)
1 Prise Zucker
80 g griechischer Naturjoghurt, raumtemperiert
Rapsöl
grobes Meersalz
1 TL gemahlener weißer Pfeffer
400 g Mehl (Type 812), nach Bedarf auch mehr, plus Mehl zum Arbeiten
120 g Butter
3 EL gemischte fein gehackte Kräuter
2 Knoblauchzehen, fein gehackt

An einem Grillabend sein eigenes Fladenbrot auf einem heißen Pizzastein zu backen löst gerade heutzutage Begeisterung bei den Gästen aus und wird sich schnell in der Nachbarschaft herumsprechen. Jede beliebige Kombi aus frischen Kräutern eignet sich für die flüssige Butter, mit der die Naan-Brote bepinselt werden.

1 In eine große vorgewärmte Schüssel 180 ml warmes Wasser (40–45 °C) gießen. Darauf die Hefe und 1 Prise Zucker streuen. Ohne zu rühren etwa 5 Min. stehen lassen, bis sich die Hefe aufgelöst hat. Den Joghurt mit 2 EL Öl, 1 TL Salz und dem weißen Pfeffer unterrühren. Das Mehl einstreuen und rühren, bis ein weicher Teig entsteht (bei Bedarf bis zu 80 g weiteres Mehl dazugeben). Auf einer sauberen, trockenen Arbeitsfläche etwa 8 Min. mit den Händen zu einem glatten Teig verkneten.

2 Eine große Schüssel mit Öl ausstreichen. Den Teig zu einer Kugel formen und in der Schüssel mehrmals wenden, bis er rundherum mit Öl benetzt ist. In der mit Frischhaltefolie abgedeckten Schüssel etwa 45 Min. an einem warmen, zugfreien Ort gehen lassen, bis sich sein Volumen verdoppelt hat.

3 Den Grill für direkte mittlere Hitze (175 bis 230 °C) vorbereiten und den Pizzastein nach Herstelleranweisung mind. 20 Min. vorheizen.

4 Die Butter in einem kleinen Topf auf kleiner Stufe zerlassen. Kräuter, Knoblauch und 1 TL Salz einrühren. Vom Herd nehmen.

5 Den Teig in der Schüssel kräftig zusammendrücken und in vier gleich große Stücke teilen. Auf einer sauberen, trockenen Arbeitsfläche die Teigstücke mit der Hand jeweils zu einem etwa 25 cm langen und 1 cm dicken Oval ausziehen. Wenn die Ovale ihre Form nicht halten, sondern sich immer wieder zusammenziehen, mit einem Küchentuch abdecken und weitere 10–20 Min. ruhen lassen. Die Teigfladen auf ein leicht bemehltes Backblech legen, ohne dass sie sich berühren.

6 Auf den Pizzastein 2 Teigfladen legen und mit etwas zerlassener Kräuterbutter bestreichen. Über **indirekter mittlerer Hitze** (möglichst 200 °C) bei geschlossenem Deckel 2 Min. backen. Mit einer Grillzange wenden, mit etwas Kräuterbutter bestreichen und bei geschlossenem Deckel weitere 2 Min. backen, bis die Brote leicht aufgegangen, fest und stellenweise hellbraun sind. Die Brote in eine Serviette schlagen und warm halten. Übrig gebliebene Krümel auf dem Pizzastein mit dem Pinsel mit Silikonborsten entfernen. Wenn die Grilltemperatur wieder 200 °C erreicht hat, die restlichen beiden Teigfladen genauso backen. Die Naan-Brote warm servieren.

Der Joghurt im Teig verleiht den Naan-Broten eine besonders köstliche Note. Nehmen Sie ihn 20 Min. vor der Verwendung aus dem Kühlschrank und lassen sie ihn Raumtemperatur annehmen. Andernfalls könnte der kalte Joghurt die Hefeaktivität verlangsamen. Den Teig anschließend kräftig kneten und ausziehen, bis er glatt und geschmeidig ist, dann in einer eingeölten Schüssel zu doppeltem Volumen aufgehen lassen. Den Teig in vier Stücke teilen und die Stücke zu ovalen Fladen ausziehen, die mit Kräuterbutter bestrichen und auf dem heißen Pizzastein gebacken werden.

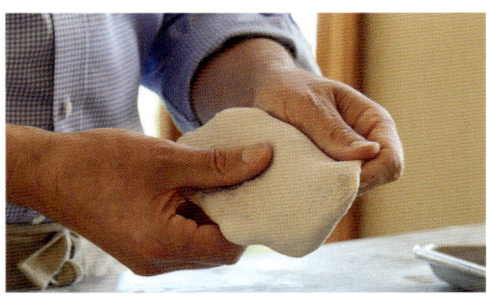

BEILAGEN

BUTTERMILCHBRÖTCHEN
MIT HONIGBUTTER

ERGIBT: 10–12 BRÖTCHEN | **ZUBEREITUNGSZEIT:** 30 MIN.
GRILLZEIT: 20–25 MIN. | **ZUBEHÖR:** RUNDE AUSSTECHFORM (Ø 6 CM)

FÜR DIE BRÖTCHEN
400 g Mehl (Type 550), plus nach Bedarf etwas mehr und Mehl zum Arbeiten
1 EL Zucker
2 TL Backpulver
1 TL Küchennatron
1 TL grobes Meersalz
190 g kalte Butter, in 1 cm große Würfel geschnitten
320 ml Buttermilch (siehe Hinweis und Bild auf Seite 272)

FÜR DIE HONIGBUTTER
120 g weiche Butter
3 EL Honig (vorzugsweise Kleehonig)

Buttermilk Biscuits sind ein Klassiker der US-amerikanischen Küche und werden auch beim Barbecue gern als Beilage serviert oder als Sandwichbasis für geräuchertes Fleisch genutzt. Das Geheimnis des Erfolgs liegt in der behutsamen Handhabung des Teigs, der kaum geknetet und wenig bearbeitet werden sollte, da die Brötchen sonst hart und zäh werden könnten. Gehen Sie auch beim Ausstechen der Teiglinge behutsam vor!

1. Den Grill für indirekte mittlere bis starke Hitze (200–230 °C) vorbereiten.

2. Das Mehl mit Zucker, Backpulver, Natron und Salz in eine große Schüssel sieben. Die Butterwürfel unterrühren, bis alle mit Mehl bedeckt sind. Mit einem Teigmischer oder zwei Messern die Butter durchhaken, bis grobe Streuseln mit einigen erbsengroßen Butterstückchen entstehen. Nicht mit den Händen kneten, denn je kälter die Butter ist, umso blättriger gehen die Brötchen später auf. Die Buttermilch zugießen, mit gespreizten Fingern behutsam unter den Streuselteig mischen, bis er feucht ist, dann den Teig nur so lange ganz leicht und kurz kneten, dass er zusammenhält. Wenn er zu flüssig ist und an den Händen klebt, esslöffelweise bis zu 2 EL Mehl einarbeiten. Den Teig aber nicht zu lange bearbeiten.

3. Den Teig auf eine saubere, leicht bemehlte Arbeitsfläche geben und die Teigoberseite mit Mehl bestäuben. Den Teig behutsam zu einem runden, 2–2½ cm dicken Fladen ausrollen oder formen. Mit der runden Ausstechform oder einem Glas (Ø 6 cm) Teiglinge ausstechen, dabei die Ausstechform beim Herausheben nicht im Teig hin und her drehen, sondern senkrecht herausziehen. Die Teiglinge, ohne dass sie sich berühren, auf ein ungefettetes Backblech legen. Aus dem restlichen Teig weitere Teiglinge ausstechen, dafür den Teig aber nicht mehr kneten, sondern nur kurz zu einem zusammenhängenden Teigstück formen. Übrigen Teig danach nicht mehr verwenden, die Brötchen würden zu hart werden.

4. Das Backblech über **indirekte mittlere bis starke Hitze** legen und die Brötchen bei geschlossenem Deckel 20–25 Min. backen, bis sie aufgegangen und goldbraun sind und bei der Stäbchenprobe keine Teigreste mehr haften.

5. Inzwischen in einer kleinen Schüssel die Butter mit dem elektrischen Handrührer auf hoher Stufe schaumig schlagen. Den Honig nach und nach unterschlagen. Abdecken und bei Raumtemperatur bis kurz vor dem Servieren beiseitestellen. Die Buttermilchbrötchen warm mit der Honigbutter servieren.

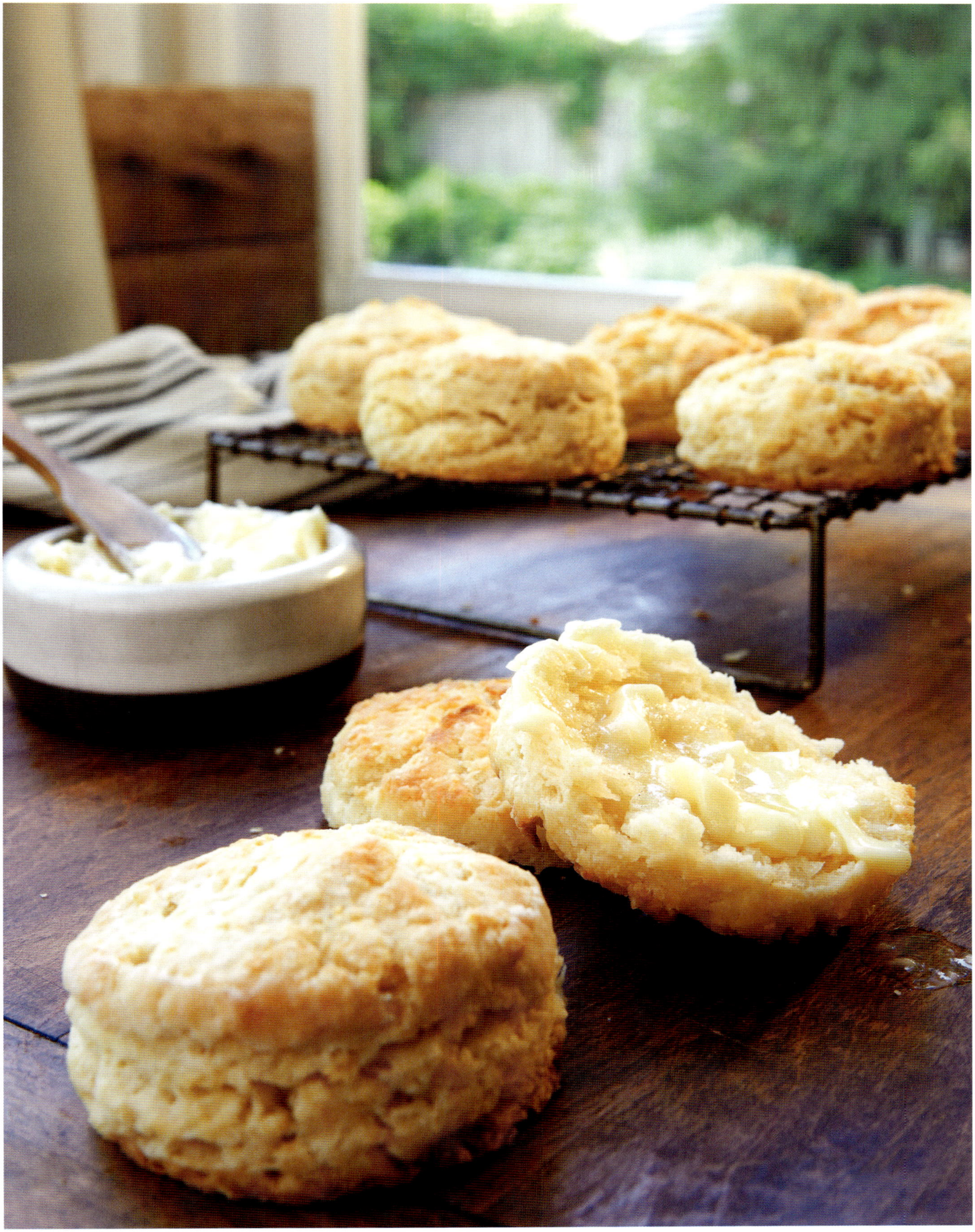

WEICHES MAISBROT

FÜR 8 PERSONEN | **ZUBEREITUNGSZEIT:** 15 MIN. | **GRILLZEIT:** 20–25 MIN.
ZUBEHÖR: GUSSEISERNE PFANNE (Ø 23 CM) ODER GRILLFESTE RUNDE BACKFORM MIT 4–4½ CM HOHEM RAND

75 g Butter, zerlassen,
  plus 1 EL Butter zum Einfetten
250 ml Buttermilch
  (siehe Hinweis und Bild unten)
1 Ei (Größe L)
130 g Mehl (Type 550)
120 g feiner gelber Maisgrieß
5 EL Zucker
2 TL Backpulver
1 TL Küchennatron
¾ TL grobes Meersalz

Maisbrot lässt sich auf unterschiedlichste Weise zubereiten. Es gibt dünne und dicke, süße oder pikante Versionen, manchmal wie Kuchenstücke aufgeschnitten, manchmal in eckiger Form, mit oder ohne weitere Zutaten – der Vielfalt sind keine Grenzen gesetzt. Das Maisbrot dieses Rezepts, mit seiner feuchten, süßen Krume, kommt immer an und ist innerhalb kürzester Zeit zubereitet. Wenn Sie das Brot weniger süß bevorzugen, verwenden Sie statt 5 EL nur 2 EL Zucker. Und zögern Sie nicht, das Rezept etwas abzuwandeln, beispielsweise durch die Zugabe einer kleinen Menge fein gehackter frischer Kräuter wie Salbei, Thymian oder Rosmarin. Auch eine deftigere Variante schmeckt gut, bei der man etwas geriebenen Käse oder gebratene Speckwürfelchen dazugibt.

1. Den Grill für indirekte mittlere bis starke Hitze (200–230 °C) vorbereiten. Die gusseiserne Pfanne oder die Backform mit 1 EL Butter einfetten.

2. In einer Schüssel die abgekühlte flüssige Butter mit Buttermilch und Ei glatt rühren. Die trockenen Zutaten in eine große Schüssel sieben und in die Mitte eine Mulde drücken. Die Buttermilchmischung hineingießen und mit einem Teigschaber aus Plastik zügig mit dem Mehl verrühren, bis ein flüssiger, leicht klumpiger Teig entsteht. Den Teig in die eingefettete Pfanne oder Backform geben und mit dem Teigschaber glatt streichen.

3. Pfanne oder Form über **indirekte mittlere bis starke Hitze** stellen und den Teig bei geschlossenem Grilldeckel 20–25 Min. backen, bis die Oberfläche goldbraun ist und an einem in die Mitte hineingesteckten Holzstäbchen beim Herausziehen keine Teigreste mehr haften. Vom Grill nehmen und 5 Min. in der Pfanne oder Form abkühlen lassen. Anschließend das Maisbrot in Stücke schneiden und warm direkt aus Pfanne oder Form servieren. Da es sehr weich ist und leicht bricht, sollten Sie nicht versuchen, es aus der Pfanne oder Backform zu stürzen. Zum Aufbewahren von übrigem Brot die Stücke umgehend in Frischhaltefolie wickeln, da sie schnell austrocknen.

Wenn Sie keine Buttermilch zur Hand haben, rühren Sie einfach 1 EL Apfel- oder weißen Branntweinessig in 250 ml Milch und lassen sie 5 Min. ruhen.

Das Maisbrot ist gar, wenn an einem in die Mitte hineingesteckten Holzstäbchen beim Herausziehen keine Teigreste mehr haften.

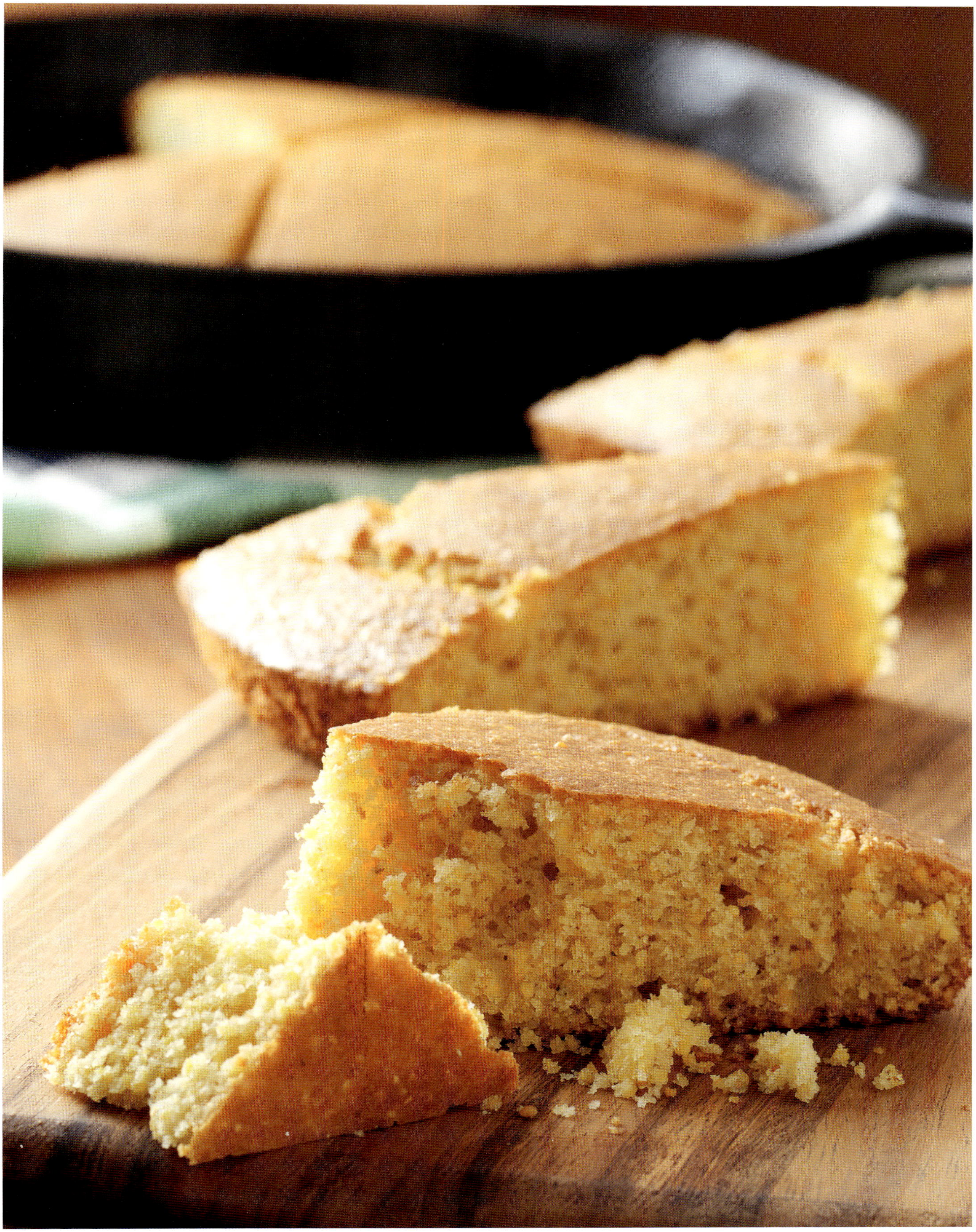

ZIMTSCHNECKEN MIT ZUCKERGUSS

FÜR 6–12 PERSONEN (ERGIBT 12 STÜCK) | **ZUBEREITUNGSZEIT:** 40 MIN. | **GEHZEIT FÜR DEN TEIG:** ETWA 1½ STD.
RUHEZEIT: 1 STD. ODER ÜBER NACHT | **GRILLZEIT:** ETWA 1 STD.
ZUBEHÖR: GUSSEISERNE PFANNE (Ø 25 CM) ODER GRILLFESTE BACKFORM

Sie fragen sich, was ein Rezept für Zimtschnecken in einem Barbecue-Kochbuch zu suchen hat? Ich meine alles oder nichts, je nachdem, was man unter Barbecue versteht. Meine Antwort können Sie u. a. auf den Seiten 5 und 6 nachlesen, und vielleicht sehen Sie die Sache danach anders. Abgesehen davon schmecken diese Zimtschnecken einfach zu gut, um sie Ihnen vorzuenthalten.

FÜR DEN TEIG
300 ml Vollmilch, auf 40 °C erwärmt
5 EL Zucker
1 Päckchen Trockenhefe (7 g)
1 TL grobes Meersalz
3 Eier (Größe L), raumtemperiert
800 g Mehl (Type 550), plus Mehl zum Arbeiten
120 g weiche Butter

FÜR DIE FÜLLUNG
200 g Rohrohrzucker
4 TL Zimt
120 g weiche Butter

FÜR DEN ZUCKERGUSS
120 g Doppelrahmfrischkäse
3 EL Vollmilch
250 g Puderzucker
1 TL Vanilleextrakt
1 kräftige Prise grobes Meersalz

1 In der Küchenmaschine 120 ml Milch mit 1 EL Zucker und der Hefe mit dem Rührbesen verrühren und etwa 5 Min. ruhen lassen, bis sich an der Oberfläche Schaum bildet. Die übrige Milch, Zucker, Salz und Eier zufügen und auf kleiner Stufe 1 Min. rühren. Den Knethaken einsetzen. 730 g Mehl einstreuen und zunächst auf kleiner Stufe, dann auf mittlerer Stufe die Mischung in 3 Min. zu einem relativ glatten Teig kneten. Die Geschwindigkeit auf mittlere bis kleine Stufe reduzieren und die Butter und das restliche Mehl unterkneten. Den Teig auf einer bemehlten Arbeitsfläche etwa 2 Min. mit den Händen weiterkneten, bis er glatt, geschmeidig und nicht mehr klebrig ist. Den Teig zu einer Kugel formen, in eine dünn mit Öl eingefettete Schüssel geben, die Schüssel abdecken und den Teig an einem warmen, zugfreien Ort in etwa 1½ Std. auf das doppelte Volumen aufgehen lassen.

2 Für die Füllung Zucker und Zimt mischen. Den aufgegangenen Teig in der Schüssel kräftig zusammendrücken, dann auf einer leicht bemehlten Arbeitsfläche zwei- bis dreimal durchkneten. Den Teig zu einem 60 x 30 cm großen Rechteck ausrollen. Die gesamte Teigplatte bis zu den Rändern mit 6 EL weicher Butter bestreichen und gleichmäßig mit dem Zimtzucker bestreuen. Die Teigplatte von der Ihnen zugewandten Längsseite her eng bis zum Ende aufrollen und die Naht über die gesamte Länge fest andrücken. Die Teigrolle in zwölf jeweils 5 cm breite Stücke schneiden. Boden und Rand der gusseisernen Pfanne oder Backform großzügig mit der restlichen Butter einfetten und die Zimtschnecken jeweils mit der Schnittfläche nach oben nebeneinander hineinsetzen. Mit Alufolie abdecken und mind. 1 Std. bei Raumtemperatur oder über Nacht im Kühlschrank ruhen lassen. (Ruhen die Zimtschnecken über Nacht im Kühlschrank, müssen Sie sie vor dem Backen wieder auf Raumtemperatur bringen.)

3 Den Grill für indirekte mittlere Hitze (möglichst 190 °C) vorbereiten.

4 Die mit Alufolie abgedeckte Pfanne oder Backform über *indirekte mittlere Hitze* stellen, den Deckel schließen und die Zimtschnecken 25 Min. backen. Anschließend die Pfanne oder Form mit gut isolierenden Grillhandschuhen um 180 Grad drehen, den Deckel wieder schließen und die Schnecken weitere 10 Min. backen. Die Alufolie abnehmen, den Deckel schließen und die Schnecken in 20–30 Min. fertig backen, bis sie auf der Oberseite hellbraun sind. Pfanne oder Form auf einer hitzefesten Unterlage abstellen und die Zimtschnecken 10 Min. abkühlen lassen. Inzwischen den Zuckerguss vorbereiten.

5 Frischkäse und Milch in einer großen Schüssel verrühren. Den Puderzucker dazusieben und untermischen. Vanilleextrakt und Salz zufügen und die Zutaten glatt rühren. Die Zimtschnecken in der Pfanne oder Form auf der Oberseite damit bestreichen und 10 Min. ruhen lassen. Mit einem Messer mit dünner Klinge die Schnecken voneinander trennen und warm oder raumtemperiert servieren.

BEILAGEN

7
WÜRZEN

SAUCEN

- 278 Süße Senfsauce aus Carolina
- 278 North Carolina Essigsauce
- 278 Süß-rauchige Kansas-City-Sauce
- 278 Alabama White Sauce
- 278 Cranberry-Ingwer-Sauce
- 279 Rotwein-Barbecue-Sauce
- 279 Ananas-Hoisin-BBQ-Sauce
- 279 Dip-Sauce mit Pfirsich
- 279 Kentucky-Bourbon-Sauce
- 280 Grüne Romesco-Sauce
- 280 Espresso-Barbecue-Sauce
- 280 Brombeer-Salbei-Sauce
- 281 Pikant-süße Barbecue-Sauce
- 281 Kirschfruchtige Barbecue-Sauce
- 281 Haselnuss-Chimichurri
- 281 Kogi-Sauce
- 281 Buttermilchdressing
- 281 Blauschimmelkäse-Dip

MARINADEN

- 282 Koreanische BBQ-Marinade
- 282 Jamaikanische Jerk-Marinade
- 282 Marinade Little Italy
- 283 Rosmarin-Zitronen-Marinade
- 283 Chinatown-Marinade
- 283 Mojo-Marinade
- 283 Südostasien-Marinade
- 283 Lieblingsmarinade
- 283 Einfache süße Marinade
- 283 Indische Marinade
- 283 Fiesta-Marinade
- 283 Rauchige Marinade

LAKEN

- 284 Apfel-Lake
- 284 Italienische Lake
- 284 Normandie-Lake
- 285 Zucker-Lake
- 285 Kirsch-Lake
- 285 Kräuterbuttermilch
- 285 Bier-Lake
- 285 Bourbon-Lake
- 285 Allzweck-Lake

RUBS

- 286 Allzweck-Rub
- 286 Rub für Schweinefleisch
- 286 Rub für Rindfleisch
- 286 Rub für Lammfleisch
- 286 Rub für Geflügel
- 286 Rub für Seafood
- 286 Rub für Gemüse
- 286 Cajun-Rub
- 286 Asiatischer Rub
- 287 Kansas City Rub
- 287 Chipotle-Würzpaste
- 287 Rub für Ribs
- 287 Marokkanischer Rub
- 287 Knoblauch-Rub
- 287 Rub für Pastrami
- 287 Rauchpaprika-Rub
- 287 Dalmatiner Rub

SAUCEN

SÜSSE SENFSAUCE AUS CAROLINA

ERGIBT ETWA 350 ML

In einem Topf 250 g Senf mit 60 ml Apfelsaft, je 2 EL Rohrohrzucker, Honig und Zuckerrohrmelasse, je 1½ TL Knoblauch- und Zwiebelgranulat sowie Chilipulver, 1½ TL frisch gemahlenem schwarzem Pfeffer und ½ TL Schokoladenpulver verrühren und die Sauce auf mittlerer Stufe unter häufigem Rühren 5 Min. köcheln lassen.

NORTH CAROLINA ESSIG-SAUCE

ERGIBT ETWA 750 ML

500 ml weißer Branntweinessig, 250 ml Ketchup, 4 EL Rohrohrzucker, 1 EL Worcestersauce, 2 TL grobes Meersalz und ½ TL Cayennepfeffer in einem Topf auf mittlerer bis starker Stufe aufkochen und 8–10 Min. köcheln lassen, bis sich der Zucker aufgelöst hat und die Sauce ketchupähnlich eingekocht ist.

SÜSS-RAUCHIGE KANSAS-CITY-SAUCE

ERGIBT ETWA 500 ML

In einer Pfanne 3 Scheiben Frühstücksspeck auf mittlerer Stufe auslassen. Herausnehmen und anderweitig verwenden. In 2 EL vom ausgelassenen Speckfett ½ fein gewürfelte mittelgroße Zwiebel 3–4 Min. unter häufigem Rühren glasig dünsten, dann 3 fein gehackte Knoblauchzehen 1 Min. unter Rühren mitdünsten. Je 120 ml Ketchup, hellen Zuckersirup und Apfelessig, 4 EL Tomatenmark, 4 EL Chilipulver, 2 EL Rohrohrzucker, 1 EL Zuckerrohrmelasse, 1 EL Worcestersauce, 1 TL Selleriesalz und ½ TL grobes Meersalz unterrühren. Auf mittlerer Stufe 10 bis 15 Min. köcheln lassen, dabei ab und zu umrühren. Abkühlen lassen, dann die Sauce im Mixer glatt pürieren.

ALABAMA WHITE SAUCE

ERGIBT ETWA 300 ML

230 g Mayonnaise, 4 EL Weißweinessig, 2 TL frisch gemahlenen schwarzer Pfeffer, ¾ TL Zucker und ¼ TL grobes Meersalz zu einer glatten Sauce verrühren.

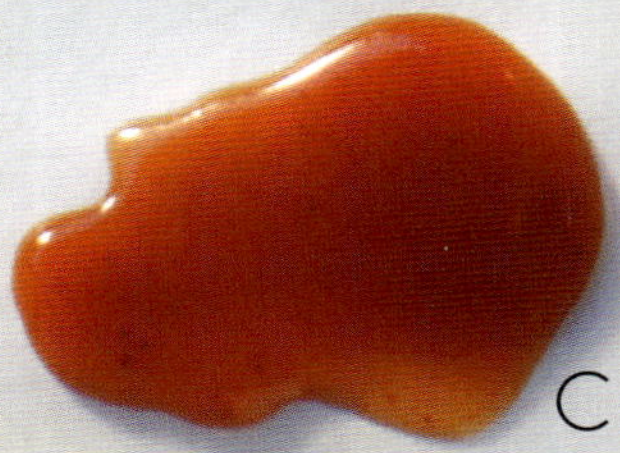

CRANBERRY-INGWER-SAUCE

ERGIBT ETWA 750 ML

In einem Topf 240 ml Ketchup mit 230 g Jellied Cranberry Sauce (Internethandel), 120 ml Apfelsaft, 80 ml Apfelessig, 5 EL Honig, 2 EL Zuckerrohrmelasse, 1 EL Worcestersauce, 1 TL Chilipulver, 1 TL gemahlenem Ingwer und ¼ TL gemahlenem schwarzem Pfeffer verrühren und auf mittlerer Stufe 5 Min. köcheln lassen, bis die Sauce andickt; ab und zu umrühren.

ROTWEIN-BARBECUE-SAUCE

ERGIBT ETWA 350 ML

2 EL Butter in einem Topf auf mittlerer bis kleiner Stufe zerlassen. Darin 5 EL fein gewürfelte Schalotten unter häufigem Rühren in 2–3 Min. glasig dünsten. 2 fein gehackte Knoblauchzehen 1 Min. in der Butter anschwitzen, bis sie aromatisch duften. 125 ml Rotwein zugießen und auf mittlerer bis hoher Stufe 1 Min. köcheln lassen. Anschließend 240 ml Ketchup, 4 EL Aceto balsamico, 4 EL Honig, 1 EL Dijon-Senf, 1 EL Sojasauce, 1½ TL fein gehackte Thymianblättchen, 1½ TL fein gehackte Rosmarinnadeln und ¼ TL Chiliflocken einrühren. Unter häufigem Rühren aufkochen lassen, dann auf kleiner Stufe im offenen Topf 20–25 Min. köcheln lassen, bis die Sauce auf etwa 350 ml reduziert ist, dabei gelegentlich umrühren.

ANANAS-HOISIN-BBQ-SAUCE

ERGIBT ETWA 500 ML

1 EL Rapsöl in einem mittelgroßen Topf auf mittlerer Stufe erhitzen. 1 EL fein gehackten Ingwer und 2 TL fein gehackten Knoblauch 1 Min. unter häufigem Rühren darin dünsten. 240 ml Ananassaft, 120 ml Hoisin-Sauce, 120 ml Ketchup, 2 EL Honig, 2 EL Reisessig, ½ TL geröstetes Sesamöl, ½ TL Chipotle-Chili-Pulver und ¼ TL grobes Meersalz einrühren und alles etwa 5 Min. köcheln lassen, dabei gelegentlich umrühren. Nach Belieben die Sauce durch ein feines Sieb streichen, um Ingwer- und Knoblauchstückchen zu entfernen.

DIP-SAUCE MIT PFIRSICH

ERGIBT ETWA 500 ML

In einem großen Topf 500 g grob passierte Tomaten mit 300 g Pfirsichkonfitüre, 5 EL Weißweinessig, 2 EL Zuckerrohrmelasse, 1 TL Senfpulver, ½ TL Zwiebelpulver, ½ TL gemahlenem Piment, ½ TL grobem Meersalz, ¼ TL Chiliflocken, ¼ TL Knoblauchpulver, ¼ TL gemahlener Muskatblüte verrühren. Auf mittlerer bis hoher Stufe zum Köcheln bringen, dann auf kleiner Stufe im offenen Topf etwa 1 Std. köcheln lassen, dabei häufig umrühren, bis die Sauce eingedickt und auf etwa 500 ml reduziert ist.

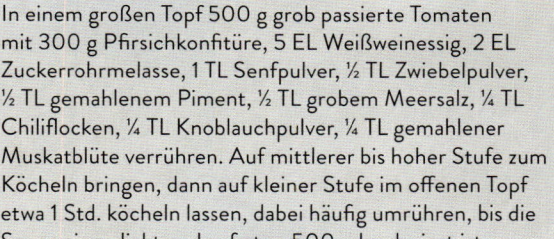

KENTUCKY-BOURBON-SAUCE

ERGIBT ETWA 500 ML

2 Scheiben Frühstücksspeck in 1½ cm breite Streifen schneiden und in einem Topf in 2 TL Öl auf mittlerer Stufe in 3–5 Min. kross braten. Auf Küchenpapier entfetten; das Fett im Topf lassen. 150 g fein gewürfelte Zwiebeln auf mittlerer bis kleiner Stufe in 8–10 Min. im Speckfett glasig dünsten, dabei ab und zu umrühren. 1 fein gehackte Knoblauchzehe 1 Min. mitdünsten. 60 ml Bourbon zugeben und auf mittlerer bis hoher Stufe etwa 1 Min. einkochen lassen. 240 ml Ketchup mit 4 EL Wasser, 3 EL Apfelessig, 3 EL Zuckerrohrmelasse, 2 EL Steaksauce, 1 EL Dijon-Senf und ½ TL scharfer Chilisauce unterrühren. Auf mittlerer bis hoher Stufe aufkochen, anschließend auf kleiner Stufe im offenen Topf etwa 20 Min. köcheln lassen, bis die Sauce auf etwa 500 ml reduziert ist, dabei gelegentlich umrühren. Zum Schluss den Speck in die Sauce rühren.

SAUCEN

Egal, welchem Barbecue-Stil Sie anhängen, und egal, was Sie grillen – Sie werden häufig eine Sauce brauchen, mit der Sie Ihr Grillgut bestreichen, beträufeln oder umhüllen. Ohne sie fehlen den meisten BBQ-Gerichten ein wesentliches geschmackliches Element, aber auch Farbe oder Textur – oder auch von allem etwas. BBQ-Saucen sind in der Regel unkompliziert herzustellen, manchmal muss man einfach nur ein paar Zutaten mischen, die man meist sogar vorrätig hat. Hier sind die spannendsten Rezepte dieses Buchs für eine gute Übersicht noch einmal zusammengestellt.

GRÜNE ROMESCO-SAUCE

ERGIBT ETWA 125 ML

- 2 Poblano-Chilischoten (insgesamt etwa 220 g)
- 20 g Koriandergrün, die Blätter abgezupft
- 4 EL Mandelblättchen, geröstet
- 1 kleine Jalapeño-Chilischote, entkernt und fein gehackt
- 60 ml Olivenöl
- 1 EL frisch gepresster Zitronensaft
- ½ TL grobes Meersalz
- 1 mittelgroße Knoblauchzehe, geschält
- ¼ TL frisch gemahlener schwarzer Pfeffer
- 1 kräftige Prise Zucker

1. Den Grill für direkte starke Hitze (230–290 °C) vorbereiten.

2. Die Poblano-Chilis über **direkter starker Hitze** bei geschlossenem Deckel grillen, bis die Haut nach 10–12 Min. stellenweise verkohlt ist und Blasen wirft, dabei nach Bedarf wenden. In einer mit Frischhaltefolie abgedeckten Schüssel 10 Min. ausdampfen lassen. Die verkohlte Haut abziehen, Stiele und Kerne entfernen und das Chilifruchtfleisch grob hacken.

3. Mit den restlichen Zutaten in der Küchenmaschine nicht zu glatt pürieren.

ESPRESSO-BARBECUE-SAUCE

ERGIBT ETWA 250 ML

- 1 EL Olivenöl
- 1 kleine Zwiebel, fein gewürfelt
- 1 Knoblauchzehe, fein gehackt
- 1 TL Chilipulver
- 1 TL gemahlener Kreuzkümmel
- ½ TL Paprikapulver
- 120 ml Chiliketchup
- 120 ml frisch gebrühter Espresso oder starker Filterkaffee
- 2 EL Rohrohrzucker
- 2 EL Aceto balsamico

1. Das Öl in einem Topf auf mittlerer bis kleiner Stufe erhitzen. Darin die Zwiebelwürfel unter gelegentlichem Rühren etwa 30 Min. braten, bis sie butterweich und so braun wie möglich sind. Den Knoblauch 1 Min. im heißen Fett anschwitzen, Chilipulver, Kreuzkümmel und Paprikapulver einrühren, dann Chiliketchup, Espresso, Zucker und Essig unterrühren und alles auf mittlerer bis hoher Stufe aufkochen. Die Sauce anschließend auf kleiner Stufe im offenen Topf 15–20 Min. köcheln lassen, bis sie auf etwa 250 ml reduziert ist, dabei ab und zu umrühren.

BROMBEER-SALBEI-SAUCE

ERGIBT ETWA 400 ML

- 1 EL Butter
- 2 EL fein gewürfelte Schalotten
- 350 g Brombeeren
- 4 EL Honig
- 2 EL Ketchup
- 2 EL Aceto balsamico
- 2 TL fein gehackte Salbeiblätter
- 1 TL Worcestersauce
- ½ TL frisch gemahlener schwarzer Pfeffer
- 1 kräftige Prise grobes Meersalz

1. Die Butter in einem kleinen Topf auf mittlerer Stufe zerlassen. Darin die Schalotten etwa 2 Min. unter häufigem Rühren hellbraun braten. 250 g Brombeeren mit Honig, Ketchup, Essig, Salbei, Worcestersauce, Pfeffer und Salz einrühren, die Mischung zum Kochen bringen, anschließend auf mittlerer bis kleiner Stufe etwa 10 Min. gleichmäßig köcheln lassen, bis der Beerensaft leicht andickt. In dieser Zeit häufig umrühren und dabei einige Beeren mit einem Holzlöffel zerdrücken, damit sie Saft abgeben. Den Topf vom Herd nehmen und die Sauce mit einem Stabmixer pürieren. Die übrigen Brombeeren untermischen. Die Sauce lauwarm abkühlen und dabei noch etwas eindicken lassen.

PIKANT-SÜSSE BARBECUE-SAUCE

ERGIBT ETWA 400 ML

180 ml Ketchup
4 EL Rohrohrzucker
4 EL Zuckerrohrmelasse
1 EL Worcestersauce
1 EL Chilipulver
1 TL grobes Meersalz
½ TL frisch gemahlener schwarzer Pfeffer

1. Die Zutaten mit 120 ml Wasser in einem Topf verrühren, auf mittlerer bis hoher Stufe unter häufigem Rühren aufkochen, dann auf mittlerer bis kleiner Stufe 5–10 Min. köcheln lassen, bis die Sauce sirupartig eingedickt ist.

KIRSCHFRUCHTIGE BARBECUE-SAUCE

ERGIBT ETWA 400 ML

250 ml Sauerkirschsaft
120 ml Ketchup
4 EL mittelscharfer Senf
2 EL Honig
1½ TL Chilipulver
1½ TL getrockneter Thymian
1 TL Worcestersauce
¾ TL frisch gemahlener schwarzer Pfeffer
¼ TL Paprikapulver
¼ TL grobes Meersalz

1. Die Zutaten in einem Topf vermischen, auf mittlerer Stufe zum Köcheln bringen und 3–5 Min. köcheln lassen, dabei gelegentlich umrühren.

HASELNUSS-CHIMICHURRI

ERGIBT ETWA 180 ML

4 EL Haselnusskerne, geröstet
20 g glatte Petersilienblätter
5 EL Olivenöl
4 EL Oreganoblätter
2 EL Rotweinessig
½ TL grobes Meersalz
1 Knoblauchzehe, gehackt
1 kräftige Prise frisch gemahlener schwarzer Pfeffer

1. Die Haselnüsse in der Küchenmaschine grob hacken. Mit den restlichen Zutaten fast glatt pürieren (das Chimichurri bleibt ein wenig stückig).

KOGI-SAUCE

ERGIBT ETWA 180 ML

4 EL Gochujang
 (scharfe koreanische Würzpaste)
4 EL Sojasauce
3 EL Zucker
1 EL geröstetes Sesamöl
2 EL Reisessig

1. Die Zutaten gründlich verrühren.

BUTTERMILCH-DRESSING

ERGIBT ETWA 120 ML

4 EL Buttermilch
3 EL Schmand
1 EL frisch gepresster Zitronensaft
¼ TL grobes Meersalz
¼ TL frisch gemahlener schwarzer Pfeffer

1. Die Zutaten miteinander glatt rühren.

BLAUSCHIMMEL-KÄSE-DIP

ERGIBT ETWA 350 ML

120 g Blauschimmelkäse
100 g Schmand
4 EL Mayonnaise
2 EL frisch gepresster Zitronensaft
½ TL Selleriesamen
½ TL grobes Meersalz
einige Spritzer scharfe Chilisauce

1. Alle Zutaten gründlich verrühren. Nach Belieben den Dip mit etwas Milch dünnflüssiger machen.

MARINADEN

Was bei Marinaden zählt, sind gute Geschmacksgeber, die vom Grillgut aufgenommen werden. Etwas Säure ist notwendig, dazu Öl, Kräuter und Gewürze. Vor allem mageres Fleisch, aber auch Gemüse, profitiert davon und bleibt auf dem Grill saftiger. Marinaden wirken vor allem dann, wenn kräftige Aromen wie Knoblauch, Rosmarin oder Sojasauce mitspielen. In der richtigen Zusammensetzung verleihen sie dem Grillgut ganz nach Belieben aber auch eine spezielle regionale oder landestypische Note.

KOREANISCHE BBQ-MARINADE

6 Knoblauchzehen, geschält
1 Granny-Smith-Apfel (etwa 250 g), geviertelt, entkernt
1 Zwiebel (etwa 180 g), geviertelt
1 Stück Ingwer (5 cm), geschält und grob gehackt
250 ml Sojasauce
100 g Rohrohrzucker
60 ml Reiswein oder Sherry
2 EL geröstetes Sesamöl
1 TL frisch gemahlener schwarzer Pfeffer
½ TL Cayennepfeffer

1 Knoblauch mit Apfel, Zwiebel und Ingwer im Mixer oder in der Küchenmaschine fein hacken. Mit den restlichen Zutaten fein pürieren.

JAMAIKANISCHE JERK-MARINADE

1 Scotch-Bonnet- oder Habanero-Chilischote, entkernt und grob gehackt
6 große Frühlingszwiebeln, nur die weißen und hellgrünen Teile grob gehackt
4 EL Öl
2 EL Sojasauce
2 EL frisch gepresster Limettensaft
2 EL gemahlener Piment
2 EL Rohrohrzucker
1 EL fein gehackter Ingwer
1 EL grob gehackte Thymianblättchen
1 TL grobes Meersalz
½ TL frisch geriebene Muskatnuss
½ TL Zimt
2 Knoblauchzehen, grob gehackt

1 Zum Schutz der Hände bei der Verarbeitung der Chili Gummihandschuhe tragen. Alle Zutaten im Standmixer pürieren, dabei Reste an der Glaswand zwischendurch mit einem Teigschaber wieder nach unten schieben. Die Marinade bei Bedarf mit etwas Wasser verdünnen.

MARINADE LITTLE ITALY

240 ml Olivenöl
60 ml Rotweinessig
60 ml frisch gepresster Zitronensaft
4 EL fein gehackte Minzeblätter
4 EL feine gehackte glatte Petersilienblätter
2 EL fein gehackte Dillspitzen
2 TL fein gehackter Knoblauch
2 TL grobes Meersalz
1½ TL Fenchelsamen
½ TL frisch gemahlener schwarzer Pfeffer

1 Alle Zutaten gründlich verrühren.

WIE LANGE?

Die Einwirkzeit hängt von der Stärke der Marinade und der Struktur des eingelegten Fleisches oder Gemüses ab. Mit intensiven Zutaten wie Sojasauce, hochprozentigem Alkohol, Chilis und anderen starken Gewürzen sollte man nicht zu lange marinieren. Fischfilets sollten immer noch nach Fisch schmecken, nicht höllisch scharf oder versalzen. Säurehaltige Marinaden können Fleisch oder Fisch auch zersetzen und die Oberfläche austrocknen. Hier einige Richtwerte:

ZEIT	GRILLGUT
15–30 Min.	Kleines Grillgut wie Meeresfrüchte, Fischfilets, Fleischwürfel für Spieße und zartes Gemüse
1–3 Std.	Dünne Fleischstücke ohne Knochen wie Hähnchenbrustfilets, Schweinefilet, Koteletts, Steaks und robustes Gemüse
2–6 Std.	Dickere Teilstücke mit oder ohne Knochen wie Lammkeule, ganzes Hähnchen und Rinderbraten
6–12 Std.	Große oder robustere Teilstücke wie Rippen, ganzer Schinken, Schweineschulter und ganzer Truthahn

ROSMARIN-ZITRONEN-MARINADE

fein abgeriebene Schale und Saft
  von 2 Bio-Zitronen
4 EL Olivenöl
2 EL fein gehackte Rosmarinnadeln
2 TL grobes Meersalz
4 Knoblauchzehen, fein gehackt
1 TL geräuchertes Paprikapulver
1 TL frisch gemahlener schwarzer Pfeffer

CHINATOWN-MARINADE

120 ml Hoisin-Sauce
120 ml Bourbon
4 EL Sojasauce
4 EL Honig
2 EL geröstetes Sesamöl
2 EL fein gehackter Ingwer
1 EL fein gehackter Knoblauch
2 TL chinesisches Fünf-Gewürze-Pulver
½ TL frisch gemahlener schwarzer Pfeffer

MOJO-MARINADE

350 ml frisch gepresster Orangensaft
120 ml frisch gepresster Zitronensaft
120 ml Olivenöl
1 mittelgroße Zwiebel, im Universalhacker
  fein gehackt
20 geschälte Knoblauchzehen, im Universalhacker fein gehackt
1 EL getrockneter Oregano
1 EL grobes Meersalz

SÜDOSTASIEN-MARINADE

4 EL vietnamesische oder
  thailändische Fischsauce
4 EL frisch gepresster Limettensaft
2 EL fein gewürfelte Schalotten
2 EL Öl
1 EL geröstetes Sesamöl
2 Knoblauchzehen, fein gehackt

LIEBLINGS-MARINADE

1 kleine Zwiebel, gerieben, mit Saft
4 EL frisch gepresster Zitronensaft
3 EL Olivenöl
3 EL Sojasauce
2 EL Dijon-Senf
1 TL frisch gemahlener schwarzer Pfeffer

EINFACHE SÜSSE MARINADE

4 EL Sojasauce
4 EL Bourbon oder Scotch
4 EL Honig
2 EL Ketchup
2 EL Dijon-Senf
1 EL Apfelessig
1 EL Olivenöl
4 Knoblauchzehen, fein gehackt

INDISCHE MARINADE

125 g Vollmilchjoghurt
4 EL Olivenöl
2 EL frisch gepresster Zitronensaft
1 EL fein geriebener Ingwer
2 TL gemahlener Kardamom
3 große Knoblauchzehen, fein gehackt
1 TL gemahlene Koriandersamen
1 TL grobes Meersalz
1 TL frisch gemahlener schwarzer Pfeffer

FIESTA-MARINADE

125 ml frisch gepresster Orangensaft
4 EL frisch gepresster Limettensaft
4 EL Tequila Gold
1 große Jalapeño-Chilischote, mit den
  Kernen fein gehackt
3 EL Agavendicksaft
2 EL Sojasauce
2 TL gemahlener Kreuzkümmel
4 Knoblauchzehen, fein gehackt

RAUCHIGE MARINADE

4 Chipotle-Chilis in Adobo-Sauce (Dose),
  sehr fein gehackt (etwa 5 EL)
4 EL frisch gepresster Limettensaft
3 EL Ketchup
2 EL Olivenöl
1 gehäufter EL Vollrohrzucker
4 Knoblauchzehen, fein gehackt
2 TL grobes Meersalz
1 TL gemahlener Kreuzkümmel
½ TL Chilipulver

LAKEN

Bei der Zubereitung von Laken ist das richtige Verhältnis von Wasser und Salz entscheidend. Zu wenig oder zu viel Salz kann zu herben Enttäuschungen führen. Beginnen Sie mit 110–220 Gramm grobem Meersalz auf jeweils 4 Liter Wasser. Bei diesem Salzgehalt nimmt das Fleisch eine feine Geschmacksnote an. Laken dringen tief ins Fleisch ein und verändern die Eiweißstruktur der Zellen, wodurch diese mehr Feuchtigkeit und Aroma aufnehmen. Die Natur strebt nach Ausgleich, daher steigt der Salzgehalt im Fleisch an, bis er dem der Lake entspricht. Nach Belieben können Sie auch Zucker in die Lake geben, etwa die gleiche Menge wie Salz. Beide ergänzen sich, darüber hinaus karamellisiert der Zucker auf der Oberfläche des Grillguts. Zusätzlich kann man jedes beliebige Aroma hinzufügen, einschließlich Kräutern und Gewürzen.

Achten Sie darauf, bei säurehaltigen Laken ein Behältnis aus Glas, Keramik, Kunststoff oder Edelstahl zu verwenden, das nicht mit der Säure reagiert. Behältnisse aus Aluminium oder anderen Metallen sind nicht säurebeständig, das Essen schmeckt dann möglicherweise metallisch.

Das Grillgut sollte beim Einlegen auf jeden Fall vollständig mit Lake bedeckt sein, anschließend das Gefäß mit Frischhaltefolie abdecken und in den Kühlschrank stellen.

APFEL-LAKE

2 l Apfelsaft, gekühlt
110 g grobes Meersalz
120 ml Sojasauce
90 g Ingwer, geschält und in dünne Scheiben geschnitten
1 EL getrockneter Rosmarin
1 TL schwarze Pfefferkörner
2 Bio-Zitronen, die Schale jeweils in breiten Streifen mit einem Sparschäler abgezogen
2 Lorbeerblätter

1 In einem Topf 1 l Apfelsaft mit Salz, Sojasauce, Ingwer, Rosmarin, Pfefferkörnern, Zitronenschalen und Lorbeerblättern verrühren. Auf mittlerer Stufe zum Köcheln bringen, dabei ab und zu umrühren. In eine große hitzefeste Schüssel gießen, die in einer größeren Schüssel mit Eiswasser steht. Etwa 30 Min. abkühlen lassen, dabei häufig umrühren. Den restlichen kalten Apfelsaft einrühren.

ITALIENISCHE LAKE

1 Orange, geviertelt
1 Zitrone, geviertelt
1 kleine Zwiebel, geviertelt
4 EL Zucker
4 EL grobes Meersalz
4 Zweige Oregano oder Thymian
2 TL schwarze Pfefferkörner
4 Salbeiblätter
2 Knoblauchzehen, angequetscht und geschält
2 Lorbeerblätter
500 ml trockener Weißwein

1 In einen Topf ½ l Wasser gießen, Orangen- und Zitronenviertel ins Wasser geben und jeweils den Saft der Zitrusviertel im Wasser ausdrücken. Bis auf den Wein die übrigen Zutaten hinzufügen. Auf mittlerer bis kleiner Stufe erhitzen und rühren, bis sich Zucker und Salz aufgelöst haben. Vom Herd nehmen. Mit dem Wein aufgießen und die Lake auskühlen lassen.

NORMANDIE-LAKE

500 ml naturtrüber Apfelsaft
5 EL Vollrohrzucker
5 EL grobes Meersalz
4 Zweige Thymian
6 Nelken, angedrückt
1 EL gelbe Senfkörner
2 TL schwarze Pfefferkörner
2 Lorbeerblätter, zerkleinert

1 In einem Topf die Zutaten unter Rühren auf mittlerer bis kleiner Stufe erhitzen, bis sich Zucker und Salz aufgelöst haben. Vom Herd nehmen, mit ½ l Wasser aufgießen und die Lake auskühlen lassen.

ZUCKER-LAKE

600 g Rohrohrzucker
330 g grobes Meersalz
1 EL Selleriesamen
1 EL Koriandersamen
1 EL Kreuzkümmelsamen
1 EL gelbe Senfkörner
1 l Eiswürfel

1. Alle Zutaten außer den Eiswürfeln mit 1 l Wasser in einem Topf verrühren. Unter Rühren auf hoher Stufe erhitzen, bis sich Zucker und Salz aufgelöst haben. Vom Herd nehmen und die Eiswürfel einrühren, bis sie geschmolzen sind.

KIRSCH-LAKE

½ l Sauerkirschsaft
110 g grobes Meersalz
100 g Vollrohrzucker
2 l Eiswürfel

1. Die Zutaten außer den Eiswürfeln mit 1 l Wasser in einem Topf vermischen. Unter ständigem Rühren aufkochen, bis sich Salz und Zucker aufgelöst haben. Vom Herd nehmen und die Eiswürfel einrühren, bis sie geschmolzen sind.

KRÄUTER-BUTTERMILCH

1½ l Buttermilch
4 EL grobes Meersalz
4 EL Zucker
2 EL fein gehackte Rosmarinnadeln
2 EL gehackte Oreganoblätter
1 EL Thymianblättchen
12 Knoblauchzehen, fein gehackt
5 EL scharfe Chilisauce

1. Die Zutaten in einer großen Schüssel verrühren, bis sich Salz und Zucker aufgelöst haben.

BIER-LAKE

1,3 l Lagerbier
220 g Rohrohrzucker
170 g grobes Meersalz
3 EL geräuchertes Paprikapulver
1½ EL getrockneter Thymian
1 EL zerstoßene schwarze Pfefferkörner
1 EL Knoblauchgranulat
1 EL Zwiebelgranulat
½ TL Cayennepfeffer

1. Die Zutaten gründlich verrühren, bis sich Zucker und Salz aufgelöst haben. Dann 3 l Eiswasser einrühren.

BOURBON-LAKE

120 ml Bourbon
4 EL Rohrohrzucker
2 EL grobes Meersalz
½ TL Chiliflocken
250 ml Eiswürfel

1. In einem Topf den Bourbon mit 120 ml Wasser, Zucker, Salz und Chiliflocken auf mittlerer Stufe unter Rühren erhitzen, bis sich Zucker und Salz aufgelöst haben. Vom Herd nehmen und die Eiswürfel einrühren, bis sie geschmolzen sind.

ALLZWECK-LAKE

110 g grobes Meersalz
70 g Rohrohrzucker
1½ l Eiswürfel

1. Salz und Zucker in einem Topf mit ½ l Wasser verrühren. Auf hoher Stufe aufkochen und rühren, bis sich Salz und Zucker aufgelöst haben. Die Eiswürfel hineingeben und die Lake auf Raumtemperatur abkühlen lassen.

WIE LANGE?

Vom Nasspökeln profitiert insbesondere großes, mageres Fleisch wie etwa eine Schweinelende oder ein ganzer Truthahn, die mehrere Stunden eingelegt werden sollten. Aber auch kleinere Stücke wie Schweinekoteletts, Hähnchenteile und Lachsfilets werden saftiger und aromatischer, wenn man sie 1–2 Std. in eine Lake gibt. Hier einige Richtwerte:

ZEIT	GRILLGUT
Bis zu 30 Min.	Kleines Grillgut wie Meeresfrüchte, Fleischwürfel für Spieße und zartes Gemüse
30–60 Min.	Dünne Teilstücke ohne Knochen wie Hähnchenbrustfilets, Fischfilets, Schweinefilet und Steaks
2–4 Std.	Dickere Teilstücke mit oder ohne Knochen wie Lammkeule, ganze Hähnchen und Rinderbraten
4–12 Std.	Große oder robustere Teilstücke wie Rippen, ganzer Schinken, Schweineschulter und ganzer Truthahn

RUBS

Ein Rub ist eine trockene Würzmischungen aus Gewürzen, Kräutern und anderen Zutaten, darunter häufig Zucker, mit der das Grillgut vor dem Grillen aromatisiert wird. Auf diesen Seiten stelle ich Ihnen bewährte Mischungen vor, die Sie aber selbstverständlich auch variieren können. Ein bedeutender Schritt zur Entwicklung eines unverwechelbaren, persönlichen Barbecue-Stils ist gerade auch die Zusammenstellung eigener Rubs. Der Kreativität sind hier keine Grenzen gesetzt und darüber hinaus: Es hat seine eigene Magie, Familie und Gäste mit einem Geschmackserlebnis zu überraschen, dessen Zutaten nur Sie kennen.

Mein wichtigster Tipp: Frische! Gemahlene Gewürze verlieren innerhalb von acht bis zehn Monaten ihr Aroma. Wenn das Gläschen mit gemahlenen Koriandersamen schon seit Jahren in Ihrem Gewürzregal steht und Sie es nun endlich für ein selbst komponiertes Currypulver verwenden wollen: Werfen Sie es weg und kaufen Sie ein neues! Noch besser: Kaufen Sie ganze Samen und mahlen Sie sie erst bei Bedarf. Würzmischungen und Gewürze müssen unbedingt in luftdichten, lichtgeschützten Behältern an einem nicht zu warmen Ort aufbewahrt werden.

ALLZWECK-RUB

2 EL grobes Meersalz
2 EL Rohrohrzucker
2 TL Chilipulver
1 EL Paprikapulver
2 TL Zwiebelgranulat
1 TL gemahlener Kreuzkümmel
1 TL frisch gemahlener schwarzer Pfeffer

RUB FÜR SCHWEINEFLEISCH

2 TL grobes Meersalz
1 TL gemahlener Kreuzkümmel
½ TL frisch gemahlener schwarzer Pfeffer
½ TL getrockneter Oregano
½ TL Rohrohrzucker
¼ TL Chipotle-Chilipulver

RUB FÜR RINDFLEISCH

2 TL grobes Meersalz
1 TL Knoblauchgranulat
1 TL frisch gemahlener schwarzer Pfeffer
1 TL geräuchertes Paprikapulver
½ TL gemahlene Koriandersamen
½ TL gemahlener Kreuzkümmel

RUB FÜR LAMMFLEISCH

2 TL grobes Meersalz
1 TL Paprikapulver
1 TL Currypulver
1 TL frisch gemahlener schwarzer Pfeffer
1 TL Zwiebelgranulat
½ TL Anissamen

RUB FÜR GEFLÜGEL

2 TL grobes Meersalz
2 TL getrockneter Thymian
1 TL getrockneter Oregano
1 TL Zwiebelgranulat
1 TL gemahlene Koriandersamen
1 TL frisch gemahlener schwarzer Pfeffer
½ TL Chilipulver

RUB FÜR SEAFOOD

2 TL grobes Meersalz
1 TL Chilipulver
1 TL Knoblauchgranulat
½ TL gemahlene Koriandersamen
½ TL Selleriesamen
½ TL frisch gemahlener schwarzer Pfeffer

RUB FÜR GEMÜSE

1 TL Senfpulver
1 TL Zwiebelgranulat
1 TL Paprikapulver
1 TL grobes Meersalz
½ TL Knoblauchgranulat
½ TL gemahlene Koriandersamen
½ TL gemahlener Kreuzkümmel
½ TL frisch gemahlener schwarzer Pfeffer

CAJUN-RUB

1 EL Rohrohrzucker
2 TL geräuchertes Paprikapulver
1½ TL grobes Meersalz
1 TL Zwiebelpulver
1 TL getrockneter Oregano
¾ TL Knoblauchpulver
½ TL getrockneter Thymian
½ TL frisch gemahlener schwarzer Pfeffer
½ TL Cayennepfeffer

ASIATISCHER RUB

2 EL Paprikapulver
2 TL grobes Meersalz
2 TL gemahlene Koriandersamen
2 TL chinesisches Fünf-Gewürze-Pulver
1 TL gemahlener Ingwer
½ TL gemahlener Piment
½ TL Cayennepfeffer

KANSAS CITY RUB

110 g Rohrohrzucker
4 EL geräuchertes Paprikapulver
4 TL grobes Meersalz
2½ TL Chilipulver
2½ TL Knoblauchpulver
2½ TL Zwiebelpulver
1½ TL grob gemahlener schwarzer Pfeffer
½ TL Cayennepfeffer

CHIPOTLE-WÜRZPASTE

1 EL Olivenöl
2 TL grobes Meersalz
1 TL Rohrohrzucker
1 TL Chipotle-Chilipulver
1 TL gemahlener Kreuzkümmel
1 TL geräuchertes Paprikapulver
½ TL frisch gemahlener schwarzer Pfeffer
¼ TL Cayennepfeffer

RUB FÜR RIBS

4 EL Demerara-Zucker
2 EL Paprikapulver
2 TL Chilipulver
4 TL Zwiebelgranulat
4 TL grobes Meersalz
2 TL gemahlener Ingwer
2 TL frisch gemahlener schwarzer Pfeffer

MAROKKANISCHER RUB

2 TL reines Chilipulver
1 TL grobes Meersalz
½ TL frisch gemahlener schwarzer Pfeffer
½ TL gemahlene Koriandersamen
½ TL gemahlener Kreuzkümmel
½ TL Kümmelsamen
¼ TL Knoblauchpulver

KNOBLAUCH-RUB

1½ TL grobes Meersalz
1½ TL Knoblauchpulver
1 TL gemahlener Kreuzkümmel
¾ TL frisch gemahlener schwarzer Pfeffer
½ TL Chilipulver
½ TL gemahlener Ingwer
1 kräftige Prise Zimt

RUB FÜR PASTRAMI

1 EL schwarze Pfefferkörner
1 EL Koriandersamen
2 TL gelbe Senfkörner
2 EL Rohrohrzucker
1 EL grobes Meersalz
2 TL Paprikapulver
1 TL gemahlener Kreuzkümmel

1 In einer kleinen Pfanne Pfefferkörner, Koriander und Senfkörner auf mittlerer Stufe 3–4 Min. anrösten, bis sie hellbraun sind und aromatisch duften, dabei rühren und die Pfanne schwenken, damit nichts verbrennt. In einer Schüssel 5 Min. abkühlen lassen, dann in einer Gewürzmühle in 15–20 Intervallen grob mahlen. In der Schüssel mit den übrigen Gewürzen mischen.

RAUCHPAPRIKA-RUB

1 TL geräuchertes Paprikapulver
1 TL Rohrohrzucker
1 TL grobes Meersalz
1 TL Zwiebelgranulat
½ TL Chipotle-Chilipulver

DALMATINER RUB

4 EL grobes Meersalz
3 EL frisch gemahlener schwarzer Pfeffer
3 EL Rohrohrzucker (nach Belieben)

WIE LANGE?

Lässt man einen Rub auf Fleisch lange genug einwirken, vermischt er sich mit dem Fleischsaft, was auf dem Grill zu ausgeprägteren Aromen und einer Kruste führt. Ein Rub mit viel Salz und Zucker entzieht dem Fleisch mit der Zeit aber auch Flüssigkeit und macht es trockener. Wie lang sollte ein Rub also einwirken? Hier einige Richtwerte:

ZEIT	GRILLGUT
Bis zu 15 Min.	Kleines Grillgut wie Meeresfrüchte, Fleischwürfel für Spieße und Gemüse
15–30 Min.	Dünne Teilstücke ohne Knochen wie Hähnchenbrustfilets, Fischfilets, Schweinefilet und Steaks
½–1½ Std.	Dickere Teilstücke mit oder ohne Knochen wie Lammkeule, ganze Hähnchen und Rinderbraten
2–8 Std.	Große oder robustere Teilstücke wie Rippen, ganzer Schinken, Schweineschulter und ganzer Truthahn

8
GRILLPRAXIS

290 Grillkompass Schwein
291 Grillkompass Rind
291 Grillkompass Lamm
292 Grillkompass Geflügel
293 Grillkompass Seafood
293 Grillkompass Obst
294 Grillkompass Gemüse
295 Register
302 Danksagung

GRILL }KOMPASS

Die nachfolgenden Angaben (Zuschnitte, Dicke/Gewicht, Grillzeiten) sind Richtlinien, keine festen Regeln. Die tatsächlichen Garzeiten werden von weiteren Faktoren wie Luftdruck, Wind, Außentemperatur und dem gewünschten Gargrad beeinflusst. Zwei Faustregeln: 1. Steaks, Fischfilets, Hähnchenteile ohne Knochen sowie Gemüse werden über direkter Hitze während der in der Tabelle angegebenen Dauer oder bis zum gewünschten Gargrad gegrillt und dabei einmal gewendet. 2. Braten, ganzes Geflügel, Hähnchenteile mit Knochen, ganze Fische sowie dickere Teilstücke werden über indirekter Hitze während der in der Tabelle angegebenen Dauer oder bis zum Erreichen der gewünschten Kerntemperatur gegrillt. Die angegebenen Garzeiten für Rind und Lamm beziehen sich auf den Gargrad medium rare (rosa/rot), wie vom US Department of Agriculture (siehe Seite 292) empfohlen, ausgenommen ist Hackfleisch vom Rind oder Lamm, dessen Gargrad medium sein muss. Braten, größere Teilstücke und dicke Koteletts oder Steaks sollten vor dem Aufschneiden 5–10 Min. ruhen. Die Kerntemperatur erhöht sich in dieser Zeit noch einmal um 2–5 °C.

▼ SCHWEIN

TEILSTÜCK/ZUSCHNITT	DICKE/GEWICHT	GRILLZEIT
Bratwurst, frisch	etwa 100 g	20–25 Min. über **direkter mittlerer Hitze**
Bratwurst, gebrüht	etwa 100 g	10–12 Min. über **direkter mittlerer Hitze**
Burger (Hackfleisch)	1 cm	8–10 Min. über **direkter mittlerer Hitze**
Dicke Rippe, ohne Knochen	2½ cm	12–15 Min. über **direkter mittlerer Hitze**
Filet	etwa 500 g	15–20 Min. über **direkter mittlerer Hitze**
Kotelett, ausgelöst oder mit Knochen	2 cm	6–8 Min. über **direkter mittlerer Hitze**
	2½ cm	8–10 Min. über **direkter mittlerer Hitze**
	3–3½ cm	10–12 Min.: 6 Min. über **direkter mittlerer Hitze**, dann 4–6 Min. über **indirekter mittlerer Hitze**
Lendenbraten, ausgelöst	1½ kg	28–40 Min.: 8–10 Min. über **direkter starker Hitze**, dann 20–30 Min. über **indirekter starker Hitze**
Lendenbraten, mit Knochen	1½–2¼ kg	1¼–1¾ Std. über **indirekter mittlerer Hitze**
Rippen, Baby Back Ribs	700–900 g	3–4 Std. über **indirekter schwacher Hitze**
Rippen, Country Style, mit Knochen (oder Dicke Rippe)	2½ cm	45–50 Min. über **indirekter mittlerer Hitze**
Rippen, Spareribs	1¼–1½ kg	3–4 Std. über **indirekter schwacher Hitze**
Schinken, geräuchert, mit Knochen	3 kg	1½–2 Std. über **indirekter schwacher bis mittlerer Hitze**
Schulterstück (Boston Butt), ausgelöst	2¼–2¾ kg	5–7 Std. über **indirekter schwacher Hitze**
Schulterbraten, mit Knochen	2¾ kg	8–10 Std. über **indirekter sehr schwacher Hitze**

▼ RIND

TEILSTÜCK/ZUSCHNITT	DICKE/GEWICHT	GRILLZEIT
Bürgermeisterbraten/Pastorenstück	1–1¼ kg	30–40 Min.: 10 Min. über *direkter mittlerer Hitze*, dann 20–30 Min. über *indirekter mittlerer Hitze*
Burger (Hackfleisch)	2 cm	8–10 Min. über *direkter mittlerer bis starker Hitze*
Brisket (Rinderbrust), ganz	5½–6½ kg	8–10 Std. über *indirekter sehr schwacher Hitze*
Flank-Steak (Dünnung)	2 cm/700-900 g	8–10 Min. über *direkter mittlerer Hitze*
Fleischwürfel (Spieße)	4 cm	6–7 Min. über *direkter starker Hitze*
Rinderbraten (Hochrippe), ausgelöst	2¼–2¾ kg	1¼–1¾ Std. über *indirekter mittlerer Hitze*
Rinderbraten (Hochrippe), mit Knochen	3½ kg	2–3 Std.: 10 Min. über *direkter mittlerer Hitze*, 2–3 Std. über *indirekter schwacher Hitze*
Rinderfilet, am Stück	1½–1¾ kg	35–45 Min.: 15 Min. über *direkter mittlerer Hitze*, 20–30 Min. über *indirekter mittlerer Hitze*
Rinderhüftsteak	etwa 4 cm	10–14 Min.: 6–8 Min. über *direkter starker Hitze*, dann 4–6 Min. über *indirekter starker Hitze*
Rippen, Plate Ribs (Knochendünnung)	etwa 2 kg	6–7 Std. über *indirekter schwacher Hitze*
Roastbeef (flach), ausgelöst	2 kg	50–60 Min: 10 Min. über *direkter mittlerer Hitze*, dann 40–50 Min. über *indirekter mittlerer Hitze*
Skirt-Steak (Saumfleisch)	½–1 cm	4–6 Min. über *direkter starker Hitze*
Steaks: Filet Mignon, Porterhouse, Rib Eye, Rumpsteak (New York Strip) T-Bone	2 cm	4–6 Min. über *direkter starker Hitze*
	2½ cm	6–8 Min. über *direkter starker Hitze*
	3 cm	8–10 Min. über *direkter starker Hitze*

▼ LAMM

TEILSTÜCK/ZUSCHNITT	DICKE/GEWICHT	GRILLZEIT
Burger (Hackfleisch)	2 cm	8–10 Min. über *direkter mittlerer bis starker Hitze*
	2 cm	4–6 Min. über *direkter starker Hitze*
Kotelett: Lende oder Rippe	2½ cm	6–8 Min. über *direkter starker Hitze*
	4 cm	8–10 Min. über *direkter starker Hitze*
Lammkarree	500-700 g	15–20 Min.: 5 Min. über *direkter mittlerer Hitze*, 10–15 Min. über *indirekter mittlerer Hitze*
Lammkeule, ausgelöst, als Rollbraten in Form gebunden	1–1¼ kg	30–45 Min.: 10–15 Min. über *direkter mittlerer Hitze*, dann 20–30 Min. über *indirekter mittlerer Hitze*
Lammkeule, ausgelöst, Schmetterlingsschnitt	1¼–1½ kg	30–45 Min.: 10–15 Min. über *direkter mittlerer Hitze*, dann 20–30 Min. über *indirekter mittlerer Hitze*

▼ GEFLÜGEL

TEILSTÜCK/ZUSCHNITT	DICKE/GEWICHT	GRILLZEIT
Burger (Hackfleisch aus dem Hähnchenoberschenkel)	2 cm	12–14 Min. über **direkter mittlerer Hitze**
Ente, ganz	2½–2¾ kg	40 Min. über **indirekter starker Hitze**
Entenbrust, ausgelöst	300–350 g	9–12 Min.: 3–4 Min. über **direkter schwacher Hitze**, 6–8 Min. über **indirekter starker Hitze**
Hähnchen, ganz	1¾–2¼ kg	1¼–1½ Std. über **indirekter mittlerer Hitze**
Hähnchenbrust, mit Knochen	300–350 g	23–35 Min.: 3–5 Min. über **direkter mittlerer Hitze**, dann 20–30 Min. über **indirekter mittlerer Hitze**
Hähnchenbrustfilet	180–220 g	8–12 Min. über **direkter mittlerer Hitze**
Hähnchenflügel (Chicken Wing)	60–90 g	35–43 Min.: 30–35 Min. über **indirekter mittlerer Hitze**, dann 5–8 Min. über **direkter mittlerer Hitze**
Hähnchenoberschenkel (Chicken Thighs), ausgelöst, ohne Haut	etwa 100 g	8–10 Min. über **direkter mittlerer Hitze**
Hähnchenoberschenkel (Chicken Thighs), mit Knochen	150–170 g	36–40 Min.: 6–10 Min. über **direkter mittlerer Hitze**, dann 30 Min. über **indirekter mittlerer Hitze**
Hähnchenschenkel	300–350 g	48–60 Min.: 40–50 Min. über **indirekter mittlerer Hitze**, dann 8–10 Min. über **direkter mittlerer Hitze**
Hähnchenunterschenkel (Drumstick)	etwa 100 g	26–40 Min.: 6–10 Min. über **direkter mittlerer Hitze**, dann 20–30 Min. über **indirekter mittlerer Hitze**
Putenbrust, ausgelöst	1 kg	1–1¼ Std. über **indirekter mittlerer Hitze**
Stubenküken, ganz	700–900 g	50–60 Min. über **indirekter starker Hitze**
Truthahn, ganz, ohne Füllung	4½–5½ kg	2½–3½ Std. über **indirekter mittlerer bis schwacher Hitze**

EMPFEHLUNGEN ZUM GARGRAD

> Das United States Department of Agriculture (USDA) empfiehlt aus Sicherheitsgründen, Fleisch von Rind/Lamm bis zu einer Kerntemperatur von 63 °C (endgültige Temperatur) zu garen und Hackfleisch bis zu 71 °C. Für das USDA sind 63 °C gleichbedeutend mit dem Gargrad medium rare, also rosa bis rot. Für die meisten Profiköche dagegen liegt medium rare näher bei 54 °C. Die nebenstehende Tabelle stellt die unterschiedlichen Empfehlungen gegenüber. Welcher Sie folgen wollen, liegt bei Ihnen.

GARGRAD	KERNTEMPERATUR	USDA
SCHWEIN	63 °C	63 °C
RIND/LAMM: rare (blutig)	49–52 °C	k. A.
RIND/LAMM: medium rare/rosa bis rot	52–57 °C	63 °C
RIND/LAMM: medium/halb durch	57–63 °C	71 °C
RIND/LAMM: medium well/ fast durch	63–68 °C	k. A.
RIND/LAMM: well done/durchgebraten	68 °C +	77 °C
GEFLÜGEL	72–75 °C	75 °C

▼ SEAFOOD

TEILSTÜCK/ZUSCHNITT	DICKE/GEWICHT	GRILLZEIT
Auster	90–120 g	5–7 Min. über **direkter starker Hitze**
	500 g	15–20 Min. über **indirekter mittlerer Hitze**
Fisch, ganz	1 kg	20–30 Min. über **indirekter mittlerer Hitze**
	1½ kg	30–45 Min. über **indirekter mittlerer Hitze**
Fischfilet oder -steak: Heilbutt, Red Snapper, Lachs, Seebarsch, Schwertfisch oder Thunfisch	1 cm	6–8 Min. über **direkter starker Hitze**
	2½ cm	8–10 Min. über **direkter starker Hitze**
	2½–3 cm	10–12 Min. über **direkter starker Hitze**
Garnele	etwa 40 g	2–4 Min. über **direkter starker Hitze**
Hummerschwanz	170 g	7–11 Min. über **direkter mittlerer Hitze**
Jakobsmuschel (Muschelfilet)	etwa 40 g	4–6 Min. über **direkter starker Hitze**
Miesmuschel (ungeöffnete Muscheln wegwerfen)	30–60 g	5–6 Min. über **direkter starker Hitze**
Venusmuschel (ungeöffnete Muscheln wegwerfen)	60–90 g	6–8 Min. über **direkter starker Hitze**

▼ OBST

SORTE	DICKE	GRILLZEIT
Ananas	1 cm dicke Scheiben oder 2½ cm breite Spalten	5–10 Min. über **direkter mittlerer Hitze**
Apfel	ganz	35–40 Min. über **indirekter mittlerer Hitze**
	1 cm dicke Scheiben	4–6 Min. über **direkter mittlerer Hitze**
Aprikose	längs halbiert	4–6 Min. über **direkter mittlerer Hitze**
Banane	längs halbiert	3–5 Min. über **direkter mittlerer Hitze**
Birne	längs halbiert	6–8 Min. über **direkter mittlerer Hitze**
Erdbeere	ganz	4–5 Min. über **direkter mittlerer Hitze**
Pfirsich/Nektarine	längs halbiert	6–8 Min. über **direkter mittlerer Hitze**
Pflaume	längs halbiert	6–8 Min. über **direkter mittlerer Hitze**

▼ GEMÜSE

SORTE	DICKE	GRILLZEIT
Artischockenherzen	ganz	14–18 Min.: 10–12 Min. kochen, halbieren und dann 4–6 Min. über *direkter mittlerer Hitze* grillen
Aubergine	1 cm dicke Scheiben	8–10 Min. über *direkter mittlerer Hitze*
Frühlingszwiebel	ganz	3–4 Min. über *direkter mittlerer Hitze*
Kartoffel (festkochend)	ganz	45–60 Min. über *indirekter mittlerer Hitze*
	Scheiben, 1 cm	9–11 Min. über *direkter mittlerer Hitze*
Kartoffel (neu)	halbiert	15–20 Min. über *direkter mittlerer Hitze*
Knoblauchknolle	ganz	45–60 Min. über *indirekter mittlerer Hitze*
Kürbis (Eichelkürbis; 700 g)	halbiert	40–60 Min. über *indirekter mittlerer Hitze*
Maiskolben, mit Hüllblättern		20–30 Min. über *direkter mittlerer Hitze*
Maiskolben, ohne Hüllblätter		10–15 Min. über *direkter mittlerer Hitze*
Möhre	Ø 2½ cm	7–11 Min.: 4–6 Min. kochen, dann 3–5 Min. über *direkter starker Hitze* grillen
Paprikaschote	ganz	10–12 Min. über *direkter mittlerer Hitze*
Pilz (Riesenchampignon/Portobello)	ganz	8–12 Min. über *direkter mittlerer Hitze*
Pilz (Shiitake oder Champignon)	ganz	8–10 Min. über *direkter mittlerer Hitze*
Rote Bete (170 g)	ganz	1–1½ Std. über *indirekter mittlerer Hitze*
Spargel (grün)	Ø 1 cm	6–8 Min. über *direkter mittlerer Hitze*
Süßkartoffel	ganz	45–60 Min. über *indirekter starker Hitze*
	1 cm dicke Scheiben	12–15 Min. über *direkter mittlerer Hitze*
Tomate (Eiertomate)	ganz	8–10 Min. über *direkter mittlerer Hitze*
	halbiert	6–8 Min. über *direkter mittlerer Hitze*
Zucchini	1 cm dicke Scheiben	4–6 Min. über *direkter mittlerer Hitze*
Zwiebel	halbiert	35–40 Min. über *indirekter mittlerer Hitze*
	1 cm dicke Scheiben	8–12 Min. über *direkter mittlerer Hitze*

REGISTER

A

Adams, Doug 6
American BLT Sandwiches 218
American Coleslaw 252
American Kobe Brisket mit Burnt Ends 170
Ananas: Geschwärzter Fisch und Ananas-Salsa in Tortillas 224
Anbraten traditionell (Sear-n-Slide) 134
Apfelsaft: Schweinefilets im Speckmantel mit einer Apfel-Balsamico-Reduktion 102
Aprikosen-Hoisin-Glasur, Hähnchenschenkel mit 188
Arnold, Sam'l P. 163
Artischockendip mit Parmesankruste, Warmer 40
Auberginenauflauf mit Parmesan und gerösteten Brotbröseln 50
Auster
    Gegrillte Austern mit Bourbon-Speck-Butter 24
    Sea Breeze Cocktailaustern 22
Avocado, Geräucherte Hähnchen-Nachos mit Chilicreme und 32

B

Baby Back Ribs, Grundrezept 75
Baby Back Ribs mit pikant-süßer Barbecue-Sauce 76
Baby Back Ribs, Panierte 71
Baby Back Ribs: Peanutbutter-Jelly-Ribs 78
Bacon Bomb, Boston 112
Baked Beans, BBQ 262
Balsamico-Glasur, Strip-Steaks auf der Glut gegart mit 132
Bánh Mì: Räucher-Hähnchen Bánh Mì mit eingelegten Jalapeños 178
Barbecue Features
    Barbecue Crossroads in Kansas City 248
    Barbecue ohne Grenzen in New York City 106
    Chigaco: Barbecue in Bewegung 184
    Das Comeback von Lamm und Bison – Colorado 162
    Koreanisches Barbecue made in USA 38
    New Orleans' Seafood Barbecue 228
    Nouveau 'Cue Ribs 80
    Santa Maria-Style Barbecue 138
    Texas Barbecue erfindet sich neu 130
Barbecue-Grundlagen 8–17
Barbecue, Geschichte des 5–6
Barbecue-Know-how
    Baby Back Ribs 72
    Brisket 164
    Hähnchenoberschenkel 186
    Spareribs 82
Barbecue-Restaurants
    12 Bones Smoke (Asheville, North Carolina) 80
    Arthur Bryant's Barbeque (Kansas City, Missouri) 249
    Brother Jimmy's BBQ (NYC, New York) 106
    Char Bar Smoked Meats & Amusements (Kansas City, Missouri) 249
    Chicago q (Chicago, Illinois) 6, 185
    Dong Il Jang (L.A., Kalifornien) 38
    Elks Lodge (Santa Maria, Kalifornien) 139
    Fatty 'Cue (NYC, New York) 107
    Fette Sau (NYC, New York) 107
    Fletcher's Brooklyn Barbecue (NYC, New York) 107
    Franklin Barbecue (Austin, Texas) 164
    Gale Street Inn Chicago (Chicago, Illinois) 185
    Gates Bar-B-Q (Kansas City, Missouri) 249
    Genwa Korean BBQ (L.A., Kalifornien) 38
    Heirloom (Atlanta, Georgia) 81
    Hill Country Barbecue Market (NYC, New York) 107
    Hitching Post II (Santa Maria, Kalifornien) 139
    Hometown Bar-B-Que (NYC, New York) 107
    Honey Pig (L.A., Kalifornien) 38
    Imperial (Portland, Oregon) 6
    Jocko's Steak House (Santa Maria, Kalifornien) 138
    Joe's Kansas City Bar-B-Que (Kansas City, Missouri) 249
    Lem's Bar-B-Q (Chicago, Illinois) 185
    Leon's BBQ (Chicago, Illinois) 185
    Louie Mueller Barbecue (Taylor, Texas) 107, 160
    Park's Barbeque (L.A., Kalifornien) 38
    Pearson's Texas Barbecue (NYC, New York) 106
    Pêche Seafood Grill (New Orleans, Louisiana) 228
    Q39 (Kansas City, Missouri) 249
    Roaming Buffalo Bar-B-Que (Denver, Colorado) 163
    Rosedale Bar-B-Q (Kansas City, Missouri) 249
    Smoke (Dallas und Plano, Texas) 131
    Smoque BBQ (Chicago, Illinois) 184
    Soot Bull Jeep (L.A., Kalifornien) 38
    Southern Soul Barbecue (St. Simon Island, Georgia) 81
    The Fort (Morrison, Colorado) 163
    Tocabe (Denver, Colorado) 163
    Twin Anchors (Chicago, Illinois) 185
    Vigil's Real Barbecue (NYC, New York) 106
Barbecue-Saucen
    Alabama White Sauce 196, 278
    Ananas-Hoisin-BBQ-Sauce 279
    Biersauce 122
    Cranberry-Ingwer-Sauce 88, 278
    Espresso-Barbecue-Sauce 140, 280
    Kentucky-Bourbon-Sauce 120, 279
    Kirschfruchtige Barbecue-Sauce 190, 281
    Louisiana-Barbecue-Sauce 108
    North Carolina Essigsauce 61, 278
    Pikant-süße Barbecue-Sauce 76, 281
    Rotwein-Barbecue-Sauce 279
    State-Fair-Sauce 208
    Süß-rauchige Kansas-City-Sauce 58, 278
    siehe auch Saucen
Barbecue-Techniken
    Competition-style Barbecue Chicken Thighs 190
    Garen auf der Glut 132, 238
    Hollywood-Schnitt 82
    Marinieren mit der Spritze 62
    Minion-Ring-Methode 58, 76
    Plateau-Phase 60
    Reverse-Sear (Rückwärtsgrillen) 134
    Schmetterlingsschnitt 196
    Sear-n-Slide (Anbraten traditionell) 134
    Texas-Krücke 74
Barbecue-Trends 18–19
Basilikum, Betrunkene Thai-Nudeln mit Hähnchen und 182
Basilikum-Vinaigrette, Kartoffelsalat mit 247
BBQ Baked Beans 262
Beef Back Ribs aus dem Mesquiterauch 155
Betrunkene Thai-Nudeln mit Hähnchen und Basilikum 182
Bier
    Dreifach-Bierburger 122
    Geräucherte Miesmuscheln mit Bier, Schalotten und Knoblauch 236
Bier-Hähnchen mit Chipotle-Würzpaste 200
Blauschimmelkäse, Krautsalat mit Fenchel und 251
Blauschimmelkäse-Dip, Geräucherte Buffalo Wings mit 34
BLT Sandwiches, American 218
Blumenkohl: Gegrillte Jakobsmuscheln mit Blumenkohlpüree und Grünkohlchips 234
Board-Dressing: Lammkarrees mit Board-Dressing aus Kapern und Senf 150
Bohne
    Baked Beans 262
    Buntes Succotash 260
    Chili con carne 146
    Texanische Borracho-Bohnen 261
Bohnen auf griechische Art 263
Borracho-Bohnen, Texanische 261
Bossam: Pulled Pork Bossam mit Frühlingszwiebel-Kimchi in Salatblättern 66
Boston Bacon Bomb 112
Bourbon
    Cheeseburger mit Speck und Kentucky-Bourbon-Sauce 120
    Gegrillte Austern mit Bourbon-Speck-Butter 24
    Rotisserie-Spareribs mit Root Beer und Bourbon glasiert 86
    Speck-Zwiebel-Confit 44
Bowien, Danny 107
Brisket, Texas 168
Brisket für Einsteiger 166
Brisket mit Burnt Ends, American Kobe 170
Brokkolini mit Makkaroni und Zitronenbröseln, Gegrillte 49
Brokkoli-Slaw 253
Brombeer-Salbei-Sauce, Geräuchertes Schweinefilet mit 100

Brösel
  Auberginenauflauf mit Parmesan und gerösteten Brotbröseln 50
  Gegrillte Brokkolini mit Makkaroni und Zitronenbröseln 49
  Macaroni and Cheese mit Parmesanbröseln 254
Brot
  Hähnchen unter Ziegelsteinen mit Rosmarin, Zitrone und Brotsalat 198
  Naan-Brot mit Knoblauch-Kräuter-Butter 268
  Steak auf Texas-Toast mit Espresso-Barbecue-Sauce 140
  Tri Tip nach Art von Santa Maria mit Knoblauchbrot 136
  Weiches Maisbrot 272
Brötchen
  Buttermilchbrötchen mit Honigbutter 270
  Thunfischbrötchen Provence 219
Brühe, Gegrillter Lachs mit Tomaten und Würsten in 216
Buffalo Wings mit Blauschimmelkäse-Dip, Geräucherte 34
Buntes Succotash 260
Burger *siehe* Lamm-, Rinderhackfleisch
Burnt Ends, American Kobe Brisket mit 170
Burrito: Pulled-Pork-Burritos mit Rühreiern und Käse 68
Butter
  Honigbutter 270
  Rauchige Schalottenbutter 126
  Knoblauchbutter 242
  Bourbon-Speck-Butter 24
  Weißwein-Butter-Sauce 26
  Knoblauch-Kräuter-Butter 268
  Kohlegeräucherte Butter 96
  Rotweinbutter 134
  siehe auch Saucen
Buttermilch
  Cobb Salad mit Garnelen und rauchigem Tomaten-Buttermilch-Dressing 230
  Gerösteter Eisbergsalat mit Buttermilchdressing 48
  Rotisserie-Hähnchen in Kräuterbuttermilch 202
  Weiches Maisbrot 272
Buttermilchbrötchen mit Honigbutter 270
Byres, Tim 130

C

Central Texas Beef Short Ribs 160
Champignon *siehe* Pilze
Char Siu, Schweinelende 90
Cheeseburger mit Speck und Kentucky-Bourbon-Sauce 120
Chicken Wings *siehe* Hähnchenflügel
Chili con carne 146
Chilischote
  Anaheim 70
  Ancho 146
  Chili con carne 146
  Chipotle 32, 42, 68, 158, 204, 256, 283
  Cremiger Nudelsalat mit Chipotle-Chilis, gegrilltem Mais und Tomaten 256
  Cubanelle 70
  Enchiladas San Antonio 172
  Geräucherte Hähnchen-Nachos mit Chilicreme und Avocado 32
  Geräucherte Oliven mit Zitrone, Chilis und Thymian 52
  Guajillo 146
  Habanero 194, 282
  Jerk Chicken 194
  Mulato 172
  Poblano 28, 280
  Räucher-Hähnchen Bánh Mì mit eingelegten Jalapeños 178
  Schweinelenden-Sandwich mit grünen Chilis, Gruyère und gegrillten Zwiebeln 94
  Scotch-Bonnet 194
  Venusmuscheln aus der Glut mit Chilinudeln 238
Chimichurri: Lauch vom Grill mit Haselnuss-Chimichurri 264
Chinesisch: Schweinelende Char Siu 90
Chipotle-Chili: Cremiger Nudelsalat mit Chipotle-Chilis, gegrilltem Mais und Tomaten 256
Chipotle-Würzpaste, Bier-Hähnchen mit 200
Choi, Roy 38
Chutney: Entenbrust mit rauchigem Pfirsich-Ingwer-Chutney 180
Cobb Salad mit Garnelen und rauchigem Tomaten-Buttermilch-Dressing 230
Cocktailaustern, Sea Breeze 22
Coleslaw, American 252
Competition-style Barbecue Chicken Thighs 190
Confit: Speck-Zwiebel-Confit 44
Country-Style Pork Ribs mit Louisiana-Barbecue-Sauce 108
Cowboysteaks mit rauchiger Schalottenbutter 126
Cranberry-Ingwer-Sauce, Spareribs aus dem Kirschrauch mit 88
Cremiger Nudelsalat mit Chipotle-Chilis, gegrilltem Mais und Tomaten 256

D

Dips
  Blauschimmelkäse-Dip 34, 281
  Dip-Sauce mit Pfirsich 279
  Pimiento Cheese 42
  Speck-Zwiebel-Confit 44
  Tomaten-Speck-Jam 124
  Warmer Artischockendip mit Parmesankruste 40
  siehe auch Saucen
Direkte und indirekte Hitze 14, 15
Drehspieß *siehe* Rotisserie
Dreifach-Bierburger 122
Dressings
  Basilikum-Vinaigrette 247
  Board-Dressing aus Kapern und Senf 150
  Buttermilchdressing 48, 281
  Coleslaw-Dressing 252
  Limetten-Koriander-Dressing 250
  Oliven-Kapern-Vinaigrette 220
  Paprika-Vinaigrette 46
  Rauchiges Tomaten-Buttermilch-Dressing 230
  siehe auch Saucen
Durney, Billy 6, 107

E

Edamame: Buntes Succotash 260
Ei
  Geräucherte russische Eier 45
  Pulled-Pork-Burritos mit Rühreiern und Käse 68
Eintopf
  Buntes Succotash 260
  Hähnchen-Wurst-Gumbo 192
  Pot Likker mit Grünkohl 266
Eisbergsalat mit Buttermilchdressing, Gerösteter 48
Emmer, Zitronenhähnchen mit gegrilltem Mais, Tomaten und 176
Enchiladas San Antonio 172
Entenbrust mit rauchigem Pfirsich-Ingwer-Chutney 180
Erbse
  Geräucherte Forelle mit Nudeln in Erbsen-Sahne-Sauce 226
  Zucchini-Erbsen-Pappardelle mit gegrillten Zwiebeln und Feta 258
Erdbeer-Mango-Salsa, Schinken doppelt geräuchert mit 104
Erdnusscreme
  Peanutbutter-Jelly-Ribs 78
  Sesam-Erdnuss-Nudelsalat mit rauchigem Zitronenaroma 257
Espresso-Barbecue-Sauce, Steak auf Texas-Toast mit 140
Essig
  Balsamico-Glasur 132
  Lamm-Paprika-Spieße in Essigmarinade 154
  Schweinefilets im Speckmantel mit einer Apfel-Balsamico-Reduktion 102

F

Fächerkartoffeln mit Knoblauchbutter und Parmesan 242
Fenchel
  Krautsalat mit Fenchel und Blauschimmelkäse 251
  Lachs vom Räucherbrett mit Fenchelsalat und Meerrettichsahne 214
Feta, Zucchini-Erbsen-Pappardelle mit gegrillten Zwiebeln und 258
Fisch und Ananas-Salsa in Tortillas, Geschwärzter 224
  siehe auch Forelle, Lachs, Schwertfisch, Thunfisch
Forelle mit Nudeln in Erbsen-Sahne-Sauce, Geräucherte 226

Franklin, Aaron 164
Frittierte Pulled-Pork-Pattys 63
Frühlingszwiebel
    Pulled Pork Bossam mit Frühlings-
       zwiebel-Kimchi in Salatblättern 66
    Schweinekoteletts mit süßer Sojaglasur und
       Frühlingszwiebel-Sesam-Reis 98

G

Garen auf der Glut 132, 238
Garnele
    Cobb Salad mit Garnelen und rauchigem
       Tomaten-Buttermilch-Dressing 230
    Pikante Garnelen mit grüner
       Romesco-Sauce 28
    Garnelen auf weißer Polenta 232
Gasgrill 10, 13, 14, 19
Gastropub-Lammburger 123
Geflügelhalter: Bier-Hähnchen mit
    Chipotle-Würzpaste 200
Gefüllte Kartoffeln mit Käse, Meerrettich und
    knusprigem Speck 244
Gegrillte Austern mit Bourbon-Speck-Butter 24
Gegrillte Brokkolini mit Makkaroni und
    Zitronenbröseln 49
Gegrillte Jakobsmuscheln mit Blumenkohlpüree
    und Grünkohlchips 234
Gegrillter Lachs mit Tomaten und Würsten in
    Brühe 216
Gemüse und Paprika-Vinaigrette, Spinatsalat
    mit geräuchertem 46
Gepökelte Hähnchenschenkel mit
    kirschfruchtiger Barbecue-Sauce 190
Geräucherte Buffalo Wings mit
    Blauschimmelkäse-Dip 34
Geräucherte Forelle mit Nudeln in Erbsen-
    Sahne-Sauce 226
Geräucherte Hähnchen-Nachos mit Chilicreme
    und Avocado 32
Geräucherte Jakobsmuscheln mit
    Weißwein-Butter-Sauce 26
Geräucherte Miesmuscheln mit Bier, Schalotten
    und Knoblauch 236
Geräucherte Oliven mit Zitrone, Chilis und
    Thymian 52
Geräucherte Puten-Pastrami 206
Geräucherter Truthahn mit kräuterwürziger
    Bratensauce 210
Geräucherte russische Eier 45
Geräuchertes Pulled Pork mit eingelegtem
    Krautsalat 60
Geräuchertes Schweinefilet mit Brombeer-
    Salbei-Sauce 100
Geröstete Rauchmandeln mit Rosmarin und
    Meersalz 53
Gerösteter Eisbergsalat mit Buttermilch-
    dressing 48
Geschwärzter Fisch und Ananas-Salsa
    in Tortillas 224
Glasuren
    Aprikosen-Hoisin-Glasur 188
    Balsamico-Glasur 132
    Honigglasur 204
    Kokosnuss-Ingwer-Glasur 84
    Süße Sojaglasur 98

Glut, Garen auf der 132, 238
Gremolata, Kleine Kartoffeln vom Grill
    mit minzefrischer 246
Griechisch: Bohnen auf griechische Art 263
Grillen
    Empfehlungen zum Gargrad 292
    Grillkompass Geflügel 292
    Grillkompass Gemüse 294
    Grillkompass Lamm 291
    Grillkompass Obst 293
    Grillkompass Rind 291
    Grillkompass Seafood 293
    Grillkompass Schwein 290
    Grundlagen 8–17
    Holz-Chips und -Chunks 8, 10–11, 12
    Minion-Ring-Methode 58, 76
Grillpresse: Schweinelenden-Sandwich mit
    grünen Chilis, Gruyère und gegrillten
    Zwiebeln 94
Grills 10, 12–15
Grundrezept Baby Back Ribs 75
Grünkohl, Pot Likker mit 266
Grünkohlchips, Gegrillte Jakobsmuscheln mit
    Blumenkohlpüree und 234
Gruyère: Schweinelenden-Sandwich mit
    grünen Chilis, Gruyère und gegrillten
    Zwiebeln 94
Gumbo: Hähnchen-Wurst-Gumbo 192

H

Hähnchen (ganz)
    Bier-Hähnchen mit
       Chipotle-Würzpaste 200
    Hähnchen unter Ziegelsteinen mit Rosmarin,
       Zitrone und Brotsalat 198
    Honig-glasierte Stubenküken 204
    Jerk Chicken 194
    Rotisserie-Hähnchen in
       Kräuterbuttermilch 202
    Schmetterlingshähnchen mit Alabama
       White Sauce 196
    Schmetterlingsschnitt 196
Hähnchenbrust
    Geräucherte Hähnchen-Nachos mit
       Chilicreme und Avocado 32
    Räucher-Hähnchen Bánh Mì mit eingelegten
       Jalapeños 178
    Zitronenhähnchen mit gegrilltem Mais,
       Tomaten und Emmer 176
Hähnchenflügel
    Geräucherte Buffalo Wings mit
       Blauschimmelkäse-Dip 34
    Louisiana Chicken Wings mit Cajun-Rub 36
Hähnchenoberschenkel
    Barbecue-Know-how 186
    Betrunkene Thai-Nudeln mit Hähnchen
       und Basilikum 182
    Competition-style Barbecue Chicken
       Thighs 190
    Gepökelte Hähnchenschenkel mit
       kirschfruchtiger Barbecue-Sauce 190
    Hähnchenschenkel mit süßer Aprikosen-
       Hoisin-Glasur 188
    Hähnchen-Wurst-Gumbo 192
    In ein Salzbad legen 187

Hähnchen unter Ziegelsteinen mit Rosmarin,
    Zitrone und Brotsalat 198
Hähnchenschenkel mit süßer Aprikosen-
    Hoisin-Glasur 188
Hähnchen-Wurst-Gumbo 192
Haselnuss-Chimichurri, Lauch vom Grill
    mit 264
Hasselback-Kartoffeln *siehe* Fächerkartoffeln
Hawaiianische Spareribs mit Kokosnuss-
    Ingwer-Glasur 84
Heiß geräucherter Lachs mit Meerrettich-
    sahne 30
Hickoryrauch: Hochrippenbraten aus dem
    Hickoryrauch mit Rotweinsauce 148
Hochrippenbraten aus dem Hickoryrauch mit
    Rotweinsauce 148
Hoisin
    Ananas-Hoisin-BBQ-Sauce 279
    Hähnchenschenkel mit süßer Aprikosen-
       Hoisin-Glasur 188
    Schweinelende Char Siu 90
Hollywood-Schnitt 82
Holz-Chips und -Chunks 8, 10–11, 12
Holzkohle 9, 14
Holzkohlegrill 10, 13, 14, 15
Honigbutter, Buttermilchbrötchen mit 270
Honig-glasierte Stubenküken 204

I

Indirekte und direkte Hitze 14, 15
Ingwer
    Entenbrust mit rauchigem Pfirsich-
       Ingwer-Chutney 180
    Hawaiianische Spareribs mit Kokosnuss-
       Ingwer-Glasur 84
    Spareribs aus dem Kirschrauch mit
       Cranberry-Ingwer-Sauce 88

J

Jacobs, Ben 163
Jakobsmuscheln mit Blumenkohlpüree und
    Grünkohlchips, Gegrillte 234
Jakobsmuscheln mit Weißwein-Butter-Sauce,
    Geräucherte 26
Jalapeños, Räucher-Hähnchen Bánh Mì mit
    eingelegten 178
Jamaikanisch: Jerk Chicken 194
Jam: Steakburger mit karamellisierten Zwiebeln
    und Tomaten-Speck-Jam 124
Jerk Chicken 194

K

Kansas City Barbeque Society (KCBS) 18, 249
Kaper
    Kurz gegrillter Thunfisch mit Oliven-
       Kapern-Vinaigrette 220
    Lammkarrees mit Board-Dressing aus
       Kapern und Senf 150

Kartoffel
　Fächerkartoffeln mit Knoblauchbutter und Parmesan 242
　Gefüllte Kartoffeln mit Käse, Meerrettich und knusprigem Speck 244
　Kleine Kartoffeln vom Grill mit minzefrischer Gremolata 246
　TexMex-Füllung 244
　Vegetarische Füllung 244
Kartoffelsalat mit Basilikum-Vinaigrette 247
Käse
　Cheeseburger mit Speck und Kentucky-Bourbon-Sauce 120
　Gefüllte Kartoffeln mit Käse, Meerrettich und knusprigem Speck 244
　Macaroni and Cheese mit Parmesanbröseln 254
　Pimiento Cheese 42
　Pizza Formaggi mit Salsiccia, Champignons und Paprika 116
　Pizza mit Prosciutto, Parmesan und Provolone 114
　Pulled-Pork-Burritos mit Rühreiern und Käse 68
　siehe auch Mozzarella, Parmesan, Provolone
Kichererbse
　Lammkoteletts marokkanisch mit Tomaten-Kichererbsen-Salat 152
　Spinatsalat mit geräuchertem Gemüse und Paprika-Vinaigrette 46
Kimchi: Pulled Pork Bossam mit Frühlingszwiebel-Kimchi in Salatblättern 66
Kirschpaprika: Venusmuscheln aus der Glut mit Chilinudeln 238
Kirschrauch: Spareribs aus dem Kirschrauch mit Cranberry-Ingwer-Sauce 88
Kleine Kartoffeln vom Grill mit minzefrischer Gremolata 246
Knoblauch
　Fächerkartoffeln mit Knoblauchbutter und Parmesan 242
　Geräucherte Miesmuscheln mit Bier, Schalotten und Knoblauch 236
　Naan-Brot mit Knoblauch-Kräuter-Butter 268
　Tri Tip nach Art von Santa Maria mit Knoblauchbrot 136
Knotts, Sandy 138
Kohl
　American Coleslaw 252
　Brokkoli-Slaw 253
　Gegrillte Brokkolini mit Makkaroni und Zitronenbröseln 49
　Gegrillte Jakobsmuscheln mit Blumenkohlpüree und Grünkohl-chips 234
　Geräuchertes Pulled Pork mit eingelegtem Krautsalat 60
　Krautsalat mit Fenchel und Blauschimmelkäse 251
　Pot Likker mit Grünkohl 266
Kokosnuss-Ingwer-Glasur, Hawaiianische Spareribs mit 84
Konfitüre
　Dip-Sauce mit Pfirsich 279
　Hähnchenschenkel mit süßer Aprikosen-Hoisin-Glasur 188
　Peanutbutter-Jelly-Ribs 78

Schinken doppelt geräuchert mit Erdbeer-Mango-Salsa 104
Koreanisch
　Pulled Pork Bossam mit Frühlingszwiebel-Kimchi in Salatblättern 66
　Schulterbraten am Spieß auf koreanische Art 64
　Schweinekoteletts mit süßer Sojaglasur und Frühlingszwiebel-Sesam-Reis 98
　Koreanische Rib-Tortillas mit Kogi-Sauce und eingelegten Gurken 156
Koriandergrün
　Koreanische Rib-Tortillas mit Kogi-Sauce und eingelegten Gurken 156
　Mango und Radieschen mit Yambohne und Limetten-Koriander-Dressing 250
　Räucher-Hähnchen Bánh Mì mit eingelegten Jalapeños 178
　Zitronenhähnchen mit gegrilltem Mais, Tomaten und Emmer 176
Koriandersamen
　Geräucherte Puten-Pastrami 206
　Selbst gemachte Pastrami im Koriander-Pfeffer-Mantel 142
Kräuter
　Lauch vom Grill mit Haselnuss-Chimichurri 264
　Naan-Brot mit Knoblauch-Kräuter-Butter 268
　siehe auch Basilikum, Koriandergrün, Thymian
Kräuterbuttermilch, Rotisserie-Hähnchen in 202
Krautsalat mit Fenchel und Blauschimmelkäse 251
Kurz gegrillter Thunfisch mit Oliven-Kapern-Vinaigrette 220

L

Lachs
　American BLT Sandwiches 218
　Heiß geräucherter Lachs mit Meerrettichsahne 30
　Gegrillter Lachs mit Tomaten und Würsten in Brühe 216
Lachs vom Räucherbrett mit Fenchelsalat und Meerrettichsahne 214
Laken
　Allzweck-Lake 285
　Apfel-Lake 284
　Bier-Lake 285
　Bourbon-Lake 285
　Einwirkzeit 285
　Italienische Lake 284
　Kirsch-Lake 190, 285
　Kräuterbuttermilch 202, 285
　Normandie-Lake 284
　Zucker-Lake 208, 285
Lammhackfleisch: Gastropub-Lamm-burger 123
Lammkarrees mit Board-Dressing aus Kapern und Senf 150
Lammkeule: Lamm-Paprika-Spieße in Essigmarinade 154
Lammkoteletts marokkanisch mit Tomaten-Kichererbsen-Salat 152

Lammnuss: Lamm-Paprika-Spieße in Essig-marinade 154
Lamm-Paprika-Spieße in Essigmarinade 154
Lauch vom Grill mit Haselnuss-Chimichurri 264
Lee, Jiyeon 81
Lilly, Chris 56
Limetten-Koriander-Dressing, Mango und Radieschen mit Yambohne und 250
Link, Donald 228
Louisiana-Barbecue-Sauce, Country-Style Pork Ribs mit 108
Louisiana Chicken Wings mit Cajun-Rub 36

M

Macaroni and Cheese mit Parmesanbröseln 254
Magee, Rob 249
Mais
　Buntes Succotash 260
　Cremiger Nudelsalat mit Chipotle-Chilis, gegrilltem Mais und Tomaten 256
　Garnelen auf weißer Polenta 232
　Zitronenhähnchen mit gegrilltem Mais, Tomaten und Emmer 176
Maisbrot, Weiches 272
Makkaroni: Gegrillte Brokkolini mit Makkaroni und Zitronenbröseln 49
Mandel: Geröstete Rauchmandeln mit Rosmarin und Meersalz 53
Mango: Schinken doppelt geräuchert mit Erdbeer-Mango-Salsa 104
Mango und Radieschen mit Yambohne und Limetten-Koriander-Dressing 250
Marinaden
　Chinatown-Marinade 90, 283
　Einfache süße Marinade 283
　Einwirkzeit 282
　Essigmarinade 154
　Fiesta-Marinade 283
　Indische Marinade 283
　Jamaikanische Jerk-Marinade 194, 282
　Koreanische BBQ-Marinade 156, 282
　Kräuterbuttermilch 202, 285
　Lieblingsmarinade 283
　Little Italy 92, 282
　Mojo-Marinade 64, 283
　Rauchige Marinade 283
　Rosmarin-Zitronen-Marinade 96, 283
　Südostasien-Marinade 178, 283
Marinieren mit der Spritze 62
Marokkanisch: Lammkoteletts marokkanisch mit Tomaten-Kichererbsen-Salat 152
Meeresfrüchte *siehe* Garnele, Jakobsmuscheln, Miesmuscheln, Venusmuscheln
Meerrettich
　Frischen Meerrettich vorbereiten 30
　Gefüllte Kartoffeln mit Käse, Meerrettich und knusprigem Speck 244
　Heiß geräucherter Lachs mit Meerrettichsahne 30
　Lachs vom Räucherbrett mit Fenchelsalat und Meerrettichsahne 214
Meersalz, Geröstete Rauchmandeln mit Rosmarin und 53
Mesquiterauch
　Beef Back Ribs aus dem Mesquiterauch 155

T-Bone-Steaks aus dem Mesquiterauch mit Tomaten-Salsa 128
Mexikanisch
   Chili con carne 146
   Enchiladas San Antonio 172
Miesmuscheln mit Bier, Schalotten und Knoblauch, Geräucherte 236
Mills, Mike 82
Minion-Ring-Methode 58, 76
Minze: Kleine Kartoffeln vom Grill mit minzefrischer Gremolata 246
Mozzarella
   Auberginenauflauf mit Parmesan und gerösteten Brotbröseln 50
   Pizza Formaggi mit Salsiccia, Champignons und Paprika 116
Mueller, Louie und Wayne 160

N

Naan-Brot mit Knoblauch-Kräuter-Butter 268
Nacho: Geräucherte Hähnchen-Nachos mit Chilicreme und Avocado 32
Nasspökeln 187, 284–285
New Mexico, Short Ribs 158
Nudeln
   Betrunkene Thai-Nudeln mit Hähnchen und Basilikum 182
   Gegrillte Brokkolini mit Makkaroni und Zitronenbröseln 49
   Geräucherte Forelle mit Nudeln in Erbsen-Sahne-Sauce 226
   Macaroni and Cheese mit Parmesanbröseln 254
   Pulled-Pork-Spaghetti 70
   Venusmuscheln aus der Glut mit Chilinudeln 238
   Zucchini-Erbsen-Pappardelle mit gegrillten Zwiebeln und Feta 258
Nudelsalat mit Chipotle-Chilis, gegrilltem Mais und Tomaten, Cremiger 256
Nudelsalat: Sesam-Erdnuss-Nudelsalat mit rauchigem Zitronenaroma 257

O

Okraschote: Hähnchen-Wurst-Gumbo 192
Oliven-Kapern-Vinaigrette, Kurz gegrillter Thunfisch mit 220
Oliven mit Zitrone, Chilis und Thymian, Geräucherte 52
Oliven-Tapenade 123
Orange filetieren 22
Ostini, Frank 139

P

Pang, Kevin 185
Panierte Baby Back Ribs 71
Pappardelle: Zucchini-Erbsen-Pappardelle mit gegrillten Zwiebeln und Feta 258

Paprikaschote
   Lamm-Paprika-Spieße in Essigmarinade 154
   Pimiento Cheese 42
   Pizza Formaggi mit Salsiccia, Champignons und Paprika 116
   Spinatsalat mit geräuchertem Gemüse und Paprika-Vinaigrette 46
   Zu einem Streifen aufschneiden 42
Parmesan
   Auberginenauflauf mit Parmesan und gerösteten Brotbröseln 50
   Fächerkartoffeln mit Knoblauchbutter und Parmesan 242
   Macaroni and Cheese mit Parmesanbröseln 254
   Pizza mit Prosciutto, Parmesan und Provolone 114
   Warmer Artischockendip mit Parmesankruste 40
Pasta siehe Nudeln
Pastrami
   Geräucherte Puten-Pastrami 206
   Selbst gemachte Pastrami im Koriander-Pfeffer-Mantel 142
Peanutbutter-Jelly-Ribs 78
Pfeffer: Selbst gemachte Pastrami im Koriander-Pfeffer-Mantel 142
Pfirsich
   Dip-Sauce mit Pfirsich 279
   Entenbrust mit rauchigem Pfirsich-Ingwer-Chutney 180
Pikante Garnelen mit grüner Romesco-Sauce 28
Pilze
   Pizza Formaggi mit Salsiccia, Champignons und Paprika 116
   Pimiento Cheese 42
Pizza Formaggi mit Salsiccia, Champignons und Paprika 116
Pizza mit Prosciutto, Parmesan und Provolone 114
Plateau-Phase 60
Polenta, Garnelen auf weißer 232
Pot Likker mit Grünkohl 266
Prewitt, Ryan 228
Prosciutto: Pizza mit Prosciutto, Parmesan und Provolone 114
Provence, Thunfischbrötchen 219
Provolone: Pizza mit Prosciutto, Parmesan und Provolone 114
Prudhomme, Paul 224
Pulled Pork Bossam mit Frühlingszwiebel-Kimchi in Salatblättern 66
Pulled-Pork-Burritos mit Rühreiern und Käse 68
Pulled Pork Kansas City 58
Pulled Pork mit eingelegtem Krautsalat, Geräuchertes 60
Pulled Pork mit süßer Senfsauce aus Carolina 62
Pulled-Pork-Pattys, Frittierte 63
Pulled-Pork-Spaghetti 70
Pute (ganz): Geräucherter Truthahn mit kräuterwürziger Bratensauce 210
Putenbrust: Geräucherte Puten-Pastrami 206
Putenunterschenkel: State-Fair-Putenschenkel 208

R

Radieschen: Mango und Radieschen mit Yambohne und Limetten-Koriander-Dressing 250
Räucherbrett: Lachs vom Räucherbrett mit Fenchelsalat und Meerrettichsahne 214
Räuchergrill 10, 12, 16–17
Räucher-Hähnchen Bánh Mì mit eingelegten Jalapeños 178
Räucherspeck selbst gemacht 110
Red Snapper: Geschwärzter Fisch und Ananas-Salsa in Tortillas 224
Reis
   Hähnchen-Wurst-Gumbo 192
   Pulled Pork Bossam mit Frühlingszwiebel-Kimchi in Salatblättern 66
   Schweinekoteletts mit süßer Sojaglasur und Frühlingszwiebel-Sesam-Reis 98
Reverse-Sear (Rückwärtsgrillen) 134
Rinderbraten
   Chili con carne 146
   Hochrippenbraten aus dem Hickoryrauch mit Rotweinsauce 148
   Rindfleischsandwich Po'Boy 144
   Tri Tip nach Art von Santa Maria mit Knoblauchbrot 136
Rinderbrust
   American Kobe Brisket mit Burnt Ends 170
   Barbecue-Know-how 164
   Brisket für Einsteiger 166
   Enchiladas San Antonio 172
   Selbst gemachte Pastrami im Koriander-Pfeffer-Mantel 142
   Texas Brisket 168
Rinderhackfleisch
   Cheeseburger mit Speck und Kentucky-Bourbon-Sauce 120
   Dreifach-Bierburger 122
   Steakburger mit karamellisierten Zwiebeln und Tomaten-Speck-Jam 124
Rinderrippe
   Beef Back Ribs aus dem Mesquiterauch 155
   Central Texas Beef Short Ribs 160
   Koreanische Rib-Tortillas mit Kogi-Sauce und eingelegten Gurken 156
   Short Ribs New Mexico 158
Rindersteak
   Cowboysteaks mit rauchiger Schalottenbutter 126
   Steak auf Texas-Toast mit Espresso-Barbecue-Sauce 140
   Steakburger mit karamellisierten Zwiebeln und Tomaten-Speck-Jam 124
   Steaks New York rückwärts gegrillt mit Rotweinbutter 134
   Strip-Steaks auf der Glut gegart mit Balsamico-Glasur 132
   T-Bone-Steaks aus dem Mesquiterauch mit Tomaten-Salsa 128
Rindfleischsandwich Po'Boy 144
Root Beer: Rotisserie-Spareribs mit Root Beer und Bourbon glasiert 86
Rosmarin
   Geröstete Rauchmandeln mit Rosmarin und Meersalz 53

Hähnchen unter Ziegelsteinen mit Rosmarin, Zitrone und Brotsalat 198
Rosmarin-Zitronen-Koteletts mit kohlegeräucherter Butter 96
Rotisserie-Grillen
   Einen Braten in Form binden 64
   Rotisserie-Hähnchen in Kräuterbuttermilch 202
   Rotisserie-Spareribs mit Root Beer und Bourbon glasiert 86
   Schulterbraten am Spieß auf koreanische Art 64
Rotkohl: Krautsalat mit Fenchel und Blauschimmelkäse 251
   siehe auch Kohl
Rotweinbutter, Steaks New York rückwärts gegrillt mit 134
Rotweinsauce, Hochrippenbraten aus dem Hickoryrauch mit 148
Rubs
   Allzweck-Rub 62, 286
   Asiatischer Rub 286
   Cajun-Rub 36, 286
   Chipotle-Würzpaste 200, 287
   Dalmatiner Rub 168, 287
   Einwirkzeit 287
   Kansas City Rub 58, 287
   Knoblauch-Rub 287
   Marokkanischer Rub 152, 287
   Rauchpaprika-Rub 287
   Rub für Geflügel 286
   Rub für Gemüse 286
   Rub für Lammfleisch 286
   Rub für Pastrami 142, 206, 287
   Rub für Ribs 287
   Rub für Rindfleisch 286
   Rub für Schweinefleisch 286
   Rub für Seafood 286
Rückwärtsgrillen (Reverse-Sear) 134
Russisch: Geräucherte russische Eier 45

S

Sahne
   Geräucherte Forelle mit Nudeln in Erbsen-Sahne-Sauce 226
   Heiß geräucherter Lachs mit Meerrettichsahne 30
   Lachs vom Räucherbrett mit Fenchelsalat und Meerrettichsahne 214
Salatblätter
   American BLT Sandwiches 218
   Pulled Pork Bossam mit Frühlingszwiebel-Kimchi in Salatblättern 66
Salate
   American Coleslaw 252
   Brokkoli-Slaw 253
   Brotsalat 198
   Cremiger Nudelsalat mit Chipotle-Chilis 256
   Cobb Salad mit Garnelen 230
   Eingelegter Krautsalat 60
   Fenchelsalat 214
   Frühlingszwiebel-Kimchi in Salatblättern 66
   Gegrillter Mais, Tomaten und Emmer 176
   Gerösteter Eisbergsalat 48
   Kartoffelsalat 247
   Krautsalat mit Fenchel 251
   Kurz gegrillter Thunfisch mit Oliven-Kapern-Vinaigrette 220
   Mango und Radieschen mit Yambohne 250
   Sesam-Erdnuss-Nudelsalat 257
   Spinatsalat mit geräuchertem Gemüse 46
   Tomaten-Kichererbsen-Salat 152
Salatgurke: Koreanische Rib-Tortillas mit Kogi-Sauce und eingelegten Gurken 156
Salbei: Geräuchertes Schweinefilet mit Brombeer-Salbei-Sauce 100
Salsas
   Ananas-Salsa 224
   Erdbeer-Mango-Salsa 104
   Tomaten-Salsa 128
   siehe auch Saucen
Sandwiches
   American BLT Sandwiches 218
   Brisket für Einsteiger 166
   Cheeseburger mit Speck 120
   Dreifach-Bierburger 122
   Gastropub-Lammburger 123
   Geräucherte Puten-Pastrami 206
   Geräuchertes Pulled Pork 60
   Räucher-Hähnchen Bánh Mì 178
   Rindfleischsandwich Po'Boy 144
   Schweinelenden-Sandwich 94
   Schweinelenden-Spiedies 92
   Steak auf Texas-Toast 140
   Steakburger 124
   Thunfischbrötchen Provence 124
Sapp, Harrison 81
Sardelle: Schwertfischsteaks mit schneller Tomaten-Sardellen-Sauce 222
Saucen
   Apfel-Balsamico-Reduktion 102
   Brombeer-Salbei-Sauce 100, 280
   Chilicreme 32
   Erbsen-Sahne-Sauce 226
   Grüne Romesco-Sauce 28, 280
   Haselnuss-Chimichurri 264, 281
   Kogi-Sauce 156, 281
   Kräuterwürzige Bratensauce 210
   Meerrettichsahne 30, 214
   Minzefrische Gremolata 246
   Pfirsich-Ingwer-Chutney 180
   Rauchiges Pfirsich-Ingwer-Chutney 180
   Rotweinsauce 148
   Süße Chilisauce 66
   Süße Senfsauce aus Carolina 62, 278
   Tapenade 123
   Tomaten-Sardellen-Sauce 222
   siehe auch Barbecue-Saucen, Butter, Dressings, Salsas
Savala, Randy 163
Schalottenbutter
   Cowboysteaks mit rauchiger Schalottenbutter 126
   Geräucherte Miesmuscheln mit Bier, Schalotten und Knoblauch 236
Schinken doppelt geräuchert mit Erdbeer-Mango-Salsa 104
Schmetterlingshähnchen mit Alabama White Sauce 196
Schmetterlingsschnitt 196
Schulterbraten am Spieß auf koreanische Art 64
Schweinebauch: Räucherspeck selbst gemacht 110
Schweinefilet mit Brombeer-Salbei-Sauce, Geräuchertes 100
Schweinefilets im Speckmantel mit einer Apfel-Balsamico-Reduktion 102
Schweinekotelett: Rosmarin-Zitronen-Koteletts mit kohlegeräucherter Butter 96
Schweinekoteletts mit süßer Sojaglasur und Frühlingszwiebel-Sesam-Reis 98
Schweinelende Char Siu 90
Schweinelenden-Sandwich mit grünen Chilis, Gruyère und gegrillten Zwiebeln 94
Schweinelenden-Spiedies 92
Schweinenackensteaks: Country-Style Pork Ribs mit Louisiana-Barbecue-Sauce 108
Schweinerippchen
   Baby Back Ribs mit pikant-süßer Barbecue-Sauce 76
   Barbecue Feature: Nouveau 'Cue Ribs 80
   Barbecue Feature: Spareribs 82
   Barbecue-Know-how: Baby Back Ribs 72
   Grundrezept Baby Back Ribs 75, 76
   Hawaiianische Spareribs mit Kokosnuss-Ingwer-Glasur 84
   Panierte Baby Back Ribs 71
   Peanutbutter-Jelly-Ribs 78
   Rotisserie-Spareribs mit Root Beer und Bourbon glasiert 86
   Spareribs aus dem Kirschrauch mit Cranberry-Ingwer-Sauce 88
Schweineschulter
   Barbecue-Know-how: Pulled Pork 56
   Country-Style Pork Ribs mit Louisiana-Barbecue-Sauce 108
   Frittierte Pulled-Pork-Pattys 63
   Geräuchertes Pulled Pork mit eingelegtem Krautsalat 60
   Money Muscle 62
   Pulled Pork Bossam mit Frühlingszwiebel-Kimchi in Salatblättern 66
   Pulled-Pork-Burritos mit Rühreiern und Käse 68
   Pulled Pork Kansas City 58
   Pulled Pork mit süßer Senfsauce aus Carolina 62
   Schulterbraten am Spieß auf koreanische Art 64
Schweinshaxe: Pot Likker mit Grünkohl 266
Schwertfischsteaks mit schneller Tomaten-Sardellen-Sauce 222
Sea Breeze Cocktailaustern 22
Sear-n-Slide (Anbraten traditionell) 134
Selbst gemachte Pastrami im Koriander-Pfeffer-Mantel 142
Senf
   Lammkarrees mit Board-Dressing aus Kapern und Senf 150
   Pulled Pork mit süßer Senfsauce aus Carolina 62
Sesam-Erdnuss-Nudelsalat mit rauchigem Zitronenaroma 257
Sesam: Schweinekoteletts mit süßer Sojaglasur und Frühlingszwiebel-Sesam-Reis 98
Short Ribs New Mexico 158
Simas, Ike 139
Smoker *siehe* Räuchergrill
Snake-Methode *siehe* Minion-Ring-Methode
Sojasauce: Schweinekoteletts mit süßer Sojaglasur und Frühlingszwiebel-Sesam-Reis 98

Sorkin, Barry 184
Spaghetti: Pulled-Pork-Spaghetti 70
Spareribs
   Barbecue Feature: Spareribs 82
   Rotisserie-Spareribs mit Root Beer und Bourbon glasiert 86
   Spareribs aus dem Kirschrauch mit Cranberry-Ingwer-Sauce 88
   Spareribs mit Kokosnuss-Ingwer-Glasur, Hawaiianische 84
Speck
   American BLT Sandwiches 218
   Boston Bacon Bomb 112
   Cheeseburger mit Speck und Kentucky-Bourbon-Sauce 120
   Cobb Salad mit Garnelen und rauchigem Tomaten-Buttermilch-Dressing 230
   Ein Speckgitter herstellen 112
   Gefüllte Kartoffeln mit Käse, Meerrettich und knusprigem Speck 244
   Gegrillte Austern mit Bourbon-Speck-Butter 24
   Räucherspeck selbst gemacht 110
   Schweinefilets im Speckmantel mit einer Apfel-Balsamico-Reduktion 102
   Steakburger mit karamellisierten Zwiebeln und Tomaten-Speck-Jam 124
   Texanische Borracho-Bohnen 261
Speck-Zwiebel-Confit 44
Spieße: Lamm-Paprika-Spieße in Essigmarinade 154
Spinatsalat mit geräuchertem Gemüse und Paprika-Vinaigrette 46
Stagnation der Kerntemperatur 60
State-Fair-Putenschenkel 208
Steak auf Texas-Toast mit Espresso-Barbecue-Sauce 140
Steakburger mit karamellisierten Zwiebeln und Tomaten-Speck-Jam 124
Steaks New York rückwärts gegrillt mit Rotweinbutter 134
Strip-Steaks auf der Glut gegart mit Balsamico-Glasur 132
Stubenküken, Honig-glasierte 204
Succotash, Buntes 260

T

Taylor, Cody 81
T-Bone-Steaks aus dem Mesquiterauch mit Tomaten-Salsa 128
Texanische Borracho-Bohnen 261
Texas
   Central Texas Beef Short Ribs 160
   Steak auf Texas-Toast mit Espresso-Barbecue-Sauce 140
Texas Brisket 168
Texas-Krücke 74
Thai-Nudeln mit Hähnchen und Basilikum, Betrunkene 182
Thunfischbrötchen Provence 219
Thunfisch mit Oliven-Kapern-Vinaigrette, Kurz gegrillter 220
Thymian, Geräucherte Oliven mit Zitrone, Chilis und 52
Toast: Steak auf Texas-Toast mit Espresso-Barbecue-Sauce 140
   siehe auch Sandwiches
Tomate
   American BLT Sandwiches 218
   Auberginenauflauf mit Parmesan und gerösteten Brotbröseln 50
   Cremiger Nudelsalat mit Chipotle-Chilis, gegrilltem Mais und Tomaten 256
   Gegrillter Lachs mit Tomaten und Würsten in Brühe 216
   Lammkoteletts marokkanisch mit Tomaten-Kichererbsen-Salat 152
   Schwertfischsteaks mit schneller Tomaten-Sardellen-Sauce 222
   Spinatsalat mit geräuchertem Gemüse und Paprika-Vinaigrette 46
   Steakburger mit karamellisierten Zwiebeln und Tomaten-Speck-Jam 124
   T-Bone-Steaks aus dem Mesquiterauch mit Tomaten-Salsa 128
   Zitronenhähnchen mit gegrilltem Mais, Tomaten und Emmer 176
Tortilla
   Enchiladas San Antonio 172
   Geschwärzter Fisch und Ananas-Salsa in Tortillas 224
   Koreanische Rib-Tortillas mit Kogi-Sauce und eingelegten Gurken 156
   Pulled-Pork-Burritos mit Rühreiern und Käse 68
Tri Tip nach Art von Santa Maria mit Knoblauchbrot 136
Truthahn mit kräuterwürziger Bratensauce, Geräucherter 210
   siehe auch Pute

V

Venusmuscheln aus der Glut mit Chilinudeln 238
Vietnamesisch: Räucher-Hähnchen Bánh Mì mit eingelegten Jalapeños 178
Vinaigrette siehe Dressings

W

Warmer Artischockendip mit Parmesankruste 40
Water Smoker 12, 16–17
   siehe auch Räuchergrill
Webb, Coy 163
Weiches Maisbrot 272
Weißkohl
   American Coleslaw 252
   Geräuchertes Pulled Pork mit eingelegtem Krautsalat 60
   Krautsalat mit Fenchel und Blauschimmelkäse 251
   siehe auch Kohl
Weißwein-Butter-Sauce, Geräucherte Jakobsmuscheln mit 26
Whippen, Lee Ann 6, 185
Whiskey siehe Bourbon
Wok: Betrunkene Thai-Nudeln mit Hähnchen und Basilikum 182
Wurst
   Boston Bacon Bomb 112
   Gegrillter Lachs mit Tomaten und Würsten in Brühe 216
   Hähnchen-Wurst-Gumbo 192
   Pizza Formaggi mit Salsiccia, Champignons und Paprika 116
Würzmischungen siehe Rubs

Y

Yambohne: Mango und Radieschen mit Yambohne und Limetten-Koriander-Dressing 250
Yeun, Brian und Steven 38

Z

Ziegelstein: Hähnchen unter Ziegelsteinen mit Rosmarin, Zitrone und Brotsalat 198
Zimtschnecken mit Zuckerguss 274
Zitrone
   Gegrillte Brokkolini mit Makkaroni und Zitronenbröseln 49
   Geräucherte Oliven mit Zitrone, Chilis und Thymian 52
   Hähnchen unter Ziegelsteinen mit Rosmarin, Zitrone und Brotsalat 198
   Rosmarin-Zitronen-Koteletts mit kohlegeräucherter Butter 96
   Sesam-Erdnuss-Nudelsalat mit rauchigem Zitronenaroma 257
Zitronenhähnchen mit gegrilltem Mais, Tomaten und Emmer 176
Zitrusfrüchte filetieren 22
Zucchini-Erbsen-Pappardelle mit gegrillten Zwiebeln und Feta 258
Zuckerguss, Zimtschnecken mit 274
Zwiebel
   Schweinelenden-Sandwich mit grünen Chilis, Gruyère und gegrillten Zwiebeln 94
   Speck-Zwiebel-Confit 44
   Steakburger mit karamellisierten Zwiebeln und Tomaten-Speck-Jam 124
   Zucchini-Erbsen-Pappardelle mit gegrillten Zwiebeln und Feta 258

DANKSAGUNG

Zahlreiche Menschen waren an der Entstehung dieses Buches beteiligt. Ausnahmslos haben sie höchste Standards angelegt und waren mit dem größtmöglichen Engagement dabei.

Der erste Impuls zu diesem Buch kam – ob Sie es glauben oder nicht – aus Deutschland, als Stephanie Wenzel, Gabriella Hoffmann und ihre zauberhaften Kollegen und Kolleginnen bei Gräfe und Unzer auf der Frankfurter Buchmesse mit einer Vision an mich herantraten. Sie sahen das Potenzial für ein Buch über traditionelles amerikanisches Barbecue. Mike Kempster, Brooke Jones und Susan Maruyama bei Weber erweiterten diese erste Idee um die verschiedenen Stile und Fortentwicklungen des amerikanischen Barbecue. Mein Dank geht an Mike, Brooke und Susan für ihre unwiderstehlichen Vorschläge und ihren unerschütterlichen Glauben an mich.

Um die Geschichte des Barbecue so zu erzählen, dass sie allen Aspekten und Unterschieden gerecht würde, interviewte ich Dutzende Pitmaster, Küchenchefs, Gastrojournalisten und Barbecue-Fans im ganzen Land. Ich möchte ihnen allen danken, vor allem Doug Adams, Arthur Aguirre, Peter Botcher, Bryan Bracewell, Melissa und Pete Cookston, Steve Cruz, Ardie Davis, Greg und Gabrielle Denton, Ryan Farr, Aaron Franklin, Meathead Goldwyn, Craig und Gay Jones, Ray Lampe, Adam Perry Lang, Edward Lee, Chris Lilly, Amy Mills, Mike Mills, Wayne Mueller, Robert Moss, Sonny Orsini, Steven Raichlen, Barry Sorkin, Norman Van Aken, Daniel Vaughn, Lee Ann Whippen, Carolyn Wells und Doug Worgul. Jeder von ihnen ist ein heiß glühender Stern im Barbecue-Universum.

Anerkennung gebührt auch den talentierten Mitgliedern des dänischen Barbecue-Nationalteams 2015, die es mir erlaubten, sie bei ihrem eindrucksvollen Erfolg während der Memphis in May World Championship live zu beobachten. Vor ihnen allen ziehe ich den Hut: Per Svane Aastradsen, Jim Boland, Peter Bragh, Asger Hvam, Anders Jensen, Mads Bo Kristensen, Claus Hasse Olesen, Stig Pedersen, Michael Dahl Thomsen sowie vor der fantastischen Anne Jungersen Thomsen.

Während ich an den Rezepten und Begleittexten arbeitete, wurde ich von einigen der kreativsten Köchen des Landes verwöhnt: Aus tiefstem Herzen geht mein Dank an Patty Ada, Lynda Balslev, Brigit Binns, Lena Birnbaum, David Bonom, Linda Carucci, Sarah Epstein, Suzy Farnsworth, Heather John Fogarty, Elizabeth Hughes, Allison Kociuruba, Adrian Miller, Marge Perry, Lesley Porcelli, Rick Rodgers, Cheryl Sternman Rule, Mic Stanfield, Kerry Trotter, Bruce Weinstein und Terri Wuerthner.

Als es Zeit wurde, die Rezepte und alle Barbecue-Techniken fotografisch festzuhalten, verließ ich mich auf die Professionalität und Erfahrung von Tim Turner und seinem Team. Ohne die Mitarbeit von Brett Bulthuis, Mike Caviani, Ben Leikness, Josh Marrah, Meghan Ross und Donte Tatum wäre das Buch optisch nicht so ansprechend geworden. Für das phänomenale Food-Styling durften wir mit Lynn Gagné und Nina Albazi zusammenarbeiten. Die Atmosphäre der Restaurants, über die die Essays in diesem Buch berichten, wurde von Michael Warren perfekt eingefangen.

Während des gesamten Entstehungsprozesses wandte ich mich immer wieder an die Barbecue-Profis von Weber. Ich kann diesen Leuten gar nicht genug für ihre Zusammenarbeit und Professionalität danken: Kim Lefko, Suzanne Brown, Deanna Budnick, Mike Chavez, Marc Colavitti, Neal Conner, Larry Donahue, Kim Durk, Mark Fenne, Lexy Fricano, Heather Herriges, Melanie Hill, Matt Jost, Kevin Kolman, Jennie Lussow, Theresa Stahl und nicht zuletzt dem Mann, der an der Spitze des gesamten Unternehmens steht: Tom Koos.

Dass es einfach Spaß macht, dieses Buch zu benutzen, liegt zum großen Teil am Input der kreativen Zauberer um Christina Schroeder bei rabble+rouser. Dank an Marsha Capen, deren redaktionelle Expertise in jeden Aspekt dieses Buches einfloss. Shum Prats gebührt meine Bewunderung und mein Respekt für seine brillante Gestaltung. Alyx Chapman wirkte Wunder bei der Grafik. Tamara McTavish und Teddy Sorotek waren stets engagiert und feilten auch zu später Stunde noch am Layout, wenn es sein musste. Becky LaBrum gab mit ihrem sorgfältig erarbeiteten Register die richtigen Stichworte.

Dies ist mein erstes Buch, das bei Houghton Mifflin Harcourt (HMH) verlegt wird. Ich könnte über diese Zusammenarbeit nicht glücklicher sein: Bruce Nichols, Natalie Chapman und Cindy Kitchel brachten ihr enormes Wissen und all ihre redaktionellen Fertigkeiten in dieses Projekt ein. Ich bin nicht zuletzt deshalb zuversichtlich, dass dieses Buch ein Erfolg wird, weil die Leute von HMH absolut hinter diesem Projekt stehen: allen voran Laurie Brown, Maire Gorman, Lori Glazer, Brad Parsons, James Phirman, Rebecca Liss, Colleen Murphy und Allison Renzulli.

Ich schätze mich glücklich, zuhause eine fabelhafte Familie zu haben, die nicht genervt ist, wenn ich schon wieder eine Recherchereise antrete oder mit einem enormen Stück Fleisch nach Hause komme, das über Nacht geräuchert werden soll. Ich danke euch, Fran, Julia, James und Peter. Ich liebe euch alle.

Weber-Stephen Products LLC

Executive Board Director: Mike Kempster

Titel der amerikanischen Originalausgabe: Weber's American Barbecue – A Modern Spin On The Classics

Copyright © 2016 Weber-Stephen Products LLC

Copyright der deutschen Ausgabe © 2016 GRÄFE UND UNZER VERLAG GmbH, Grillparzerstr. 12, 81675 München

Alle Rechte vorbehalten. Nachdruck, auch auszugsweise, sowie Verbreitung durch Film, Funk und Fernsehen und Internet durch fotomechanische Wiedergabe, Tonträger und Datenverarbeitungssysteme jeglicher Art nur mit schriftlicher Genehmigung des Verlages.

PROJEKTLEITUNG: Stefanie Poziombka

AUTOR: Jamie Purviance

ÜBERSETZUNG: Andrea Haftel und Martin Waller

LEKTORAT UND REDAKTION: Karen Dengler, Werkstatt München

SATZ: Anja Dengler, Werkstatt München

GESAMTPRODUKTION DER DEUTSCHEN AUSGABE:
Werkstatt München Buchproduktion

UMSCHLAGGESTALTUNG: 19:13

(UMSCHLAG UND INNENLAYOUT DER ORIGINALAUSGABE: rabble + rouser, inc.)

HERSTELLUNG: Markus Plötz

REPRODUKTION: Longo AG, Bozen

DRUCK: Firmengruppe APPL, Wemding

BINDUNG: Conzella, Pfarrkirchen

Bildnachweis: Food-Fotografie: Tim Turner (Foodstyling Lynn Gagné); Lifestyle-Fotografie: Michael Warren; außer S. 56, 80, 81, 82, 160, 164, 186: Jamie Purviance

Dieses Buch gibt die Meinung des Autors wieder. Es soll Informationen zum Thema des Buches liefern, stellt aber keinerlei professionelle Dienstleistung seitens des Autors und des Verlags dar. Autoren und Verlag übernehmen keinerlei Verantwortung und Haftung für etwaige Schäden oder Risiken, persönliche und andersartige, die als direkte oder indirekte Folge des Gebrauchs und der Anwendung irgendeines der Inhalte dieses Buches auftreten.

ISBN 978-3-8338-5717-1

1. Auflage 2016

www.facebook.com/gu.verlag

GRÄFE UND UNZER

Ein Unternehmen der
GANSKE VERLAGSGRUPPE

DIE GU-QUALITÄTS-GARANTIE

Wir möchten Ihnen mit den Informationen und Anregungen in diesem Buch das Leben erleichtern und Sie inspirieren, Neues auszuprobieren. Alle Informationen werden von unseren Autoren gewissenhaft erstellt und von unseren Redakteuren sorgfältig ausgewählt und mehrfach geprüft. Deshalb bieten wir Ihnen eine 100%ige Qualitätsgarantie. Sollten wir mit diesem Buch Ihre Erwartungen nicht erfüllen, lassen Sie es uns bitte wissen! Wir tauschen Ihr Buch jederzeit gegen ein gleichwertiges zum gleichen oder ähnlichen Thema um. Wir freuen uns auf Ihre Rückmeldung, auf Lob, Kritik und Anregungen, damit wir für Sie immer besser werden können.

GRÄFE UND UNZER Verlag
Leserservice
Postfach 86 03 13
81630 München
E-Mail:
leserservice@graefe-und-unzer.de

Telefon: 00800 / 72 37 33 33*
Telefax: 00800 / 50 12 05 44*
Mo–Do: 9.00 – 17.00 Uhr
Fr: 9.00 – 16.00 Uhr
(* gebührenfrei in D, A, CH)

Ihr GRÄFE UND UNZER Verlag
Der erste Ratgeberverlag – seit 1722.

Hinweis zur Verwendung von Aluminiumfolie

In zahlreichen Rezepten in diesem Buch wird Alufolie verwendet. Da salz- und säurehaltige Rezeptbestandteile Aluminium anlösen und auf das verpackte Lebensmittel übergehen lassen können, empfehlen wir den Einsatz von mit Backpapier beschichteter Alufolie (Back-Alufolie). Sie ist im gut sortiertem Lebensmittelhandel erhältlich.

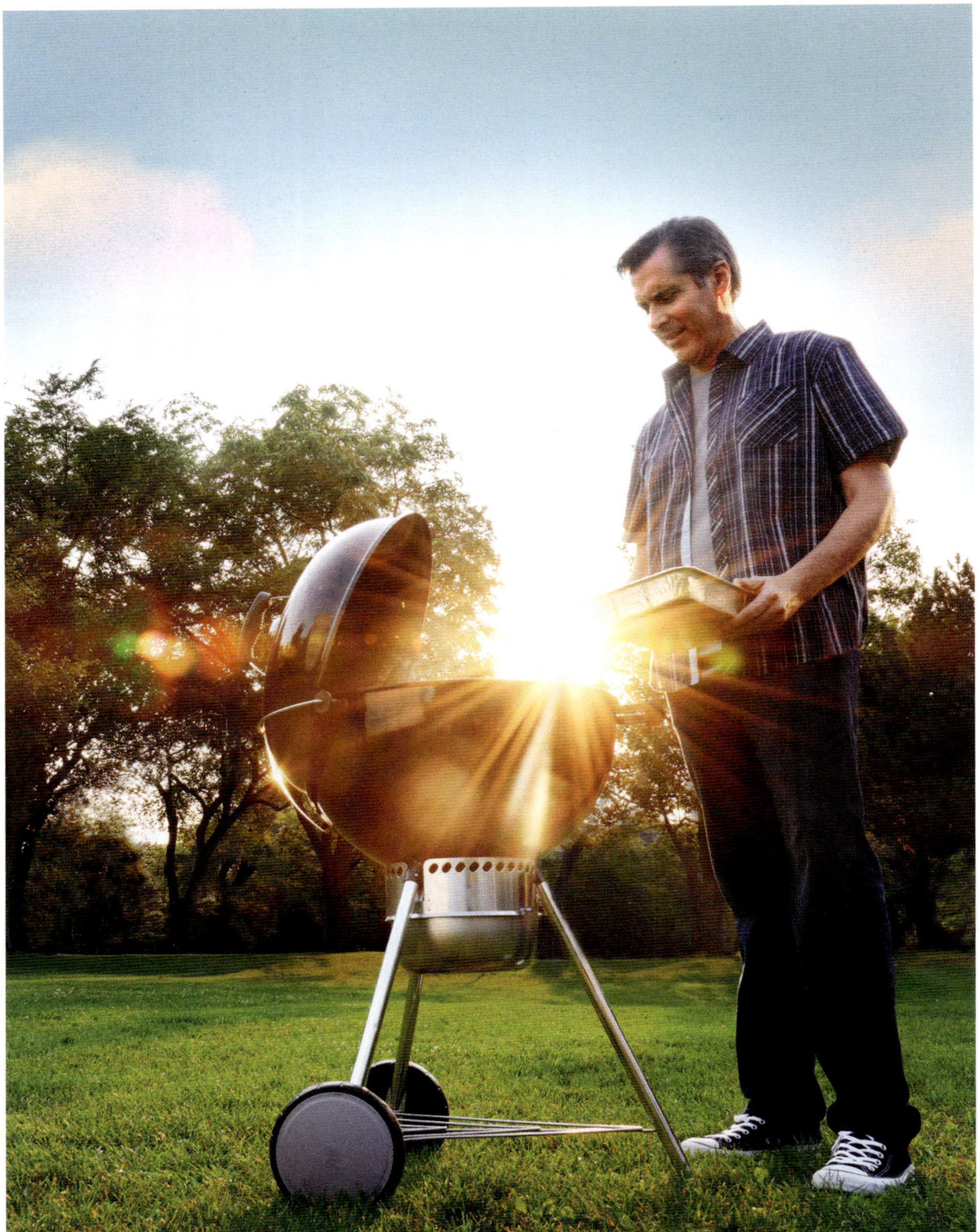